Waschbär
bis 70 cm

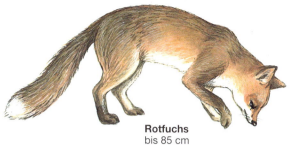
Rotfuchs
bis 85 cm

Steinmarder
bis 48 cm

Wildkatze
bis 80 cm

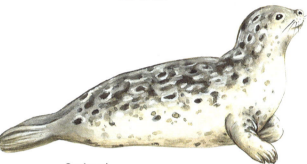
Seehund
bis 200 cm

Wildschwein
bis 180 cm

Damhirsch
bis 160 cm

Alpensteinbock
bis 145 cm

Joachim Dobers
Joachim Jaenicke
Günter Rabisch

ERLEBNIS Biologie 1

Ein Lehr- und Arbeitsbuch

Schroedel

ERLEBNIS Biologie 1

Herausgegeben von
Joachim Dobers
Joachim Jaenicke
Günter Rabisch

Bearbeitet von

Konrad Bauerle	Hana Meuer
Joachim Dobers	Günter Rabisch
Prof. Dr. Hans Hagenmaier	Dr. Michael Reck
Peter Hoff	Andreas Reichenbach
Dr. Joachim Jaenicke	Sonja Riedel
Dr. Wolfgang Jungbauer	Monika Semrau
Fritz Klöckner	Antje Starke
Hans-Peter Konopka	Rolf Wellinghorst
Dr. Gabriele Mai	Annely Zeeb

unter Mitarbeit der Verlagsredaktion

Illustrationen:

Joachim Knappe	Heike Möller
Liselotte Lüddecke	Kerstin Ploß
Karin Mall	Barbara Schneider-Rank
Tom Menzel	

Grundlayout und Pinnwände:
Atelier *tiger*color Tom Menzel

Umschlaggestaltung:
Cordula Hofmann

ISBN 3-507-76806-2

© 1999 Schroedel Verlag GmbH, Hannover

Alle Rechte vorbehalten. Dieses Werk sowie einzelne Teile desselben sind urheberrechtlich geschützt. Jede Verwertung in anderen als den gesetzlich zugelassenen Fällen ist ohne vorherige schriftliche Zustimmung des Verlages nicht zulässig.

Druck A ^{5} / Jahr 2003 2002

Alle Drucke der Serie A sind im Unterricht parallel verwendbar, da bis auf die Behebung von Druckfehlern untereinander unverändert. Die letzte Zahl bezeichnet das Jahr dieses Druckes.

Gedruckt auf Papier, das nicht mit Chlor gebleicht wurde. Bei der Produktion entstehen keine chlorkohlenwasserstoffhaltigen Abwässer.

Gesamtherstellung:
Universitätsdruckerei H. Stürtz AG,
Würzburg

Inhaltsverzeichnis

Die Biologie beschäftigt sich mit Lebewesen

1 Biologie – vernetzt mit anderen Bereichen 6
2 Kennzeichen der Lebewesen 8
2.1 Tiere sind lebendig 8
   Pinnwand: Kennzeichen des Lebendigen bei Tieren . 9
2.2 Auch Pflanzen sind lebendig 10
   Pinnwand:
   Kennzeichen des Lebendigen bei Pflanzen 11
3 Wir untersuchen Lebewesen näher 12
   Pinnwand: Mikroskop und Zelltypen 15
   Übung: Mikroskopieren 16
   Prüfe dein Wissen:
   Die Biologie beschäftigt sich mit Lebewesen 17

Menschen halten Tiere und sind für sie verantwortlich

1 Mensch und Tier 18
1.1 Warum hält der Mensch Tiere? 18
   Pinnwand: Heimtiere – Nutztiere 19
1.2 Auswahl und Pflege von Heimtieren 20
2 Der Hund 22
2.1 Ein Hund kommt ins Haus 22
   Streifzug durch die Mathematik:
   Was kostet ein Hund? 22
   Pinnwand: Bilder aus Lukas Leben 23
2.2 Vom Wolf zum Hund 24
2.3 So verhalten sich Hunde 26
   Pinnwand: Mischlinge und Rassehunde 27
   Pinnwand:
   Auswüchse der Hundehaltung und Zucht 28
2.4 Hunde säugen ihre Jungen 29
3 Die Katze 30
   Pinnwand: Katzenrassen 33
   Pinnwand: Großkatzen 34
   Übung: Katze 35
4 Das Rind 36
4.1 Rinder sind wiederkäuende Pflanzenfresser 36
4.2 Rinder haben für den Menschen eine große
   wirtschaftliche Bedeutung 38
   Pinnwand: Rinder 40
   Streifzug durch die Kunst: Pferde in der Malerei ... 41
5 Pferde als Nutztiere – früher und heute 42
6 Schweine sind Allesfresser 44
7 Merkmale von Säugetieren 46
8 Hühner 48
8.1 Haushühner – Vögel als Haustiere 48
8.2 Küken schlüpfen aus Eiern 50
   Übung: Hühnerei 51
8.3 Massenhaltung – bei Hühnern verbreitet 52
   Prüfe dein Wissen: Menschen halten Tiere
   und sind für sie verantwortlich 53

Wirbeltiere in ihren Lebensbereichen

1 Säugetiere in ihrem Lebensbereich 54
1.1 Der Fuchs – ein Pirschjäger 54
   Streifzug durch die Literatur: Der Fuchs im Buch .. 55
1.2 Das Reh – ein Kulturfolger 56
1.3 Feldhase und Wildkaninchen – zwei Fluchttiere .. 58
1.4 Eichhörnchen und Baummarder –
   ein Leben in Bäumen 60
1.5 Der Maulwurf – ein unterirdischer Spezialist 62
   Pinnwand: Heimische Wildtiere 64
   Übung: Wildtiere erkennen 65
1.6 Die Fledermaus – ein fliegendes Säugetier 66
   Streifzug durch die Technik: Das Echolot 67
   Übung: Fledermäuse 68
1.7 Delfine – Säuger in Fischgestalt 69
   Streifzug durch die Geschichte:
   Walfang einst und jetzt 70
   Pinnwand: Wale 71
1.8 Säugetiere lassen sich ordnen 72
2 Vögel in ihrem Lebensbereich 74
2.1 Vögel – Wirbeltiere in Leichtbauweise 74
2.2 Wie Vögel fliegen 76
   Übung: Vogelflug 78
   Streifzug durch die Physik: Auftrieb in der Luft 78
   Streifzug durch die Geschichte:
   Der Traum vom Fliegen 79
2.3 Die Amsel ist ein Singvogel 80
   Pinnwand: Singvögel in Gärten und Parks 82
2.4 Greifvögel sind an das Jagen aus der Luft angepasst 84
   Pinnwand: Greifvögel 85
2.5 Eulen sind lautlose Jäger 86
   Übung: Federn und Gewölle 87
2.6 Manche Vögel sind Kletterkünstler 88
2.7 Enten sind Schwimmvögel 90
   Übung: Stockente 90
   Pinnwand: Schwimmvögel 91
3 Kriechtiere in ihrem Lebensbereich 92
3.1 Kriechtiere lieben Wärme 92
   Pinnwand: Einheimische Kriechtiere 94
   Pinnwand: Kriechtiere warmer Länder 95
3.2 Saurier sind ausgestorbene Kriechtiere 96
   Pinnwand: Saurier 97
4 Lurche in ihrem Lebensbereich 98
4.1 Lebensweise von Fröschen 98
4.2 Aus Kaulquappen werden Frösche 100
   Pinnwand: Lurche brauchen unsere Hilfe 101
   Übung: Wir bestimmen Lurche 102
   Pinnwand: Einheimische Lurche 103
5 Fische in ihrem Lebensbereich 104
5.1 Fische sind dem Wasserleben angepasst 104
5.2 Wie Fische sich fortpflanzen 106
   Übung: Wir richten ein Aquarium ein 107
   Übung: Fische 108
   Streifzug durch die Physik: Auftrieb im Wasser ... 109
   Pinnwand: Süßwasserfische 110
   Pinnwand: Meerwasserfische 111
6 Überwinterung bei Tieren 112
6.1 Säugetiere im Winter 112

Inhaltsverzeichnis

6.2	Wechselwarme Tiere erstarren im Winter	114
	Streifzug durch die Erdkunde:	
	Die Tages- und Jahreszeiten	114
	Pinnwand: Tiere im Winter	115
6.3	Vögel gehen auf Reisen	116
	Pinnwand: Vögel auf Reisen	118
6.4	Vögel im Winter	119
6.5	Projekt „Wir helfen den Vögeln"	120
7	**Wirbeltiere lassen sich ordnen**	122
	Prüfe dein Wissen:	
	Wirbeltiere in ihren Lebensbereichen	124

Bau und Leistungen des menschlichen Körpers

1	**Dein Körper**	126
2	**Haltung und Bewegung**	128
2.1	Bei Sport und Spiel arbeiten die Organe der Bewegung zusammen	128
2.2	Das Skelett gibt dem Körper Halt	129
2.3	Die Wirbelsäule – Hauptstütze des Skeletts	130
	Pinnwand: Kleiner Skelettatlas	131
2.4	Ohne Gelenke keine Beweglichkeit	132
	Streifzug durch die Technik:	
	Auch Roboter haben Gelenke	133
2.5	Muskeln	134
2.5	Verletzungen beim Sport	135
	Übung: Bewegung	136
	Streifzug durch die Medizin: Erste Hilfe	138
	Streifzug durch die Medizin: Haltungsfehler	139
3	**Blutkreislauf und Atmung**	140
3.1	Wie wir atmen	140
3.2	Atmungsorgane werden durch Rauchen geschädigt	142
3.3	Bau und Aufgaben des Herzens	143
	Streifzug durch die Geschichte:	
	Was hat Herzlichkeit mit dem Herzen zu tun?	144
3.4	Das Blut strömt in einem Kreislauf	145
	Streifzug durch die Medizin:	
	Blutende Verletzungen	146
3.5	Zusammensetzung und Aufgaben des Blutes	147
4	**Ernährung und Verdauung**	148
4.1	Unsere Nahrungsmittel enthalten lebenswichtige Stoffe	148
	Streifzug durch die Geschichte:	
	Eine Krankheit der Seefahrer	149
4.2	Wie ernähren wir uns richtig?	150
	Streifzug durch die Medizin:	
	Alkohol – eine Droge	152
	Pinnwand: Rezepte – Gesund und ohne Alkohol	153
4.3	Zähne zerkleinern die Nahrung	154
4.4	Der Weg der Nahrung im Körper	156
	Übung: Nährstoffe und Verdauung	158
5	**Sinnesorgane**	160
5.1	Sinnesorgane empfangen Reize und leiten diese weiter	160
5.2	Mit dem Gehör nehmen wir Geräusche wahr	161
5.3	Das Auge – Fenster zur Außenwelt	162
5.4	Die Haut – ein vielseitiges Organ	164
	Übung: Haut und Hautpflege	166
	Prüfe dein Wissen:	
	Bau und Leistungen des menschlichen Körpers	167

Fortpflanzung und Entwicklung des Menschen

1	**Auf dem Weg zum Erwachsenwerden**	168
2	**Jungen entwickeln sich zu Männern**	170
2.1	Das männliche Erscheinungsbild	170
2.2	Die männlichen Geschlechtsorgane	171
3	**Mädchen entwickeln sich zu Frauen**	172
3.1	Das weibliche Erscheinungsbild	172
3.2	Die weiblichen Geschlechtsorgane	173
4	**Schwangerschaft und Geburt**	175
	Pinnwand: Verhütungsmittel	177
5	**Ein Säugling entwickelt sich zum Kleinkind**	178
6	**Dein Körper gehört dir!**	180
	Übung: Mein Körper gehört mir!	181
	Prüfe dein Wissen: Die Pubertät – Zeit der Veränderungen	183

Bau und Leistungen der Blütenpflanzen

1	**Der Aufbau von Blütenpflanzen**	184
1.1	Blütenpflanzen zeigen einen Grundbauplan	184
	Pinnwand: Baupläne von Blütenpflanzen	185
1.2	Pflanzenorgane erfüllen bestimmte Aufgaben	186
	Streifzug durch die Geschichte und die Chemie:	
	Fotosynthese	188
2	**Blüten dienen der Fortpflanzung**	189
2.1	Blüten bestehen aus umgebildeten Blättern	189
2.2	Blüten werden bestäubt	190
	Pinnwand: Blüten und ihre Bestäubung	192
2.3	Von der Bestäubung zur Befruchtung	193
2.4	Nach der Befruchtung entwickeln sich Früchte	194
	Pinnwand: Vermehrung der Blütenpflanzen	195
	Übung: Blüten	196
3	**Eine Samenpflanze entwickelt sich**	198
3.1	Aus Samen entwickeln sich Pflanzen	198
3.2	Ein Samen braucht bestimmte Bedingungen zur Keimung	200
	Übung: Keimung	201
3.3	Verbreitung von Früchten und Samen	202
	Pinnwand: Vorsicht! – Giftpflanzen!	205
4	**Pflanzen haben bestimmte Lebensansprüche**	206
4.1	Pflanzen wachsen unter bestimmten Bedingungen	206
	Pinnwand:	
	Zimmerpflanzen aus verschiedenen Lebensräumen	207
4.2	Pflege von Pflanzen im Garten	208
5	**Nutzpflanzen**	210
5.1	Die Kartoffel ist ein wichtiges Nahrungsmittel	210
	Streifzug durch die Geschichte:	
	Die Kartoffel – eine Pflanze macht Geschichte	211

Inhaltsverzeichnis

5.2	Gräser dienen unserer Ernährung	212
	Pinnwand: Nutzpflanzen	213
6	Pflanzen lassen sich ordnen	214
	Pinnwand: Rosengewächse	216
	Pinnwand: Lippenblütengewächse	217
	Pinnwand: Schmetterlingsblütengewächse	218
	Pinnwand: Korbblütengewächse	219
	Übung: Bestimmungsschlüssel für Kreuzblütengewächse	220
	Pinnwand: Nadelbäume und Laubbäume	221
	Übung: Bestimmungsschlüssel Sträucher und Bäume	222
	Prüfe dein Wissen: Bau und Leistungen der Blütenpflanzen	223

Pflanzen sind ihrem Lebensraum angepasst

1	Pflanzen an verschiedenen Standorten	224
	Übung: Pflanzen an Teich und Mauer	226
	Pinnwand: Pflanzen an Teich und Mauer	227
2	Pflanzen im Jahreszyklus	228
2.1	Pflanzen im Frühjahr	228
	Pinnwand: Frühblüher im Wald	230
2.2	Pflanzen im Sommer	231
	Pinnwand: Sommerblüher auf Wiesen	232
	Pinnwand: Sommerblüher auf Feldern und Äckern	233
2.3	Pflanzen im Herbst	234
	Pinnwand: Samen und Früchte an Hecke und Waldrand	235
2.4	Die Rosskastanie im Jahresverlauf	236
	Prüfe dein Wissen: Pflanzen sind ihrem Lebensraum angepasst	237

Wechselbeziehungen zwischen Lebewesen

1	Feldgehölze – Lebensräume für viele Pflanzen und Tiere	238
2	Hilfe für Pflanzen und Tiere in Feldgehölz und Hecke	240
3	Lebensraum Stieleiche	241
4	Zwischen den Lebewesen eines Feldgehölzes gibt es vielfältige Beziehungen	242
4.1	Pflanzen und Tiere bilden Nahrungsketten	242
4.2	Viele Nahrungsketten bilden ein Nahrungsnetz	243
4.3	„Jäger" und „Gejagte" leben in einem Gleichgewicht	244
	Prüfe dein Wissen: Wechselbeziehungen zwischen Lebewesen	245

Der Mensch in seinem Lebensraum

1	Menschen verändern, gefährden und zerstören Lebensräume	246
	Pinnwand: Eingriffe des Menschen in die Landschaft und die Folgen	247
2	Menschen renaturieren und schützen ihre Umwelt	248
	Pinnwand: Kurz notiert: Pro und Contra „Nationalpark"	249
	Pinnwand: Artenzunahme durch Renaturierung	250
	Prüfe dein Wissen: Der Mensch in seinem Lebensraum	251
Register		252

Hier findest du zusätzlich Bilder und Informationen zum jeweiligen Thema. Mit einem gekennzeichnete Aufgaben dazu findest du auf benachbarten Text- oder Übungsseiten.

Pinnwand

Hier findest du weitere Informationen zu Themen, die in anderen Bereichen und Fächern von Bedeutung sind.

Streifzug durch die ...

Hier findest du Versuche, Aufgaben und Bauanleitungen, die du selbstständig oder mit deinen Mitschülerinnen und Mitschülern ausführen kannst.

Übung

Hier findest du vielfältige Aufgaben zum Wiederholen und Vertiefen der Inhalte des Kapitels.

Prüfe dein Wissen

Die Biologie beschäftigt sich mit Lebewesen

1 Biologie – vernetzt mit anderen Bereichen

Petra besitzt ein kleines Aquarium. Oft sitzt sie davor und beobachtet die Fische. Gibt sie Futterflocken auf die Wasseroberfläche, kommen sie herbei und beginnen zu fressen. Einmal konnte Petra beobachten, dass ein Weibchen einen dicken Bauch hatte. Es war schwanger. Am nächsten Morgen entdeckte sie viele kleine Jungfische zwischen den Wasserpflanzen. Im Sachunterricht der Grundschule hat Petra schon einiges über das Leben von Tieren und Pflanzen erfahren.

Seit einigen Tagen besucht Petra eine Realschule. Unter den vielen Unterrichtsfächern gefällt ihr **Biologie** besonders gut. Sie ist begeistert, als die Lehrerin ein kleines Aquarium mit einigen Fischen mitbringt.

Die Lehrerin schlägt vor, ein Projekt „Aquarium" durchzuführen, um noch mehr über Fische und ihre Lebensbedingungen zu erfahren. Zunächst werden von der Klasse Fragen zusammengestellt. Später werden dann Gruppen gebildet, die die einzelnen Fragen bearbeiten. Bei der Vorbereitung des Projekts treten Fragen auf, die nicht nur das Fach Biologie betreffen. So werden Kenntnisse aus Bereichen der Physik, Technik, Chemie, Erdkunde, Geschichte und auch der Medizin benötigt. Es wird deutlich, dass Fragen der Biologie fast immer mit anderen Fächern verknüpft sind. „Wie in einem Netz", denkt Petra, „hängt hier vieles zusammen."

1 Aquarium. A Foto; **B** Plakat für ein Projekt; **C** Fragenkatalog zum Projekt

> Im Fach Biologie ergeben sich häufig Fragestellungen, die fächerübergreifend sind.

Die Biologie beschäftigt sich mit Lebewesen

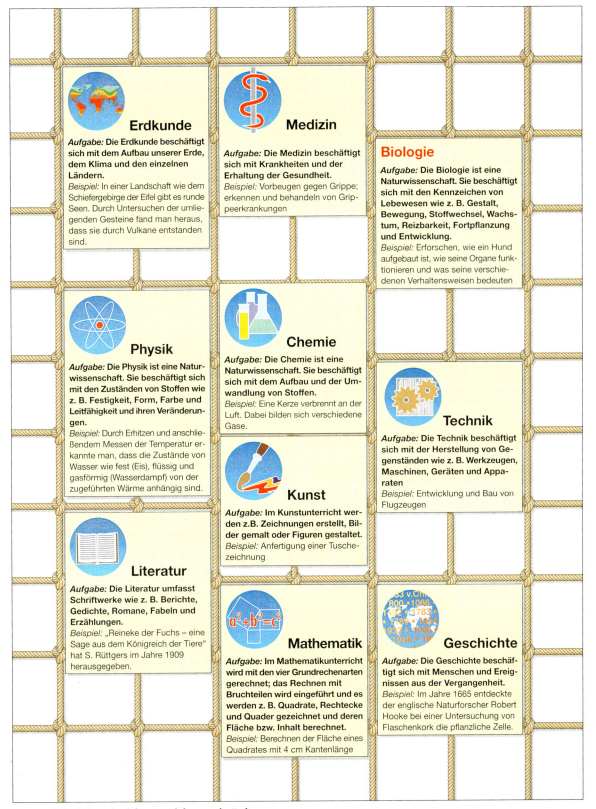

Erdkunde
Aufgabe: Die Erdkunde beschäftigt sich mit dem Aufbau unserer Erde, dem Klima und den einzelnen Ländern.
Beispiel: In einer Landschaft wie dem Schiefergebirge der Eifel gibt es runde Seen. Durch Untersuchen der umliegenden Gesteine fand man heraus, dass sie durch Vulkane entstanden sind.

Medizin
Aufgabe: Die Medizin beschäftigt sich mit Krankheiten und der Erhaltung der Gesundheit.
Beispiel: Vorbeugen gegen Grippe; erkennen und behandeln von Grippeerkrankungen

Biologie
Aufgabe: Die Biologie ist eine Naturwissenschaft. Sie beschäftigt sich mit den Kennzeichen von Lebewesen wie z. B. Gestalt, Bewegung, Stoffwechsel, Wachstum, Reizbarkeit, Fortpflanzung und Entwicklung.
Beispiel: Erforschen, wie ein Hund aufgebaut ist, wie seine Organe funktionieren und was seine verschiedenen Verhaltensweisen bedeuten

Physik
Aufgabe: Die Physik ist eine Naturwissenschaft. Sie beschäftigt sich mit den Zuständen von Stoffen wie z. B. Festigkeit, Form, Farbe und Leitfähigkeit und ihren Veränderungen.
Beispiel: Durch Erhitzen und anschließendem Messen der Temperatur erkannte man, dass die Zustände von Wasser wie fest (Eis), flüssig und gasförmig (Wasserdampf) von der zugeführten Wärme anhängig sind.

Chemie
Aufgabe: Die Chemie ist eine Naturwissenschaft. Sie beschäftigt sich mit dem Aufbau und der Umwandlung von Stoffen.
Beispiel: Eine Kerze verbrennt an der Luft. Dabei bilden sich verschiedene Gase.

Technik
Aufgabe: Die Technik beschäftigt sich mit der Herstellung von Gegenständen wie z. B. Werkzeugen, Maschinen, Geräten und Apparaten
Beispiel: Entwicklung und Bau von Flugzeugen

Kunst
Aufgabe: Im Kunstunterricht werden z.B. Zeichnungen erstellt, Bilder gemalt oder Figuren gestaltet.
Beispiel: Anfertigung einer Tuschezeichnung

Literatur
Aufgabe: Die Literatur umfasst Schriftwerke wie z. B. Berichte, Gedichte, Romane, Fabeln und Erzählungen.
Beispiel: „Reineke der Fuchs – eine Sage aus dem Königreich der Tiere" hat S. Rüttgers im Jahre 1909 herausgegeben.

Mathematik
Aufgabe: Im Mathematikunterricht wird mit den vier Grundrechenarten gerechnet; das Rechnen mit Bruchteilen wird eingeführt und es werden z. B. Quadrate, Rechtecke und Quader gezeichnet und deren Fläche bzw. Inhalt berechnet.
Beispiel: Berechnen der Fläche eines Quadrates mit 4 cm Kantenlänge

Geschichte
Aufgabe: Die Geschichte beschäftigt sich mit Menschen und Ereignissen aus der Vergangenheit.
Beispiel: Im Jahre 1665 entdeckte der englische Naturforscher Robert Hooke bei einer Untersuchung von Flaschenkork die pflanzliche Zelle.

2 *Die Biologie ist mit vielen Bereichen verknüpft.*

Die Biologie beschäftigt sich mit Lebewesen

2 Kennzeichen der Lebewesen

2.1 Tiere sind lebendig

Arne wünscht sich eine weiße Maus. Eines Tages schenkt ihm sein Opa eine Spielzeugmaus. Arne ist enttäuscht. Er hatte doch an eine lebendige Maus gedacht. Was kennzeichnet ein Lebewesen?

Die Spielzeugmaus hat zwar die **Gestalt** einer lebendigen Maus, doch das Fell und der Schwanz sind aus Kunststoff. Statt der Beine hat sie zwei kleine Räder. Diese können durch Aufziehen eines Uhrwerks im Inneren angetrieben werden.

Die starre **Bewegung** entspricht jedoch nicht der einer lebendigen Maus. Eine lebendige Maus läuft z. B. flink an der Wand des Käfigs entlang, hält inne, schnuppert und läuft weiter. Versucht man sie zu greifen, flüchtet sie: Sie ist also **reizbar**.

Dies kann man auch bei der Aufnahme von Nahrung beobachten: Sie schnuppert zum Beispiel erst an den Getreidekörnern, bevor sie diese frisst. Mit der Nahrung nimmt die Maus Nährstoffe auf, die sie zur Aufrechterhaltung von Lebensvorgängen wie Bewegung und Reizbarkeit benötigt. Stoffe, die sie nicht verwerten kann, werden ausgeschieden. Einen solchen **Stoffwechsel** hat keine Spielzeugmaus.

Auch neugeborene Mäuse zeigen einen Stoffwechsel: Sie saugen an den Zitzen des Muttertieres die Milch, der sie alle notwendigen Stoffe entnehmen. So wachsen sie recht schnell heran. Während dieser **Entwicklung** sehen sie den erwachsenen Mäusen immer ähnlicher.

Nach etwa sechs Wochen sind sie geschlechtsreif, das heißt, sie können sich **fortpflanzen**.

1 Weiße Hausmaus. A–C Mäuse mit Jungen. (Die Aufnahmen wurden in bestimmten Zeitabständen hintereinander aufgenommen.) Neugeborene Mäuse wiegen etwa ein Gramm, haben geschlossene Augen und Ohren und sind nackt. Nach zwei Wochen wiegen die Mäuse etwa sechs Gramm, können hören und sehen und haben ein kurzes Fell. Nach etwa drei Wochen ähneln sie den Elterntieren.

> Tiere wie zum Beispiel Mäuse sind Lebewesen, da sie die Kennzeichen des Lebendigen zeigen: Gestalt, Bewegung, Reizbarkeit, Stoffwechsel und Wachstum, sowie Entwicklung und Fortpflanzung.

2 Spielzeugmaus. A–C Bewegung nach Aufziehen des Uhrwerks (Die Aufnahmen wurden in bestimmten Zeitabständen hintereinander aufgenommen.)

1 Welche der abgebildeten Mäuse auf dieser Seite sind lebendig? Erläutere.

2 Worin unterscheiden sich Spielzeugmaus und lebendige Maus? Fertige eine Tabelle an.

3 Welche Kennzeichen des Lebendigen zeigen die auf der Pinnwand Seite 9 dargestellten Tiere?

4 Auch der Mensch zeigt die Kennzeichen des Lebendigen. Nenne Beispiele.

5 Welches Kennzeichen des Lebendigen zeigt das linke Mädchen auf der Pinnwand Seite 9?

Die Biologie beschäftigt sich mit Lebewesen

1 Geranie. *A Blütenstand; B Blütenausschnitt; C–D Entwicklung einer Blüte*

2 Geranie. *A Blütenstand; B Blütenausschnitt; C–D Knospe über einen längeren Zeitraum*

2.2 Auch Pflanzen sind lebendig

Auf den ersten Blick sehen die Blüten der abgebildeten Geranien gleich aus: Die roten Kronblätter haben zwar eine ähnliche *Gestalt*, bei näherem Hinsehen entdecken wir jedoch Unterschiede: Die Blüten der linken Pflanze zeigen Einzelheiten wie Staubblätter und Stempel. Die Blüten der rechten Pflanze hingegen enthalten nur ein grünes, künstlich erscheinendes Stielstück. Die Knospen der linken Pflanze besitzen Kelchblätter mit feinen Härchen, die der rechten haben keine Kelchblätter. Betrachtet man eine Blütenknospe der linken Pflanze über eine längere Zeit, öffnet sie sich. Diese Blüten**bewegung** erfolgt durch das **Wachstum** der Kronblätter. Die Knospen der rechten Geranienpflanze verändern sich nicht.

Du hast sicherlich schon erkannt, dass die rechte Geranienpflanze nicht lebendig ist. Sie ist aus Kunststoff hergestellt. Eine künstliche Pflanze benötigt auch kein Wasser, das lebendige Pflanzen über ihre Wurzeln aufnehmen. Über ihre Blätter können lebendige Pflanzen Wasserdampf und andere gasförmige Stoffe abgeben. Sie zeigen also **Stoffwechsel**.
Aus einem abgeschnittenen Geranienstängel **entwickelt** sich wieder eine blühende Pflanze. Für diese Art der **Fortpflanzung** sind keine Blüten notwendig. Die Geranie bildet aber nach dem Blühen auch Samen aus. Aus ihnen können sich dann neue Geranienpflanzen entwickeln.

> Pflanzen sind Lebewesen, da sie die Kennzeichen des Lebendigen, wie Gestalt, Bewegung, Reizbarkeit, Stoffwechsel, Entwicklung und Fortpflanzung zeigen.

 1 a) Welches Kennzeichen des Lebendigen zeigt die Wasserpest auf der Pinnwand Seite 11?
b) Woran erkennt man es auf dem Bild?

 2 a) Welche Kennzeichen zeigen die auf der Pinnwand Seite 11 dargestellten Pflanzen?
b) Erläutere die Bildfolge beim Gänseblümchen.

 3 Die Mimose auf der Pinnwand Seite 11 heißt auch Sinnpflanze. Erläutere diese Bezeichnung.

3 Wir untersuchen Lebewesen näher

Die Wasserpestpflanze wächst in Bächen und Teichen. Sie ist auch eine beliebte Aquarienpflanze, die unter der Wasseroberfläche lebt. Ihre Blätter sind zart ausgebildet und können Wasser und Nährsalze direkt aufnehmen. Wie sind solche Blätter aufgebaut?

Betrachte ein Blatt näher! Es ist grün bis dunkelgrün gefärbt und hat eine längliche Blattspreite mit kurzer Spitze. Nimmst du eine **Lupe** zu Hilfe, entdeckst du Einzelheiten, die du mit bloßem Auge nicht genau sehen kannst. Eine Lupe ist ein Vergrößerungsglas, mit dem du das Blatt der Wasserpest bis zu 20mal vergrößert betrachten kannst. Dies ist möglich durch gewölbte und geschliffene Gläser, die *Linsen*.

Legt man zwei Linsen in einem bestimmten Abstand übereinander, erhält man eine noch stärkere Vergrößerung. Sind die Linsen zum Beispiel in einer Metallröhre befestigt, hat man ein einfaches **Mikroskop.** In der Röhre, dem *Tubus*, bezeichnet man die Linse als *Okular* (lateinisch „oculus" = Auge), die dem Auge zugewandt ist. Die andere Linse ist das *Objektiv*, da sie sich vor dem zu beobachtenden Gegenstand, dem Objekt, befindet. Das Okular vergrößert wie eine Lupe, zum Beispiel 5×, 10× oder 15× (× = mal). Diese Zahl findest du auf dem Okular. Auch die Vergrößerung des Objektivs ist durch eine eingravierte Zahl angegeben. Verwendest du zum Beispiel ein zehnfach (10×) vergrößerndes Okular und ein vierzigfach (40×) vergrößerndes Objektiv, erhältst du eine **Gesamtvergrößerung** des Mikroskops von 400×.

Untersuchen wir ein Blatt der Wasserpest mit dem Mikroskop! Dazu stellen wir uns zunächst ein **Präpa-**

1 Wasserpest. A mit bloßem Auge; **B** mit Lupe betrachtet

2 Herstellung eines Präparates des Blattes der Wasserpest.
A Mit einer Pipette wird ein Tropfen Leitungswasser auf die Mitte eines Glasstreifens, des Objektträgers, gegeben. Dann wird das abgezupfte Blatt, das Objekt, mit einer Pinzette in den Tropfen gelegt.
B Ein dünnes Glasplättchen, das Deckglas, wird seitlich an den Wassertropfen gesetzt und vorsichtig aufgelegt. Das Deckglas bedeckt das Objekt und schützt es vor dem Austrocknen.
C Überschüssiges Wasser wird mit einem Streifen Filtrierpapier seitlich abgesaugt. Das Frischpräparat ist fertig zur mikroskopischen Untersuchung.

Die Biologie beschäftigt sich mit Lebewesen

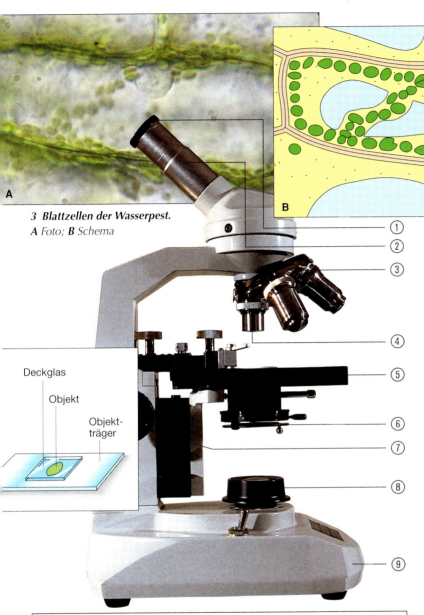

3 Blattzellen der Wasserpest.
A Foto; **B** Schema

rat her, wie in der Abbildung 2 dargestellt. Bei schwacher Vergrößerung sieht man im Mikroskop ein Muster eckig verlaufender Linien, das an ein Muster einer Bienenwabe erinnert. Ein ähnliches Muster entdeckte der englische Naturforscher Robert HOOKE 1665 beim Mikroskopieren von Flaschenkork. Er nannte diese wabenartigen Gebilde **Zellen**.

Jede Zelle des Blattes der Wasserpest ist von einer **Zellwand** umgeben. Sie sorgt für Festigkeit und bestimmt ihre Gestalt. Das Innere der Zelle wird von einer zähen Flüssigkeit erfüllt, dem **Zellplasma**. Dieses wird von einer feinen Haut, der **Zellmembran**, begrenzt. Sie ist so dünn, dass man sie auch bei stärkster Vergrößerung nicht sieht. Im Zellplasma fallen grüne Körner auf. Sie enthalten den Farbstoff *Chlorophyll*, was mit Blattgrün übersetzt werden kann. Diese Blattgrünkörner heißen **Chloroplasten**. Sie haben die Aufgabe, Nährstoffe für die Pflanze aufzubauen. Zwischen den Chloroplasten kann man den rundlichen, durchscheinenden **Zellkern** entdecken. Jede Zelle enthält einen Zellkern. Er steuert alle Lebensvorgänge in der Zelle. Außerdem liegt im Zellplasma eine mit Zellsaft gefüllt Blase, die **Vakuole**. Der Zellsaft ist eine Flüssigkeit, die bei manchen Pflanzen Farbstoffe enthalten kann. Die Zellen der Schup-

① **Okular.** Das Okular ist die dem Auge zugewandte Linse. Es ist auswechselbar und vergrößert wie eine Lupe.
② **Tubus.** Der Tubus ist eine Röhre, die Okular und Objektiv in richtiger Lage und im richtigen Abstand hält.
③ **Objektivrevolver.** Hier sind verschiedene Objektive eingeschraubt, die durch Drehen des Objektivrevolvers verwendet werden können.
④ **Objektiv.** Die Linse im Objektiv ist dem Objekt zugewandt.
⑤ **Objekttisch.** In der Mitte des Objekttisches befindet sich eine Öffnung, über die das Präparat gelegt wird.
⑥ **Blende.** Mit der Blende können Helligkeit und Kontrast reguliert werden.
⑦ **Triebrad.** Mit dem Grobtrieb und dem Feintrieb kann das Objekt scharf eingestellt werden.
⑧ **Beleuchtung.** Durch das Licht wird das Objekt durchstrahlt.
⑨ **Stativ.** Am Stativ sind alle wesentlichen Teile des Mikroskops befestigt.

4 Bau eines Lichtmikroskops

Die Biologie beschäftigt sich mit Lebewesen

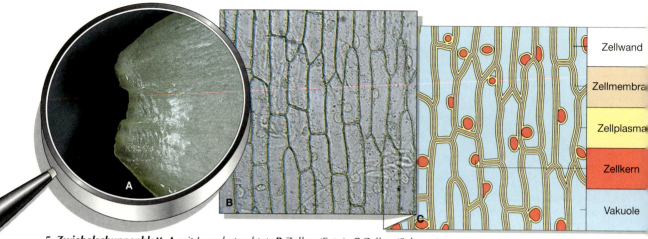

5 **Zwiebelschuppenblatt.** A mit Lupe betrachtet; B Zellen (Foto); C Zellen (Schema)

penblätter von Zwiebeln hingegen sind farblos. Sie enthalten weder Chloroplasten noch einen Farbstoff in ihren Vakuolen.

Ob wir Blätter, Zwiebeln oder andere Teile von Pflanzen untersuchen, immer werden wir feststellen, dass sie aus Zellen bestehen. Trifft dies auch auf Tiere und Menschen zu?

Untersuchen wir einmal die Leber eines Rindes! Dazu zerdrücken wir ein erbsengroßes Stück in wenig Wasser so lange, bis wir eine braune Flüssigkeit erhalten. Hiervon geben wir einen Tropfen auf einen Objektträger und stellen ein Präparat her. Im Mikroskop erkennen wir, dass die Leber aus Zellen besteht. Durch das Zerreiben sind einige Zellen voneinander getrennt worden. Im Gegensatz zu Pflanzenzellen besitzen Leberzellen keine festen Zellwände. Ihr Zellplasma wird von einer elastischen Zellhaut, der Zellmembran, begrenzt. Im Zellplasma liegt der Zellkern. Außerdem erkennen wir kleine Teilchen, die aus tierischer Stärke bestehen. In Leberzellen finden wir weder Vakuolen noch Chloroplasten. Dies ist ein Merkmal aller tierischen und auch menschlichen Zellen.

> Pflanzen, Tiere und der Mensch sind aus Zellen aufgebaut. Jede Zelle besteht aus Zellmembran, Zellplasma und Zellkern. Pflanzliche Zellen haben außerdem eine Zellwand und eine Vakuole. Grüngefärbte Pflanzenteile enthalten zusätzlich Chloroplasten in ihren Zellen.

1 Auf der Pinnwand der Seite 15 sind Zellen von Sternmoos und der menschlichen Mundschleimhaut abgebildet. Worin unterscheiden sich die Zellen?

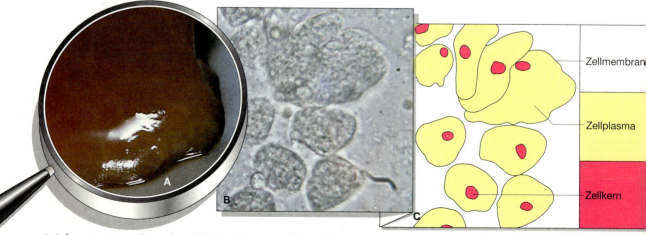

6 **Leber.** A mit Lupe betrachtet; B Zellen (Foto); C Zellen (Schema)

Die Biologie beschäftigt sich mit Lebewesen

MIKROSKOP UND ZELLTYPEN

Pinnwand

Richtige Bedienung eines Mikroskopes

§ 1 Zu Beginn des Mikroskopierens ist die kleinste Vergrößerung eingestellt.

§ 2 Lege das Präparat mitten über die Objekttischöffnung und klammere es fest.

§ 3 Schalte die Mikroskoplampe ein.

§ 4 Schaue durch das Okular. Stelle durch vorsichtiges Drehen des Triebrades das Objekt scharf ein.

§ 5 Reguliere gegebenenfalls mit der Blende Helligkeit und Kontrast.

§ 6 Willst du die Vergrößerung ändern, vergrößere zunächst den Abstand zwischen Objekt und Objekttisch.

§ 7 Stelle eine stärkere Vergrößerung durch Drehen des Objektivrevolvers ein.

§ 8 Bewege Objekttisch und Objektiv mit Hilfe des Triebrades vorsichtig aufeinander zu. Kontrolliere von der Seite, dass das Objektiv nicht das Präparat berührt. Verfahre weiter nach § 4 und § 5.

§ 9 Fasse nie mit Fingern auf die Linsen. Säubere die Linsen mit einem weichen Lappen.

§ 10 Stelle nach dem Mikroskopieren die kleinste Vergrößerung ein. Nimm das Präparat vom Objekttisch. Schalte die Lampe aus.

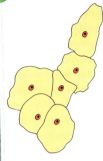

Name: *Mundschleimhautzelle*
Vorkommen: Innenseite der Wangen
Aufgabe: Auskleidung der Mundhöhle; Schutz vor Verletzungen

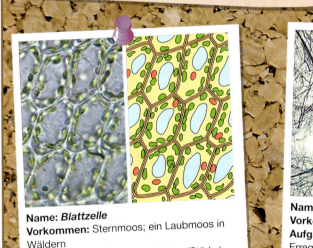

Name: *Blattzelle*
Vorkommen: Sternmoos; ein Laubmoos in Wäldern
Aufgabe: Aufbau von Nährstoffen (Stärke)

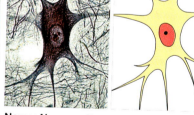

Name: *Nervenzelle*
Vorkommen: Gehirn (z.B. Ratte)
Aufgabe: Verarbeitung und Weiterleitung von Erregungen, die durch Reize entstanden sind.

Gewebe erfüllen bestimmte Aufgaben

Die Zwiebelhaut setzt sich aus vielen gleichartig gebauten Zellen zusammen, die eng nebeneinander liegen und untereinander verbunden sind. Einen solchen Zellverband gleichartiger Zellen bezeichnet man als **Gewebe**. Ein Gewebe erfüllt eine bestimmte Aufgabe. Die Zwiebelhaut schützt zum Beispiel das Innere des Zwiebelschuppenblattes. Auch die menschliche Mundschleimhaut besteht aus einem Verband gleichartiger Zellen. Sie ist also ein Gewebe, das die Mundhöhle auskleidet und schützt.

Die Biologie beschäftigt sich mit Lebewesen

Übung   **Mikroskopieren**

V1 Wir mikroskopieren Zwiebelhautzellen

Material: Messer; Rasierklinge mit Korkhalterung; Pinzette; Objektträger; Deckglas; Pipette; Becherglas mit Wasser; Mikroskop; Zeichenmaterial; Küchenzwiebel

Durchführung: Zur mikroskopischen Untersuchung von Zwiebelzellen eignet sich besonders gut die Außenhaut des Zwiebelschuppenblattes. Du erhältst ein Stückchen Zwiebelhaut, wie in der Abbildung dargestellt:
Gib dann einen Tropfen Wasser mit der Pipette auf

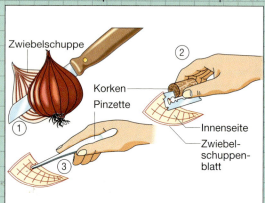

die Mitte eines Objektträgers. Lege das Zwiebelhautstück auf den Tropfen. Setze ein Deckgläschen seitlich an den Wassertropfen und lege es vorsichtig auf. Auf diese Weise soll verhindert werden, dass Luftblasen in das Präparat kommen.

Aufgaben: Gib das Präparat auf den Objekttisch deines Mikroskopes. Betrachte das Objekt zunächst bei kleinster Vergrößerung. Fertige bei stärkerer Vergrößerung eine Zeichnung einer Zwiebelhautzelle an! Beschrifte.

V2 Wir mikroskopieren Blattzellen

Material: Objektträger; Deckglas; Becherglas mit Wasser; Pipette; Pinzette; Mikroskop; Zeichenmaterial; Spross eines Sternmooses

Durchführung: Zupfe mit einer Pinzette von dem Stängel einer Sternmoospflanze ein Blättchen ab. Fertige ein Präparat an, wie es in Abbildung 2 auf Seite 12 beschrieben wird.

Aufgabe: Lege das Präparat auf den Objekttisch deines Mikroskopes. Betrachte das Objekt zunächst bei kleiner Vergrößerung. Fertige bei stärkerer Vergrößerung eine Zeichnung einer Blattzelle an! Beschrifte!

V3 Wir mikroskopieren Mundschleimhautzellen

Material: Objektträger; Deckglas; Pipette; Teelöffel

Durchführung: Schabe mit dem Teelöffel über die Innenseiten deiner Wangen. Stelle dann mit der abgeschabten Haut ein Präparat her, wie es in V1 beschrieben wird.

Aufgabe: Mikroskopiere und zeichne einige Zellen bei stärkster Vergrößerung. Beschrifte.

A4 Ein Modell einer pflanzlichen Zelle

Eine durchsichtige Kunststoffbox enthält auf dem

Deckel die Aufschrift „ZELL" und auf dem Boden „MODELL". Ein Tischtennisball liegt in der Box. Bei der Projektion dieses Modells einer pflanzlichen Zelle mit dem Arbeitsprojektor sieht man eine flächige Darstellung. Je nach Objektiveinstellung erscheint entweder der Schriftzug ZELL oder MODELL scharf.

Aufgaben: a) Beschreibe das Vergrößerungsprinzip beim Lichtmikroskop.
b) Worin stimmt das Zellmodell mit der Wirklichkeit, zum Beispiel einer Zwiebelhautzelle, nicht überein?
c) Jede Zelle enthält einen Zellkern. Im mikroskopischen Bild eines Zwiebelhäutchens sehen wir ihn jedoch nicht in jeder Zelle. Erkläre diesen scheinbaren Widerspruch!

Die Biologie beschäftigt sich mit Lebewesen

Prüfe dein Wissen

A1 Tina und Kai beobachten Stichlinge in einem Gewässer. Plötzlich fragt Kai: „Was fressen Stichlinge eigentlich?"
Wie können Tina und Kai herausfinden, wovon Stichlinge sich ernähren?

A2 Dummies verwendet man als „Testpersonen" für die Sicherheit von Fahrzeugen. Obwohl ein Dummy wie ein Mensch aussieht, ist er kein Lebewesen. Erläutere.

A3 „Pflanzen sind keine Lebewesen, da sie sich nicht bewegen können!" Weshalb stimmt diese Aussage nicht?

A4 Durch einen Erdrutsch hatte sich eine junge Birke so geneigt, dass sie vom Berg weg zu wachsen schien. Tatsächlich zeigte sie in den folgenden Jahren das abgebildete Wachstum. Welches Kennzeichen des Lebendigen erfüllt die Birke in diesem Falle?

A5 Die abgebildete lichtmikroskopische Aufnahme
a) zeigt pflanzliche Zellen;
b) zeigt tierische Zellen;
c) enthält keine Chloroplasten;
d) hat eine mikroskopische Gesamtvergrößerung von 50×.
e) hat eine mikroskopische Gesamtvergrößerung von 400×;
Finde die richtigen Lösungen und erläutere jeweils.

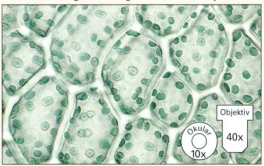

A6 An den auseinandergezogenen Schnitthälften einer Zelle siehst du, dass die Zellbestandteile innerhalb der Zelle unterschiedlich verteilt sind. Ordne den Ziffern die richtigen Begriffe zu.

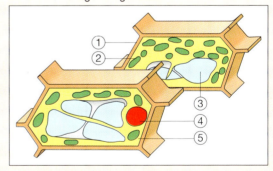

A7 Jens sollte das Schema einer Blattzelle der Wasserpest zeichnen. Was hat er falsch gemacht?

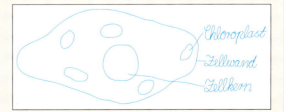

Menschen halten Tiere und sind für sie verantwortlich

1 Ein Schäfer betreut seine Herde

1 Mensch und Tier

1.1 Warum hält der Mensch Tiere?

In fast jedem zweiten Haushalt in Deutschland wird ein Tier gehalten. Warum leben wohl so viele Menschen mit Tieren zusammen?

Das Gefühl, für ein Lebewesen da zu sein, ist für sie wichtig. Nicht nur ältere und einsame Menschen halten deshalb einen Hund, eine Katze, einen Vogel oder Zierfische. Sie füttern und pflegen sie, halten sie sauber und schützen sie vor Gefahren. Beim Umgang mit ihnen empfinden sie Freude, Entspannung und Unterhaltung.
Kinder besitzen z. B. Goldhamster, Meerschweinchen und Zwergkaninchen. Sie benutzen sie als Spielgefährten und gelegentlich auch als „Schmusetiere". Dabei besteht die Gefahr, dass diese Tiere nicht so behandelt werden, wie es ihren natürlichen Bedürfnissen entspricht. Eine solche *artgerechte Haltung* ist aber wichtig, wenn man lange Freude an ihnen haben will.

Neben diesen **Heimtieren** gibt es Millionen von Tieren, die aus wirtschaftlichen Gründen gehalten werden. Rinder liefern uns z. B. Milch, Fleisch und Leder. Vom Schwein verwenden wir Fleisch, Haut, Borsten und andere Rohstoffe. Hühner geben Eier, Federn und ebenfalls Fleisch. Pferde setzt man, wenn auch nur noch selten, als Zug- und Arbeitstiere ein. Vom Schaf bekommen wir Milch, Fleisch und Wolle. Solche Tiere, die für unser Leben fast unentbehrlich geworden sind, heißen **Nutztiere**.

> **Stichwort**
> **Haustier**
> Haustiere stammen von Wildtieren ab. Sie haben in Aussehen und Verhalten oft kaum noch Ähnlichkeiten mit ihren Vorfahren. Zu den Haustieren gehören die Heimtiere und die Nutztiere.

Sowohl Heim- als auch Nutztiere müssen vom Menschen gefüttert, gepflegt und untergebracht werden. Das setzt voraus, dass man ihre Lebensweise, ihre Herkunft und ihre natürlichen Bedürfnisse kennt. Nur dann ist eine verantwortliche Tierhaltung möglich, die nicht in Tierquälerei ausartet.

> Heimtiere werden zu Hause gehalten, um sich an ihnen zu erfreuen. Nutztiere bringen dem Menschen wirtschaftliche Vorteile.

1 Wie heißen die abgebildeten Tiere auf der Pinnwand S. 19? Ordne nach Heim- und Nutztieren. Begründe.
2 Sind Karpfen, Schildkröte, Hausmaus, Honigbiene, Stubenfliege und Kanarienvogel Haustiere? Entscheide. Begründe.
3 Betrachte Abb. 1. Welche Aufgaben hat der Schäfer? Berichte.

Menschen halten Tiere und sind für sie verantwortlich

HEIMTIERE - NUTZTIERE

Pinnwand

Menschen halten Tiere und sind für sie verantwortlich

1.2 Auswahl und Pflege von Heimtieren

Wünschst du dir ein eigenes Tier, das du „knuddeln", herumtragen und umsorgen kannst? Soll es ein Tier mit weichem Fell, rundlichem Kopf und Körper sowie großen, dunklen Augen sein? Dann kommen Meerschweinchen in die engere Wahl.

Meerschweinchen sind Heimtiere, die etwa 25 cm lang werden. Wenn man ihre Ansprüche in Unterbringung, Ernährung, Haltung und Pflege beachtet, bereiten sie viel Freude. Man kann sie problemlos in der Wohnung halten. Dazu ist nicht einmal die Einwilligung des Vermieters nötig. Du solltest jedoch keine Allergie gegen Tierhaare haben.

Meerschweinchen erreichen ein Alter von 5 bis 10 Jahren. Mittel- und Südamerika sind ihre ursprüngliche Heimat. Dort sind die Wildmeerschweinchen über den ganzen Kontinent verbreitet. Sie bilden kleine Gruppen und wohnen in Erdbauten. Meerschweinchen werden dort schon seit über 3000 Jahren als Haustiere gehalten. Seeleute brachten sie vor etwa drei Jahrhunderten mit über das Meer nach Europa. Daher stammt das „Meer" in dem Namen „Meerschweinchen".

Ihr rundlicher Körper und die quiekenden Töne, die sie gelegentlich von sich geben, erinnern ein wenig an echte Schweine. Ihr Fell ist weich und kommt in verschiedenen Farbtönen vor. Das Fellhaar kann kurz, lang oder kraus sein.

Wenn du dich entschieden hast, besorgst du dir am besten zwei Meerschweinchen, denn allein fühlen sie sich nicht wohl. Es sollte jedoch kein Pärchen sein, da sie sich sonst stark vermehren.

Meerschweinchen benötigen einen Metallgitterkäfig mit Kunststoffwanne, der leicht sauber zu halten ist. Praktisch sind ein abnehmbares Gitter und eine Tür an

1 Meerschweinchen sind zutrauliche Heimtiere

2 Meerschweinchen. A glatthaariges Meerschweinchen; B Angora-Meerschweinchen

3 Haltung von Meerschweinchen. A Käfigeinrichtung; B Freigehege

der Vorderseite. Die Grundfläche des Bodens sollte die Maße von 80×40 cm nicht unterschreiten. Darauf muss eine Schicht Holzspäne ausgestreut werden, dann folgt Heu oder Stroh. Achte darauf, dass der Käfig nie im prallen Sonnenlicht steht. Zur Käfigausstattung gehören ein Schlafhäuschen und ein rauer Ziegelstein, an dem sich die Tiere die Krallen abwetzen können. Außerdem sind zwei Futternäpfe nötig: einer für Körnerfutter, der andere für Frischfutter wie Salat, Gemüse oder Obst. Eine kleine Raufe mit frischem Heu darf auch nicht fehlen. Als Tränke dient ein Nippelfläschchen mit frischem Wasser. Denke auch an einen Mineralleckstein.

Einmal wöchentlich sollte das Fell der Tiere gebürstet werden. Sie benötigen viel Ruhe, aber auch täglichen Auslauf. Wenn du sie drinnen laufen lässt, pass auf, dass sie keine Elektrokabel durchnagen oder hinter Schränken eingeklemmt werden. Ideal wäre ein Freigehege im Garten.

> Meerschweinchen sind problemlos zu haltende Heimtiere. Wenn man ihre natürlichen Bedürfnisse beachtet, bleiben sie gesund und bereiten Freude.

4 Mongolische Rennmäuse sind pflegeleicht

Beachte!
- Mongolische Rennmäuse haben einen großen Bewegungsdrang
- Nicht einzeln halten, da Mäuse in Großfamilien leben
- Immer aktiv und schnell zur Kontaktaufnahme bereit
- Dürfen nicht gedrückt werden
- Robust und widerstandsfähig
- Einfach zu halten, machen wenig Schmutz
- Beißen nicht, werden schnell zahm

5 Goldhamster sind nachtaktiv

Wichtig!
- Schläft tagsüber, ist nachts aktiv
- Nichts für Kinder, die früh ins Bett müssen
- Lebt als Einzelgänger
- Wird selten älter als 3 Jahre
- Braucht viel Bewegung
- Buddelt gern, benötigt viel Einstreu im Käfig
- Benötigt Drahtgitterkäfig, da er Holzwände durchnagt

1 Meerschweinchen benötigen einen Metallgitterkäfig. Warum genügt nicht einfach ein Karton oder eine Holzkiste? Begründe.

2 Rennmäuse nicht einzeln halten! Begründe diesen Rat aus ihrer Lebensweise.

3 Begründe, warum Goldhamster als Heimtiere für Kinder eigentlich nicht so gut geeignet sind. Lies dazu den Merkzettel in Abbildung 5.

4 Es gibt Verschiedenes zu beachten, wenn man einen Wellensittich in der Wohnung halten will. Beschreibe.

6 Wellensittiche leben gesellig

Denke daran!
- Wellensittiche leben in Schwärmen, deshalb als Pärchen halten
- Geräumiger Käfig muß Querdrähte zum Klettern haben
- Regelmäßiges Fliegen in der Wohnung sollte möglich sein
- Häufiger Federwechsel und Ausscheidungen verursachen Verunreinigungen
- Kalkstein zur Mineralversorgung notwendig
- Gelegentlicher Lärm durch Laute

Menschen halten Tiere und sind für sie verantwortlich

1 Jennifer mit Luka

2 Der Hund

2.1 Ein Hund kommt ins Haus

Seit Jennifer einmal einen Dackel über das Wochenende zur Pflege hatte, wünschte sie sich nichts sehnlicher als einen eigenen Hund. Doch der Hauswirt war dagegen. Aber nach dem Umzug der Familie kam „Luka", eine Mischlingshündin, zu ihnen ins Haus.

Jennifer erinnert sich noch an die Einwände ihres Vaters: „Überleg es dir gut! Ein Hund bindet sich für 10–12 Jahre an uns. Haben wir die falsche Wahl getroffen oder können wir nicht die Betreuung bieten, die ein Hund benötigt, kann man ihn nicht einfach wieder abschieben. Und wer kümmert sich während der Urlaubsreisen um ihn?"

Doch Jennifer ließ nicht locker – und eigentlich waren ihre Eltern auch dafür. Taschengeld für ein Körbchen und eine Leine hatte sie schon zurückgelegt. Ihr Vater hatte durchblicken lassen, dass er für die anfallenden Kosten aufkommen würde. Auch beim Füttern, Pflegen und Erziehen des Hundes, besonders zur „Stubenreinheit", würden ihre Eltern ihr helfen. Dafür nahm sich Jennifer vor, täglich ihren Hund auszuführen. Sogar bei schlechtem Wetter – und wenn er „Gassi" gehen müsste. Auch ein Kothäufchen auf dem Gehweg würde sie beseitigen.

Eines Tages war es so weit. Jennifer suchte mit ihrer Mutter ein Tierheim auf. Da sahen sie „Luka". Es war Zuneigung auf den ersten Blick! Luka war noch sehr jung und musste noch viel lernen. Jennifer weiß heute, dass Hunde die Gesellschaft des Menschen und viel Bewegung benötigen, um sich richtig entfalten zu können. Sie sind empfänglich für Lob und Belohnung, entwickeln aber schlechte Angewohnheiten, wenn sie viel allein gelassen werden. Hunde fügen sich gern in eine Menschengruppe ein und befolgen ihre Befehle.

Streifzug durch die Mathematik

Was kostet ein Hund?

Haftpflicht-Versicherung pro Jahr	€ 62,00
Hundesteuer pro Jahr	€ 60,00
Tierarzthonorar	€ 76,90
1 Leine	€ 7,15
1 Körbchen mit Kissen	€ 33,45
1 Haarbürste	€ 4,75
1 Krallenschere	€ 7,45
2 Futternäpfe à	€ 3,20
1 Kauknochen pro Woche	€ 1,40
1 Sack Trockenfutter (19 kg) für 2 Monate	€ 24,40
1 Dose Pansen pro Woche	€ 0,84
1 Dose Fleisch pro Woche	€ 0,98

Hast du schon einmal darüber nachgedacht, welche Kosten ein Hund verursacht? Dabei fallen die laufenden Kosten viel mehr ins Gewicht als die Anschaffung. Zubehör wie Futternäpfe, Leinen, Hundekörbe Kissen, Bürsten sowie Hundefutter kosten laufend Geld. Hinzu kommen die Tierarzthonorare für Impfungen, Wurmkuren und Behandlungen. Auch musst du jedes Jahr eine Hundesteuer an die Gemeinde entrichten. Für eventuelle Schäden, die dein Hund anrichtet, solltest du eine Haftpflichtversicherung abschließen.

1 Die obige Aufstellung der Kosten stammt aus dem Jahr 1997 und trifft auf Jennifers Hund Luka zu. Berechne die Kosten für 1 Tag, 1 Woche, 1 Monat, 1 Jahr, für ein Hundeleben (etwa 10 Jahre).

Vor der Anschaffung eines Hundes ist vieles zu beachten wie zum Beispiel Haltung in der Wohnung, Rasse, Hündin oder Rüde, Auslauf, Zeit zur Pflege und zu Spaziergängen sowie die Kosten.

1 Könntest du Hundebesitzer sein? Schreibe auf, was vor der Anschaffung eines Hundes geklärt werden muss. Beachte auch die Pinnwand S. 23.
2 Schreibe auf, welche Bedürfnisse des Hundes bei der Haltung beachtet werden müssen.

Menschen halten Tiere und sind für sie verantwortlich

BILDER AUS LUKAS LEBEN

Pinnwand

Luka wird aus dem Tierheim abgeholt

Lukas Lieblingsplatz

Kleines 1x1 der Hundehaltung

- Ein Hund braucht viel Platz im Haus und in der Umgebung genügend Auslauf.
- Mit einem Hund muss man sich täglich ausgiebig beschäftigen.
- Ein Hund benötigt engen Kontakt zu seinem Besitzer.
- Ein Hund ist kein Schmusespielzeug, sondern ein Lebewesen, das Zuneigung braucht.
- Ein Hund muss konsequent zur Sauberkeit, zum Gehorsam und zur Stubenreinheit erzogen werden.
- Ein Hund braucht einen festen, ruhigen Platz im Haus, wo er ruhen, von dem aus er aber auch vieles beobachten kann.
- In neuer Umgebung müssen wir einem Hund Gelegenheit geben, alles mit der Nase genau zu untersuchen.
- Ein Hund mag seine Mahlzeiten zur gleichen Zeit am gleichen Platz.
- Hunde sind an den Menschen, nicht an das Haus gebunden.

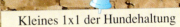

Schwierigkeiten bei der Eingewöhnung

Luka wird täglich gepflegt

Regelmäßiges Toben und viel Auslauf für Luka

Menschen halten Tiere und sind für sie verantwortlich

1 Der Körperbau des Hundes

2.2 Vom Wolf zum Hund

Kannst du dir erklären, warum viele Menschen einen Hund halten? Fachleute meinen, dass in unserer technisierten Welt der Hund ein Stück übrig gebliebene Natur verkörpert. Nicht selten wird er wegen seiner Treue und Anhänglichkeit sogar als unser „bester Freund" bezeichnet.

Seit Urzeiten besteht eine besondere Beziehung zu diesem Tier. Man weiß, dass Menschen schon vor ungefähr 14 000 Jahren Hunde hielten. Der Hund gilt deshalb als unser ältestes **Haustier.**

Der Hund stammt vom Wolf ab – das ist jedenfalls die Meinung der meisten Forscher. Man stellt sich heute vor, dass Wölfe den Steinzeitmenschen folgten, um an zurückgelassene Nahrungsreste zu kommen. Dabei gelang es Jägern möglicherweise, junge Wölfe einzufangen. Sie stellten schnell fest, dass diese leicht zu zähmen waren.

Bei der Jagd erkannte der Mensch, dass Wölfe sicher das Wild aufspürten. Das lag an ihrer guten **Nase** mit dem *scharfen Geruchssinn*. Beim Zusammenleben erkannten die Steinzeitmenschen weitere Eigenschaften, die ihnen nutzten. Mit ihren leistungsfähigen **Ohren** konnten die Wölfe Geräusche wahrnehmen, die für den Menschen unhörbar waren. Oft machten sie die Menschen dann durch *Lautäußerungen* auf Gefahren aufmerksam.

Von den Nachkommen der bei ihnen lebenden Wölfe wählten unsere Vorfahren nur solche Tiere aus, die für den Menschen nützliche Eigenschaften zeigten. Durch solche *Zuchtauswahl* entstanden nach und nach die **Hunderassen.** Heute gibt es über 400 davon. Manche ähneln im Aussehen der Ursprungsform Wolf nur noch wenig.

2 Der Mensch nutzt die Nachfahren des Wolfes. **A** *Polizeihund;* **B** *Blindenhund;* **C** *Wölfe;* **D** *Zollhund;* **E** *Jagdhund*

Menschen halten Tiere und sind für sie verantwortlich

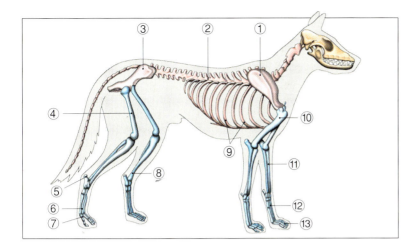

3 Skelett des Hundes

1 Schulterblatt
2 Wirbelsäule
3 Beckenknochen
4 Oberschenkel
5 Ferse
6 Mittelfuß
7 Zehe
8 Unterschenkel
9 Rippen
10 Oberarm
11 Unterarm
12 Mittelhand
13 Fingerknochen

Heute werden geeignete Rassen vom Menschen für vielfältige Aufgaben abgerichtet. Am verbreitetsten sind *Wachhunde*, die z. B. Grundstücke bewachen. *Polizeihunde* verfolgen Verdächtige, *Zollhunde* erschnüffeln Schmuggelware oder Drogen. *Jagdhunde* wiederum spüren Wild auf oder treiben es dem Jäger zu. Herden werden von *Hirtenhunden* überwacht, während *Schlittenhunde* Gefährte über weite Strecken ziehen können. Gut ausgebildete *Blindenhunde* führen Sehbehinderte an Gefahrenstellen vorbei.

Wenn man Kindern beim Spiel mit ihren Hunden zuschaut, kann man kaum glauben, dass Hunde **Raubtiere** sind. Spüren sie jedoch im Gelände einen Hasen auf, hetzen sie ausdauernd auf ihren langen, kräftigen Laufbeinen hinterher. Hunde bezeichnet man deshalb als *Hetzjäger*. Dabei treten sie als *Zehengänger* nur mit den Zehen auf. Ihre Fußsohlen sind mit weichen Ballen gepolstert. Die Krallen sind kurz und stumpf und können nicht eingezogen werden.

„Scharfe" Hunde würden ihre Beute sofort packen und „totschütteln". Beim Zupacken leisten die langen, dolchartigen *Eck-* oder *Fangzähne* im **Raubtiergebiss** gute Dienste. Die gezackten, scharfen *Backenzähne* dienen dazu, Fleisch abzubeißen und zu zerkleinern. Die stärksten Backenzähne heißen *Reißzähne*. Die kleinen *Schneidezähne* dienen nur dazu, Fleischreste von Knochen abzuzupfen.

> Der Wolf gilt als Stammvater aller Hunderassen. Hunde gehören zu den Raubtieren mit einem ausgeprägten Geruchs- und Gehörsinn. Durch Zucht sind zahlreiche Hunderassen entstanden, die vom Menschen in vielfältiger Weise genutzt werden.

1 Erkläre, warum der Deutsche Schäferhund gelegentlich auch Wolfshund genannt wird.
2 Nenne Aufgaben des Hundes und gib Rassen an, die dafür besonders geeignet sind.
3 Zeige an einem Hundegebiss der Schulsammlung die verschiedenen Zahnarten! Erkläre ihre Aufgaben.

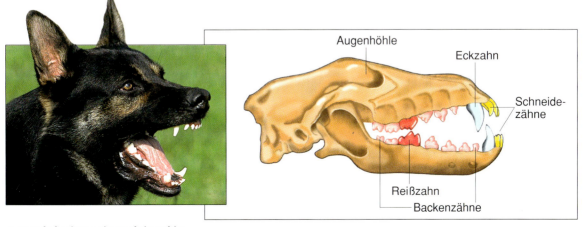

4 Hunde besitzen ein Raubtiergebiss

25

Menschen halten Tiere und sind für sie verantwortlich

1 Hunde begegnen sich

2 Spielaufforderung

> **Stichwort**
> **Verhalten**
> Unter dem Verhalten eines Tieres versteht man alle seine Bewegungen, Lautäußerungen und Körperhaltungen.

3 Unterwerfung

4 Reviermarkierung

Aufmerksamkeit

Ergebenheit oder Spielaufforderung

Unentschlossenheit

Freude

Angriffslust (Aggressivität)

Ängstlichkeit

5 Körpersprache des Hundes

2.3 So verhalten sich Hunde

Um Hunde zu verstehen, muss man das Leben der Wölfe kennen. Wölfe leben zu mehreren in einer Gemeinschaft, in einem **Rudel**. Jagden sind nur im Rudel erfolgreich. Während einige Wölfe die Beute hetzen, schneiden ihr andere den Fluchtweg ab.

In einem Rudel nimmt jedes Mitglied seinen Platz in einer ausgekämpften **Rangordnung** ein. Rangniedere Tiere unterwerfen sich dem stärkeren Tier, indem sie die Kehle zum Biss „anbieten". Der *Leitwolf* hat die Führung im Rudel. Das Jagdgebiet, das **Revier,** wird mit Urin und Kot markiert und so gegen Eindringlinge abgegrenzt.

Einzeln gehaltene Hunde sehen im Menschen ihren „Leithund", die Familie ist das Rudel. Haus und Garten stellen das Revier dar, das oft gegen fremde Personen verteidigt wird. Sie werden zum Kennenlernen beschnüffelt. Aufgeregtes Zappeln begreifen Hunde als Angriff. Fortlaufende Menschen werden oft als „Beutetiere" verfolgt.

Begegnen sich Hunde, beschnüffeln sie sich unter der Rute. Das ist ein wichtiges Begrüßungsverhalten. Männliche Hunde, die **Rüden,** setzen beim Spaziergang an Ecken und Bäumen zur Reviermarkierung ein paar Tröpfchen Urin als Duftmarken ab. An der Körperhaltung, der Mimik und dem Bellen kann man „Stimmungen" des Hundes erkennen.

> Viele Verhaltensweisen des Hundes lassen seine Abstammung vom Wolf erkennen. Hunde verständigen sich durch Körperhaltungen, Mimik und Laute.

1 Beschreibe anhand von Abb. 5 die Körpersprache des Hundes.
2 Welcher Hund auf der S. 27 käme für dich in Frage? Begründe.

Menschen halten Tiere und sind für sie verantwortlich

MISCHLINGE UND RASSEHUNDE

Pinnwand

Bernhardiner
Rettungs- und Familienhund
Fell: dicht; braun-weiß
Größe: bis 70 cm
„**Wesen**": zuverlässig, anhänglich, gelehrig

Sibirian Husky
Schlittenhund
Fell: kurz; lang, schwarz-weiß bis grau
Größe: bis 57 cm
„**Wesen**": eigenwillig, unabhängig, wenig menschenbezogen

Rauhaardackel
Jagd- und Familienhund
Fell: lang, rau; graubraun
Größe: bis 35 cm
„**Wesen**": eigenwillig, bellfreudig, lebendig, mutig, wachsam

Mischlinge
Boxer x Schäferhund   Pudel x Schnauzer

Alle Hunderassen sind vom Menschen gezüchtet worden. Mischlinge haben Eltern verschiedener Rassen oder besitzen selbst Mischlinge als Vorfahren. Sie gelten im allgemeinen als sehr anhänglich, gesellig, lernfähig und sind körperlich meist robust und wenig krankheitsanfällig.

Boxer
Wach- und Familienhund
Fell: kurz; gelb bis braun, gestromt
Größe: 57 bis 63 cm
„**Wesen**": freundlich, anhänglich, wachsam, mutig

Zwergpudel
Begleit- und Familienhund
Fell: wollig; schwarz, weiß, grau
Größe: 25 bis 35 cm
„**Wesen**": wachsam, gutmütig, temperamentvoll, sehr gelehrig

Menschen halten Tiere und sind für sie verantwortlich

Pinnwand

AUSWÜCHSE DER HUNDEHALTUNG UND ZUCHT

Für die Schönheit muss er leiden!

Was für ein Hobby! Um das schöne Tier, ein Yorkshire-Terrier, auf einer unterhaltsamen Ausstellung präsentieren zu können, muss man es gründlich vorbereiten. Die Fellhaare dürfen gekämmt, aber nicht gefärbt werden. Locken und Wellen sind nicht verboten. Gut macht sich ein Schleifchen im Haar. Allerdings dürfen Nagellack, Haarspray und Lockenwickler bei der Vorstellung nicht mehr zu sehen sein, sonst wird man disqualifiziert. Es wäre schon toll, wenn sich später der herausgeputzte Liebling vor den Richtern als Champion entpuppen sollte!

Basset Hound:
Sind Triefaugen wirklich schön? Ein Basset Hound sieht aus wie ein Riesendackel. Er hat nicht nur die Nase, sondern auch die langen Ohren am Boden! Lang gebaut, kurzbeinig und mit sorgenvollem, triefaugigem Faltenblick verzücken diese Tiere ihre Fans. Züchter achten streng darauf, dass das Rote im klaffenden Unterlid sichtbar ist. Dadurch auftretende Bindehautentzündungen kann man ja behandeln. Leider neigt der Hund dazu, Blasensteine zu bekommen.

Allergiker können aufatmen:
Hunde ohne Haare

Auf Ausstellungen wird er bestaunt, dieser anschmiegsame "Zuchterfolg" ohne Fell: der Chinesische Schopfhund. Wer überempfindlich auf Hundehaare reagiert, braucht also nicht zu verzichten. Ein solcher Nackthund ist die Lösung!
Bei Kälte beginnt er heftig zu zittern. Das regt seinen Kreislauf an – und unser Mitleid! Besitzer äußern sich begeistert über die haarlose, weiche, seidige Haut. Man kann seine Körperwärme, die höher als bei anderen Hunden ist, so richtig spüren! In unserer zentralbeheizten Welt leidet er bestimmt weniger als andere Hunde. Schade nur, dass er von Geburt an keine oder nur sehr schlechte Zähne hat.

Kampfhund beißt Kind tot

Berlin (gr). Ein Pitbull-Terrier hat gestern ein neunjähriges Mädchen totgebissen. Das Tier wurde inzwischen eingeschläfert – so die Polizei. Gegen den Mann wird wegen fahrlässiger Tötung ermittelt. Der Rüde war aus dem unverschlossenen Zwinger entkommen. Er fiel das vorbeikommende Mädchen sofort an und biss ihm in die Kehle. Der herbeigerufene Notarzt konnte nur noch den Tod feststellen. Fachleute meinen, dass Hunde dieser Rasse unter kundiger Führung keine Gefahr darstellen. Falsch erzogen oder gar scharf gemacht, können sie jedoch wirklich gefährlich werden.

Menschen halten Tiere und sind für sie verantwortlich

1 Trächtige Hündin

2 **Geburtsvorgang** *(ein Welpe in der Fruchtblase wird durch die Scheide herausgepresst)*

2.4 Hunde säugen ihre Jungen

Die Hündin ist *trächtig,* d. h., sie bekommt bald Nachwuchs. Wie ist es dazu gekommen?

Junge Hündinnen werden zwischen dem 8. und 12. Lebensmonat geschlechtsreif. Sie werden *läufig.* Die **Läufigkeit** dauert etwa 3 Wochen und tritt normalerweise zweimal pro Jahr auf. Kommt es während dieser Zeit mit einem *Rüden* zur Paarung, kann eine Hündin trächtig werden. Die Tragzeit dauert etwa 63 Tage. Kurz vor der Geburt wird die Hündin unruhig, schnüffelt in allen Ecken und versucht, ein „Nest" zusammenzuscharren.

In den frühen Morgenstunden wird der erste **Welpe** „geworfen". Er zappelt in der Fruchtblase, die ihn umhüllt. Die Hündin reißt die Fruchtblase auf und beißt die Nabelschnur durch. Dann leckt sie das nasse und mit verklebten Haaren vor ihr liegende Junge trocken. Durch das Lecken wird auch die Atmung angeregt.

Neugeborene Welpen sind hilflos. Ihre Augen sind geschlossen. Der im Vergleich zum übrigen Körper große Kopf kann nicht angehoben werden. Unbeholfen kriechen sie an den Bauch der liegenden Mutter. Dort suchen sie durch Hin- und Herpendeln ihres Kopfes die *Zitzen.* Nun beginnen sie zu saugen. Dabei treten sie mit den Vorderpfoten gegen das Gesäuge. Dadurch werden die Milchdrüsen angeregt, Milch zu bilden.

Die Welpen werden von der Mutter gesäugt, gewärmt und verteidigt. Dieses Verhalten nennt man **Brutpflege.** Es ist der Hündin angeboren, sie braucht es nicht zu erlernen.

Die Hündin säugt die Welpen etwa zwei Monate lang. Mit der Milchnahrung wachsen und gedeihen die Welpen ohne Probleme, denn die Muttermilch enthält alles, was sie für ihre Entwicklung brauchen. Danach kann allmählich feste Kost gefüttert werden.

> Hündinnen gebären nach 63 Tagen Tragzeit mehrere Welpen. Welpen sind hilflos und auf Brutpflege angewiesen.

1 Nenne Haustiere, die Säugetiere sind.

2 Hunde werden oft so gezüchtet, dass sie im Aussehen und im Verhalten bestimmten Vorstellungen des Menschen entsprechen. Viele Tierschützer wehren sich aber gegen bestimmte Züchtungen. Finde anhand der Beispiele auf der Pinnwand S. 28 Gründe für diese Einstellung der Tierschützer.

3 Hündin mit einem Tag alten Welpen　　　　4 Neugeborener Welpe

3 Die Katze

Wer kennt sie nicht – die Comic-Katze Tom aus den Geschichten von „Tom und Jerry"? Keine echte Katze ist je so bekannt geworden. Hinterlistig und mit bösen Absichten stellt sie der flinken sympathischen Maus Jerry nach. Am Ende aber ist die vermeintlich überlegene Katze der kleinen schlauen Maus hoffnungslos unterlegen.

So wie sie in Zeichentrickfilmen oder Comic-Heften dargestellt werden, verhalten sich Katzen natürlich nicht. Im Vergleich mit Hunden gelten sie als eigenwillig, nicht sehr gesellig und weniger anhänglich. Trotzdem stehen Hauskatzen in der Beliebtheit nach Hunden auf dem zweiten Platz.

Katzen sind **Einzelgänger.** Da sie sehr anpassungsfähig sind, gewöhnen sie sich trotzdem schnell an den Menschen und können sehr zutraulich werden.

1 Hauskatze

Bei uns ist die Hauskatze seit etwa 1000 Jahren heimisch. Damals wurde sie zum *Haustier.* In ihrem Verhalten ist sie aber immer ein **Raubtier** geblieben. So kannst du beobachten, dass Jungkatzen z.B. interessiert Vögel mit ihren Augen verfolgen, wenn sie sich in ihrer Nähe aufhalten. Auch „untersuchen" junge Katzen, die in Wohnungen aufwachsen, alles, was sie erreichen können. Die Geschicklichkeit, Beutetiere zu fangen, müssen sich Katzen jedoch erst erwerben. Dafür ist das Spielen mit den Geschwistertieren oder dem Muttertier wichtig.

Jungkatzen trainieren dabei die Techniken, die für die spätere Jagd nötig sind. Sie lernen, wie schnell sie laufen müssen, um ihre Beute zu fangen und wie weit sie einen Sprung ansetzen, um das Opfer zu erreichen. Auch das Töten mit Schlag oder Biss will gelernt sein.

Auch noch so gut gefütterte Hauskatzen gehen auf *Jagd.* Katzen stellen dann hauptsächlich Mäusen, aber auch Ratten, Kaninchen, Eidechsen, Fröschen oder Vögeln nach. Hat die Katze ein Beutetier in einiger Entfernung entdeckt, schleicht sie sich vorsichtig mit geducktem Körper unter Ausnutzung von Deckungsmöglichkeiten an. Zwischendurch wartet sie immer wieder und beobachtet das Opfer. Wegen ihrer Jagdweise bezeichnet man sie als **Schleichjäger.**

2 Katze und Maus im Zeichentrickfilm

3 Jagdweise der Katze. A anschleichen; B abwarten; C lauern;

Menschen halten Tiere und sind für sie verantwortlich

4 Klettern mit scharfen Krallen   **5** Balancieren

In Sprungweite hält sie unvermittelt an und nimmt eine Lauerstellung ein. Dabei ist der Körper zusammengekauert. Augen und Ohren sind auf die Beute gerichtet. Die Hinterbeine liegen stark angewinkelt unter dem Körper und der Kopf ist weit vorgestreckt. Nur die Schwanzspitze zuckt gelegentlich. Plötzlich springt die Katze los und stürzt sich auf das Opfer. Während die Vorderpfoten mit den ausgefahrenen scharfen Krallen zuschlagen und das Beutetier festhalten, verankern sich die Hinterbeine fest am Boden. Dann erfolgt der Tötungsbiss mit den dolchartigen Zähnen des *Raubtiergebisses* in den Nacken des Opfers. Manchmal lassen Katzen ihre Beute noch einmal kurz los, um den Tötungsangriff zu wiederholen. Sie „spielen" mit ihr. Auf diese Weise bauen Katzen ihren Jagdtrieb ab.

Zum Aufspüren von Beutetieren ist die Katze mit leistungsfähigen **Sinnen** ausgestattet. Die schärfsten Sinnesorgane sind ihre *Augen*. Nachts sind die Pupillen kreisrund und weit geöffnet, sodass auch schwaches Sternenlicht zum Sehen ausreicht. Wird eine Katze dann durch Scheinwerferlicht angestrahlt, leuchten ihre Augen hell auf. Wie von einem Spiegel werden die Lichtstrahlen von der Augenrückwand zurückgeworfen. Tagsüber sind die Pupillen zu einem schmalen, senkrechten Spalt verengt, sodass nur wenig Sonnenlicht in die empfindlichen Augen gelangen kann. Mit ihrem feinen *Gehör* entgehen der Katze selbst schwache Geräusche wie leises Mäusepiepsen nicht. Die beweglichen Ohrmuscheln können Katzen auf die Stellen hin ausrichten, aus denen Geräusche kommen. Die Ohrmuscheln wirken wie Schalltrichter. Auf diese Weise stellen Katzen sowohl die Richtung als auch die Entfernung der Geräuschquelle fest.

6 Hauskatze mit Beute

D angreifen; **E** fangen und festhalten; **F** töten

Menschen halten Tiere und sind für sie verantwortlich

7 Lichtspiegelung im Katzenauge

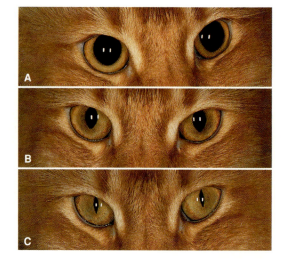

9 Katzenaugen.
A bei Dunkelheit;
B bei trübem Wetter;
C im hellen Sonnenschein

Auch der *Tastsinn* der Katze ist gut entwickelt. Die langen Tasthaare, die sich vorwiegend an der Oberlippe befinden, sind empfindliche Fühler für den Nahbereich. Damit kann sie auch bei völliger Dunkelheit Hindernisse feststellen, Erschütterungen wahrnehmen und Beutetiere abtasten.
Augen, Ohren und Tastsinn gestatten es also der Katze, sich hervorragend zu orientieren und auch in der Dämmerung oder bei schwachem Licht zu jagen. Die Katze nennt man deshalb auch **Nachtjäger**.

> Die Bewegungen der Katze zeichnen sich durch Gewandtheit und Schnelligkeit aus. Katzen sind einzeln jagende Raubtiere, die ihre Beute anschleichen. Augen, Ohren und Tasthaare der Katze sind sehr leistungsfähige Sinnesorgane.

8 So fallen Katzen

1 Rückstrahler am Fahrrad oder an den Begrenzungspfosten der Fernstraßen nennt man auch „Katzenaugen". Erkläre.
2 Beschreibe das Pupillenspiel im Katzenauge bei verschiedener Helligkeit. Nimm Abb. 9 zu Hilfe.
3 Die Bewegungen der Katze entsprechen ihrer Rolle als Jäger. Betrachte die Abb. 3, 5 und 8. Beschreibe. Welche Rolle spielt dabei der Schwanz?
4 Junge Katzen sind niedlich. Aber was geschieht mit vielen älteren Katzen, die oft niemand mehr haben will? Betrachte Abb. 10. Berichte, woran man schon bei der Anschaffung denken sollte.
5 Welche Katze auf der Pinnwand S. 33 käme für dich in Frage? Begründe.
6 Suche und benenne die Lebensräume der Großkatzen auf der Pinnwand S. 34

10 Streunende Hauskatze

Menschen halten Tiere und sind für sie verantwortlich

KATZENRASSEN

Pinnwand

Die **Ägyptische Falbkatze** war schon vor ca. 4000 Jahren in Ägypten verbreitet. Sie gehört zu den über die Erde weit verbreiteten *Kleinkatzen*. Falbkatzen haben ein sandfarbenes Fell, das wenig gemustert ist. Man nimmt an, dass unsere etwas kleinere Hauskatze größtenteils von ihr abstammt.

Siamkatzen gehören einer sehr alten Rasse an, die etwa im 16. Jahrhundert in Thailand (Siam) entstand. Typisch sind das cremefarbene Kurzhaar mit dunklen „Abzeichen" an Kopf, Schwanz und Pfoten sowie die strahlend blauen Augen.

Hauskatzen gibt es in schwarzer, weißer, grauer und sandfarbener Fellfärbung. Das Fell kann streifig-gestromt, fleckig-getigert, scheckig-gemustert oder einfarbig sein.
Rassekatzen unterteilt man in *Langhaarkatzen* (seltener) *und Kurzhaarkatzen* (häufiger). Rassemerkmale sind: Fellfarbe, Fellmusterung, Augenfarbe (grün, blau, bernsteingelb), Körpergröße, Kopf-, Schwanz- und Ohrenform.

Die **Türkische Angorakatze** besitzt einen schlanken, elegant wirkenden Körper und spitze Ohren. Kennzeichnend ist das lange, flauschige, seidenweiche Angora-Fellhaar, das rein-weiß, aber auch in anderen Farben und Scheckungen vorkommen kann.

Balinesen sind Abkömmlinge der Siamkatze. Sie haben gleiche Merkmale wie die Siamesen: schlanker Körper, keilförmiger Kopf, blaue Augenfarbe, helles Fell mit dunklen Flächen an Kopf, Schwanz und Pfoten – im Gegensatz dazu aber langes Fellhaar.

Blaue Perser sind beliebte und verbreitete Langhaarkatzen. Das „blaue" Fell ist eher dunkelgrau. Perserkatzen sind gedrungen klein, haben eine platte Nase und große, runde Augen sowie einen hängenden Schwanz. Man züchtet sie in vielen Abwandlungen.

Menschen halten Tiere und sind für sie verantwortlich

Pinnwand

GROSSKATZEN

Großkatzen
Innerhalb der Familie der Katzen unterscheidet man Klein- und Großkatzen. Zur Gruppe der Großkatzen gehören Leopard, Jaguar, Tiger und Löwe. Großkatzen können im Gegensatz zu Kleinkatzen lautstark brüllen. Ihre Pupillen sind auch im Hellen rund.

Leopard
Leoparden kommen in Afrika und Südasien vor. Sie haben dunkle Tupfer auf dem gelbbraunen Fell. Sie sind Einzelgänger und jagen nur nachts. Als größte Baumkletterer unter den Katzen können sie selbst senkrechte Baumstämme erklimmen. Oben ruhen sie oder verzehren ungestört ihre Beute.

Jaguar
Der Jaguar ist die einzige Großkatze des amerikanischen Kontinents. Er kommt hauptsächlich in den dichten Regenwäldern Südamerikas, aber auch in Mittelamerika und im Süden der USA vor. Er ist größer und gedrungener als der Leopard, aber nicht so flink. Die dunkel geränderten Fellflecken gehen am Bauch in dunkle Tupfer über. Er klettert nicht gut, sondern jagt allein am Boden. Er ist ein guter Schwimmer. Der Jaguar erbeutet Säugetiere, Krokodile, Schlangen, Fische und Vögel.

Tiger
Der Tiger ist die größte und schwerste aller Katzenarten. Größere Vorkommen gibt es heute nur noch in einigen Gebieten Indiens. Die Streifen des Fells gleichen im Gebüsch oder im hohen Gras den Schatten der Blätter und dienen so als Tarnmuster.
Tiger schleichen sich als Einzeljäger an ihre Opfer heran, da sie flüchtenden Beutetieren nur kurze Strecken folgen können. Sie schlagen meist große Beutetiere und benötigen zum Überleben weite Reviere, die der Mensch ihnen aber nimmt.

Löwe
Löwen leben als Großkatzen in Familienverbänden. 5 bis 9 Weibchen und 1 bis 2 Männchen bilden das Rudel. Die gemeinsame Jagd ist Aufgabe der Weibchen. Das Männchen markiert das Revier mit Urin und verteidigt es durch lautes Brüllen. Löwenmännchen haben im Gegensatz zum Weibchen eine Mähne. Freilebende Löwen kommen heute fast nur noch in Afrika vor. Ein Löwe hat im Tierreich kaum Feinde und beeindruckt durch sein prächtiges Aussehen. Menschen gaben ihm deshalb den Titel „König der Tiere".

Menschen halten Tiere und sind für sie verantwortlich

Katze

Übung

A1 Bau der Katzenzunge

Die Zunge der Katze hat nach hinten gerichtete harte Stacheln. Sie wirken wie eine Raspel und wie eine Bürste. Berichte, wozu die Katze eine so gebaute Zunge benötigt.

A2 Orientierung der Katze

Auch bei völliger Dunkelheit können Katzen feststellen, ob sie mit ihrem Körper durch enge Spalten passen. Beschreibe, wie das möglich ist.

A3 Extratür für Katzen

Erkläre, warum Katzenhalter in ihrem Haus oder ihrer Wohnung eine Öffnung nach draußen für ihre Katze vorsehen sollten.

A4 Gebissuntersuchung

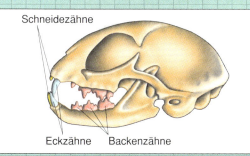

a) Weise anhand des Gebisses nach, dass Katzen Raubtiere sind.
b) Vergleiche das Katzengebiss mit dem Gebiss des Hundes in Abbildung 4 auf Seite 25.

A5 Katzen haben einziehbare Krallen

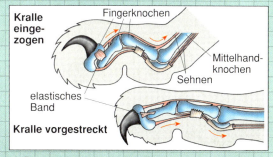

a) Beschreibe anhand der Zeichnungen, wie Katzen ihre Krallen einziehen oder ausstrecken.
b) Erkläre, welche Vorteile einziehbare Krallen für Katzen haben.

A6 Katzenpfoten

Katzenpfoten sind zum Schleichen, Klettern, Festhalten und Töten von Beutetieren geeignet.
a) Beschreibe, wie Katzenpfoten für diese Aufgaben gebaut sind.
b) Erkläre, warum man am Trittsiegel (Spur) von Katzen keine Krallen erkennt.

Menschen halten Tiere und sind für sie verantwortlich

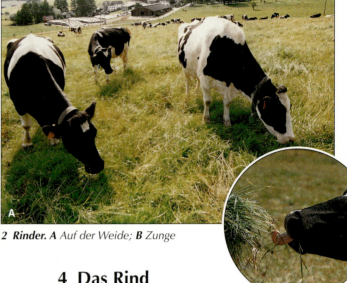

2 **Rinder.** A Auf der Weide; B Zunge

1 **Rinderrassen.** A Urrind (Höhlenzeichnung);
B Schwarzbuntes Niederungsrind; C Rotbuntes Rind;
D Fleckvieh; E Galloway

4 Das Rind

4.1 Rinder sind wiederkäuende Pflanzenfresser

Sicher hast du schon die abgebildeten Rinder auf Weiden grasen gesehen. In Norddeutschland trifft man vorwiegend das *Schwarzbunte Niederungsrind*. Es ist die am häufigsten vorkommende Rinderrasse. Auf Almwiesen in den Alpen dagegen weidet das großwüchsige *Fleckvieh*. *Rotbunte* Tiere oder andere Rassen kommen seltener vor. Insgesamt gibt es weltweit etwa 450 Rinderrassen.

Alle Hausrinder stammen vom **Ur** oder *Auerochsen* ab. Sein Vorkommen in weiten Teilen Europas ist durch Höhlenzeichnungen aus der Jungsteinzeit bewiesen. Wahrscheinlich schon vor 6000 Jahren wurden Auerochsen gezähmt und vom Menschen gezüchtet. Vor 300 Jahren wurde der letzte Auerochse durch rücksichtslose Jagd ausgerottet.

Auf der Weide sieht man Rinder meist stundenlang gemeinschaftlich grasen. Bis zu 70 kg Futter täglich nehmen sie auf. Mit ihrem guten *Geruchs-* und *Geschmackssinn* können sie schmackhafte von ungenießbaren Pflanzen unterscheiden. Rinder ernähren sich von Pflanzen. Es sind **Pflanzenfresser.**

Beim Fressen kannst du beobachten, wie Rinder mit der langen, muskulösen Zunge Grasbüschel umfassen und sie mit den *Schneidezähnen* des Unterkiefers gegen die *Hornleiste* des Oberkiefers drücken. Dann folgt ein kurzer Ruck mit dem Kopf, um das Gras abzurupfen. Mit Speichel versetzt, aber fast unzerkaut, wird es verschluckt. Über die Speiseröhre gelangen die groben Bissen in eine Art „Vorratskammer", den

Menschen halten Tiere und sind für sie verantwortlich

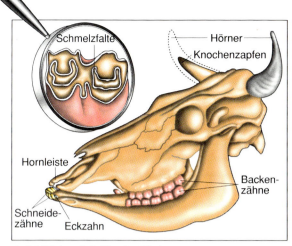

3 Schädel und Gebiss des Rindes

Pansen. Über 160 Liter Pflanzenbrei wird hier gesammelt, aufgeweicht und schon leicht zersetzt.
Nach langem Weiden legen sich die Rinder zur Ruhe nieder. Vom Pansen gelangen nun kleine Futtermengen in den *Netzmagen*. Dort werden sie zu kleinen Ballen geformt und durch Aufstoßen ins Maul zurückbefördert. Rinder kauen ihr Futter jetzt zum zweiten Mal. Deshalb werden sie als **Wiederkäuer** bezeichnet.
Zwischen den breiten Backenzähnen wird die Nahrung nun gründlich zerrieben. Dazu sind die Zähne mit rauhen *Schmelzfalten* überzogen. Solche Zähne kennzeichnen ein **Pflanzenfressergebiss.**
Nach dem Wiederkäuen wird der jetzt dünnflüssige Speisebrei endgültig verschluckt. Dabei gelangt er über die Schlundrinne der Speiseröhre in den *Blättermagen.* Hier wird ihm vor allem Wasser entzogen. Erst

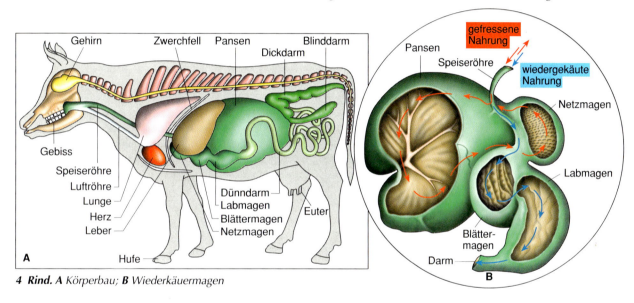

4 Rind. A *Körperbau;* B *Wiederkäuermagen*

im letzten Magenabschnitt, dem *Labmagen,* erfolgt die restliche Verdauung. Danach gelangt der Nahrungsbrei in den Darm.

Rinder sind Wiederkäuer. Der Wiederkäuermagen besteht aus Pansen, Netzmagen, Blättermagen und Labmagen. Breite Mahlzähne mit Schmelzfalten kennzeichnen das Pflanzenfressergebiss.

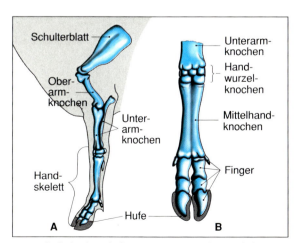

5 **Vorderbein des Rindes. A** *Gesamtansicht (seitlich);* **B** *Vorderansicht (Fuß)*

1 Rinder sind Paarhufer, die auf Zehenspitzen gehen. Beschreibe das anhand der Abb. 5.
2 Beschreibe mithilfe der Abb. 4B den Weg der Pflanzennahrung durch den Wiederkäuermagen.
3 Vergleiche das Pflanzenfressergebiss mit dem des Hundes (S. 25, Abb. 4). Denke an Bau der Zähne, Zahnarten, Zahnformel, ….

Menschen halten Tiere und sind für sie verantwortlich

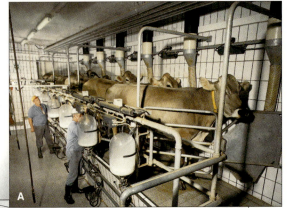

4.2 Rinder haben für den Menschen eine große wirtschaftliche Bedeutung

Seit jeher war das Rind das wichtigste Haustier des Menschen – auch heute noch. Allein in Deutschland gibt es heute etwa 15 Millionen Stück. Weshalb braucht der Mensch so viele Rinder?

In der Altsteinzeit lebte der Mensch als Jäger und Sammler. War die Jagd erfolglos, bedeutete das oft Hunger. Doch dann entdeckten die Menschen in der Jungsteinzeit vor über 6000 Jahren, dass man gefangene Tiere halten und vermehren konnte, um in Notzeiten Nahrung zu haben. Als *Schlachttier* lieferten Rinder nun *Fleisch* und *Fett*. Aber auch Sehnen und die abgezogene *Haut* konnten die Steinzeitmenschen gut gebrauchen.

Als der Mensch sesshaft wurde, setzte er Rinder auch als *Arbeitstiere* ein. Er spannte sie vor Lastkarren und Ackergeräte oder betrieb später mit ihrer Kraft einfache Maschinen. Kuhdung wurde als Dünger verwandt. Das wichtigste Erzeugnis aber war die *Milch*. Man fand heraus, dass Kühe nach dem Kalben über die Aufzuchtzeit der Jungen hinaus Milch geben, wenn man sie weiter ständig melkt. Milch enthält fast alle auch für den Menschen lebenswichtigen Nährstoffe wie Eiweiß, Fett und Zucker sowie Mineralstoffe und Vitamine. So kannst du dir erklären, dass Säuglinge über einen längeren Zeitraum ohne weitere Nahrungsmittel damit auskommen.

Rinder werden heute hauptsächlich zur Milch- oder Fleischerzeugung gehalten. Im Laufe der Zeit sind deshalb besondere Rinderrassen enstanden.

Milchkühe sollen eine hohe **Milchleistung** erzielen. Während eine Kuh des Fleckviehs durchschnittlich 5100 Liter Milch im Jahr gibt, erzeugen Schwarzbunte Kühe mit 6100 Litern eine höhere Jahresmilchmenge. Das sind pro Tag ca. 17 Liter.

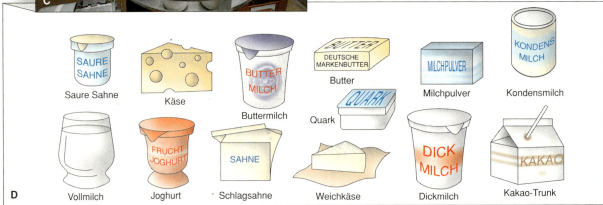

1 Milcherzeugung. *A* Melken; *B* Milchtransport; *C* Molkerei; *D* Milch und Milchprodukte

Menschen halten Tiere und sind für sie verantwortlich

Noch vor 100 Jahren wurde die Milch direkt auf dem Bauernhof verarbeitet. Melken und die Butterherstellung waren meist Frauensache. Heute wird die Milch überwiegend maschinell gemolken und in Spezialfahrzeugen in Molkereien transportiert. Dort wird sie zu Butter, Sahne, Quark, Joghurt, Kefir und vielen anderen hochwertigen Milchprodukten weiterverarbeitet.

Mastrinder sind für einen schnellen **Fleischansatz** gezüchtet worden. Das bei der Schlachtung auf Schlachthöfen oder in Fleischereien anfallende Fleisch wird hauptsächlich zu Braten, Rouladen, Gulasch, Steaks, Mett und Wurst verarbeitet. Bei uns werden vorwiegend Rinder gehalten, die während ihres Lebens viel Milch und bei der Schlachtung viel Fleisch liefern. Zu solchen *Zweinutzungsrindern* gehört zum Beispiel das Schwarzbunte Niederungsrind.

Andere bei der Schlachtung anfallende Bestandteile des Rindes wie Haut, Därme, Hufe, Hörner, Knochen, Blut, Talg werden zu Leder, Wursthaut, Dünger, Fetten, Futtermitteln sowie medizinischen und anderen Produkten weiterverarbeitet.

Man kann also feststellen, dass ein geschlachtetes Rind vom Menschen fast vollständig verwertet wird.

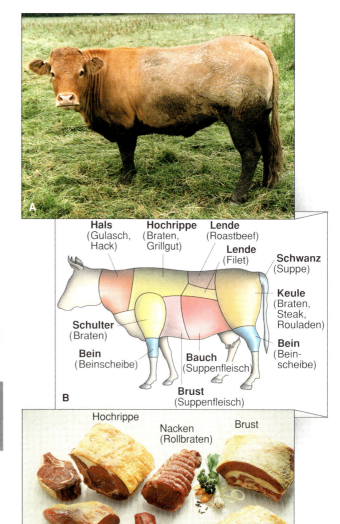

> Milch und Milchprodukte gehören zu unseren wichtigsten Nahrungsmitteln. Rinder decken einen großen Teil unseres Fleischbedarfs. Der Mensch verwertet fast alle Teile des Rindes.

1 Nenne Gründe, warum Rinder für den Menschen zu allen Zeiten eine wichtige Bedeutung hatten.
2 Zähle Produkte auf, zu deren Herstellung Milch benötigt wird. Werte dazu auch Abb. 1 aus.
3 Stelle die Werte zur Jahresmilchmenge auf S. 40 „Pinnwand Rind" in einem Säulendiagramm dar.

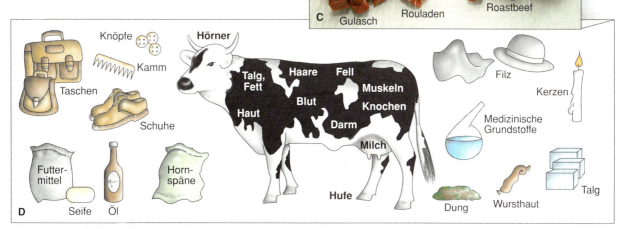

2 Rind. A Mastbulle; B Fleischarten; C Fleischprodukte; D verwertbare Teile und Produkte vom Rind

Menschen halten Tiere und sind für sie verantwortlich

Pinnwand

RINDER

Europa: Tiertransporte – Hölle auf Rädern?

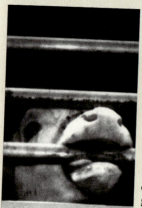

Bonn (dp) Für Transporte von Rindern und anderen Nutztieren gibt es endlich neue Regelungen. Früher wurden z.B. Rinder tagelang auf engstem Raum durch Europa gefahren. Oft kamen sie ausgemergelt und zerschunden am Zielort an. Die neue Verordnung, die ab 1997 gilt, sieht vor, dass Schlachttiere in Deutschland auf normalen Fahrzeugen ohne besondere Fütterungseinrichtungen nur 8 Stunden transportiert werden dürfen. Dann müssen die Tiere entladen werden sowie Wasser und Futter erhalten. Erst nach einer 24-stündigen Pause darf es weitergehen. Tierschützer sind auch mit dieser neuen Regelung nicht zufrieden.

Indien: KÜHE SIND HEILIG

Das Land mit den meisten Rindern ist Indien. Dennoch trägt ihr Fleisch dort nicht zur Ernährung der Bevölkerung bei. Aus religiösen Gründen dürfen die Tiere nicht geschlachtet und wirtschaftlich genutzt werden. Kühe gelten als heilig. Niemand würde es wagen, ihnen etwas anzutun. Als Nutztiere werden in Indien vorwiegend Ziegen gehalten.

Alfelder Bote   Freitag, den 7. Februar 1997

Eine Rinderseuche mit Folgen

Viele Liebhaber von Rindfleisch sind seit einiger Zeit verunsichert – sie meiden Fleisch vom Rind. Grund ist eine ziemlich unerforschte tödliche Seuche bei Rindern – der Rinderwahnsinn, auch **BSE** genannt.

BSE ist die Abkürzung für **B**ovine **S**pongiforme **E**nzephalopathie, einer Krankheit, die das Gehirn der Rinder zerstört. Erkrankte Rinder können nicht mehr sicher laufen und verenden schnell. Britische Wissenschaftler stellten **BSE** 1986 zum ersten Mal bei toten Rindern in Großbritannien fest. Der Erreger konnte bis heute nicht gefunden werden. Die Infektionskrankheit wurde durch Beimischungen von gemahlenen Schafsinnereien in das Rinderfutter ausgelöst. Sie kann vom Muttertier auf das Kalb übertragen werden. Viele Menschen haben Angst vor einer Übertragung vom Rind auf den Menschen, obwohl es dafür noch keine Beweise gibt.

Begriffe rund um das Rind

- *Kuh* = weibliches Tier (nach dem 1. Kalben, ca. 3. Lebensjahr)
- *Bulle* = männliches Rind
- *Stier* = männliches Rind
- *Kalb* = Jungtier
- *Färse* = weibliches Jungtier, das noch kein Kalb zur Welt gebracht hat
- *Ochse* = unfruchtbar gemachtes männliches Rind

Jährliche Milcherträge pro Kuh
Deutschland (Durchschnitt aller Rassen, gerundet)

Jahr	Liter	Jahr	Liter
1810	1200 Liter	1975	4000 Liter
1850	1600 Liter	1980	4500 Liter
1910	2100 Liter	1991	4800 Liter
1930	2400 Liter	1992	5000 Liter
1950	2500 Liter	1993	5200 Liter
1865	3700 Liter	1996	Liter

Pferde in der Malerei

Streifzug durch die Kunst

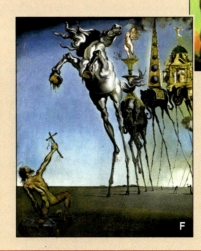

Pferdemotive tauchen in der Malerei bereits seit frühen Zeiten auf. Was mag der Grund sein? Betrachten wir die Höhlenbilder, die schon vor 15 000 Jahren entstanden sind. Sollte damit die Achtung vor der Schöpfung zum Ausdruck gebracht werden? Versuchte der Mensch durch die Bilder magische Kräfte über Tiere erhalten oder wollte er Jagdglück erflehen? Diese Fragen beschäftigen Forscher bis heute.

Motive aus dem Bereich der Religion waren über lange Zeit sehr beliebt. Aus dem 16. Jahrhundert stammt das Bild von Albrecht Dürer, einem bedeutenden Künstler der damaligen Zeit. Der Kupferstich vom Kreuzritter auf seinem Pferd drückt aus, wie ein Mensch – im Glauben stark – unbeirrt an den „Mächten der Finsternis" vorüberreitet.

Zu Lebzeiten des holländischen Malers Rubens im 17. Jahrhundert war es Mode, dass sich wichtige Personen als Zeichen ihrer Bedeutung in prächtigen Reiterbildnissen darstellen ließen.

Mit Ende des 19. Jahrhunderts erfreuten sich die Menschen an einfachen Motiven aus ihrem bürgerlichen Leben. Maler wie der Franzose Rousseau schufen Bilder von großer Detailtreue.

Der deutsche Maler Franz Marc stellte Anfang des 20. Jahrhunderts Pferde farbintensiv und vereinfacht dar. Er wollte damit ausdrücken, dass Tiere als eigenständige Lebewesen anzusehen wären und der Mensch seine Herrschaft über die Tiere aufgeben sollte.

Salvador Dalí, ein spanischer Maler unserer modernen Zeit, benutzte das Pferd als Sinnbild für schreckliche Dämonen und böse Geister. Der heilige Antonius will sie mit seinem Kreuz zurückhalten.

1 Pferde. A Lascaux (Frankreich): Höhlenmalerei (Altsteinzeit); **B** A. Dürer: „Ritter, Tod und Teufel" (1513); **C** P. P. Rubens: „Der Ritter vom Goldenen Vlies" (1610); **D** H. Rousseau: „Der Wagen des Vaters Juniet" (1908); **E** F. Marc: „Blaues Pferd" (1911); **F** S. Dalí: „Die Versuchung des heiligen Antonius" (1946)

Menschen halten Tiere und sind für sie verantwortlich

1 Kinder mögen Pferde

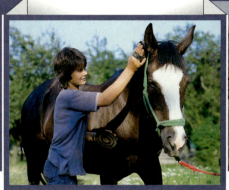

2 Pferde brauchen gute Pflege

3 Tägliche Bewegung durch Ausritte

5 Pferde als Nutztiere – früher und heute

Träumst du nicht auch manchmal von einem eigenen Pferd und dem Wunsch, es zu pflegen und mit ihm auszureiten? Doch nur wenige können sich diesen Traum erfüllen, da Pferdehaltung sehr teuer ist.

Seit 4000 bis 5000 Jahren wird das Pferd als *Haustier* gehalten. Als *Nutztier* war es lange Zeit für den Menschen unentbehrlich. In Kriegen waren Reiterheere dem Fußvolk überlegen. Pferdebespannte Postkutschen dienten der Beförderung von Post sowie der Reiselust der Menschen. Bauern konnten nur mithilfe des Pferdes vor dem Pflug größere Felder bewirtschaften. Auch der Transport von Gütern war ohne Pferd und Wagen nicht denkbar.

Heute haben Auto, Lastkraftwagen, Trecker und Eisenbahn diese Aufgaben übernommen und das Pferd verdrängt. Deshalb nahm besonders die Anzahl der Arbeitspferde, die zur Rassengruppe der **Kaltblutpferde** gehören, beständig ab. Diese stämmigen, grobknochigen, kräftigen Tiere, die vom Temperament her behäbig und durch nichts aus der Ruhe zu bringen sind, sieht man heute manchmal noch vor Brauereiwagen bei Festumzügen.

Der Mensch nutzt das Pferd heute aber vorwiegend zur sportlichen Betätigung und zur Freizeitgestaltung. Da Reitsport immer beliebter wird, werden vermehrt Reit- und Springpferde gezüchtet. Rassen, die dazu verwendet werden, gehören zu den schlanken, schnellen und ausdauernd laufenden **Warmblutpferden.** Trakehner und Hannoveraner gehören dazu.

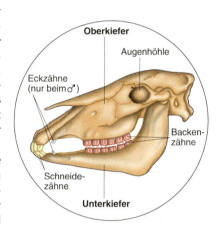

4 Pferdeschädel und Gebiss

5 Kaltblüter beim Ziehen schwerer Lasten

6 Jagd zu Pferde (Warmblüter)

7 Warmblüter sind als Kutschpferde gut geeignet

Menschen halten Tiere und sind für sie verantwortlich

8 Pferdeherde beim Auslauf

9 Przewalski-Pferde

10 Stute mit neugeborenem Fohlen

Vollblutpferde wie Araber sind die temperamentvollsten und teuersten Pferde. Sie haben einen sehr schlanken Körper und sind zierlich gebaut. Bei Pferderennen und im Zirkus kannst du sie sehen.

Die Bezeichnungen Kalt-, Warm- und Vollblüter kennzeichnen das Temperament der Tiere der jeweiligen Rassengruppe, nicht jedoch die Temperatur des Blutes.

Beobachtest du Pferde auf der Weide, stellst du fest, dass sie meist in Gruppen grasen. Mit ihrem *Pflanzenfressergebiss* beißen sie die Gräser ab, kauen ihr Futter aber nur einmal. Werden sie erschreckt, stürmen sie davon.

Pferde sind *Lauftiere,* die mit ihren schlanken Laufbeinen vor Feinden flüchten. Diese Verhaltensweise stammt von ihren Vorfahren, den Wildpferden. Das *Przewalskipferd* ist die letzte bei uns vorkommende Wildpferdart. Es wird in Zoos oder Tierparks gehalten. Du erkennst es am gelbbraunen Fell und den aufrecht stehenden Haaren der Mähne.

> Früher nutzte man Pferde als Arbeitstiere, heute vorwiegend bei Freizeit und Sport. Kalt-, Warm- und Vollblüter unterscheiden sich in Körperbau und Temperament.

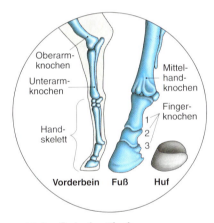

11 Laufbein des Pferdes

1 Pferde haben ein Pflanzenfressergebiss. Vergleiche Abb. 4 mit der Abbildung vom Rindergebiss (S. 37, Abb. 3). Erkläre.

2 Pferde sind Zehenspitzengänger, Lauftiere, Huftiere und Unpaarhufer. Erläutere diese Begriffe mit Hilfe von Abb. 11.

3 Pferde haben ihre Bedeutung als Arbeitstiere weitgehend verloren. Beschreibe, wie man Pferde heute nutzt.

12 Warmblüter beim Springreiten

13 Vollblüter beim Galopprennen

14 Pferdedressur im Zirkus mit rassigen Lipizzanerhengsten (Vollblüter)

43

Menschen halten Tiere und sind für sie verantwortlich

1 **Hausschwein.** A *Eber*; B *Sau mit Ferkeln*; C *Schädel und Gebiss*

6 Schweine sind Allesfresser

Marc besichtigt einen Bauernhof, auf dem Schweine gehalten werden. Laut quiekend drängeln sie sich um den Futtertrog. Sie erhalten Kartoffeln, Kleie, Schrot, Rüben, Küchenabfälle, altes Brot und Fleischreste. Marc wundert sich: „Die fressen ja alles – pflanzliche und tierische Nahrung!"
Schweine sind **Allesfresser.** Das zeigt auch der Bau ihres Gebisses. Die vorderen Backenzähne sind spitzhöckrig wie bei Raubtieren und dienen der Zerkleinerung von Fleischstücken. Die hinteren Backenzähne dagegen besitzen stumpfhöckrige Kauflächen, wie sie bei Pflanzenfressern anzutreffen sind. Sie sind zum Zermahlen von Pflanzenteilen geeignet.

Auf der Weide durchwühlen sie mit ihrer rüsselartigen Nase den Boden, um Fressbares aufzuspüren. Sie finden dort Wurzeln, Gras und Kleintiere. Auch wälzen sie sich gern in schlammigen Mulden, den *Suhlen.* Danach ist ihre rosafarbene Haut mit einer Schlammkruste überzogen, die vor lästigen Insekten schützt.
Weibliche **Hausschweine,** die *Sauen,* können zu jeder Jahreszeit Junge bekommen. Ein guter Wurf bringt bis zu 12 *Ferkel.* Sie werden in den ersten Wochen gesäugt. Schweine sind *Säugetiere.* Nach 8 Wochen können sie ohne Mutter aufgezogen werden.
Schweine nehmen bei guter Fütterung schnell zu. Sie werden gemästet. Nach etwa 8 bis 10 Monaten sind sie schlachtreif. Hausschweine sind für die Ernährung des Menschen wichtig. Bei der Mast kommt es darauf an, viel mageres Fleisch zu erzeugen. Die Fleischqua-

2 **Wildschwein.** A *Keiler*; B *Bache mit Frischlingen*; C *Schädel und Gebiss*

Menschen halten Tiere und sind für sie verantwortlich

lität ist am besten, wenn die Tiere Auslauf haben und sich frei bewegen können. Neben Fleisch werden aber auch die bei der Schlachtung anfallenden Därme, das Blut, das Fett, die Knochen und die Haut verwertet. Hausschweine stammen von den heute noch in unseren Wäldern weit verbreiteten Wildschweinen ab. Diese können sich auch mit Hausschweinen paaren, was ein Hinweis auf ihre nahe Verwandtschaft ist. Schon

4 Wichtige Fleischpartien beim Schwein.
a Kopf (Sülze); b Nacken (Steaks, Kammscheiben); c Schulter (Vorderschinken); d Bein (Eisbein); e Bauch (Suppenfleisch, Rippchen, Speck); f Rücken (Koteletts); g Keule (Schinken, Schnitzel, Steaks)

3 Die häufigsten Schweinerassen in Deutschland.
A Deutsche Landrasse;
B Deutsches Edelschwein;
C Piétrain

vor 5000 Jahren hat der Mensch mit der Züchtung begonnen. Heute gibt es verschiedene Rassen. Weit verbreitet ist das *Deutsche Edelschwein*.

Wildschweine zeigen einen anderen Körperbau. Auffallend sind der längere Kopf und der starke Rüssel. Der ausgeprägte Geruchssinn und die starken Eckzähne, auch *Hauer* genannt, leisten bei der Nahrungssuche gute Dienste. Durch ihr schwarzbraunes Haarkleid sind sie im Wald gut getarnt.

> Schweine sind Allesfresser. Hausschweine sind wichtige Fleischlieferanten. Hausschweine sind aus Wildschweinen gezüchtet worden.

1 Vergleiche den Körperbau von Hausschwein und Wildschwein. Denke an Rumpf, Körperfarbe, Kopfform, Ohrenform, … Beschreibe.
2 Erkläre an einem Schweinegebiss Merkmale des Allesfressergebisses.
3 Beschreibe Gemeinsamkeiten und Unterschiede der Gebisse von Haus- und Wildschwein.
4 Beschreibe den Nutzen des Hausschweines. Nimm dazu Abb. 4 und 5 zu Hilfe.

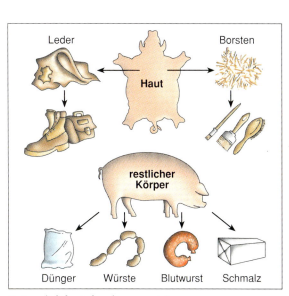

5 So wird das Schwein verwertet

Menschen halten Tiere und sind für sie verantwortlich

1 Stute mit Fohlen

7 Merkmale von Säugetieren

Ein Fohlen saugt bei seiner Mutter. Hilke und Tina haben die Geburt miterlebt. Sie verbringen ihre Ferien auf einem Reiterhof. Dabei hatten sie vom Tierarzt, Dr. Jansen, erfahren, dass das Muttertier, die *Stute,* nach einer Tragzeit von über 300 Tagen ein Junges zur Welt bringt. Diese jungen Pferde heißen Füllen oder *Fohlen.*

Das Fell des Fohlens war nach der Geburt noch nass. Sorgfältig leckte es die Mutter trocken. Schon bald stellte sich das Fohlen auf seine noch recht wackligen Beine und versuchte die ersten noch unsicheren Schritte. Tina fürchtete, es könnte wieder umfallen. Aber nach wenigen Stunden war es so sicher, dass es der Mutter folgen konnte.
Immer wieder schiebt das Fohlen suchend den Kopf unter ihren Bauch zum *Euter.* Es findet die beiden Saugwarzen, die *Zitzen,* und saugt. Die Milch ist sehr nahrhaft und wird von *Milchdrüsen* im Euter gebildet.
„Ihr werdet sehen", sagt Dr. Jansen, „schon nach wenigen Wochen galoppiert das Fohlen umher und kann schnell laufen und springen."

Tiere, die wie das Pferd lebende Junge gebären und sie säugen, bezeichnet man als **Säugetiere.** Sie haben Haare, die ein dichtes Fell bilden können und sie so vor Kälte und Nässe schützen. Säugetiere atmen mit Lungen.

Ein Kaninchenweibchen bringt nach einer Tragzeit von etwa 30 Tagen seine Jungen zur Welt. Ein „Wurf" besteht aus vier bis zwölf Jungen. Im

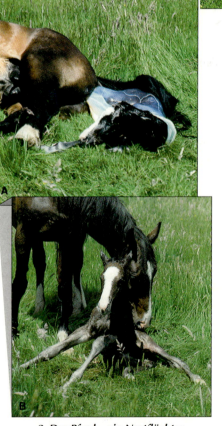

2 Das Pferd – ein Nestflüchter.
A neugeborenes Fohlen; ***B*** *nach wenigen Stunden kann es stehen*

Menschen halten Tiere und sind für sie verantwortlich

3 Brutpflege bei Säugetieren.
A neugeborene Kaninchen; B Kaninchen werden gesäugt;
C Kaninchen im Nest

Gegensatz zu den Fohlen werden sie nackt, zahnlos und blind geboren. Erst nach zehn Tagen können sie sehen. Sie sind viel hilfloser als das Fohlen. Sie werden von der Mutter in einem Nest gewärmt, das sie mit ihren Brusthaaren ausgepolstert hat. Man nennt Tiere, die im Nest von der Mutter gepflegt werden, **Nesthocker.** Die Jungen werden bis zu zehn Wochen gesäugt. Dieses **Brutpflegeverhalten** ist dem Kaninchen angeboren.

Jungtiere, die wie das Fohlen bei der Geburt weitgehend selbstständig sind, heißen **Nestflüchter.** Einige Säugetiermütter tragen ihre Jungen. Pavianjunge z.B. krallen sich im Fell fest, sodass sie nicht hinunterfallen. Zur Unterscheidung von Nesthockern und Nestflüchtern nennt man sie **Traglinge.**

> Tiere, die lebende Junge gebären und sie säugen, nennt man Säugetiere. Ihre Jungen sind bei der Geburt unterschiedlich weit entwickelt. Ein wichtiges Kennzeichen sind die Haare.

1 Nenne verschiedene Säugetiere. Ordne sie in einer Tabelle nach Wildtieren und Haustieren. Nimm auch das Buch zu Hilfe.

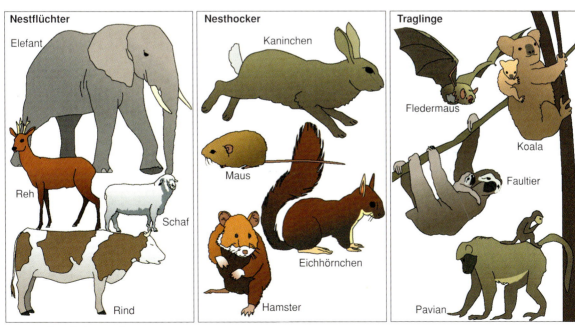

4 Brutpflege bei Säugetieren

Menschen halten Tiere und sind für sie verantwortlich

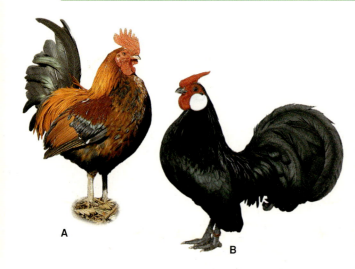

8 Hühner

8.1 Haushühner – Vögel als Haustiere

Ute und Jan haben mit ihren Eltern Ferien auf dem Bauernhof verbracht. Morgens in aller Frühe wurden sie vom ‚Kikeriki' eines Hahnes geweckt. Zum Frühstück gab es jeden Tag frische Eier. Die stammten von den Hühnern, die dort den ganzen Tag frei herumliefen. Herr Jansen, der Hofbesitzer, erklärte ihnen, dass er sie nur noch so zum Spaß hielte. Seinen Lebensunterhalt würde er mit Zuckerrüben- und Getreideanbau verdienen.

Bei ihren Beobachtungen stellten die beiden Kinder fest, dass Hühner kaum noch fliegen können. Ihre Flügel sind klein und das Körpergewicht ist hoch. Wenn es morgens hell wird, verlassen sie den Stall. Im Gelände beginnen sie mit ihren kräftigen, mit Krallen besetzten Zehen zu scharren und mit dem Schnabel zu picken. Hier finden sie Körner, Larven oder Würmer. Schnell und zielsicher picken sie zu. Sie fressen auch Samen, Gras und Käfer sowie Futterreste. Dies alles wird unzerkleinert verschluckt.

Kommen sich zwei Hühner bei der Futteraufnahme zu nahe, gibt es gelegentlich Streit. Dann hacken sie aufeinander ein. Das unterlegene Huhn ordnet sich danach aber schnell unter. In der Hühnerschar herrscht eine strenge **Rangordnung.**

Zwischen den *Hennen* stolziert ein *Hahn* herum. Er ist der Ranghöchste. Er fällt durch seine Körpergröße, seine besonders aufrechte Haltung, den großen Kamm und die langen Kehllappen sowie die prächtigen Schwanzfedern auf. Bei bestimmten Rassen ist zudem das Gefieder viel farbiger als bei den Hennen. Bei Gefahr warnt er das Hühnervolk durch einen besonderen Laut. Mehrmals am Tag legen sich die Hühner in flache Bodenmulden und stäuben ihr aufgeplustertes Gefieder mit trockenem Sand oder feiner Erde ein. Auf diese Weise halten sie sich frei von Ungeziefer.

Zum Eierlegen suchen die Hennen Nester am Boden des Stalles auf. Dazu brauchen sie Ruhe in einer möglichst etwas abgedunkelten Umgebung. Jede Eiablage zeigen sie durch lautes Gegacker an.

Bei Anbruch der Dämmerung sind alle Hühner wieder im Stall verschwunden. Dort verbringen sie schlafend auf Sitzstangen die Nacht. Diese Verhaltensweise stammt von ihren Vorfahren, die auf Bäumen übernachteten. Beim Hinsetzen und Beugen der Gelenke der Beine umschließen die Zehen automatisch die Stange. Das geschieht durch einen bestimmten Sehnenmechanismus. So ermüden die Muskeln nicht und die Hühner können auch im Schlaf nicht von der Stange fallen.

Unsere Haushühner stammen vom **Bankivahuhn** ab. Diese Wildhuhnart lebt in Ostasien und wurde schon vor über 4000 Jahren in Indien gezähmt und gehalten. Im Laufe der Zeit wurden diese Vögel so zu Haustieren. Durch Züchtung sind viele Rassen entstanden. Gute *Legehühner* legen heute über 300 Eier pro Jahr. *Fleischhühner* wachsen schnell, haben einen stärkeren Körperbau und setzen viel zartes Fleisch an.

1 Hühnerrassen. A *Bankivahahn;* **B** *Peking-Bantam-Hahn (Zwerghuhn);* **C** *Gelbe Orpington-Henne;* **D** *Plymouth-Rocks-Henne;* **E** *Rhodeländer-Henne;* **F** *Küken;* **G** *Italiener-Henne;* **H** *Sussex-Henne*

Menschen halten Tiere und sind für sie verantwortlich

Haushühner sind Vögel, die kaum noch fliegen können. Im Hühnervolk besteht eine Rangordnung. Hühner scharren im Boden, um an ihre Nahrung zu gelangen. Alle Hühnerrassen stammen vom Bankivahuhn ab.

2 Leben im Hühnervolk. A Hühnerhof; *B* Sitzen auf der Stange; *C* Paarung; *D* Eierlegen und Brüten; *E* Schlüpfen der Küken; *F* Glucke führt ihre Küken

1 Beschreibe Unterschiede in Gestalt und Lebensweise von Hahn und Henne.
2 Nenne Hühnerrassen, die du schon einmal gesehen hast. Sammle auch Bilder und klebe sie auf. Gib besondere Kennzeichen an. Vergleiche auch mit den Abbildungen auf S. 48/49.
3 Beschreibe die Lebensweise der Hühner anhand der Abbildungsreihe 2.
4 Beobachte bei Gelegenheit ein Hühnervolk. Beschreibe auffallende Verhaltensweisen.

8.2 Küken schlüpfen aus Eiern

Auf dem Hühnerhof balzt ein Hahn. Er pickt auf den Boden und scharrt. Eine paarungsbereite Henne in seiner Nähe duckt sich plötzlich hin. Der Hahn besteigt ihren Rücken und beide pressen ihre Geschlechtsöffnungen aufeinander. Kurz darauf springt er ab.

Hahn und Henne haben sich gepaart. Dabei werden vom Hahn Spermien in den *Eileiter* der Henne übertragen. An dessen Ende, dem *Eierstock,* befinden sich viele kleine Dotterkugeln. Diese wachsen heran und lösen sich nacheinander ab. Im Eileiter werden sie mit Eiklar angereichert. Auf dem Dotter eines reifen Eies liegt die *Keimscheibe.* Dort befindet sich der Kern der Eizelle. Wenn dieser mit dem Kern eines Spermiums verschmilzt, ist das Ei *befruchtet.* Danach bilden sich die pergamentartige Schalenhaut und die Kalkschale. Dann wird das Ei gelegt.

Zur Entwicklung des Embryos ist gleichmäßige Wärme von 38° bis 40° C notwendig. Nach kurzer Zeit überzieht dann ein Netz feiner Blutgefäße, die von der Keimscheibe ausgehen, die Dotterkugel. Bereits nach 6 Tagen ist die Kükengestalt erkennbar. Zum Schluss wird der Dottersack vom Körper „eingesogen". Dotter und Eiklar liefern also alles, was das Küken zum Aufbau benötigt.

Nach etwa 21 Tagen schlüpft das Küken. Mit dem *Eizahn,* einem spitzen Fortsatz auf dem Oberschnabel, ritzt es ein Loch in die Kalkschale. Dann wird sie aufgesprengt und das noch nasse Küken ist frei. Schnell trocknet es. Küken können sofort picken, laufen und scharren. Sie sind **Nestflüchter.**

Aus befruchteten Hühnereiern entwickeln sich in 21 Tagen Küken.

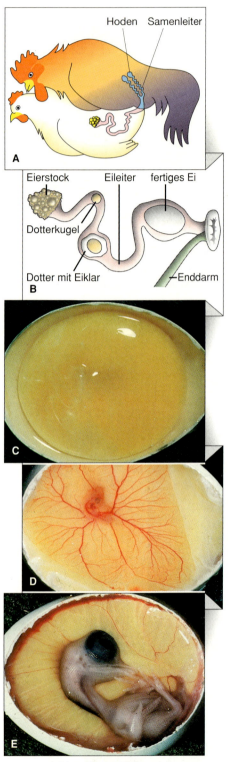

1 Vom Ei zum Küken. A Paarung; **B** Eientstehung; **C** Dotter mit Keimscheibe; **D** Embryo am 6. Bebrütungstag; **E** Embryo am 12. Bebrütungstag;

F Embryo am 19. Bebrütungstag; **G** Aufbrechen der Kalkschale; **H** und **I** Küken schlüpft; **J** der Federflaum trocknet

Hühnerei

A 1 Legeleistung einer Henne

		Januar
		Februar
		März
		April
		Mai
		Juni
Legeleistung	5	Juli
	17	August
	24	September
	26	Oktober
	25	November
	23	Dezember
	21	Januar
	26	Februar
	27	März
	27	April
	28	Mai
	26	Juni
	25	Juli
	23	August
Aussortieren der Legehennen	17	September
	11	Oktober
	6	November
Schlachtung		Dezember

a) Beschreibe den Lebenslauf der in der Abbildung dargestellten Legehenne.
b) Stelle die monatliche Legeleistung der Henne in einem Säulendiagramm dar. Erläutere.

V 2 Untersuchung eines gekochten Hühnereies

Material: hart gekochtes Hühnerei; Pinzette; Messer
Durchführung: Entferne mit der Pinzette vorsichtig die Kalkschale. Ziehe danach die Schalenhaut ab. Schneide das Hühnerei dann längs durch.
Aufgabe: Vergleiche den Längsschnitt des Eies mit der Zeichnung vom rohen Hühnerei auf dieser Seite.

V 3 Präparation eines rohen Hühnereies

Material: rohes Hühnerei; Petrischale oder Eierpappe; Pinzette; Schere; Nadel; Lupe; Papiertaschentücher
Durchführung: Lege das rohe Ei in eine mit Papiertaschentüchern ausgepolsterte Petrischale oder in die Eierpappe. Bohre mit der Scherenspitze vorsichtig ein Loch in die Schale. Löse mit der Pinzette die Kalkschale so weit ab, dass eine etwa markstückgroße Öffnung entsteht. Schneide die Schalenhaut auf.
Aufgaben: a) Benenne die Eibestandteile, die du durch die Öffnung erkennen kannst.
b) Beschreibe die Lage der Eibestandteile und vergleiche mit der Abbildung vom rohen Hühnerei.
c) Gieße den Inhalt des Eies in die Petrischale. Betrachte die Keimscheibe auf der Dotterkugel, ziehe mit der Pinzette an den Eischnüren und durchsteche schließlich die Dotterhaut. Beschreibe. Zeichne.

A 4 Bau eines rohen Hühnereies

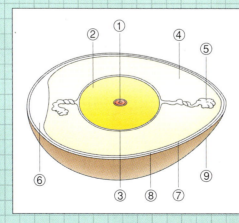

① Keimscheibe
② Eidotter
③ Dotterhaut
④ Eiklar (Eiweiß)
⑤ Eischnur (Hagelschnur)
⑥ Luftkammer
⑦ innere Schalenhaut
⑧ äußere Schalenhaut
⑨ Kalkschale

a) Beschreibe den Bau eines Hühnereies anhand der Abbildung.
b) Versuche mithilfe der Abbildung zu erklären, durch welche Bestandteile die Eidotterkugel in der Mitte des Eies gehalten wird.

8.3 Massenhaltung – bei Hühnern verbreitet

Frei herumlaufende, scharrende und pickende Hennen und dazwischen ein Hahn – diese früher übliche **Freilandhaltung** gibt es heute kaum noch.
Die meisten Hühner werden in riesigen, oft fensterlosen und künstlich beleuchteten Hallen gehalten. Zur Verbesserung des Raumklimas muss ständig Frischluft zugeführt werden. In solchen *Hühnerfarmen* leben Zehntausende von Tieren auf engstem Raum zusammen.
Wie bei jeder *Massentierhaltung* können sich hier Infektionskrankheiten schnell verbreiten und einen ganzen Bestand gefährden. Deshalb werden vorbeugend oft Medikamente mit dem Futter verabreicht.

Eine besondere Form der *Intensivhaltung* ist die **Batteriehaltung.** Mehrere Legehennen sitzen zeitlebens dicht an dicht in einem Drahtkäfig. Viele solcher Käfige stehen eng nebeneinander und in Stockwerken übereinander. Sie bilden eine „Batterie". Der Käfigboden besteht aus schräg gestellten Gittern. So kann der Kot nach unten durchfallen. Die Eier rollen von allein auf Fließbänder und werden maschinell sortiert. Die Futterrinnen und Tränken füllen sich automatisch. Ein Gesetz schreibt eine Mindestfläche von

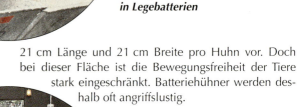

2 Käfighaltung von Hühnern in Legebatterien

21 cm Länge und 21 cm Breite pro Huhn vor. Doch bei dieser Fläche ist die Bewegungsfreiheit der Tiere stark eingeschränkt. Batteriehühner werden deshalb oft angriffslustig.

Bei der **Bodenhaltung** können sich die Legehennen frei bewegen. Eine Kotgrube, die mit Maschendraht überspannt ist, macht etwa die Hälfte des Stalles aus. Auf der restlichen Fläche, die mit Streu aus trockenen Spänen und Sand bedeckt ist, können die Hühner scharren und Sandbäder nehmen. Auch an die Futterstellen und Tränken kommen sie jederzeit heran. Im Wandbereich befinden sich die Nester, in denen die Hennen in Ruhe Eier legen können. Die Eiabsammlung geschieht auch hier automatisch.

> Hühner werden aus wirtschaftlichen Gründen meist in Intensivhaltung aufgezogen und gehalten. Die Haltung in Hühnerfarmen ist stark umstritten.

1 Stelle in einer Tabelle zusammen, wie Hühner artgemäß leben. Denke an Futtersuche, Sandbaden, Eiablage, Zusammenleben, … Vergleiche Freiland-, Batterie- und Bodenhaltung daraufhin.

1 Bodenhaltung von Legehennen

Menschen halten Tiere und sind für sie verantwortlich — Prüfe dein Wissen

A1 Alle Hunderassen stammen vom Wolf ab, auch der Rauhaardackel. Woran erkennt man das?
a) Sein Fell ist in der Färbung dem des Wolfes ähnlich.
b) Er kann ausdauernd laufen.
c) Er kriecht gern in Höhlen.
d) Er kann mit der Nase die Spur eines Tieres aufnehmen.

A2 In der Zeichnung des Hundegebisses sind Fehler versteckt.

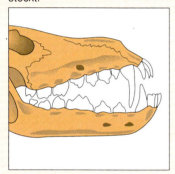

Finde heraus, wie viele und welche Fehler es sind!

A3 So macht eine Hauskatze Beute. Entscheide, welche Aussagen zutreffend sind.
a) Sie sieht die Beute von weitem und rennt blitzschnell hinter ihr her.
b) Sie schleicht tief geduckt heran und nutzt jede Deckung aus.
c) Sie duckt sich tief und nimmt mit der Nase die Spur auf.
d) Sie schleicht sich an und lauert bewegungslos, bis sie mit einem Satz die Beute packen kann.

A4 Vergleiche Hund und Hauskatze in Bezug auf Abstammung, Jagdweise, Laufleistung, Verhältnis zum Menschen, Haltungsgründe, Tastsinn, Leistungen der Augen, Pupillenform bei Tageslicht, Krallenform. Wähle zur Beschreibung aus folgenden Begriffen aus:
stumpf und nicht einziehbar, Falbkatze, Hetzjäger, Schleichjäger, Langstreckenläufer, Bindung an den Menschen, Bindung ans Haus, Wache, Wolf, Kurzstreckenläufer, Mäusejagd, leistungsfähig, nicht leistungsfähig, rund, spaltförmig, spitz und einziehbar.

A5 Die Zeichnung zeigt ein Schema vom Rindermagen.

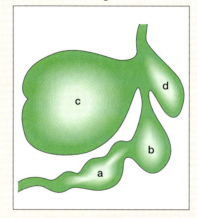

Wie heißen solche Mägen und aus welchen Teilen bestehen sie?

A6 Welchen Weg nimmt die vom Rind aufgenommene Nahrung? Verfolge anhand der Zeichnung in Aufg. 5.
a) Maul – a – b – c – d – Darm.
b) Maul – d – c – Maul – b – a – Darm.
c) Maul – c – d – b – a – Darm.
d) Maul – c – d – Maul – b – a – Darm.
e) Maul – d – c – Maul – a – b – Darm.

A7 Am Gebiss eines Tieres kann man erkennen, ob es ein Fleischfresser, Pflanzenfresser oder Allesfresser ist. Entscheide.

A

C

B

D

A8 a) Welches der abgebildeten Gebissformen ist ein Schweinegebiss?
b) Zu welchen Tierarten gehören die anderen Gebisse?

A9 Entscheide, welche Aussagen wahr und welche falsch sind. Damit Küken aus dem Ei schlüpfen können, …
a) … drücken sie die Eischalen von innen auseinander.
b) … ritzen sie von innen mit einem besonderen Zahn die Kalkschale an.
c) … pickt die Henne von außen ein Loch in das Ei.
d) … tritt der Hahn mit dem Fuß auf das Ei.

A10 Fertige eine Tabelle mit den Spalten **Tierart, Vatertier, Muttertier** und **Jungtier** an. Ordne folgende Begriffe in 7 Zeilen richtig zu:
Hund, Kater, Sau, Frischling, Kuh, Hengst, Henne, Hündin, Ferkel, Kätzchen, Eber, Rüde, Katze, Bache, Fohlen, Hausschwein, Welpe, Keiler, Bulle, Stute, Rind, Küken, Huhn, Wildschwein, Pferd, Hahn, Kalb.

Wirbeltiere in ihren Lebensbereichen

1 Fuchs. A pirschender Fuchs, **B** Raubtiergebiss des Fuchses

1 Säugetiere in ihrem Lebensbereich

1.1 Der Fuchs – ein Pirschjäger

Stefan und Claudia machen mit ihrem Vater einen Waldspaziergang. Im lehmigen Boden des Waldweges entdeckt Claudia Pfotenabdrücke. „Hier ist ein Hund entlanggelaufen," vermutet sie. Ihr Vater sieht sich die Spuren an. „Nein", entgegnet er, „das sind die Trittsiegel eines Fuchses. Er setzt die Hinterpfoten genau in die Abdrücke der Vorderpfoten. Die Abdrücke sehen aus wie Perlen an einer Schnur, deshalb sagt man: der Fuchs schnürt."
In der Abenddämmerung geht der Fuchs auf Beutejagd. Er kann sich auch in der Dunkelheit auf seine ausgezeichneten **Sinnesorgane** verlassen: die empfindliche *Nase*, die scharfen *Augen* und die guten *Ohren*. Auf seinem Pirschgang durchstreift er sein **Revier**, das er mit Urin und Kot gegenüber Rivalen abgegrenzt hat. Er jagt Kleinsäuger wie Mäuse, Kaninchen und Eichhörnchen, frisst aber auch Regenwürmer, Käfer und Schnecken und sogar Früchte und Pilze. Hat der Fuchs eine Beute entdeckt, schleicht er sich vorsichtig näher, um dann mit einem weiten Satz zuzuspringen. Mit einem einzigen Biss der spitzen *Fangzähne* seines **Raubtiergebisses** tötet er die Beute.

> **Stichwort**
> **Wirbeltiere**
> Wirbeltiere besitzen ein inneres Knochengerüst. Die Hauptachse ist die Wirbelsäule, die aus einzelnen Wirbeln zusammengesetzt ist. Zu den Wirbeltieren gehören Säugetiere, Vögel, Kriechtiere, Lurche und Fische.

Füchse haben einen unterirdischen Erdbau, den *Fuchsbau*. Er besteht aus mehreren Wohnbereichen, die durch Gänge miteinander verbunden sind. Ein Fuchsbau hat meist mehrere Ausgänge, die oft versteckt liegen. Im Bau bringt die Füchsin, auch Fähe genannt, im Frühjahr ihre Jungen zur Welt. Die Welpen sind zunächst nackt, blind und hilflos. Man bezeichnet sie als **Nesthocker**. Nach etwa 4 Wochen können sie zum ersten Mal den Bau verlassen.
Füchse können *Tollwut* übertragen, eine auch für Menschen und Haustiere gefährliche Krankheit. Man bekämpft die Tollwut, indem man Nahrungsstücke, die mit Impfstoff versehen sind, im Wald auslegt.

> Der Fuchs lebt als Einzelgänger in seinem Revier. Er ist ein Pirschjäger mit gut ausgebildeten Sinnesorganen. Als Raubtier ernährt er sich vor allem von den Kleintieren des Waldes, der Wiesen und Felder.

1 Der Fuchs besitzt Eigenschaften von Hund und Katze. Stelle sie in einer Tabelle gegenüber.
2 Betrachte Abb. 1 B. Woran erkennst du, dass der Fuchs ein Raubtiergebiss hat?

Wirbeltiere in ihren Lebensbereichen

Der Fuchs im Buch

Streifzug durch die Literatur

Der Fuchs und die Trauben

Ein Fuchs, der auf Beute ging, fand einen Rebstock, der voller köstlicher Trauben hing. Als er sie sah, lief ihm das Wasser im Maul zusammen. Er umschlich die Stämme der Reben, er versuchte, einen zu ersteigen, er versuchte, die verlockenden Früchte springend zu erreichen – umsonst. Schon begannen die Vögel höhnisch zu pfeifen. Da wandte er sich um und sprach verdrießlichen Gesichts: „Sie sind mir zu sauer, ich mag sie nicht."

Nach Äsop (6. Jh. v. Chr.)

Der Alte vom Berge

… Es ist schon recht dunkel, da schnürt er den Holzfahrweg entlang, findet am Frühstücksplatz eine Wursthaut, an einem Stück Papier etwas Schmalz, greift am Bach eine Maus, regt sich zwischen Holz und Feld an den frischen Hasenspuren auf, prüft alle Rehfährten daraufhin, ob sich nicht Schweißwitterung an einer davon findet, scharrt auf dem Felde aus dem Mist einen faulen Hühnerkopf, würgt ein stinkendes Darmende hinein, das er aus einem anderen Misthaufen kratzt, stattet dem Fischteich einen erfolglosen Besuch ab und schleicht in der späten Dämmerung um das Gut herum, bis laute Männerstimmen ihn verjagen. So trabt er im großen Bogen zum Dorfe, findet am letzten Haus auf dem Dungplatz einen Ballen fettiger Schweinehaare vom Schlachtfest, die er mit Widerstreben herunterwürgt, gedenkt traurig der Nacht, als er hier die halbwüchsige Katze erwischte, stellt am Bache fest, dass die Enten und Gänse wohl da waren, aber nicht mehr dort sind. Eine einzige Maus scharrt er mit viel Mühe noch aus, dann ist die Nacht hin. …

Hermann Löns (1866–1914)

Der Fuchs

„Genannt wird Meister Isegrim mit Meister Reineke, dem Fuchs. Auch so ein Held des Fabelbuchs.
Der macht's, und besser, mit der Schläue, Scheinheiligkeit und falscher Reue.
Trotzdem, das ist der Lauf der Welt, wird häufig selbst ein Fuchs geprellt.
Sei's, dass durch eine Gans verführt, er gradwegs ins Verderben schnürt;
sei's, dass den gift'gen Käs' er frisst, den er dem Raben stahl mit List.
Man kennt die Sache mit den Trauben. Misst er den Weg, darf man's nicht glauben,
denn was er redet, ist Geflunker. Doch lebt er brav in seinem Bunker.
Und ist, was sonst der Schelm auch trieb, als Ehemann und Vater lieb.
Und auch als Hausherr ist er schlau, er wildert nie bei seinem Bau.
Wenn der Bezirksinspektor fragt, kein Nachbar über Diebstahl klagt."

Eugen Roth (1895–1976)

1 Im Text „Der Fuchs" werden dem Fuchs menschliche Eigenschaften nachgesagt. Welche sind das und weshalb wohl werden sie ihm zugesprochen?

Wirbeltiere in ihren Lebensbereichen

1 Ein „Sprung" Rehe auf einer Wiese

2 Ricke mit Kitzen

1.2 Das Reh – ein Kulturfolger

Im Dämmerlicht kann man auf Wiesen und Feldern in Waldnähe Rehe beim Äsen beobachten. Sie bilden kleine Gruppen, die der Jäger „Sprung" nennt. Ihre Äsung besteht aus Gräsern, Kräutern und Blättern. Im Frühjahr fressen sie Knospen und Jungtriebe von Bäumen und Sträuchern. Durch diesen „Verbiss" können sie große Schäden anrichten, weil die Bäume in ihrem Wachstum gestört werden. Rehe sind Kulturfolger. Sie kommen manchmal bis in die Gärten der Menschen. Dort fressen sie frische Triebe, Knospen und sogar Blumenzwiebeln. Da Rehe **Wiederkäuer** sind, nehmen sie ihre Nahrung rasch auf. Zum Wiederkäuen ziehen sie sich an einen geschützten Platz im Wald zurück. Während sie sich auf offenem Feld aufhalten, prüfen sie mit ihren empfindlichen Sinnesorganen ständig die Umgebung. Ihre „Lauscher" sind gespitzt und ständig in Bewegung. Mit ihrer feinen Nase prüfen sie die Witterung. Sie können bis auf 300 m Duftstoffe wahrnehmen, die ihnen der Wind zuträgt. Bei Gefahr verschwindet die ganze Gruppe mit weiten Sprüngen im Wald. Rehe sind **Fluchttiere.** Dabei kommen ihnen ihre langen, schlanken und sehnigen „Läufe" zugute. An den Trittsiegeln, die sie im weichen Boden hinterlassen, kann man erkennen, ob die Rehe gemächlich gelaufen oder schnell geflohen sind.

Das weibliche Reh, die Ricke, bekommt im Frühsommer 1–2 Kitze. Sie sind **Nestflüchter**, also vollständig ausgebildet und können bereits kurz nach der Geburt stehen und laufen. Allerdings sind sie in den ersten Lebenstagen noch ziemlich unbeholfen. Deshalb bleiben sie im Gebüsch

> **Stichwort**
> **Kulturfolger**
>
> Kulturfolger sind Lebewesen, die ihren ursprünglichen Lebensraum verlassen haben und jetzt auch in der Nähe von Menschen heimisch sind.

3 Flüchtender Rehbock

Wirbeltiere in ihren Lebensbereichen

oder hohen Gras versteckt. Durch ihr weiß geflecktes Rückenfell sind sie gut getarnt. Bei Gefahr bleiben sie bewegungslos liegen. So kann es vorkommen, dass ein Fuchs auf der Pirsch das Kitz nicht entdeckt. Erst nach etwa 2 Wochen entwickelt ein Rehkitz das typische Fluchtverhalten.

Nur der Rehbock trägt ein *Geweih*. Er verliert es jedes Jahr im Spätherbst. Im Frühjahr und Sommer des nächsten Jahres wird es neu gebildet. Jäger bezeichnen das Geweih als „Gehörn". Sie können an ihm Alter und Stärke eines Bockes abschätzen. Das Geweih ist eine Waffe, die bei Kämpfen mit Artgenossen eingesetzt wird. Dabei geht es meistens um die Vorherrschaft im Revier. Nur in Ausnahmefällen kommt es zu ernsthaften Verletzungen. Normalerweise weicht der schwächere Bock aus. Außerdem dient das Geweih auch der Reviermarkierung. Durch Reiben und „Fegen" mit dem Geweih wird ein Duftstoff aus der Stirndrüse auf Sträucher und junge Bäume gebracht.

> Rehe sind Pflanzenfresser und Wiederkäuer. Als Kulturfolger kommen sie bis in die Nähe menschlicher Siedlungen. Es sind Fluchttiere mit gutem Hör- und Geruchssinn. Rehböcke tragen im Sommer ein Geweih.

1 Ein Jäger erzählt: „Ich saß schon lange auf meinem Hochsitz an der Waldlichtung. Da endlich trat aus dem Unterholz ein Sechserbock heraus. Seine rote Decke leuchtete im Sonnenlicht. Er sicherte nach allen Seiten und prüfte mit seinem Windfang lange die Witterung, ehe er zu äsen begann. Langsam und vorsichtig sichernd kamen noch drei Rehe auf die Lichtung, zwei Ricken und ein Kitz. Auch sie begannen zu äsen. Plötzlich hoben alle Rehe den Kopf und blickten in Richtung Waldrand, ihre Lauscher spielten. Offensichtlich hatten sie ein Geräusch wahrgenommen. Und tatsächlich, ein zweiter Rehbock, ein Spießer, betrat die Lichtung. Wütend fegte der Sechser mit seinem Gehörn die Äste eines Strauches. Er wollte damit den vermeintlichen Rivalen vertreiben. Aber so leicht ließ sich der Spießer nicht einschüchtern. Beide gingen mit gesenkten Köpfen aufeinander los. Die Stangen prallten laut aufeinander. Jetzt merkte der Spießer, dass er doch der Unterlegene war. Er wich einem weiteren Zusammenprall aus und verschwand mit weiten Sätzen im Wald. Ein paarmal konnte ich noch zwischen den Baumstämmen seinen weißen Spiegel aufleuchten sehen."
Der Jäger verwendet in seiner Erzählung 13 Ausdrücke aus der Jägersprache. Schreibe sie heraus und „übersetze" sie.

2 Beschreibe anhand der Bildfolge in Abbildung 5 die Geweihbildung beim Rehbock.

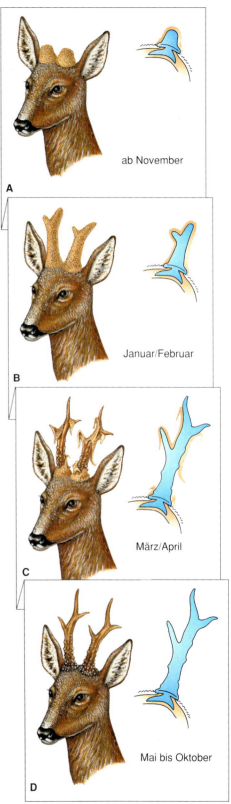

A ab November
B Januar/Februar
C März/April
D Mai bis Oktober

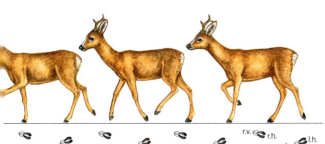

4 Ziehender Rehbock

5 Geweihbildung

Wirbeltiere in ihren Lebensbereichen

1 Flüchtender Feldhase

2 Feldhase in der Sasse

1.3 Feldhase und Wildkaninchen – zwei Fluchttiere

„Du bist ja ein richtiger Angsthase!" Das hat man vielleicht schon mal zu dir gesagt, als du vor einer vermeintlichen Gefahr weggelaufen bist. Es stimmt, dass auch der Hase bei drohender Gefahr die Flucht ergreift. Aber das ist ein ganz natürliches Verhalten, denn er hat keine andere Möglichkeit, sich gegenüber seinen Feinden wie Fuchs, Marder und Greifvögeln zu verteidigen. Der Lebensraum des **Feldhasen** sind Felder, lichte Wälder, Wiesen und Weiden. Hier findet der **Pflanzenfresser** genügend abwechslungsreiche Kost wie Gräser, Klee und Kräuter, manchmal auch Bucheckern, Eicheln und Beeren. Im Schutz von Hecken und Gebüsch scharrt er sich mit seinen Vorderläufen eine flache Bodenmulde, die *Sasse*. Tagsüber liegt er hier. Durch die graubraune *Tarnfärbung* seines Felles ist er von seiner Umgebung kaum zu unterscheiden. Die *ausgezeichneten Sinnesorgane* warnen den Hasen frühzeitig vor möglichen Gefahren. Die langen „Löffel" nehmen Geräusche aus allen Richtungen auf. Die seitlich am Kopf liegenden großen Augen überblicken ein großes Sehfeld und mit der empfindlichen Nase prüft er ständig die Witterung. Nimmt er eine mögliche Gefahr wahr, duckt er sich tief und völlig bewegungslos in seine Sasse, er „drückt sich". Fühlt sich der Feldhase bedroht, springt er plötzlich auf und jagt mit langen Sprüngen davon. Dabei setzt er die langen, kräftigen Hinterläufe weit vor die Vorderläufe. Kommt der Verfolger näher, ändert er plötzlich die Laufrichtung, er „schlägt Haken". Da er eine große Lunge hat und sehr ausdauernd ist, kann er seinem Verfolger oft entkommen. Im März bringt die Häsin zum ersten Mal im Jahr in ihrer Sasse 2–4 Junge zur Welt. Die Neugeborenen sind behaart und können sehen. Sie sind **Nestflüchter.** Mit 3 Wochen sind die Junghasen selbstständig.

> **Stichwort**
>
> **Fluchttiere**
>
> Fluchttiere sind wehrlose Lebewesen. Bei Gefahr fliehen sie und bringen sich so in Sicherheit. Sie besitzen besonders leistungsfähige Sinnesorgane.

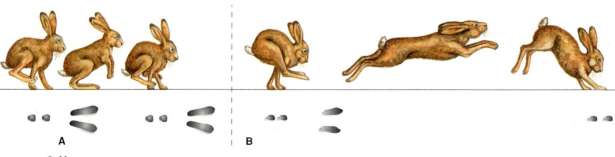

3 Hasenspuren

Wirbeltiere in ihren Lebensbereichen

„Sieh doch mal, die vielen Hasen! Die sind aber niedlich!", ruft Anna, als sie mit ihrer Oma zum Spielplatz im Park geht. „Das sind keine Hasen, das sind Kaninchen!", erklärt die Großmutter. „Sie haben ein weißgraues Fell, kürzere Ohren und kürzere Hinterbeine als Hasen. Und pass mal auf, was passiert, wenn wir näher kommen!" Sie gehen weiter und plötzlich verschwinden alle Kaninchen – eins nach dem anderen – in Erdlöchern.

Wildkaninchen graben ihre weit verzweigten unterirdischen Baue mit Gängen und Wohnkesseln in lockeren Böden. Im Gegensatz zum Hasen leben sie gesellig. Oft sind mehrere Baue durch Gänge verbunden. So entstehen große *Kolonien*. Die Jungen werden in eigens angelegten Satzröhren geboren. Als **Nesthocker** sind sie zunächst blind und nackt.

In den ersten Wochen werden sie von der Mutter gesäugt. Nach etwa 3 Wochen sind sie selbstständig.
Der Lebensraum des Kaninchens sind Wiesen und offene Parklandschaften. Sie sind **Pflanzenfresser.** Neben Gras und Kräutern fressen sie auch Baumrinde, Blütenknospen und Gemüsepflanzen. Dadurch können sie besonders in Gärten große Schäden anrichten. Sie äsen in der Dämmerung oder nachts.
Kaninchen haben viele Feinde wie Fuchs, Wiesel, Marder und Greifvögel. Sie halten sich immer in der Nähe ihrer Baue auf und verschwinden bei Gefahr blitzschnell in den Fallröhren. Wird einem Kaninchen der Fluchtweg zum Bau abgeschnitten, versucht es wie der Hase, durch Hakenschlagen zu entkommen. Es kann aber wegen seiner kürzeren Hinterbeine nicht so weite Sprünge machen und ermüdet schnell. Deshalb fällt es seinem Verfolger leichter zum Opfer.

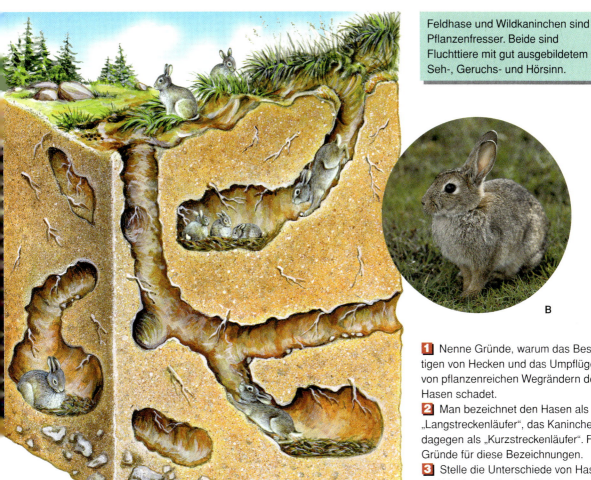

Feldhase und Wildkaninchen sind Pflanzenfresser. Beide sind Fluchttiere mit gut ausgebildetem Seh-, Geruchs- und Hörsinn.

4 *Kaninchen in ihrem Lebensraum.* **A** *Schema eines Kaninchenbaus;* **B** *Kaninchen vor seinem Bau*

1 Nenne Gründe, warum das Beseitigen von Hecken und das Umpflügen von pflanzenreichen Wegrändern dem Hasen schadet.

2 Man bezeichnet den Hasen als „Langstreckenläufer", das Kaninchen dagegen als „Kurzstreckenläufer". Finde Gründe für diese Bezeichnungen.

3 Stelle die Unterschiede von Hase und Kaninchen in einer Tabelle gegenüber. Denke dabei an Körperbau, Gruppenverhalten, Fluchtverhalten und Aufzucht der Jungen.

1 **Eichhörnchen.** *A* beim Sprung; *B* kletternd; *C* Kletterfuß (Sohle)

1.4 Eichhörnchen und Baummarder – ein Leben in Bäumen

Ein Rascheln lässt dich beim Waldspaziergang innehalten. Am Fuße der Eiche bewegt sich etwas. Zuerst siehst du nur einen buschig behaarten Schwanz, dann taucht ein breiter Kopf mit großen, dunklen Augen auf. Auffällig sind die langen Ohren. Sie ragen weit aus dem dichten Fell hervor und tragen an der Spitze Haare, die wie ein Pinsel angeordnet sind. Es ist ein **Eichhörnchen**.

Vorsichtig näherst du dich dem scheuen Tier. Nun stellt es die Pinselohren steil auf, äugt zu dir hinüber und springt plötzlich mit einem Satz an den Baumstamm. Mit einem rasselnden Geräusch klettert es – deinen Blicken entzogen – den Stamm hinauf und schaut hinter dem Baum wieder hervor. Dann läuft es einen Querast entlang, springt von Ast zu Ast und balanciert auch auf dünnsten Zweigen, die sein Gewicht kaum tragen. Selbst Sprünge von fünf Metern sind nicht selten. Vielleicht ist das Eichhörnchen gerade auf dem Weg in sein Nest, den *Kobel*. Es befindet sich in Baumkronen und wird aus Zweigen und Gras gebaut. Meist hat es ein Fluchtloch als Notausgang.

Wieso können sich Eichhörnchen so mühelos in den Bäumen fortbewegen? Beim genauen Betrachten des Körperbaus erkennst du die gute Anpassung des Tieres an seinen Lebensraum. Die Gliedmaßen tragen spitze, gekrümmte Krallen und sind damit vorzüglich zum Klettern geeignet. Auch die nackten Klettersohlen mit den rauen Hornschwielen bieten guten Halt.

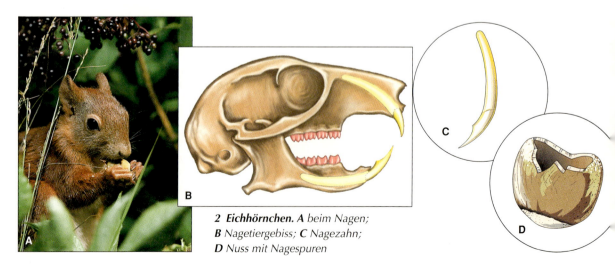

2 **Eichhörnchen.** *A* beim Nagen; *B* Nagetiergebiss; *C* Nagezahn; *D* Nuss mit Nagespuren

Wirbeltiere in ihren Lebensbereichen

3 Baummarder. A *Raubtiergebiss;* **B** *auf der Jagd;* **C** *„Speisezettel" des Baummarders*

Beim Absprung helfen die langen, kräftigen Hinterbeine, beim Steuern der mächtige Schwanz. Fällt das Tier trotzdem einmal, so wirken der Schwanz und die weit vom Körper abgespreizten Gliedmaßen wie ein Fallschirm.
Falls du das Eichhörnchen beim Nagen an einer Nuss beobachten kannst, siehst du, wie die Vorderpfoten mit den vier Fingern diese geschickt halten und drehen. Mit den meißelartigen *Nagezähnen* wird die Schale schnell gesprengt, und der begehrte Inhalt liegt frei. Die breiten Mahlzähne vollenden dann das Werk. Ein solches Gebiss haben **Nagetiere.** Auch Eicheln, Beeren und Pilze zählen zu den etwa achtzig Gramm Nahrung, die ein Eichhörnchen täglich benötigt. Wenn genügend Nahrung zur Verfügung steht, legen Eichhörnchen Futtervorräte für den Winter an. Aber nicht alle vergrabenen Früchte und Samen finden sie dann im Winter wieder.

Ein Feind des Eichhörnchens ist der **Baummarder,** ein etwa katzengroßes **Raubtier.** Sein Fell ist braun und an der Kehle findest du stets einen gelblichen Fleck. Mindestens genauso geschickt wie seine Beute bewegt er sich in den Bäumen. Seine Lieblingsspeise, die Eichhörnchen, verfolgt er von Baum zu Baum und von Ast zu Ast, teilweise bis in deren Kobel. Auch der Körperbau des Baummarders ist seinem Lebensraum hervorragend angepasst. Die kurzen Beine, von denen die hinteren weit länger und stärker sind als die vorderen, besitzen je fünf Zehen. Deren Krallen sind messerscharf und sehr kräftig. Sein Schwanz ist lang und buschig. Der Baummarder besitzt ein kräftiges und mit scharfen Zähnen ausgestattetes *Raubtiergebiss*. Das sehr gute Gehör und der ausgezeichnete Geruchssinn leisten beim Aufspüren und Verfolgen der Beute unentbehrliche Dienste.

Die Jagd beginnt meist erst mit der Abenddämmerung. Deshalb, und weil es ausgesprochen scheue Tiere sind, hast du sicher noch keinen Baummarder bei der Eichhörnchenjagd beobachten können. Kein Dickicht, durch welches er nicht hindurchschlüpfen kann, und kein Ast, welchen er nicht durch waghalsiges Klettern und geschicktes Balancieren erreichen kann.
Baummarder bewohnen Baumhöhlen und Felsspalten, aber auch große, verlassene Vogelnester. Obwohl Baummarder recht wehrhafte Tiere sind, haben sie auch Feinde. Dazu gehören der Fuchs und der selten gewordene Uhu. Auch Greifvögel können für den Baummarder zu einer Gefahr werden.

> Baummarder und Eichhörnchen sind durch ihren Körperbau ihrem Lebensraum hervorragend angepasst.

1 Beschreibe anhand der Abbildung 2A bis D, wie ein Eichhörnchen an den Samen einer Haselnuss gelangt.
2 Stelle für das Eichhörnchen einen „Speisezettel" auf.
3 Stelle in einer Tabelle Anpassungen von Eichhörnchen und Baummarder an ihren Lebensraum und an ihre Nahrung zusammen.
4 Vergleiche das Mardergebiss in der Abb. 3A mit dem Gebiss einer Katze auf Seite 35.
5 Was erfährst du aus der Abbildung 3C über den „Speisezettel" eines Baummarders?

Wirbeltiere in ihren Lebensbereichen

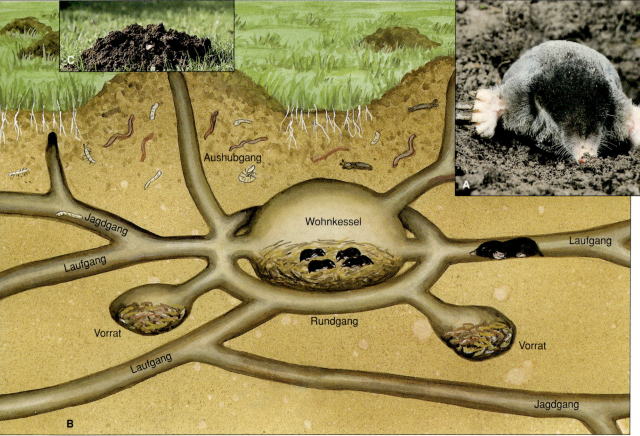

1 Maulwurf. *A* Kopf und Grabhände; *B* Maulwurfsbau; *C* Maulwurfshügel

1.5 Der Maulwurf – ein unterirdischer Spezialist

„Das gibt's doch nicht!", hören Pia und Carsten ihren Nachbarn schimpfen. Herr Schwarz steht auf seinem Rasen, der mit aufgeworfenen Erdhügeln übersät ist. „Schon wieder ein Maulwurf in meinem Garten!", wettert er.

Du hast sicherlich auch schon solche Erdhügel, die *Maulwurfshaufen,* in Gärten, Parks oder auf Wiesen gesehen. Sie sind der Beweis für die Anwesenheit eines Maulwurfs. Sehen kann man ihn allerdings nur sehr selten, weil er hauptsächlich unter der Erde lebt. In diesem unterirdischen Lebensraum liegt auch sein *Wohnkessel.* Er ist mit Gras, Moos und anderen Pflanzenteilen ausgepolstert und wird zum Schlafen benutzt. Auch die Jungen werden hier geboren und aufgezogen. Um den Wohnkessel verläuft ein *Rundgang,* von dem verschiedene *Laufgänge* abzweigen. Die Wände der Gänge sind fest und glatt, sodass sich der Maulwurf schnell in ihnen bewegen kann. Die

2 Nahrung des Maulwurfs

Wirbeltiere in ihren Lebensbereichen

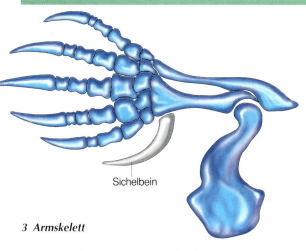

3 Armskelett

Laufgänge führen in das **Jagdrevier** des Maulwurfs. Hier gräbt er lockere, dicht unter der Erdoberfläche verlaufende Jagdgänge. Die losgescharrte Erde wird über besondere Aushubgänge an die Erdoberfläche geschoben. So entstehen die typischen Maulwurfshügel.

Mehrmals am Tag läuft der Maulwurf sein Gangsystem ab und sucht nach eingedrungenen Beutetieren. Seine Nahrung besteht aus Insektenlarven, Käfern, Regenwürmern, Schnecken und manchmal Jungmäusen. Die harten Panzer der Insekten und Larven kann er mit den nadelspitzen Zähnen seines **Insektenfressergebisses** leicht knacken. Da er an einem Tag etwa so viel fressen muss wie er selbst wiegt, geht er alle 3–4 Stunden auf Beutejagd. Maulwürfe sind das ganze Jahr über aktiv. Im Winter verlegen sie ihr Jagdrevier in tiefere Bo-

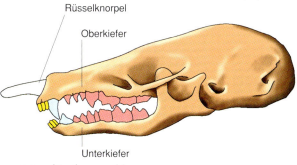

4 Insektenfressergebiss

denschichten. Dorthin ziehen sich auch ihre Beutetiere zurück.

Hin und wieder hat man in Maulwurfsrevieren Ansammlungen von „angebissenen" Regenwürmern gefunden. Lange Zeit nahm man an, dass es sich hierbei um Wintervorräte handelt. Tatsächlich aber sind es Vorratsspeicher, mit denen der Maulwurf das ganze Jahr über Zeiten überbrückt, in denen die Nahrung knapp ist.

Beim Aufspüren der Nahrung helfen dem Maulwurf sein guter Geruchssinn, sein feines Gehör und sein ausgezeichneter Tastsinn. Die Sehfähigkeit ist dagegen nicht besonders gut.

Der Maulwurf ist an sein Leben unter der Erde angepasst. Der kurze, walzenförmige Körper geht ohne erkennbaren Hals in den Kopf über. Dieser endet vorne in einer durch Knorpel verstärkten Rüsselspitze. Er ist bis auf die Pfoten und die Rüsselspitze von einem schwarzen, samtartigen und sehr dichten Pelz bedeckt, der ihn vor Nässe und Kälte schützt. Das Fell hat keine Strichrichtung. So kann sich der Maulwurf in seinen Gängen vorwärts und rückwärts gleichermaßen gut bewegen. Die Augen sind sehr klein und im Fell verborgen. Ohrmuscheln fehlen ganz und Mund- und Nasenöffnung sind nach unten gerichtet. Beim Graben werden Ohröffnungen, Mund und Nase durch besondere Hautfalten verschlossen, damit Sand und Erde nicht eindringen können.

Auffällig sind die seitlich am Körper befindlichen Vorderbeine, die zu **Grabhänden** umgebildet sind. Die Handflächen zeigen nach hinten. Die 5 kurzen Finger sind teilweise durch Häute miteinander verbunden. Neben dem Daumen hat der Maulwurf außerdem noch einen sichelförmigen Knochen, die *Scharrkralle*, auch *Sichelbein* genannt. Alle Finger haben lange, breite und an der Spitze sehr scharfe Krallen. Sie sind damit für die Wühlarbeit bestens geeignet. Die Hinterbeine dienen dagegen vorwiegend der Fortbewegung.

> Maulwürfe leben als Einzelgänger in unterirdischen Bauten mit einem weit verzweigten Gangsystem. Mit ihrem Insektenfressergebiss zerkleinern sie Larven, Käfer, Regenwürmer und Schnecken. Ihr Körper ist an das Leben unter der Erde angepasst. Maulwürfe sind geschützt und dürfen nicht getötet werden.

1 Maulwürfe wiegen etwa 90 Gramm. Berechne: Wie viel frisst ein Maulwurf etwa in einer Woche, in einem Monat, in einem Jahr?
2 Maulwürfe werden oft als Schädlinge bezeichnet. Wie stehst du zu dieser Behauptung?
3 Nenne anhand der Abb. 2 auf S. 62 einige Beutetiere des Maulwurfs.
4 Maulwürfe haben ein typisches Insektenfressergebiss. Finde mit Hilfe der Abb. 4 auf S. 63 Merkmale dieses Gebisses. Vergleiche es mit den Abbildungen 4 (S. 25) und 3 (S. 37).

Wirbeltiere in ihren Lebensbereichen

Pinnwand

HEIMISCHE WILDTIERE

Dachs
Körperlänge: ca. 70 cm
Lebensraum: Wälder
Lebensweise: nachtaktiver Allesfresser; gräbt unterirdische Baue; hält Winterruhe
Fortpflanzung: 1 - 5 Junge im Jahr; Nesthocker

Wildschwein
Körperlänge: 100 - 150 cm
Lebensraum: Wälder mit Teichen und Morästen
Lebensweise: überwiegend nächtlich; Allesfresser; lebt in Familienverbänden (Rotten); alte Männchen meist einzeln
Fortpflanzung: ein- bis zweimal im Jahr 4 - 8 Junge

Waldspitzmaus
Körperlänge: 9 -13 cm
Lebensraum: Wälder, Gärten, Wiesen
Lebensweise: Tag und Nacht aktiv; Insektenfresser; Nester in Baumstümpfen oder unterirdisch
Fortpflanzung: mehrere Würfe pro Jahr

Igel
Körperlänge: 22 - 28 cm
Lebensraum: lichte Wälder, Hecken, Gebüsche, Parks und Gärten
Lebensweise: Dämmerungs- und Nachttier; frisst Insekten, Schnecken, Mäuse, auch pflanzliche Nahrung; rollt sich bei Gefahr zusammen
Fortpflanzung: zweimal 4 - 6 Junge pro Jahr

Rothirsch
Körperlänge: 160 - 250 cm
Lebensraum: große, zusammenhängende Waldgebiete
Lebensweise: Pflanzenfresser; bildet nach Geschlechtern getrennte Rudel
Fortpflanzung: im Herbst schart ein starker Hirsch viele Weibchen um sich; 1 - 2 Junge pro Jahr

Baummarder
Körperlänge: 40 - 50 cm
Lebensraum: dichte Wälder
Lebensweise: Dämmerungs- und Nachttier; Raubtier; frisst oft Eichhörnchen; Nester in Baumhöhlen oder Eichhörnchenkobeln
Fortpflanzung: 3 - 4 Junge pro Jahr; Nesthocker

Wildtiere erkennen

Übung

A1 Am Gebiss erkennst du die Ernährungsweise

A2 Trittsiegel und Fährten

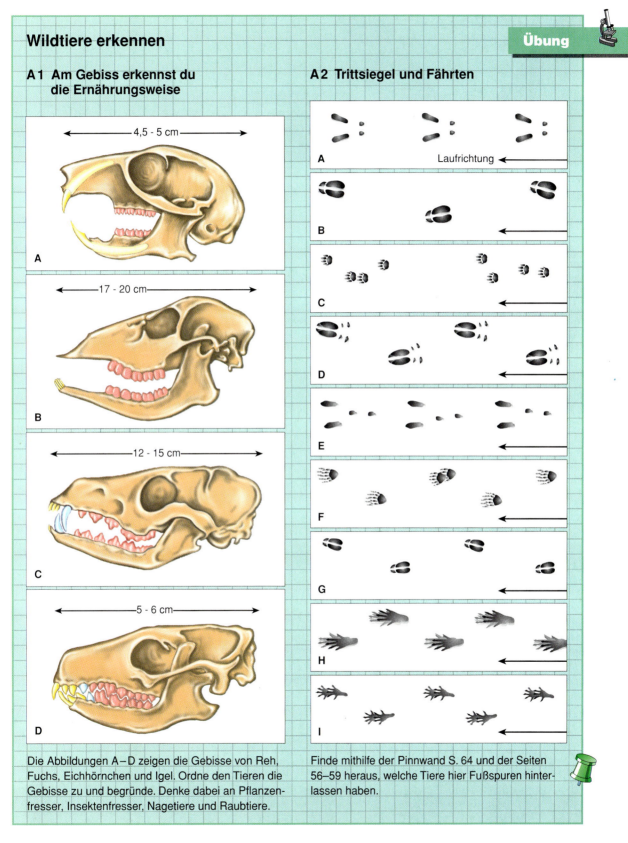

Die Abbildungen A–D zeigen die Gebisse von Reh, Fuchs, Eichhörnchen und Igel. Ordne den Tieren die Gebisse zu und begründe. Denke dabei an Pflanzenfresser, Insektenfresser, Nagetiere und Raubtiere.

Finde mithilfe der Pinnwand S. 64 und der Seiten 56–59 heraus, welche Tiere hier Fußspuren hinterlassen haben.

Wirbeltiere in ihren Lebensbereichen

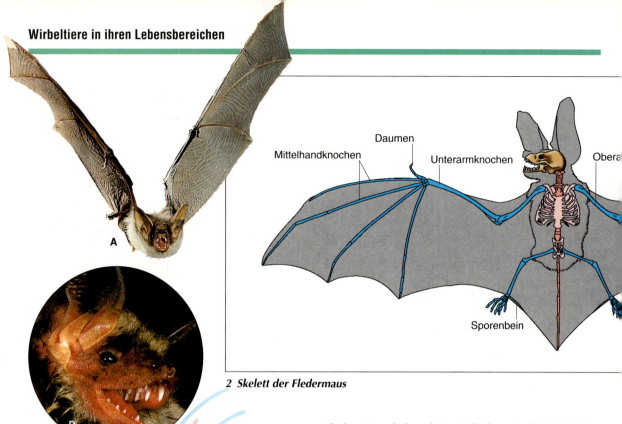

2 Skelett der Fledermaus

1 Mausohr – Fledermaus.
A beim Beuteflug; B Kopf

1.6 Die Fledermaus – ein fliegendes Säugetier

An warmen Sommertagen kannst du bei Einbruch der Nacht Fledermäuse bei ihren Beuteflügen beobachten. Sie schlagen ständig mit den Flügeln und vollziehen im Flug schnelle Richtungswechsel. So kommt ein flatternder Zickzackflug zustande. Dabei bewegen sie sich völlig lautlos.

Als **Insektenfresser** ernähren sich die Fledermäuse von Mücken, Fliegen, Käfern und Nachtfaltern, die sie im Flug erbeuten. Sie jagen auch noch in völliger Finsternis. Wie können sie sich in der Dunkelheit zurechtfinden? Ihre kleinen Augen sind dafür nicht geeignet. Erst in jüngerer Zeit fand man heraus, dass die Fledermäuse ständig **Ultraschall-Töne** ausstoßen, die für das menschliche Ohr unhörbar sind. Treffen die Schallwellen auf ein Hindernis, werden sie zurückgeworfen. Die Echo-Schallwellen fängt die Fledermaus mit ihren großen Ohrmuscheln auf. Aus dem Zeitunterschied vom Aussenden des Signals bis zum Eintreffen des Echos kann sie die Entfernung zum Hindernis erfassen. So kann sie Hindernisse umfliegen und Beutetiere ergreifen.

Fledermäuse haben kein Gefieder wie die Vögel. Ihr Rumpf ist von einem kurzhaarigen Fell bedeckt. Die Vordergliedmaßen, besonders die Knochen der Hand, sind stark verlängert und zu Flugorganen umgebildet. Vom Rumpf ausgehend über Beine und Schwanz sind sie mit einer dünnen, elastischen **Flughaut** bespannt. Mit dieser Flughaut wird ein Flatterflug möglich.

Den Tag verbringen Fledermäuse – meist in Gruppen von mehreren Tieren – in einem dunklen Versteck. Man findet sie in hohlen Bäumen, im Gebälk von Türmen und Dachböden oder in Höhlen und alten Bergwerksstollen. An den Hinterbeinen hängend ruhen sie mit dem Kopf nach unten.

Da im Winter das Nahrungsangebot an fliegenden Insekten nicht mehr ausreicht, halten Fledermäuse einen **Winterschlaf.** In ihren frostsicheren Winterquartieren bilden sie häufig große Kolonien, um sich gegenseitig zu wärmen.

Fledermausweibchen bringen jedes Jahr 1 bis 2 lebende Junge zur Welt. Fledermäuse sind Säugetiere. Im Frühjahr finden sich trächtige Weibchen und Weibchen mit Jungen in größeren Gemeinschaften zusammen. Die zunächst nackten und blinden Jungen klammern sich mit den Hinterfüßen an der Mutter fest. Nach etwa 7 Wochen beginnen sie unbeholfen zu fliegen. Jetzt können sie ihr Versteck verlassen und auf Beutefang gehen.

Wirbeltiere in ihren Lebensbereichen

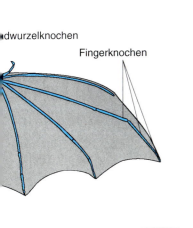

dwurzelknochen
Fingerknochen

3 Fledermaus mit Jungem

Fledermäuse sind Säugetiere, die mithilfe von Flughäuten fliegen können. Sie sind Insektenfresser und jagen nachts ihre Beute. Zur Orientierung in der Dunkelheit und zum Aufspüren der Beutetiere stoßen sie Ultraschall-Laute aus.

1 Wie ist deiner Meinung nach der Name „Fledermaus" entstanden?
2 Vergleiche die Flugtechnik der Fledermäuse mit der der Vögel (S. 76–78). Welche wesentlichen Unterschiede gibt es?
3 Die Zahl der Fledermäuse nimmt immer mehr ab. Deshalb stehen sie unter Naturschutz. Finde Gründe für den Rückgang der Fledermäuse.

Streifzug durch die Technik

Das Echolot

Ruft man im Gebirge gegen eine Felswand, kommen die Worte nach kurzer Zeit als Echo zurück. Der Ruf versetzt die Luft in Schwingungen. Diese *Schallwellen* breiten sich nach allen Seiten aus. Treffen sie auf ein festes Hindernis wie zum Beispiel eine Felswand, werden sie zurückgeworfen.

Da sich Schallwellen mit einer bekannten Geschwindigkeit ausbreiten, kann man mit ihrer Hilfe Entfernungen bestimmen. Dieses Prinzip wird beim **Echolot** zur Bestimmung von Wassertiefen genutzt. Von einem Sender im Schiffsrumpf werden Schallwellen in Richtung Meeresboden ausgesandt. Sie werden von dort zurückgeworfen und von einem Empfängergerät aufgenommen. Aus der Laufzeit der Schallwellen kann die Meerestiefe an dieser Stelle berechnet werden. Beim Echolot wird häufig Ultraschall verwendet. Mithilfe des Echolots können auch große Fischschwärme im Wasser aufgespürt werden.

1 Echolot. A Aussenden und Empfangen von Schallwellen; B Bildschirm eines Echolot-Empfängers; C aufgespürter Fischschwarm

Wirbeltiere in ihren Lebensbereichen

Übung — Fledermäuse

A1 Unterschlupfmöglichkeiten für Fledermäuse

Nenne geeignete Orte, an denen Fledermäuse Unterschlupf finden können. Verwende dazu die nebenstehende Abbildung. Begründe, warum es für die Tiere in der heutigen Zeit schwer geworden ist, Versteckmöglichkeiten zu finden.

V2 Wir bauen Fledermauskästen

Material: unbehandelte und ungehobelte Holzbretter (2 cm dick); Leinöl; Leim; dünne Holzschrauben (etwa 4 cm lang) oder Nägel; Säge; Raspel; Stechbeitel; Hammer; Pinsel; Schraubendreher; Bohrer

Unterschlupfmöglichkeiten für Fledermäuse

Durchführung: Aus den Brettern werden zunächst die Bauteile 1–7 ausgesägt. Die Hinterwand (1) wird mit Stechbeitel und Hammer auf der Innenseite so aufgeraut, dass kleine Vorsprünge entstehen, an denen sich Fledermäuse festhalten können. Die Teile 1 und 2 müssen oben mit der Raspel abgeschrägt werden, damit das Dach (5) fest aufliegt. Vor dem Zusammensetzen werden die Außenseiten zum Schutz vor Nässe mit Leinöl bestrichen. Nun werden die Bauteile zusammengeleimt und zum besseren Halt noch verschraubt. Ritzen werden mit reichlich Leim abgedichtet.

Aufhängung: Fledermauskästen werden in mindestens 5 m Höhe an einem Baum mit möglichst rissiger Borke oder an Gebäuden mit Nägeln oder Schrauben angebracht. Es ist darauf zu achten, dass der Anflug nicht durch Äste behindert wird. Sinnvoll ist es, mehrere Kästen zu bauen und in Sichtweite voneinander aufzuhängen. Sie können Fledermäusen als Sommerquartiere dienen. Die Umgebung muss den Fledermäusen genügend Nahrung bieten, sonst werden die Kästen nicht angenommen.

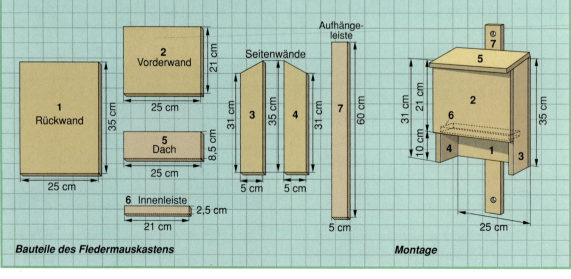

Bauteile des Fledermauskastens — *Montage*

Wirbeltiere in ihren Lebensbereichen

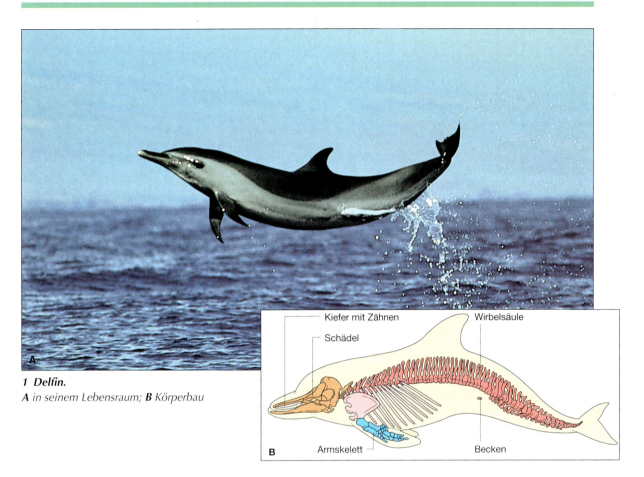

1 Delfin.
A in seinem Lebensraum; **B** Körperbau

1.7 Delfine – Säuger in Fischgestalt

Mit schnellen Schlägen der waagerecht stehenden *Schwanzflosse* gleitet eine Gruppe von Delfinen durchs Wasser. Mit den paarigen *Brustflossen* steuern sie. Die senkrechte *Rückenflosse* dient der Stabilisierung des Körpers im Wasser. Die Brustflossen stützt ein Arm- und Handskelett. Dies deutet darauf hin, dass die Vorfahren der Delfine vor vielen Jahrmillionen einmal landbewohnende Tiere waren. Daran erinnert auch der Rest von Beckenknochen.

Der *stromlinienförmige Körper* ist hervorragend an das Leben im Wasser angepasst. Durch die glatte Haut wird der Wasserwiderstand so stark herabgesetzt, dass Delfine bis zu 55 Stundenkilometer schnell schwimmen können.

Wie aus der Abbildung zu sehen ist, springen Delfine auch aus dem Wasser. Dabei atmen sie durch das *Blasloch* an der Kopfoberseite. So gelangt Sauerstoff zu den Lungen. Die Lungen sind ein weiterer Hinweis auf landbewohnende Vorfahren. Delfine bringen sogar unter Wasser lebende Junge zur Welt. Es sind **Meeressäugetiere**.

Delfine gehören zu den **Walen,** von denen es viele verschiedene Arten gibt. Ihre Kiefer sind mit langen Zahnreihen besetzt. Delfine gehören daher zusammen mit Pottwalen und Schwertwalen zu den **Zahnwalen.** Sie ernähren sich hauptsächlich von Fischen und Tintenfischen.

Delfine sind gesellige und sehr intelligente Tiere. Sie verständigen sich unter Wasser mithilfe verschiedener Laute. Zur Orientierung besitzen sie ähnlich wie Fledermäuse ein *Echolotsystem*. Sie stoßen Ultraschall-Töne aus, die von Hindernissen und Beutetieren zurückkommen. So gewinnen die Tiere ein Bild von ihrer Umgebung.

> Delfine sind lungenatmende Säugetiere des Meeres. Ihr Körperbau ist ein Angepasstsein an das Wasserleben.

1 Erkläre mithilfe der Pinnwand S. 71 den Unterschied zwischen Zahnwalen und Bartenwalen.
2 Vergleiche den Körperbau von Fischen und Delfinen mithilfe des Buches. Nenne Gemeinsamkeiten und Unterschiede.

Wirbeltiere in ihren Lebensbereichen

Streifzug durch die Geschichte
Walfang einst und jetzt

„Wal, da bläst er!" Wenn dieser Ruf des Spähers im Mastkorb ertönt, kommt Bewegung in die Mannschaft des Walfangschiffes. Offene Boote werden zu Wasser gelassen. Mit kräftigen Ruderschlägen versuchen die Jäger in die Nähe des Meeresriesen zu kommen. Jetzt ist eines der Boote nahe genug herangekommen. Der Harpunier, der am Bug des schwankenden Bootes steht, nimmt Maß und schleudert die eiserne Harpune mit einem mächtigen Wurf in den Körper des Tieres. Nun beginnt ein Kampf auf Leben und Tod. Stundenlang kann es dauern, bis der Wal endlich erschöpft ist und stirbt …

1 Walfang früher, um 1860

Mit ähnlichen Worten schildert der amerikanische Schriftsteller Melville in seinem berühmten Buch „Moby Dick" den Walfang um 1850. Auf Walfang zu gehen war damals ein gefährliches Unternehmen. Häufig wurden die Boote von einem verletzten Wal angegriffen, umgestürzt oder zertrümmert. Als besonders schwierig galt die Jagd auf den Pottwal.
Nachdem gegen Ende des 19. Jahrhunderts die Segler durch Dampfschiffe und die Handharpunen durch Harpunenkanonen ersetzt worden waren, wurden die Wale zu Zehntausenden abgeschlachtet. Innerhalb weniger Jahrzehnte waren die Bestände auf einen Bruchteil der ursprünglichen Größen zusammengeschmolzen.

Weshalb werden Wale überhaupt getötet? Zunächst hatte man es vor allem auf den Speck abgesehen, den man zu Tran kochte und als Lampenöl verwendete. Moderne Verarbeitungstechniken ließen später fast keinen Teil eines Wals ungenutzt. Für Maschinenöl, Kosmetika, Seife, Tierfutter, Düngemittel und andere Erzeugnisse lieferten Wale Rohstoffe. In Japan gilt Walfleisch als besondere Delikatesse. Heute haben fast alle Länder den Walfang eingestellt, weil es für jedes Walerzeugnis Ersatzstoffe gibt. Einige wenige Länder wollen jedoch auf diese Einnahmequelle nicht verzichten. Ein vollständiges Fangverbot konnte bisher nicht durchgesetzt werden. In manchen Meeren, z.B. rund um die Antarktis, dürfen aber keine Wale mehr erlegt werden.

2 Harpunenkanone

3 Erlegter Wal

Wirbeltiere in ihren Lebensbereichen

WALE

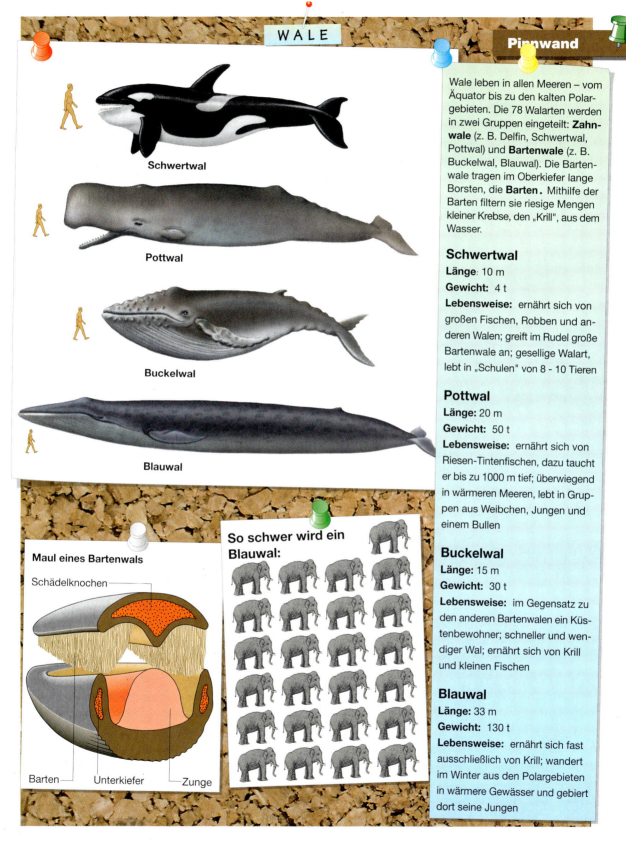

Pinnwand

Wale leben in allen Meeren – vom Äquator bis zu den kalten Polargebieten. Die 78 Walarten werden in zwei Gruppen eingeteilt: **Zahnwale** (z. B. Delfin, Schwertwal, Pottwal) und **Bartenwale** (z. B. Buckelwal, Blauwal). Die Bartenwale tragen im Oberkiefer lange Borsten, die **Barten**. Mithilfe der Barten filtern sie riesige Mengen kleiner Krebse, den „Krill", aus dem Wasser.

Schwertwal
Länge: 10 m
Gewicht: 4 t
Lebensweise: ernährt sich von großen Fischen, Robben und anderen Walen; greift im Rudel große Bartenwale an; gesellige Walart, lebt in „Schulen" von 8 - 10 Tieren

Pottwal
Länge: 20 m
Gewicht: 50 t
Lebensweise: ernährt sich von Riesen-Tintenfischen, dazu taucht er bis zu 1000 m tief; überwiegend in wärmeren Meeren, lebt in Gruppen aus Weibchen, Jungen und einem Bullen

Buckelwal
Länge: 15 m
Gewicht: 30 t
Lebensweise: im Gegensatz zu den anderen Bartenwalen ein Küstenbewohner; schneller und wendiger Wal; ernährt sich von Krill und kleinen Fischen

Blauwal
Länge: 33 m
Gewicht: 130 t
Lebensweise: ernährt sich fast ausschließlich von Krill; wandert im Winter aus den Polargebieten in wärmere Gewässer und gebiert dort seine Jungen

Wirbeltiere in ihren Lebensbereichen

1.8 Säugetiere lassen sich ordnen

Die Schüler der Klasse 5a besuchen mit ihrem Biologielehrer den Zoo. Im Unterricht haben sie schon Hund und Katze als Raubtiere kennen gelernt. Im Zoo sollen sie weitere Raubtiere finden und beobachten. Außerdem sollen sie deren Namen und Merkmale festhalten.

Auf dem Weg, der an den verschiedenen Gehegen vorbeiführt, bleiben sie vor einem Schild stehen. Marderartige steht darauf. Darunter sind die Verwandtschaftsbeziehungen dieser Gruppe beschrieben. Christina ist überrascht, dass der Dachs zu den Marderartigen gehört. Herbert weiß, dass auch der Iltis ein Marderartiger ist. Gegenüber steht das Schild für die Hundeartigen. Doch leider fehlt eine Übersicht wie bei den Marderartigen. Das Schild Hundeartige wird nämlich erneuert. „Ich habe eine Idee", sagt der Biologielehrer. „Ihr bekommt die Aufgabe, ein Schild für die Hundeartigen zu entwerfen. Jetzt wollen wir uns aber erst einmal die Gehege der Hundeartigen ansehen." In einem dieser Gehege können

Wirbeltiere in ihren Lebensbereichen

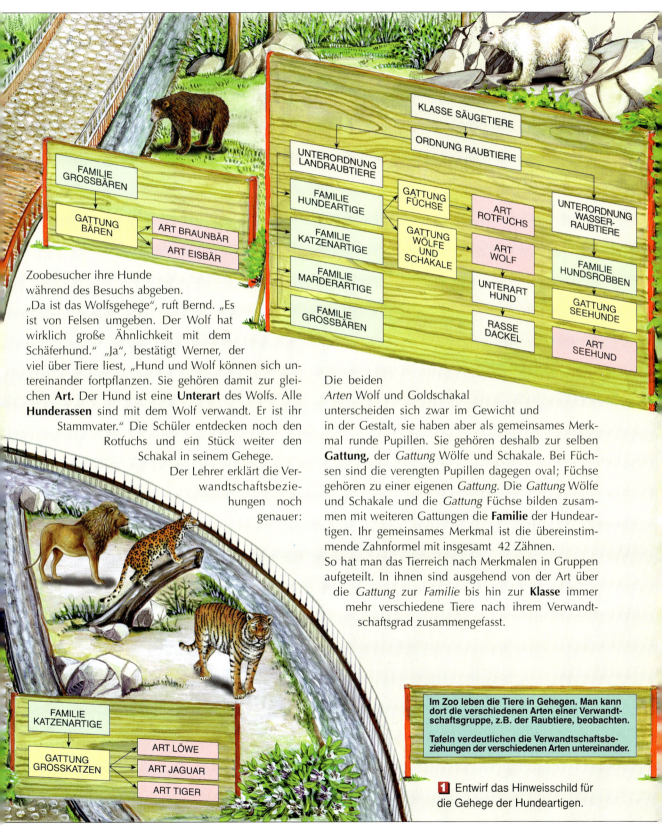

Zoobesucher ihre Hunde während des Besuchs abgeben. „Da ist das Wolfsgehege", ruft Bernd. „Es ist von Felsen umgeben. Der Wolf hat wirklich große Ähnlichkeit mit dem Schäferhund." „Ja", bestätigt Werner, der viel über Tiere liest, „Hund und Wolf können sich untereinander fortpflanzen. Sie gehören damit zur gleichen **Art.** Der Hund ist eine **Unterart** des Wolfs. Alle **Hunderassen** sind mit dem Wolf verwandt. Er ist ihr Stammvater." Die Schüler entdecken noch den Rotfuchs und ein Stück weiter den Schakal in seinem Gehege.
Der Lehrer erklärt die Verwandtschaftsbeziehungen noch genauer:

Die beiden *Arten* Wolf und Goldschakal unterscheiden sich zwar im Gewicht und in der Gestalt, sie haben aber als gemeinsames Merkmal runde Pupillen. Sie gehören deshalb zur selben **Gattung,** der *Gattung* Wölfe und Schakale. Bei Füchsen sind die verengten Pupillen dagegen oval; Füchse gehören zu einer eigenen *Gattung*. Die *Gattung* Wölfe und Schakale und die *Gattung* Füchse bilden zusammen mit weiteren Gattungen die **Familie** der Hundeartigen. Ihr gemeinsames Merkmal ist die übereinstimmende Zahnformel mit insgesamt 42 Zähnen.
So hat man das Tierreich nach Merkmalen in Gruppen aufgeteilt. In ihnen sind ausgehend von der Art über die *Gattung* zur *Familie* bis hin zur **Klasse** immer mehr verschiedene Tiere nach ihrem Verwandtschaftsgrad zusammengefasst.

Im Zoo leben die Tiere in Gehegen. Man kann dort die verschiedenen Arten einer Verwandtschaftsgruppe, z.B. der Raubtiere, beobachten.

Tafeln verdeutlichen die Verwandtschaftsbeziehungen der verschiedenen Arten untereinander.

1 Entwirf das Hinweisschild für die Gehege der Hundeartigen.

Wirbeltiere in ihren Lebensbereichen

1 Möwe

2 Vögel in ihrem Lebensbereich

2.1 Vögel – Wirbeltiere in Leichtbauweise

Immer wieder schaut Felix bewundernd den Flugkünsten der Möwen zu. „Warum können wir nicht segeln und fliegen wie die Vögel?", fragt er seine Mutter. „Nun" antwortet diese, „der Vogelkörper ist für das Fliegen gebaut, ein Mensch aber nicht."

Schauen wir uns den Vogelkörper einmal genauer an. Er ist stromlinienförmig gebaut. Den gesamten Körper bedeckt ein **Federkleid,** nur Schnabel und Füße sind ohne Gefieder. Durch die dachziegelartige Anordnung der Federn werden Unebenheiten ausgeglichen. So kann die Luft ohne großen Widerstand vorbeiströmen. Unter den **Deckfedern** bilden die weichen **Daunenfedern** eine wärmende Schutzschicht. Sie schließen viel Luft ein und bewahren den Vogel vor Wärmeverlusten. Flügel und Schwanz besitzen große, zum Fliegen notwendige **Schwungfedern.** An ihnen kannst du besonders gut den Aufbau einer Feder erkennen. Von einem hohlen Schaft zweigen nach beiden Seiten viele Federäste ab. Sie bilden die *Fahnen*. Von jedem Federast zweigen wiederum *Strahlen* ab. Sie sind – wie bei einem Klettverschluss – durch kleine Häkchen miteinander verzahnt.

Vögel haben ein Knochenskelett wie alle anderen Wirbeltiere. Trotzdem ist ein Vogel wesentlich leichter als ein Säugetier gleicher Größe. In den großen Röhrenknochen befindet sich Luft. Dadurch sind sie erheblich leichter als die mit Mark gefüllten Säugetierknochen. Ein Netzwerk aus knöchernen Verstrebungen verleiht ihnen Stabilität. Das geringe Körpergewicht stellt eine weitere Angepasstheit an das Leben in der Luft dar.

Die Wirbelsäule ist starr, da alle Wirbel von der Brust bis zum Schwanz miteinander verwachsen sind. Dadurch können Vögel während des Fluges die richtige Körperhaltung bewahren. Auch die Rippen und das Brustbein sind fest miteinander verbunden. An dem kielförmig gebauten Brustbein sitzen die starken Brustmuskeln, mit denen die Flügel bewegt werden.

Eine besondere Einrichtung bei Vögeln sind die **Luftsäcke.** Sie zweigen von der Lunge ab und liegen zwischen den Muskeln und Organen des Rumpfes. Einige reichen bis in die Knochen. In den Luftsäcken kann der Vogel zusätzlich Luft aufnehmen. Für Flüge in großen Höhen, wo die Luft sauerstoffärmer ist als in tieferen Luftschichten, ist dieser Vorrat an Sauerstoff in den Luftsäcken vorteilhaft.

Wirbeltiere in ihren Lebensbereichen

Auch die Ernährungsweise ist dem Fliegen angepasst. Vögel fressen häufig. Dabei nehmen sie aber immer nur kleine Mengen an Nahrung zu sich. Die Nahrung wird rasch verdaut. Unverdauliche Reste werden schnell ausgeschieden. So wird der Körper nicht durch zusätzliches Gewicht belastet.

Sogar die Art der Fortpflanzung dient der Gewichtsverminderung. Vögel pflanzen sich mithilfe von Eiern fort. Diese reifen nicht gleichzeitig, sondern nacheinander. Sie werden mit zeitlichem Abstand gelegt. So spart der Vogel Gewicht. Außerdem entwickeln sich die Jungen außerhalb des Vogelkörpers. Auch das bringt im Vergleich zu den Säugetieren eine Gewichtsersparnis.

> Vögel sind durch Stromlinienform, Federkleid, Bau des Skeletts, Ernährung und Fortpflanzung dem Leben im Lebensbereich Luft angepasst.

1 Betrachte den Bau des Vogelflügels und vergleiche mit dem eines Menschenarmes (S. 129).
2 Flugzeugflügel haben im Inneren Verstrebungen aus Metall. Erläutere diese Bauweise.
3 Untersuche das Vogelskelett. Verwende dazu das Skelett eines Brathähnchens.
a) Finde Hand, Unterarm und Oberarm heraus.
b) Beschreibe den Aufbau des Brustbeins.
c) Durchtrenne verschiedene Knochen des Flügel- und Beinskeletts mit der Geflügelschere. Beschreibe den Bau der Knochen.
4 Sieh dir in Abb. 2C den Feinbau einer Schwungfeder an. Beschreibe ihren Aufbau. Erkläre, wie Teile der Fahne zu einer geschlossenen Fläche vereinigt sind.

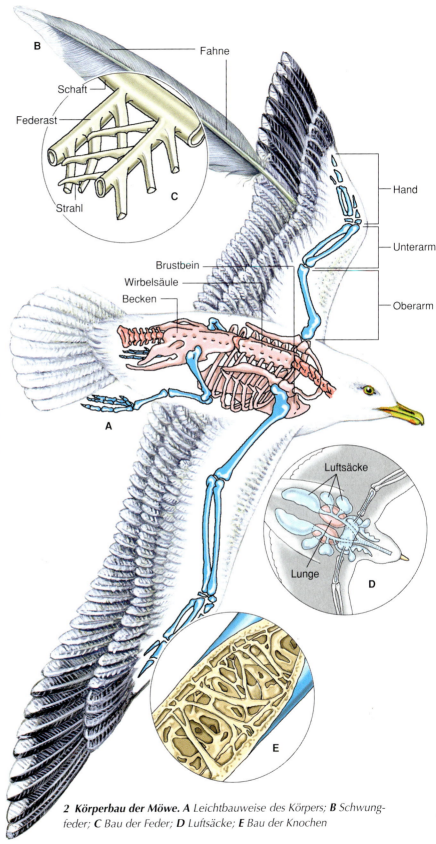

2 Körperbau der Möwe. *A* Leichtbauweise des Körpers; *B* Schwungfeder; *C* Bau der Feder; *D* Luftsäcke; *E* Bau der Knochen

Wirbeltiere in ihren Lebensbereichen

1 Rauchschwalbe.
A *Gleitflug;*
B *Wasser aufnehmend;*
C *Ruderflug*

2.2 Wie Vögel fliegen

Es ist immer wieder faszinierend, Rauchschwalben bei ihren Flugmanövern zu beobachten. In schnellem Flug steuern sie zum Beispiel eine Wasserfläche an und gleiten dicht über die Oberfläche. Sie tauchen kurz mit dem Schnabel ein um Wasser aufzunehmen und steigen mit ein paar Flügelschlägen wieder auf. Das alles geht so schnell, dass man die einzelnen Flugphasen kaum unterscheiden kann.

Leichter ist der Flug beim Höckerschwan zu beobachten. Ehe der Schwan von einer Wasserfläche auffliegen kann, nimmt er Wasser tretend einen langen Anlauf. Dabei bewegt er die Flügel auf und ab, um die Schwerkraft zu überwinden und den nötigen Auftrieb zu erzeugen.

Beim Abwärtsschlag werden die Flügel schräg nach unten geführt. Die Federn bilden eine geschlossene, luftundurchlässige Fläche. So kann sich der Schwan in der Luft halten und gleichzeitig vorwärts bewegen. Beim Aufwärtsschlag werden die Federn so gedreht, dass die Fahnen senkrecht stehen und die Luft zwischen ihnen hindurchströmen kann. Die Flügel werden angewinkelt nach oben gezogen, sodass der Flug nicht abgebremst wird und der Schwan nicht an Höhe verliert. Dieser **Ruderflug** ist die häufigste Form des Vogelflugs. Die Landung erfolgt im **Gleitflug.** Dabei werden die Flügel nicht mehr bewegt, sondern ausgebreitet in der Luft gehalten. Die Anziehungskraft der Erde sorgt dafür,

3 Ruderflug des Höckerschwans

2 Auffliegender Höckerschwan

Wirbeltiere in ihren Lebensbereichen

4 Fliegender Höckerschwan

6 Schwirrflug des Kolibris

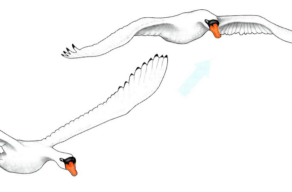

dass der Vogel langsam zu Boden gleitet. Die Flügel bremsen wie ein Fallschirm und der Schwanz wird als Steuer eingesetzt.

Größere Vögel können sich auch während des Fluges lange Zeit ohne Flügelschlag in der Luft halten. Sie nutzen bei ihrem **Segelflug** aufsteigende warme Luftströmungen oder Aufwinde aus, wie das auch die Segelflieger tun.

Eine ganz besondere Flugtechnik beherrschen die Kolibris. Sie bewegen ihre Flügel bis zu 70 mal in der Sekunde vor und zurück. Dadurch können sie im **Schwirrflug** auf der Stelle „stehen", senkrecht nach oben oder unten und sogar rückwärts fliegen. Auch der Turmfalke „steht" beim **Rüttelflug** auf der Stelle. Er benutzt diese Technik, um den Erdboden nach Beutetieren abzusuchen. Dabei bewegt er seine Flügel sehr schnell. Die Schwanzfedern sind breit gefächert gegen die Flugrichtung gestellt und wirken als Bremse.

> Der Flug der Vögel beruht auf einem Zusammenspiel von Muskelkraft, Flügelform und Federstellung.

1 Beschreibe die Flugtechnik bei der Rauchschwalbe, beim Höckerschwan und beim Kolibri.
2 Beschreibe den Rüttelflug anhand des Textes und Abbildung 5.
3 Welche der beschriebenen Flugtechniken benötigen besonders viel Muskelkraft? Begründe!

5 Rüttelflug des Turmfalken

Wirbeltiere in ihren Lebensbereichen

Übung: Vogelflug

A1 Ruderflug

Beschreibe die Stellung der Flügel und der Federn beim Aufwärts- und Abwärtsschlag. Welche Auswirkungen hat die Federstellung auf den Flug des Vogels?

A2 Segelflug

Erläutere, wie der Mäusebussard bei seinem Segelflug ohne Flügelschlag an Höhe gewinnen kann.

Streifzug durch die Physik

Auftrieb in der Luft

Die kleine Miriam muss ihre Luftballons gut festhalten, sonst fliegen sie davon. Miriams Luftballons sind mit einem Gas gefüllt, das leichter als Luft ist. Die Ballons bekommen dadurch **Auftrieb** und steigen in die Höhe.

Flugzeuge sind schwerer als Luft und fliegen trotzdem. Wie ist das möglich? Wenn ein Flugzeug startet, wird zunächst der Motor angeworfen. Das Flugzeug beginnt zu rollen. Wenn es schneller wird, entsteht eine Luftströmung an den Tragflächen. Im Querschnitt sieht man, dass die Tragfläche gewölbt ist. Die Luft, die sie umströmt, muss an der Oberseite einen längeren Weg zurücklegen als an der Unterseite. Dabei entsteht auf der Oberseite ein Sog, der die Tragfläche nach oben zieht. An der Unterseite entsteht ein Druck, der sie nach oben drückt. Beide Kräfte gemeinsam bewirken den Auftrieb.

Der Vogelflügel hat das gleiche Profil wie die Flugzeugtragfläche. Der Auftrieb entsteht also beim Vogel auf die gleiche Weise wie beim Flugzeug. Die notwendige Luftströmung erzeugt der Vogel durch das Schlagen der Flügel.

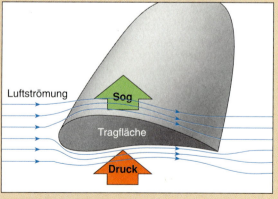

1 Flugzeugtragfläche

Wirbeltiere in ihren Lebensbereichen

Der Traum vom Fliegen

Streifzug durch die Geschichte

Fliegen können wie ein Vogel – dies ist ein alter Traum der Menschheit. Damit verbunden sind Vorstellungen von Freiheit, Grenzenlosigkeit und Abenteuer. Immer wieder haben Menschen versucht, diesen Traum zu verwirklichen.

Eine alte Sage aus Griechenland erzählt von *Dädalus* und seinem Sohn *Ikarus* (um 1500 v. Chr.).

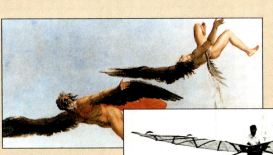

1 Dädalus und Ikarus

2 Otto Lilienthal

Die beiden flohen aus der Gefangenschaft, indem sie Vogelfedern mit Wachs zusammenklebten und diese „Flügel" an ihren Armen befestigten. Ikarus kam bei seinem Flug der Sonne zu nahe. Das Wachs schmolz, die Flügel zerfielen und Ikarus stürzte ins Meer und starb.

Im Mittelalter beschäftigte sich der Wissenschaftler und Künstler *Leonardo da Vinci* mit dem Entwurf und Bau von Flugapparaten. Aber es dauerte bis zum 19. Jahrhundert, ehe die ersten gebaut wurden. Diese Flugapparate mussten entweder mit Muskelkraft betrieben werden oder sie waren nur zum Gleiten geeignet. *Otto Lilienthal* machte 1891 seine ersten Gleitversuche mit selbst gebauten Flugapparaten. Er startete von einem Turm aus und brachte es nach vielen Versuchen auf eine Weite von 500 Metern. Bei einem Flugversuch im Jahr 1896 verunglückte er tödlich. Die von Otto Lilienthal gebauten Gleiter ähnelten den heute benutzten Drachen der Drachenflieger.

Die Versuche mit Flugapparaten, die mit Muskelkraft betrieben wurden, konnten nicht gelingen. Denn für Menschen ist es aufgrund ihres Körperbaus und ihrer Masse unmöglich, wie die Vögel zu fliegen.

Erst mit der Erfindung des Motors zu Beginn des 20. Jahrhunderts wurde auch der Bau von Flugmaschinen vorangetrieben. Die Motoren waren zunächst nicht besonders leistungsstark. Deshalb wurden die Flugzeuge aus leichten Materialien wie Holz und Leinwand gebaut. Durch Verbesserung der Motorstärke konnte man die Flugzeuge schließlich aus stabilem Metall bauen. Es entbrannte ein Wettstreit um immer leistungsstärkere Maschinen.

Eine der größten Pionierleistungen war die Atlantiküberquerung des Amerikaners *Charles Lindbergh*. Er legte 1927 allein und im Nonstopflug eine Strecke von 5810 km zurück – in einem kleinen, einmotorigen Flugzeug!

In der weiteren Entwicklung wurden die Flugzeuge größer und erhielten mehrere Motoren. Sie konnten lange Strecken ohne Zwi-

3 Charles Lindbergh

schenstopp zurücklegen und mehr Menschen und Frachtgut transportieren.

Ein weiterer Höhepunkt in der Entwicklung der Luftfahrt war die Erfindung des Düsentriebwerkes. Große Passagiermaschinen fliegen heute fast ausschließlich mit Düsentriebwerken. Wir finden es selbstverständlich, mit Flugzeugen schnell und bequem in alle Länder der Erde reisen zu können. Für seinen Atlantikflug brauchte Charles Lindbergh mehr als 33 Stunden. Heute fliegt die Concorde, ein modernes Überschall-Verkehrsflugzeug, in etwa 3 Stunden von New York nach London!

Wirbeltiere in ihren Lebensbereichen

1 Revierverhalten und Paarbildung bei der Amsel. **A** Singwarte; **B** Kampf zweier Männchen; **C** Balz; **D** Amselpaar

2.3 Die Amsel ist ein Singvogel

Hast du schon einmal im Frühjahr das aufgeregte „Tschik-tschik-tschik" einer Amsel gehört? Das Gezeter stammt von einem Amselmännchen, das ein anderes Männchen mit gesenktem Kopf und vorgestrecktem Schnabel angreift. Man nennt dieses Verhalten das **Drohen.** So verteidigt das Amselmännchen sein Gebiet, das man als **Revier** bezeichnet. Hier baut ein Amselpaar sein Nest und zieht seine Jungen auf. Das Revier kann mehr als 1200 m² umfassen und ist groß genug, um ausreichend Nahrung zu bieten.

Mit ihrem Gesang kennzeichnen die Amseln wie auch alle anderen Singvögel ihr Revier. Hierzu sitzt das Amselmännchen am frühen Morgen und am Abend auf der Spitze eines Baumes oder auf einem Dachfirst und flötet fast unermüdlich. Den bevorzugten Sitzplatz nennt man **Singwarte.** Der Gesang gilt nur für andere Amseln. Ein Buchfink oder eine Kohlmeise reagieren nicht darauf.

Gleichzeitig soll der Gesang ein Weibchen anlocken. Im Gegensatz zu dem schwarzen Männchen mit dem gelben Schnabel ist das Weibchen dunkelbraun mit dunklem Schnabel. Wegen seiner Gefiederfarbe wird die Amsel auch als *Schwarzdrossel* bezeichnet.

Wenn sich ein Paar gefunden hat, beginnt die **Balz.** Das Männchen flattert aufgeregt um das Weibchen herum und begattet dieses. Nach der **Paarung** erfolgt der **Nestbau.** Als Platz für das Nest wird meist eine Astgabel dicht über dem Boden in einer Hecke gewählt. Das Weibchen formt aus dünnen Zweigen, Grashalmen und feuchter Erde eine Nestmulde. Mit den Füßen wird das Material zu einem hohen Nestrand geschoben. Dann wird mit dem Schnabel der Nestrand geformt. Schließlich wird die Nestmulde

---

Stichwort

Singvögel

Singvögel sind eine Gruppe von Vögeln, die einen auffallenden und meist wohltönenden Gesang haben. Die Fähigkeit des Singens ist auf einen zweiten Kehlkopf mit Stimmbändern zurückzuführen, der den anderen Vogelgruppen fehlt. Nur die Männchen singen, um Weibchen anzulocken und Rivalen von ihrem Revier fernzuhalten.

Der Gesang ist bei vielen Singvogelarten angeboren. Bei einigen Arten lernen ihn aber auch die jungen Männchen zum großen Teil von den älteren Männchen. Zu den Singvögeln gehören z. B. die Finken, Lerchen, Sperlinge, Drosseln, Meisen, Zaunkönige, Grasmücken und Schwalben. Die größten Singvögel sind die Rabenvögel, zu denen die Krähen gehören.

---

1 Ein kräftiges Amselmännchen hat meist ein größeres Revier als ein schwaches. Erläutere.

Wirbeltiere in ihren Lebensbereichen

2 Zwei Verhaltensweisen der Amsel beim Nestbau

3 Eier im Nest

4 Brütende Amsel

5 Amselmännchen füttert seine Jungen

mit Moos und Laub ausgepolstert. Die Amsel drückt nun mit ihrem Körper die Nestmulde fest. Dieses Verhalten ist den Tieren angeboren. Man nennt es ein **Instinktverhalten.** In das fertige Nest legt das Weibchen vier bis fünf grüne, braun gefleckte Eier. Die Amsel brütet etwa zwei Wochen lang. Aus den Eiern schlüpfen nackte, blinde und hilflose Jungvögel. Man spricht hier von **Nesthockern.**
Sie müssen von den Eltern gefüttert werden. Von morgens bis abends bringen die Altvögel ständig Nahrung herbei. Wenn sie auf dem Nestrand landen, recken die Jungen ihre Hälse nach oben und sperren die Schnäbel weit auf. Dabei wird der orangegelbe Rachen sichtbar. Die Amseln stopfen das Futter in die *Sperrrachen*. Nach etwa zwei Wochen verlassen die Jungvögel das Nest.
Amseln sind in allen Gärten und Parkanlagen zu finden. Früher lebten sie vorwiegend im Wald und suchten nur im Winter die Nähe des Menschen. Weil sie heute ständig in der Nähe von Menschen leben, nennt man sie **Kulturfolger.**

> Im Frühjahr sucht sich das Amselmännchen ein Revier, kennzeichnet es durch seinen Gesang und verteidigt es gegen andere Amselmännchen. Die Amsel baut ihr Nest oft in einer Hecke. Die Jungen sind Nesthocker. Amseln sind Kulturfolger.

2 Lies den Textabschnitt über den Nestbau nochmals genau durch. Welche Tätigkeiten der Amsel sind in den beiden Zeichnungen am oberen Seitenrand abgebildet?

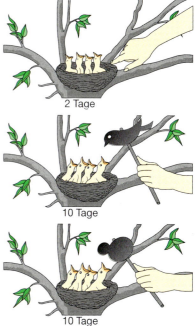

3 Mit **Attrappenversuchen** lässt sich herausfinden, welche Verhaltensweisen einem Tier angeboren sind und welche erst erlernt werden. In den Zeichnungen am rechten Seitenrand sind solche Attrappenversuche mit jungen Amseln dargestellt. Beschreibe die Versuche und erläutere die Ergebnisse.

Wirbeltiere in ihren Lebensbereichen

Pinnwand

SINGVÖGEL IN GÄRTEN UND PARKS

Grünfink

Größe: 15 cm
Kennzeichen: olivgrünes Federkleid; kräftiger, weißlicher Schnabel; fleischfarbene Füße; Flug wellenförmigig

Darauf musst du achten!

Flug: wellenförmig / geradeaus

Körperform: rund / schlank

Körperbau:

1 Scheitel 2 Stirn 3 Kopf 4 Kopfkappe
5 Wange (Ohrdecke) 6 Schnabel 7 Hals
8 Kehle 9 Augenstrich 10 Brust 11 Flanke
12 Bauch 13 Nacken 14 Rücken 15 Flügelbinde 16 Flügel 17 Bürzel 18 Schwanz
19 Fuß

Rotkehlchen

Größe: 14 cm
Kennzeichen: rundlicher Körper, rötliche Brust und Stirn; Oberseite dunkelbraun mit helleren Flecken

Kohlmeise

Größe: 14 cm
Kennzeichen: Kopf und Hals blauschwarz mit weißen Wangen, Unterseite gelb mit schwarzem Rand

Ausrüstung für eine Vogelexkursion

Wenn du Vögel beobachten willst, benötigst du einen Feldstecher. Im Notizbuch schreibst du alles auf, was du beobachtet hast und später nachschlagen willst (Vogelform, Flugbewegung, Farben des Federkleides, Schnabelform, ...). Mit dem Kassettenrekorder kannst du Vogelstimmen aufnehmen. Für Fotos eignet sich nur ein Fotoapparat mit Teleobjektiv.

2.4 Greifvögel sind an das Jagen aus der Luft angepasst

Wenn du am Himmel einen in Kreisen segelnden größeren Greifvogel siehst, so wird es sich meistens um einen Mäusebussard handeln, der in unserer Landschaft recht häufig ist. Er zeigt mit seinen breit gefächerten Flügeln und dem kurzen und breiten Schwanz ein unverwechselbares Flugbild. Stößt er dann noch ein weithin hörbares „Hiäh-Hiäh" aus, gibt es keinen Zweifel mehr.

Der Mäusebussard brütet meist im Wald. Sein Leben spielt sich aber vorwiegend auf der freien Feldflur ab, über die er, von günstigen Aufwinden getragen, ohne Flügelschlag segeln kann. Dabei suchen seine scharfen Augen ständig Felder und Wiesen nach Beutetieren ab. Mit Abstand stehen Feldmäuse an erster Stelle seines Speisezettels, aber auch Maulwürfe, Spitzmäuse, Junghasen, manche Kleinvögel, Eidechsen, Schlangen, Frösche und größere Insekten, ja selbst Aas werden nicht verschmäht.

Hat der Bussard eine Maus erspäht, stellt er sich gegen den Wind, rüttelt kurz mit den Schwingen und lässt sich dann im Sturzflug gezielt nach unten fallen. Wenige Meter über der Maus reißt er seine Flügel hoch, spreizt die Schwanzfedern auseinander und stürzt abbremsend mit vorgestreckten Greiffüßen auf den Boden zu. Beim Aufprall wird die Maus von den spitzen Krallen an den Zehen dieser *Fänge* durchbohrt und getötet.

Dann fliegt er mit der Maus zu einem festen Platz in seinem Revier, dem *Kröpfplatz*, oder, wenn er Junge hat, gleich zum Nest.

Mit dem starken **Hakenschnabel** reißt er Stücke aus der Maus heraus. Er verschlingt sie mit Haut und Haaren. Die Verdauungssäfte im Magen eines Greifvogels sind sehr wirksam und lösen sogar Knochen auf. Unverdauliche Reste wie Federn, Haare oder Fellteile werden zusammengepresst und als Gewölle wieder ausgewürgt.

Das Nest, auch *Horst* genannt, wird aus Ästen, Reisig und Moos in einem hohen Baum angelegt. Die zwei bis drei im April gelegten Eier werden überwiegend vom Weibchen bebrütet. Während dieser Zeit wird es vom Männchen mit Futter versorgt. Die Jungen schlüpfen nach 32 bis 34 Tagen. Sie tragen ein weißliches Daunenkleid. Sie sind Nesthocker und werden von beiden Eltern gefüttert. Etwa 50 Tage nach dem Ausschlüpfen können sie fliegen. Da sie das Beuteschlagen aber nur langsam erlernen, werden sie noch bis in den Herbst hinein von den Eltern betreut.

1 Mäusebussard beim Beutefang. *A Bussard auf Beutesuche; B Greiffuß (Fang); C Hakenschnabel; D im Horst*

Auch Habicht, Sperber, Adler, Weihen und Falken zeigen ähnliche Verhaltensweisen und Körpermerkmale wie der Mäusebussard. Sie besitzen ebenfalls einen Hakenschnabel und Greiffüße. Man bezeichnet sie deshalb als **Greifvögel**.

Greifvögel besitzen einen Hakenschnabel, Greiffüße und große, gut sehende Augen. Sie jagen am Tage. Die unverdaulichen Reste werden als Gewölle ausgewürgt. Die Jungen sind Nesthocker und werden lange betreut.

1 Ordne die auf der Pinnwand S. 85 abgebildeten Flugbilder den entsprechenden Greifvögeln zu.

Wirbeltiere in ihren Lebensbereichen

GREIFVÖGEL

Pinnwand

Sperber

Spannweite: ♀ 82 cm, ♂ 72 cm
Lebensraum: Nadel- und Mischwald mit angrenzender offener Landschaft
Lebensweise: jagt hauptsächlich Kleinvögel; Überraschungsjäger
Fortpflanzung: flacher, gut versteckter Horst in Kiefern oder Fichten; Brutzeit April - Juni

Wanderfalke

Spannweite: ♀ 107 cm, ♂ 92 cm
Lebensraum: abwechslungsreiche Landschaft mit steilen Felsen; Mittel- und Hochgebirge, auch an Meeresküsten
Lebensweise: schlägt die Beute im Flug, vor allem Tauben, Drosseln, Rabenvögel und Möwen
Fortpflanzung: nistet in Felsnischen, auch in alten Greifvogelhorsten; Brutzeit April - Juni

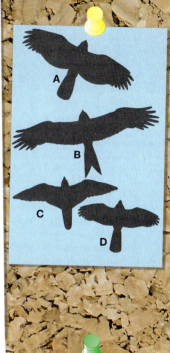

A
B
C
D

Habicht

Spannweite: ♀ 114 cm, ♂ 97 cm
Lebensraum: abwechslungsreiche Waldlandschaften, auch in der Nähe von Siedlungen
Lebensweise: ernährt sich von Tauben, Rebhühnern, Eichhörnchen und Kaninchen; Überraschungsjäger
Fortpflanzung: großer, gut versteckter Horst auf hohen Nadelbäumen; Brutzeit März - Juli

Roter Milan

Spannweite: ♀ und ♂ 155 cm
Lebensraum: überwiegend offene Landschaften
Lebensweise: ernährt sich von kleinen Säugetieren und Vögeln, auch von kranken Tieren, Abfall und Aas
Fortpflanzung: Horst auf hohen Bäumen; Brutzeit April - Juni

Turmfalke

Spannweite: ♀ 80 cm, ♂ 77 cm
Lebensraum: Kulturlandschaften; vielfach an Autobahnen und Landstraßen
Lebensweise: ernährt sich von Kleinsäugern, Insekten und Jungvögeln
Fortpflanzung: Horste in alten Krähennestern, Baumhöhlen oder Gebäudenischen; Brutzeit April - Juni

85

Wirbeltiere in ihren Lebensbereichen

1 Schleiereulen.
A Paar; B Ohr;
C im Beuteanflug;
D Greiffüße

2.5 Eulen sind lautlose Jäger

Es ist Nacht. Im fahlen Mondlicht fliegt mit ruhigem Flügelschlag ein etwa krähengroßer Vogel völlig lautlos dahin. Es ist eine Schleiereule. Plötzlich macht sie eine Kehrtwende, um dann mit hochgestellten Flügeln und vorgestreckten Fängen, den *Greiffüßen*, auf den Boden herabzugleiten. Als sie sich wieder erhebt, hält sie eine Maus in ihrem kurzen *Hakenschnabel*. Sie hat sie durch einen Biss ins Genick getötet und fliegt damit zu ihrem *Kröpfplatz*, wo sie die Maus unzerteilt verschluckt.

Die meisten Eulen sind *nachtaktiv*. Sie meiden die Helligkeit und verbringen den Tag in ihren Verstecken. Als ursprünglicher Felsbewohner ist die Schleiereule zum Kulturfolger geworden. Sie findet in dem vom Menschen geprägten Lebensraum Unterschlupf in Scheunen und Kirchtürmen und ein reichliches Nahrungsangebot.

Eulen haben ein seidenweiches Gefieder und besitzen feine Fransen an den Rändern ihrer äußersten Schwungfedern. Sie fliegen dadurch so leise, dass die Mäuse sie nicht hören können. Eulen besitzen auch *lichtempfindliche* Augen. Mit ihnen können sie sich in einer wolkenverhangenen Nacht noch gut orientieren. Der Mäusefang gelingt ihnen ausschließlich mithilfe ihres *äußerst feinen Gehörs*. Die Ohren liegen seitlich neben den Augen in dem für Eulen typischen Gesichtsschleier. Dieser wird von zwei die Augen umgebenden Federtrichtern gebildet. Sie wirken wie Hörrohre und leiten die Geräusche in das Ohr hinein. Die bei Uhus und Waldohreulen oben auf dem Kopf sichtbaren „Ohren" sind dagegen Federgebilde, die mit dem Hören nichts zu tun haben.

Zum Verdauen suchen Eulen einen bestimmten Platz auf. Weiße Kotspritzer an Kirchtürmen oder Scheunenwänden weisen oft auf solche Plätze hin. Da die Verdauungssäfte der Eulen nicht so stark sind, dass Knochen, Haare und Federreste aufgelöst werden, würgen sie die unverdaulichen Nahrungsreste als Speiballen oder **Gewölle** wieder aus.

Die Schleiereule brütet in Ruinen, in Kirchtürmen, in Scheunen und auf Dachböden. Auf Nistmaterial verzichtet sie. Die Eier werden in 30 bis 34 Tagen vom Weibchen ausgebrütet. In dieser Zeit wird es vom Männchen mit Nahrung versorgt. Die Jungen sind *Nesthocker*. Sie werden mit Wühlmäusen und Feldmäusen gefüttert. Nach etwa 60 Tagen verlassen sie das Nest. Schleiereulen bleiben auch im Winter bei uns. In besonders schneereichen Wintern, wenn die Schneedecke die Mäuse verbirgt, sterben viele an Hunger.
Neben der Schleiereule kommen bei uns auch noch andere Eulenarten vor. Gar nicht so selten sind *Waldohreule*, *Waldkauz* und *Steinkauz*.

> Eulen sind Nachtjäger. Sie sind durch große Augen, ein feines Gehör und einen lautlosen Flug für die nächtliche Mäusejagd gut ausgestattet.

1 Eulen sind „die Katzen unter den Vögeln". Stelle eine Tabelle auf, in die du Gemeinsamkeiten beider Tierarten einträgst.

Wirbeltiere in ihren Lebensbereichen

Federn und Gewölle

Übung

A1 Wir betrachten eine Eulenfeder

a) Betrachte die Innen- und Außenfahne der Feder. Beschreibe den Unterschied zwischen beiden.
b) Vergleiche die Feder der Eule mit der auf Seite 75 abgebildeten Schwungfeder.
c) Ziehe Schlussfolgerungen aus deinen Betrachtungen.

1 **Eulenfeder und ihre Feinstruktur**

V2 Wir untersuchen ein Eulengewölle

Gewölle kannst du in der Nähe von Eulennestern sammeln oder du fragst einen Förster. Ein Gewölle enthält Knochenreste von Mäusen. Die Gewölle der Eulenarten sind schwarz bis grau, walzenförmig und je nach Größe und Eulenart zwei bis acht Zentimeter lang und ein bis drei Zentimeter dick.
Material: Eulengewölle; Pinsel; Pinzette; Präpariernadeln; Lupe; Pappkarton; Klebstoff
Durchführung: Erhitze die Gewölle im Trockenschrank zunächst mehrere Stunden auf 150 °C, um eventuell vorhandene Krankheitskeime abzutöten. Dann zupfe mit Pinzette und Präpariernadel die Gewölle vorsichtig auseinander. Die Knochen musst du mit dem Pinsel von anhaftendem Schmutz säubern. Sortiere die gesäuberten Knochen nach Form und Größe. Stelle fest, welche und wie viele Tiere die Eule gefressen hat.
Aufgabe: Lege die Einzelknochen, wenn möglich, wie in der Abbildung 2C zusammen und klebe sie auf dem Pappkarton fest. Anschließend beschrifte die einzelnen Knochen.

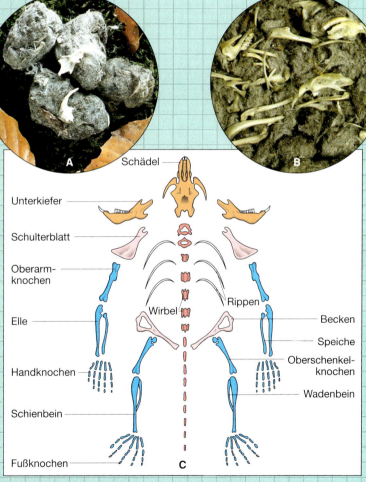

2 **Eulen speien Gewölle aus. A** typisches Gewölle; **B** zerlegtes Gewölle; **C** aufgeklebtes Mäuseskelett

Wirbeltiere in ihren Lebensbereichen

2.6 Manche Vögel sind Kletterkünstler

Wenn du im beginnenden Frühjahr durch den Wald streifst, kannst du häufig kurze Trommelwirbel vernehmen. Sie stammen von Spechten. Zum Trommeln suchen sie sich gern einen hell klingenden trockenen Ast mit guter Resonanz aus. Auf diesen schlagen sie mit schnellen Schnabelhieben in einer Weise, die für jede Spechtart charakteristisch ist. Hierdurch kennzeichnet ein Specht sein Revier und lockt gleichzeitig paarungsbereite Weibchen an. Unser häufigster Specht ist der auffallend schwarzweiß gezeichnete **Buntspecht,** der überwiegend im oberen Teil hoher Bäume herumklettert. Im Winter, wenn er im Wald nicht mehr genügend Nahrung findet, zieht er auch durch größere Gärten.

Seine Beine sind kurz, sodass er sich dicht an den Stamm schmiegen kann. Mit ihnen hüpft er mühelos einen Baum hinauf, wobei er oft von kurzen Flügelschlägen unterstützt wird. Die Beine enden in Füßen mit zwei nach vorn und zwei nach hinten gerichteten Zehen, die mit spitzen Krallen versehen sind. Mit den zwei vorderen hält er sich in der Rinde fest, während die hinteren zwei ihn stützen und ein Herunterrutschen verhindern. Ausgestattet mit solchen **Kletterfüßen** kann er auf jedem Baum leben. Der Specht ist für ein Leben auf Bäumen gut angepasst. Ein mögliches Abrutschen verhindern auch seine stark versteiften Schwanzfedern. Besonders die mittleren sind lang zugespitzt und haben borstenartige Äste. Sie spreizen sich gegen den Druck nach unten und stützen dabei den Körper ab. Einen Schwanz mit dieser Aufgabe nennt man **Stützschwanz.**

Spechte fressen vor allem Insekten und deren Larven. Sie suchen diese unter der Rinde oder im Holz abgestorbener Bäume. Durch kräftige Hiebe mit dem langen, keilförmigen und sehr harten **Meißelschnabel** legen sie die Fraßgänge der Larven frei. Die beiden Zungenbeinhörner sorgen dafür, dass die sehr schlanke, wurmförmige Zunge bis etwa 10 cm aus dem Schnabel herausgestreckt werden kann. Die Zunge ist an ihrer verhornten Spitze mit Widerhaken versehen und mit einem besonders klebrigen Speichel überzogen. Der Specht kann damit größere Larven aufspießen, die kleineren bleiben an dem klebrigen Schleim hängen.

Im Winter, wenn die Insekten fehlen, ernährt sich der Specht von fettreichen Kiefern- und Fichtensamen. Hierzu klemmt er die Zapfen in geeignete Baumspalten. Dann hämmert er auf die Zapfen ein, um an die Samen zu gelangen. Solche Stellen werden **Spechtschmieden** genannt und sind übersät mit Zapfenresten.

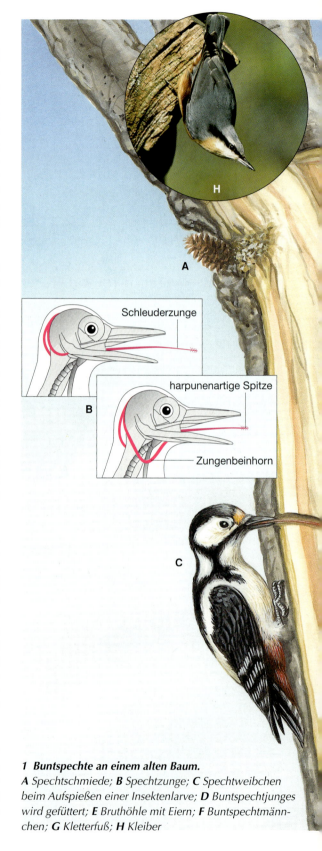

1 Buntspechte an einem alten Baum.
A Spechtschmiede; **B** Spechtzunge; **C** Spechtweibchen beim Aufspießen einer Insektenlarve; **D** Buntspechtjunges wird gefüttert; **E** Bruthöhle mit Eiern; **F** Buntspechtmännchen; **G** Kletterfuß; **H** Kleiber

Wirbeltiere in ihren Lebensbereichen

Hat sich ein Buntspechtpärchen gefunden, so meißelt es gemeinsam eine etwa 30 cm tiefe Nisthöhle in einen meist schadhaften Baum. Der Eingang zur Höhle steigt immer leicht an, damit kein Regenwasser hineinlaufen kann. In der Höhle werden auf Holzspänen fünf bis sieben weiß glänzende Eier ausgebrütet. Nach knapp zwei Wochen schlüpfen die Jungen. Es sind nackte und blinde *Nesthocker*, die von beiden Eltern gefüttert werden. Nach weiteren drei Wochen verlassen sie die Bruthöhle und werden von den Altvögeln aus dem Revier vertrieben. Weil Spechte ihre Höhle immer selbst zimmern, bezeichnet man sie als **aktive Höhlenbrüter.**

Die verlassenen Höhlen werden später von anderen Vögeln genutzt, z. B. von dem ebenfalls an das Baumleben angepassten **Kleiber,** aber auch von Staren, Meisen, Schnäppern, Käuzen und Hohltauben, die man als **passive Höhlenbrüter** bezeichnet. Der Kleiber wird oft auch als *„Spechtmeise"* bezeichnet. Im Gegensatz zum Specht kann er sich an einem Baumstamm auch kopfabwärts bewegen. Der Schwanz wird bei der Kletterarbeit nicht als Stütze benutzt. Da das Einflugloch einer Spechthöhle für Kleiber viel zu groß ist, kleben sie es mit Lehm auf ihre Größe zurecht. Der Name Kleiber kommt von „kleben".

Bei uns kommen noch weitere Spechtarten vor: Es sind dies der **Grau-** und der **Grünspecht,** die sich sehr ähnlich sehen. Sie halten sich viel am Boden auf, weil sie dort nach Nahrung suchen, zu der besonders Ameisen gehören. Sie werden deshalb auch *Erdspechte* genannt. In großen Waldungen kannst du auch unserem größten Specht, dem **Schwarzspecht,** begegnen. Er ist fast so groß wie eine Krähe.

> Spechte sind durch ihre Kletterfüße, den Stützschwanz, den Meißelschnabel und die lange Zunge an das Leben auf Bäumen gut angepasst. Als Feinde Holz fressender Insekten ist ihre Anwesenheit in Forsten sehr wichtig. Sie sind Höhlenbrüter, ihre Jungen sind Nesthocker.

1 Zähle Beispiele auf und erläutere, wie der Specht für ein Leben auf Bäumen angepasst ist.
2 Beschreibe den Unterschied in der Nahrungsbeschaffung von Hack- und Erdspechten.
3 Beschreibe den Unterschied in der Nahrungsbeschaffung bei Erdspechten und bei den übrigen Spechten (Hackspechten).

Wirbeltiere in ihren Lebensbereichen

Übung — **Stockente**

A1 Gefieder der Stockente

Stockenten auf dem Teich.
A Männchen (Erpel); **B** Weibchen; **C** Küken

Vergleiche die Färbung des Gefieders von Männchen, Weibchen und Küken der Stockente. Ziehe Schlussfolgerungen.

A2 Angepasstheiten an das Wasserleben

Vögel. A Haushuhn; **B** Stockente;
C Seihschnabel einer Ente

a) Vergleiche Körperbau, Fuß und Schnabel von Haushuhn und Stockente. Nenne Angepasstheiten an die jeweiligen Lebensweisen.
b) Für die Füllung von Federbetten werden besonders gern die Daunen von Enten und Gänsen verwendet. Erläutere dies.
c) Donald Duck wird oft als die „berühmteste Ente der Welt" bezeichnet. Welche Merkmale einer Ente sind in dieser Fantasiefigur noch zu erkennen?

2.7 Enten sind Schwimmvögel

Beim Laufen watschelt die Ente unbeholfen und ihr Körper schwankt bei jedem Schritt hin und her. Im Wasser jedoch, ihrem eigentlichen Lebensraum, bewegt sie sich schnell und fast mühelos. Wie ein Schiffchen liegt ihr flacher, **kahnförmiger Körper** auf der Wasseroberfläche. Kräftige, abwechselnde Schläge der beiden Beine treiben sie vorwärts. Zwischen den drei nach vorne gerichteten Zehen an jedem Fuß spannen sich **Schwimmhäute.** Wenn die Ente den Fuß nach hinten schlägt, werden die Zehen gespreizt. Die Schwimmhäute vergrößern so die Fußfläche. Beim Vorziehen werden die Zehen zusammengelegt und damit der Widerstand der Beine im Wasser herabgesetzt.
Die Luft in den **Daunenfedern** trägt die Ente wie ein Luftkissen beim Schwimmen. Die Daunen dürfen daher nicht nass werden. Deshalb werden die darüber liegenden Deckfedern von der Ente eingefettet. Das Fett wird in der **Bürzeldrüse** an der Schwanzwurzel gebildet und mit dem Schnabel im Deckgefieder verteilt. Unter der Haut liegt eine dicke **Fettschicht.** Luft und Fett verhindern das Auskühlen im kalten Wasser.

Auch die Nahrungsaufnahme der Ente erfolgt meist im Wasser. Enten suchen ihre Nahrung, z. B. Würmer, Schnecken, Insektenlarven und Wasserpflanzen, im Schlamm des Uferbereichs. Hier ist das Wasser so seicht, dass die Ente mit dem Kopf unter Wasser **gründeln** kann. Sie nimmt den Schlamm in den Schnabel und presst nach dem Auftauchen das Wasser seitlich durch die Hornleisten der Schnabelränder und die gefransten Ränder der Zunge heraus. Die Nahrung bleibt auf der Zunge liegen und wird geschluckt. Man nennt diesen Schnabel einen **Seihschnabel.**
Die am häufigsten auf unseren Seen und Teichen vorkommende Ente ist die *Stockente*. Sie gehört zu den *Schwimmenten*, die beim Gründeln nur mit dem Kopf und dem Vorderkörper untertauchen.

> Enten sind Wasservögel, die mehrere Angepasstheiten an ihren Lebensraum aufweisen: kahnförmiger Körper, Schwimmhäute an den Zehen, lufthaltige Daunen, Fett aus der Bürzeldrüse und Seihschnabel.

1 Nenne Angepasstheiten bei den auf der Pinnwand Seite 91 abgebildeten Wasservögeln.
2 Wieso haben Schwäne so lange Hälse?
3 Beantworte die Frage zur Fütterung von Schwimmvögeln auf der Pinnwand Seite 91.

Wirbeltiere in ihren Lebensbereichen

SCHWIMMVÖGEL

Pinnwand

Name: *Haubentaucher*
Lebensweise: taucht bis 6 m tief
Nahrung: Fische
Nest: am Rand des Schilfgürtels zum freien Wasser, Schwimmnest
Besonderheit: Zehen mit Schwimmlappen

Sinnvoll oder nicht?

Name: *Tafelente*
Lebensweise: gründelt bis 5 m tief
Nahrung: Kleintiere und Wasserpflanzen
Nest: meist im Schilf

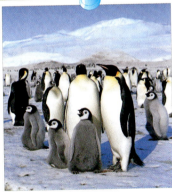

Name: *Kaiserpinguin*
Lebensweise: lebt in der Antarktis; flugunfähig; hervorragender Schwimmer; Flügel als Flossen
Nahrung: Fische
Nest: kein Nest, ein Ei wird zum Brüten auf die Oberseite der Füße gelegt und mit dem Bauch gewärmt

Name: *Höckerschwan*
Lebensweise: kann tiefer als eine Schwimmente gründeln
Nahrung: Wasserpflanzen
Nest: am Ufer von Flüssen und Seen
Besonderheit: einer der größten flugfähigen Vögel

Name: *Pelikan*
Lebensweise: fängt Fische mit dehnbarer Haut im Unterschnabel
Vorkommen: wärmere Gebiete aller Kontinente außer Antarktis
Nest: Kolonien im Schilf

Name: *Blesshuhn*
Lebensweise: schwimmt und taucht sehr gut
Nahrung: Kleintiere und Wasserpflanzen
Nest: im Schilf
Besonderheit: Zehen mit Schwimmlappen

Wirbeltiere in ihren Lebensbereichen

1 Zauneidechse. A beim Sonnenbaden; **B** sich häutend

2 Schlüpfende Zauneidechsen

3 Kriechtiere in ihrem Lebensbereich

3.1 Kriechtiere lieben Wärme

Lars und Jan fahren mit ihren Fahrrädern einen sonnigen Feldweg entlang. „Da!", ruft Lars plötzlich. „Da ist etwas über den Weg geflitzt! Dort zwischen den Steinen ist es verschwunden." Die Freunde steigen ab und warten. Nach einer Weile kommt eine **Zauneidechse** zum Vorschein. Sie kriecht auf einen Stein und sonnt sich. Ihre kurzen Beine stehen seitlich vom Körper ab. Dadurch berührt der Bauch fast den Boden. Beim Kriechen bewegt die Eidechse schlängelnd ihren Körper. Die kriechende Fortbewegung kennzeichnet die Eidechse als **Kriechtier**.

Beim Sonnenbaden machen sich die Eidechsen breit und flach und strecken die Beine vom Körper ab. So „tanken" die Tiere Wärme. Sie können sich jetzt besonders flink bewegen und nach Spinnen und Insekten jagen. Wird es kühler, sinkt auch die Körpertemperatur der Eidechsen. Ihre Bewegungen werden schwerfällig. Tiere, bei denen die Körpertemperatur von der Temperatur der Umgebung abhängt, nennt man **wechselwarme Tiere.**

Die Haut der Eidechsen ist mit Hornschuppen besetzt, die sie vor Verletzungen und Austrocknung schützen. Diese *Schuppenhaut* kann nicht mehr wachsen. Wird die Eidechse größer, muss sie sich häuten. Das alte, zu klein gewordene Schuppenkleid wird abgestreift. Darunter hat sich schon eine neue Haut gebildet.

Im Frühjahr legen die Eidechsenweibchen 5–15 weichschalige Eier in die Erde. Nach 8 Wochen schlüpfen 4–5 cm große Eidechsen. Sie sind sofort selbstständig.

Wirbeltiere in ihren Lebensbereichen

Auch **Schlangen** wie die *Ringelnatter* oder die *Kreuzotter* gehören zu den Kriechtieren. Sie sind selten geworden und stehen unter Naturschutz. Wird eine Schlange beim Sonnenbaden überrascht, schlängelt sie sich lautlos davon. Wie kann sie sich ohne Beine so gewandt fortbewegen?

Schlangen haben eine Wirbelsäule mit vielen beweglichen Wirbeln und Rippenpaaren. Seitlich am Körper verlaufende starke Muskeln bringen die Rippen nacheinander nach vorn. Dabei werden die Bauchschuppen aufgerichtet, im unebenen Boden verankert und anschließend wieder angelegt. Man sagt: Schlangen „laufen" auf den Rippen.

Eine Kreuzotter erkennst du an dem dunklen Zickzackband auf dem Rücken. Sie ist eine *Giftschlange*. Mäusen, Eidechsen und Fröschen lauert sie auf und tötet sie mit einem Biss ihrer Giftzähne. Diese liegen eingeklappt am Gaumen. Bei geöffnetem Maul richten sie sich auf. Die Kreuzotter verschlingt auch Beutetiere, die größer sind als ihr Kopf. Dazu kann sie Ober- und Unterkiefer „aushängen". Die beiden Hälften des Unterkiefers sind vorn durch ein dehnbares Band verbunden. So können sie unabhängig voneinander bewegt werden. Durch schiebende Bewegungen der Kiefer wird das Beutetier nach und nach verschlungen.

> Eidechsen und Schlangen sind Kriechtiere. Sie sind wechselwarm und besitzen eine Haut aus Hornschuppen.

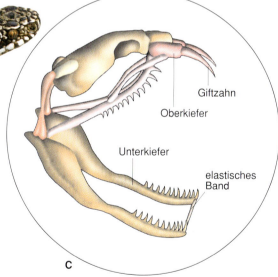

3 Kreuzotter.
A kriechend;
B Kopf mit Giftzähnen;
C Kopfskelett

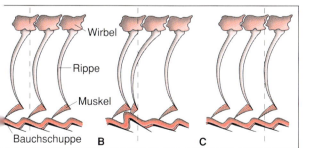

4 Fortbewegung der Schlangen.

1 Erläutere anhand der Abbildungen auf S. 92 unten und des Skeletts auf der Pinnwand S. 94 die Fortbewegungsweise der Eidechsen.

2 Wodurch unterscheiden sich Schildkröten von den anderen Kriechtieren? Nimm die Pinnwände S. 94/95 zu Hilfe.

3 In warmen Ländern gibt es mehr und größere Kriechtiere als bei uns. Vergleiche dazu auch die Tiere auf den Pinnwänden S. 94 und S. 95. Nenne Gründe für diese Erscheinung.

Wirbeltiere in ihren Lebensbereichen

Pinnwand — EINHEIMISCHE KRIECHTIERE

Name: *Europäische Sumpfschildkröte*
Vorkommen: in stehenden oder langsam fließenden Gewässern; Ostdeutschland (selten)
Aussehen: 25 cm lang; dunkler Panzer mit gelben Tupfen; Kopf und Beine können unter den Panzer zurück gezogen werden
Nahrung: Kleintiere

Name: *Smaragdeidechse*
Vorkommen: sonnige Lebensräume mit vielen Steinen; vorwiegend Süddeutschland (selten)
Aussehen: größte einheimische Eidechse; bis 40 cm lang; Schuppenkleid überwiegend grünlich mit schwarzen Punkten
Nahrung: Kleintiere

Name: *Mauereidechse*
Vorkommen: in trockenen, felsigen Gebieten des Rheintals und seinen Nebentälern
Aussehen: bis 20 cm lang; Schuppenkleid überwiegend bräunlich
Nahrung: Kleintiere

Name: *Schlingnatter (Glattnatter)*
Vorkommen: Wälder, Gebüsche; stellenweise häufigste einheimische Schlange
Aussehen: bis 75 cm lang; Schuppenkleid braun oder grau mit mehreren Reihen dunkelbrauner Flecken
Nahrung: vorwiegend Eidechsen; ungiftig

Skelett der Zauneidechse

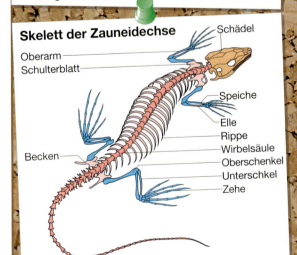

Schädel, Oberarm, Schulterblatt, Speiche, Elle, Rippe, Wirbelsäule, Becken, Oberschenkel, Unterschkel, Zehe

Name: *Äskulapnatter*
Vorkommen: lichte Laubwälder und sonnige Wiesen; klettert gern auf Bäume; Süddeutschland (sehr selten)
Aussehen: bis 180 cm lang; größte einheimische Schlange; Schuppenkleid glänzend braun
Nahrung: Nagetiere, Jungvögel, Eidechsen; ungiftig

Wirbeltiere in ihren Lebensbereichen

KRIECHTIERE WARMER LÄNDER

Pinnwand

Name: *Mississippi-Alligator*
Vorkommen: Flüsse und Sümpfe im Südosten der USA
Aussehen: 4 bis 6 m lang; Zähne bei geschlossenem Mund nicht sichtbar
Nahrung: Fische, Wasservögel, Säugetiere

Name: *Brillenschlange (Kobra)*
Vorkommen: südliches Asien
Aussehen: 150 bis 180 cm lang; kann sich aufrichten und den Nacken, der eine brillenartige Musterung hat, zu einer Scheibe spreizen
Nahrung: Lurche, Kriechtiere, Vögel und Kleinsäuger; giftig

Name: *Netz-Python*
Vorkommen: Regenwald in Südost-Asien
Aussehen: 8 bis 10 m lang; oberseits gelblich-braun mit dunkler netzförmiger Zeichnung
Nahrung: Vögel, Säugetiere und Eidechsen; tötet die Beute durch Umschlingen; ungiftig

Name: *Komodo-Waran*
Vorkommen: einige Inseln im östlichen Indischen Ozean
Aussehen: 2 bis 3 m lang; größte Echse der Welt; Schuppenkleid dunkel und sehr hart
Nahrung: Säugetiere bis zur Größe von Hirschen, Aas

Name: *gemeines Chamäleon*
Vorkommen: südliches Mittelmeergebiet und südliches Asien bis Indien
Aussehen: 30 cm lang; Augen können einzeln bewegt werden; Farbe kann sich von gelbbraun bis grün verändern
Nahrung: Insekten, die durch blitzschnelles Ausstoßen der langen klebrigen Zunge gefangen werden

Name: *Seychellen-Riesenschildkröte*
Vorkommen: einige Inseln im westlichen Indischen Ozean
Aussehen: bis 157 cm lang und 100 cm hoch; bis 215 kg schwer; Beine säulenartig; wird 180 Jahre alt
Nahrung: Pflanzen

3.2 Saurier sind ausgestorbene Kriechtiere

Der Film „Jurassic Park" hat sie in aller Welt berühmt gemacht: den kleinen, wendigen und intelligenten *Velociraptor*, den mächtigen *Tyrannosaurus* und den über 20 m langen friedlichen Pflanzenfresser *Brachiosaurus*. Diese Tiere haben tatsächlich gelebt, allerdings lange vor unserer Zeit im Erdmittelalter, zu dem die Abschnitte Trias, Jura und Kreidezeit gehören. Im 19. Jahrhundert wurden erstmals fossile Knochen großer **Saurier** gefunden. Dabei stellte sich heraus, dass manche Saurier viel größer und schwerer gewesen sein müssen als die größten heute lebenden Landtiere. Erst vor kurzem wurde in Amerika das Skelett eines fast 50 m langen Sauriers ausgegraben. Dieser *Seismosaurus* (Erdbebensaurier) gilt als größtes Tier aller Zeiten.

Saurier kamen in allen Lebensräumen vor, die heute vor allem von Säugetieren und Vögeln bewohnt werden. Die größte und bekannteste Sauriergruppe sind die **Dinosaurier**, die vorwiegend auf dem Land lebten. Ihre Körperoberfläche war gut gegen Wasserverlust geschützt, sodass die Tiere auch in trockenen Gebieten überleben konnten. Die meisten Dinosaurier waren Pflanzenfresser. Zu dieser Gruppe gehörten viele Riesenformen. Ein *Brachiosaurus* benötigte täglich eine halbe Tonne Nahrung, vorwiegend aus Farnwedeln und Nadelblättern. Kleiner als die riesigen Pflanzenfresser waren die meisten Fleisch fressenden Saurier. Von ihnen war der 14 m lange und 7 t schwere *Tyrannosaurus* der größte. Der 1,5 m lange Kopf hatte mächtige Kiefer mit bis zu 18 cm langen spitzen Zähnen. Wahrscheinlich jagte Tyrannosaurus Pflanzen fressende Saurier, vielleicht fraß er zusätzlich auch Aas. Ein anderer großer Raubsaurier war der *Allosaurus*. Aus versteinerten Fußspuren weiß man, dass viele Pflanzen fressende Dinosaurier und auch manche kleinere Raubsaurier in Herden lebten. Die großen Raubsaurier waren wahrscheinlich Einzelgänger.

Zum Schutz gegen Feinde hatten manche Dinosaurier einen Panzer aus Knochenplatten unter der Haut, ähnlich wie die heutigen Krokodile. Einige trugen zudem spitze Stacheln oder Dornen auf der Haut. Bei manchen Arten war das Schwanzende zu einer Art Keule verdickt, mit der die Tiere wahrscheinlich kräftige Schläge austeilen konnten.

In allen Dinosauriergruppen gab es neben vierfüßigen Arten auch solche, die nur auf den Hinterbeinen liefen und deshalb verhältnismäßig kleine Vordergliedmaßen hatten. Aus der Lage der Hinterbeine kann man ersehen, dass diese Tiere beim Laufen eine ähnliche Körperhaltung einnahmen wie die heutigen Vögel.

Wie alle Kriechtiere legten Dinosaurier zur Fortpflanzung Eier ab. Von einigen Arten weiß man, dass sie

1 Lebensgroße Nachbildung eines Allosaurus

die Gelege bewachten und nach dem Schlüpfen die Jungtiere betreuten.

Saurier gab es auch in der Luft und im Meer. **Flugsaurier** und **Meeressaurier** waren nahe Verwandte der Dinosaurier.

Fast 150 Millionen Jahre lang waren die Saurier die beherrschenden Landwirbeltiere. Am Ende der Kreidezeit starben sie aus. Die Ursachen dieses Untergangs sind nicht genau bekannt. Es ist möglich, dass Klimaveränderungen durch lang andauernde Vulkanausbrüche und Nahrungsmangel eine Rolle spielten. Vielleicht verursachte auch der Einschlag eines mehrere Kilometer großen Meteoriten eine weltweite Katastrophe, der die letzten Saurier zum Opfer fielen.

> Saurier lebten im Erdmittelalter in allen Lebensräumen. Am vielfältigsten war die Gruppe der Dinosaurier, die während dieser Zeit die häufigsten Landwirbeltiere waren. Vor etwa 65 Millionen Jahren starben die Saurier aus.

1 Bestimme die Größe des Allosaurus in Abbildung 1. Verwende zum Größenvergleich die abgebildeten Kinder.

2 Berechne, wie viele Exemplare des Mississippi-Alligators, eines der größten heutigen Kriechtiere, man braucht, um die Länge eines Diplodocus zu erreichen. Nimm die Pinnwände S. 95 und 97 zu Hilfe.

Wirbeltiere in ihren Lebensbereichen

SAURIER

Pinnwand

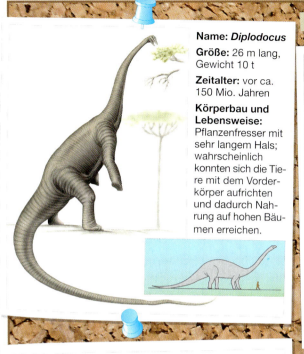

Name: *Diplodocus*
Größe: 26 m lang, Gewicht 10 t
Zeitalter: vor ca. 150 Mio. Jahren
Körperbau und Lebensweise: Pflanzenfresser mit sehr langem Hals; wahrscheinlich konnten sich die Tiere mit dem Vorderkörper aufrichten und dadurch Nahrung auf hohen Bäumen erreichen.

Name: *Pterodactylus (Flugsaurier)*
Größe: 20 cm lang, Flügelspannweite 50 cm
Zeitalter: vor ca. 150 Mio. Jahren (Jurazeit)
Körperbau und Lebensweise: Vordergliedmaßen zu Flügeln mit stark verlängertem 4. Finger umgewandelt; flogen mit Flughäuten; jagten im Flachmeer nach Fischen

Name: *Stegosaurus*
Größe: 8 bis 9 m lang, Gewicht 4 t
Zeitalter: vor ca. 150 Mio. Jahren
Körperbau und Lebensweise: Pflanzenfresser; Schwanz mit kräftigen Stacheln zur Verteidigung; auf dem Rücken zwei Reihen von Knochenplatten, die wahrscheinlich von einer gut durchbluteten Haut überzogen waren und vielleicht zur Temperaturregelung dienten

Name: *Velociraptor*
Größe: 1,5 bis 1,8 m lang, etwa 1 m hoch
Zeitalter: vor ca. 80 Mio. Jahren (Kreidezeit)
Körperbau und Lebensweise: kleiner Raubsaurier, der in Rudeln jagte; Zweibeiner, vermutlich über 50 km/h schnell; 30 spitze Zähne, dazu scharfe Krallen an Finger und Zehen

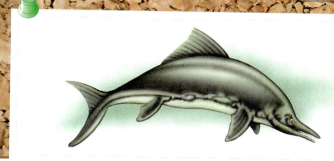

Name: *Ichthyosaurier (Fischsaurier)*
Größe: bis 12 m lang
Zeitalter: vor 180 - 135 Mio. Jahren
Körperbau und Lebensweise: vollständig an das Leben im Meer angepasste Kriechtiere mit stromlinienförmigem Körper, flossenartigen Gliedmaßen und kräftiger Schwanzflosse; Räuber, die Fische und Tintenfische fingen; sie brachten lebende Junge zur Welt

4 Lurche in ihrem Lebensbereich

4.1 Lebensweise von Fröschen

Hast du bei einem Spaziergang durch ein *Feuchtgebiet* schon einmal das laute Quaken von Fröschen gehört? An warmen Abenden im Frühsommer locken Männchen des Wasserfrosches damit die Weibchen an. Vielleicht hast du auch versucht, die Frösche zu beobachten und dabei festgestellt, dass das gar nicht so einfach ist. Kaum nähert man sich ihnen, springen sie ins Wasser und sind nicht mehr zu sehen.

Frösche gehören wie Kröten, Unken, Salamander und Molche zu den **Lurchen** oder *Amphibien*. In der griechischen Sprache bedeutet dieses Wort „in beidem lebend", das heißt, Lurche können sowohl im Wasser als auch auf dem Land leben.

Wasserfrösche sind hervorragend an ihre Umgebung angepasst. Wenn sie unbeweglich am Ufer eines dicht bewachsenen Tümpels sitzen und auf Beute lauern, erkennt man sie kaum. Ihre Körperoberseite mit der grün-schwarzen Zeichnung verschwimmt fast mit dem Untergrund. Wegen dieser *Tarnfärbung* werden Frösche häufig von ihren Feinden übersehen. Die Frösche selbst bemerken allerdings jede Annäherung eines Feindes sofort. Sie können sehr gut hören und spüren sogar Erschütterungen des Bodens. Mit ihren großen Augen, die erhöht auf dem Kopf sitzen, haben sie einen guten Rundumblick und erkennen auch Feinde, die sich ihnen von hinten nähern.

An Land bewegen sich Frösche hüpfend oder springend vorwärts. Wenn du das Skelett betrachtest, siehst du ganz deutlich, dass die Vorderbeine eines Frosches wesentlich kürzer sind als die Hinterbeine. Dies kommt vor allem dem Sprungvermögen zugute.

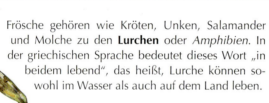

1 Frösche leben in Feuchtgebieten. *A springender Frosch; B quakender Wasserfrosch mit Schallblasen; C schwimmender Frosch*

Wirbeltiere in ihren Lebensbereichen

Bei Sprüngen drücken die Frösche die langen Hinterbeine kräftig gegen den Boden und strecken sie gleichzeitig. So können sie bis zu einem Meter weit springen. Bei der Landung fangen sie sich mit den Vorderbeinen wieder ab.

Der Sprung dient sowohl zur Flucht als auch zum Beutefang. Frösche sind „Ansitzjäger". Sie schnappen nach allem, was sich bewegt und eine bestimmte Größe hat. Meist fangen sie Insekten und Würmer. Wenn die Beute nah genug ist, klappt die vorne im Maul angewachsene, klebrige Zunge blitzschnell heraus. Das Beutetier wird „geschossen" und bleibt an der *Klappzunge* kleben. Danach wird die Zunge wieder zurückgezogen und die Beute unzerkaut verschluckt. Frösche haben keine Zähne.

Im Wasser können sich Frösche gewandt fortbewegen. Beim Schwimmen ziehen sie beide Hinterbeine gleichzeitig an und stoßen sie dann kräftig nach hinten. Zwischen den 5 Zehen spannen sich dabei die *Schwimmhäute*. Die kurzen Vorderbeine sind eng an den Körper angelegt. Der Froschkörper bekommt so eine *stromlinienförmige Gestalt*, die eine schnelle Fortbewegung im Wasser ermöglicht.

Frösche können minutenlang unter Wasser bleiben ohne aufzutauchen. Im Wasser gelangt der Sauerstoff direkt durch die dünne Haut in die Blutgefäße. Eine solche Atmung bezeichnet man als **Hautatmung.** An Land atmen Frösche zusätzlich mit ihrer Lunge. Durch ständiges Heben und Senken der Kehlhaut saugen sie Luft über die Nasenlöcher in den Mundraum. Von dort pumpen sie die Luft mit einer Art Schluckbewegung in die Lungen. Frösche sind also auch **Lungenatmer.** Die Hautatmung ist für sie jedoch wichtiger. Während der Überwinterung im Bodenschlamm eines Teiches ist sie die einzige Art der Atmung. Allerdings muss dazu die Haut immer feucht sein. Schleimdrüsen verhindern deshalb das Austrocknen an Land. Außerhalb des Wassers halten sich Frösche meist dort auf, wo es feucht ist. Sie sind wie alle anderen Lurche **Feuchtlufttiere.** Ihre Körpertemperatur passt sich der Umgebungstemperatur an. Man nennt sie deshalb *wechselwarme Tiere*.

2 Beutefang beim Frosch

3 Skelett eines Frosches

Frösche gehören zu den Lurchen. Sie atmen mit Haut und Lungen. Frösche brauchen feuchte Lebensräume. Sie werden deshalb Feuchtlufttiere genannt.

1 Beschreibe anhand der Abb. 1 A und C die Fortbewegung des Frosches an Land und im Wasser.
2 Beschreibe das Beutefangverhalten anhand der Abb. 2.
3 Eine Fliege sitzt still auf einem Seerosenblatt in Reichweite eines Frosches. Sie wird trotzdem nicht gefressen. Erläutere.
4 Auf der Pinnwand auf S. 101 siehst du, warum Lurche zu den bedrohten Tierarten gehören. Erkläre.

Wirbeltiere in ihren Lebensbereichen

4.2 Aus Kaulquappen werden Frösche

Zur Paarungszeit im März wandern Grasfrösche zu ihren Laichgewässern. Was dort passiert, siehst du auf den Abbildungen.

A Das Männchen springt auf den Rücken des Weibchens und umklammert es mit seinen Vorderbeinen. Dann laicht das Weibchen: Während es bis zu 4000 Eier im Wasser ablegt, stößt das Männchen eine milchige Samenflüssigkeit aus. Damit werden die Eier befruchtet.

B Jedes Ei ist von einer Gallerthülle umgeben, in der sich der Embryo entwickelt. Bereits nach 7 Tagen sind dort einzelne Körperteile zu erkennen.

C Nach 10 Tagen schlüpft eine etwa 6 mm lange Larve, die **Kaulquappe.** Zunächst bleibt sie an der Eihülle hängen, von der sie sich jetzt ernährt. Mit zunehmender Größe wächst auch ihr Ruderschwanz, mit dem sie sich dann fortbewegt. Sie atmet mithilfe büschelartiger Außenkiemen an beiden Seiten des Kopfes.

D Nach etwa 20 Tagen verschwinden die Außenkiemen. Sie werden von einer Hautfalte überwachsen. Es entstehen Innenkiemen wie bei Fischen. Mit ihren feinen Hornzähnchen auf den Lippen raspelt die Kaulquappe den grünen Belag von Pflanzen und Steinen ab. Nach 40 Tagen ist sie ca. 4 cm lang. Die Hinterbeine beginnen zu wachsen.

E Nach 6 bis 7 Wochen entwickeln sich die Vorderbeine. Sie erscheinen hinter den Innenkiemen. Die Kiemen bilden sich zurück und die Lunge beginnt zu arbeiten.

F Nach etwa 15 Wochen hat sich aus der Kaulquappe ein etwa 2 cm großer Frosch entwickelt. Diesen Gestaltwandel bezeichnet man als **Metamorphose.** Der Frosch ernährt sich jetzt von Insekten, Würmern und Schnecken. Nach etwa 3 Jahren können sich Grasfrösche fortpflanzen. Ihre Lebensdauer kann 10 Jahre und mehr betragen.

> Aus Froscheiern schlüpfen Kaulquappen, die sich in einer Metamorphose zu Fröschen entwickeln.

1 Warum müssen die Kaulquappen ab Stadium E öfter zur Wasseroberfläche schwimmen? Erläutere.

1 Paarung und Entwicklung bei Grasfröschen

LURCHE BRAUCHEN UNSERE HILFE

Feuchtgebiete sind Lebensräume für Lurche und viele andere Tiere und Pflanzen. Durch Eingriffe des Menschen sind diese Lebensräume in Gefahr.

GEFAHR ⚠️
Straßenbau durch Laichgebiete
Auf ihrer Wanderung zu den Laichgewässern werden jedes Jahr Tausende von Erdkröten überfahren.

GEFAHR ⚠️
Trockenlegen von Feuchtgebieten
Industriegebiete, Wohnsiedlungen und intensiv betriebene Landwirtschaft verbrauchen große Flächen.

GEFAHR ⚠️
Tourismus und Freizeitsport
Ursprüngliche Uferlandschaften werden zerstört. Tiere werden durch Baden oder Boot fahren gestört oder vertrieben. Abfälle belasten das Ufergebiet.

SCHUTZMASSNAHMEN
Vorübergehend verhindern Krötenzäune und Straßensperren, dass die Tiere überfahren werden. An den Zäunen müssen die Tiere eingesammelt und hinübergetragen werden. Langfristig helfen Tunnelröhren, die unter der Straße hindurchführen.

SCHUTZMASSNAHMEN
Anlegen von Ersatzlebensräumen. Dazu gehören auch Schul-oder Gartenteiche. Informationen darüber gibt es bei den Naturschutzbehörden, den Stadt- oder Gemeindeverwaltungen oder bei Umweltschutzgruppen.

SCHUTZMASSNAHMEN
Schutz von Uferzonen durch Wassersport- und Badeverbot. Abfälle dürfen nicht in die Landschaft geworfen werden. Bei der Beobachtung von Tieren sollen diese nicht gestört werden. Lurche dürfen nicht gefangen werden.

Wirbeltiere in ihren Lebensbereichen

Übung — **Wir bestimmen Lurche**

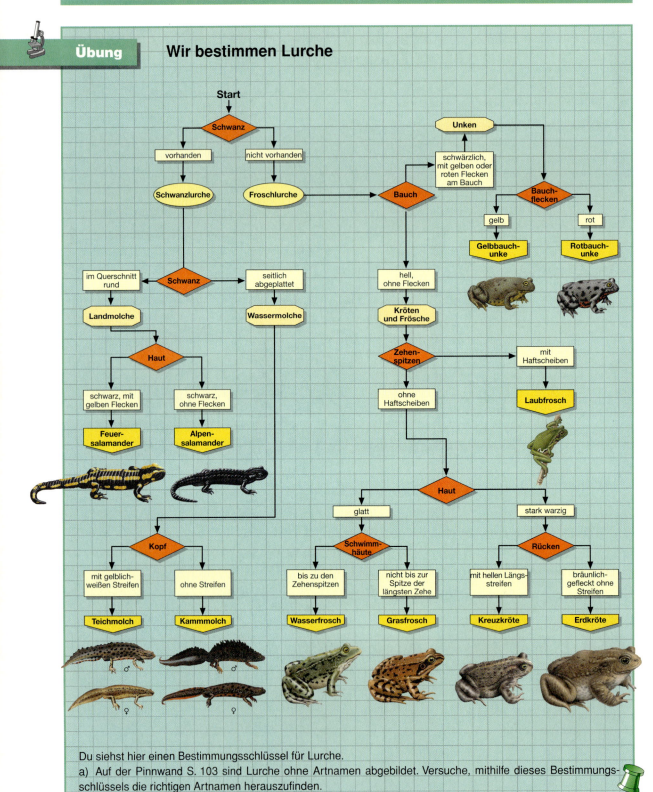

Du siehst hier einen Bestimmungsschlüssel für Lurche.
a) Auf der Pinnwand S. 103 sind Lurche ohne Artnamen abgebildet. Versuche, mithilfe dieses Bestimmungsschlüssels die richtigen Artnamen herauszufinden.
b) Unter die Lurche auf der Pinnwand hat sich ein „etwas anderer" Lurch eingeschlichen. Wodurch unterscheidet sich dieser Lurch von den anderen?

Wirbeltiere in ihren Lebensbereichen

EINHEIMISCHE LURCHE

Pinnwand

A

Aussehen: glatte Haut, heller Bauch; Schwimmhäute nicht ganz bis zu den Zehenspitzen; Länge ca. 10 cm.
Lebensraum: Feuchtwiesen, Wälder, Parkanlagen
Lebensweise: Überwinterung im Wasser oder an Land; noch relativ häufig

D

Aussehen: Schwanz seitlich abgeplattet; am Kopf gelblich-weiße Seitenstreifen; Länge ca. 11 cm
Lebensraum: während der Laichzeit im Wasser, sonst in gewässernahen Gärten oder Wäldern
Lebensweise: Überwinterung an Land und im Wasser; nachtaktiv

B

Aussehen: glatte Haut, heller Bauch; Schwimmhäute bis zu den Zehenspitzen; Länge bis 15 cm
Lebensraum: lebt gesellig an Gewässern
Lebensweise: Überwinterung an Land und im Wasser; guter Schwimmer; im Sommer laute „Froschkonzerte"

E

Aussehen: dem Anlass entsprechend verschieden: trägt meist Schuhe; Länge nicht messbar
Lebensraum: In Schuhgeschäften Deutschlands
Lebensweise: liebt Abenteuer und kann alles

C

Aussehen: trockene, warzige Haut; Rücken bräunlich gefleckt, Bauch schmutzig-weiß; Länge bis 13 cm
Lebensraum: Wälder, Gärten, Wiesen
Lebensweise: Überwinterung an Land; im Frühjahr oft lange Laichwanderungen; nachtaktiv

F

Aussehen: Unterseite schwärzlich mit gelben Flecken; Länge bis 5 cm
Lebensraum: Teiche, Gräben, Pfützen im Bergland
Lebensweise: Überwinterung an Land; selten geworden

Wirbeltiere in ihren Lebensbereichen

1 Die Bachforelle. A Körperform; *B* Schwimmbewegungen

5 Fische in ihrem Lebensbereich

5.2 Fische sind dem Wasserleben angepasst

Eine **Bachforelle** lauert am Grunde eines Baches. Plötzlich schießt der lang gestreckte, stromlinienförmige Fisch nach vorn und packt mit seinen spitzen Zähnen einen Fisch. Die Bachforelle ist ein *Raubfisch.* Im Gegensatz dazu ist der **Karpfen** ein *Friedfisch.* Er ernährt sich hauptsächlich von Pflanzen. Sein Körper ist gedrungen. Bachforelle und Karpfen besitzen jedoch beide typische Merkmale der Fische. Sie bewegen sich mithilfe ihrer *Flossen* fort. Die Schwanzflosse dient dem Antrieb, Brust- und Bauchflossen der Steuerung, Rücken- und Afterflosse halten die Fische im Wasser aufrecht.

Der Körper der Fische ist dachziegelartig mit *Schuppen* bedeckt. Sie schützen vor Verletzungen. Eine *Schleimschicht* auf den Schuppen verringert den Widerstand im Wasser. An den Körperseiten finden wir in einer Linie angeordnete Poren. Sie führen zu Sinneszellen, die auf Druck reagieren. Mit diesem *Seitenlinienorgan* nimmt der Fisch kleinste Druckänderungen im Wasser wahr.

Zum Aufenthalt in unterschiedlichen Wassertiefen besitzt der Fisch eine *Schwimmblase.* Dieses gasgefüllte Organ dient dem Schweben im Wasser.

2 Karpfen. A Bau des Seitenlinienorgans: 1 Pore, 2 Sinneszellen, 3 Nerv zum Gehirn; *B* Seitenlinie und äußerer Bau

Wirbeltiere in ihren Lebensbereichen

3 Karpfen. A Körperform; **B** Kiemen; **C** Kiemen (Schema)

Das Atmungsorgan der Fische sind die *Kiemen*. Sie liegen an den Kopfseiten und sind nach außen durch die *Kiemendeckel* geschützt. Die Kiemen bestehen aus vier knöchernen *Kiemenbögen*. An jedem Kiemenbogen sitzen feste *Kiemenreusen*. Sie halten Schweb- und Schmutzteilchen zurück.
Gegenüber den Kiemenreusen sitzen die rot gefärbten *Kiemenblättchen*. Sie sind fächerartig aufgeteilt. In ihnen zirkuliert das Blut.
Zum Atmen öffnet der Fisch das Maul. Gleichzeitig werden die Kiemendeckel angelegt. Nun strömt Wasser in das Maul. Das Maul wird wieder geschlossen, die Kiemendeckel öffnen sich. Jetzt strömt das Wasser an den Kiemenblättchen vorbei. Dabei wird Sauerstoff aufgenommen und Kohlenstoffdioxid abgegeben. Die Kiemenblättchen können nur unter Wasser den Sauerstoff aufnehmen. An Land verkleben sie – der Fisch erstickt.

> Fische sind durch Körperform, Flossen, Seitenlinienorgan, Schwimmblase und Kiemen an das Wasserleben angepasst.

1 Erkläre, welche Aufgaben die einzelnen Flossen haben.
2 Weshalb kann ein Fisch an Land nicht atmen? Erkläre.

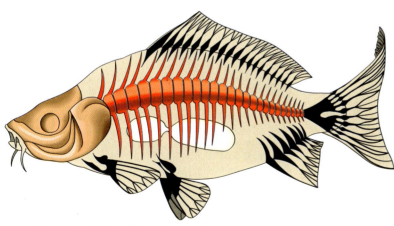

4 Skelett und Schwimmblase des Karpfens

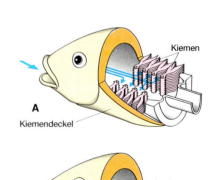

5 Atmung.
A Einatmung; **B** Ausatmung

105

Wirbeltiere in ihren Lebensbereichen

1 Bachforellen-Paar

Im Alter von vier Jahren und einer Körpergröße von ca. 20 cm sind die Bachforellen geschlechtsreif. Sie können sich nun fortpflanzen. In den *Eierstöcken* der Weibchen reifen die Eizellen heran. Bei den männlichen Forellen werden in den *Hoden* Spermien gebildet.

Nach der Eiablage kümmern sich die Elterntiere nicht weiter um den Nachwuchs. Außerhalb der Fortpflanzungszeit leben die Bachforellen als Einzelgänger in einem festen Revier.

> Forellen vermehren sich mit Eiern. Aus den befruchteten Eiern schlüpfen Larven, die zu Forellen heranwachsen.

5.2 Wie Fische sich fortpflanzen

Für die Bachforelle beginnt im Januar die Fortpflanzungszeit. Jetzt suchen sich Männchen und Weibchen einen Geschlechtspartner. Mit kräftigen Schlägen der Schwanzflosse baut das Weibchen eine Mulde im Bachbett. In dieses „Nest" setzt das Weibchen etwa 2000 gelbliche Eier ab. Sie werden als *Laich* bezeichnet.

Unmittelbar danach gibt das Männchen über der Eimulde die milchig weiße *Samenflüssigkeit* mit den *Spermien* ab. Nun können die beweglichen Spermien zu den *Eizellen* schwimmen. Es findet eine **Befruchtung** statt. Die befruchteten Eizellen teilen sich und es entwickelt sich ein *Embryo*. Nach etwa zwei Monaten schlüpfen die jungen Forellen. Sie werden nun als *Larven* bezeichnet.

Als Nahrungsvorrat für die ersten Lebenstage tragen die kleinen Fischlarven einen großen *Dottersack* am Bauch. Der Dottersack wird nach und nach aufgebraucht. Gleichzeitig wächst die Forellenlarve. Dabei bildet sich mehr und mehr die typische Fischgestalt heraus. Aus der Fischlarve ist nun eine *Jungforelle* geworden.

Die junge Bachforelle besitzt bereits alle äußeren Merkmale der Alttiere. Von nun an ernährt sie sich von Würmern, Insektenlarven und anderen Kleintieren.

Jungfische wie die kleine Bachforelle haben besonders viele Feinde. Deshalb halten sie sich versteckt im flachen Uferbereich des Baches auf.

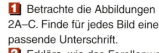

2 Entwicklung der Bachforelle

1 Betrachte die Abbildungen 2A–C. Finde für jedes Bild eine passende Unterschrift.
2 Erkläre, wie das Forellenweibchen die Ablage des Laichs vorbereitet.
3 Wozu dient der Dottersack, den die Forellenlarve nach dem Schlüpfen am Bauch trägt?
4 Wie lassen sich Forellenlarve und Jungforelle voneinander unterscheiden? Erkläre.
5 Beschreibe mithilfe der Pinnwand S. 110 die Unterschiede im Fortpflanzungsverhalten von Lachs und Aal.

Wir richten ein Aquarium ein

Übung

V 1 Einrichten eines Warmwasseraquariums

Material: Aquarium-Becken (z. B. 100 l); Innenfilter mit Watte; Reglerheizer; Leuchtstofflampe mit Abdeckung und Futterklappe; Thermometer; Magnetreiniger; Saugheber; Kescher; Flusskies unterschiedlicher Korngröße (aus der Zoohandlung); Eimer; Wasserpflanzen (z. B. Hornkraut, Schwertpflanze, Vallisneria); Fische (z. B. Guppys, Schwertträger, Keilfleckbarben, Panzerwelse); Futterflocken und Lebendfutter (z. B. Mückenlarven, Tubifex).

Durchführung: Spüle zunächst das Aquarium mit warmem Wasser aus. Wasche den Kies so oft in einem Eimer aus, bis das überstehende Wasser nicht mehr trüb ist.

Stelle das Aquarium auf eine feste Unterlage (Tisch). Gib den gewaschenen Kies in das Becken. Verteile ihn so, dass der Boden ungefähr 4 cm hoch bedeckt ist. Der Bodengrund soll von hinten nach vorn etwas abfallen.

Bohre mit dem Finger einige ausreichend große Löcher in den Kies und setze die Wasserpflanzen ein. Bilde kleine Gruppen von gleichen Pflanzen. Achte darauf, dass sich die Pflanzen an der Rückwand des Aquariums befinden.

Fülle das Wasser ein, indem du es über eine umgedrehte Untertasse auf den Bodengrund laufen lässt.

Jetzt kannst du den Filter, den Reglerheizer und das Thermometer einsetzen und die Beleuchtung anschließen.

Lasse nun das Aquarium eine Woche ruhig stehen. Setze dann Fische ein. Als Faustregel gilt: auf 5 Liter Wasser einen Fisch.

Aufgaben: a) Gib den Fischen alle 2 Tage nur so viel Futter, dass nichts am Boden übrig bleibt.

b) Kontrolliere täglich die Wassertemperatur.

c) Entferne mit dem Saugheber einmal wöchentlich Mulm und Futterreste. Schabe grüne Beläge an den Scheiben mit dem Magnetreiniger ab.

d) Säubere den Filter im Abstand von 3 Wochen und ersetze dabei die verbrauchte Filterwatte.

e) Entferne regelmäßig abgestorbene Pflanzenteile und lichte die Pflanzen bei zu starkem Wachstum mit einem kleinen Messer aus.

f) Fülle einmal wöchentlich das verdunstete Wasser nach. Achte darauf, dass das Frischwasser die richtige Temperatur (25 °C) hat.

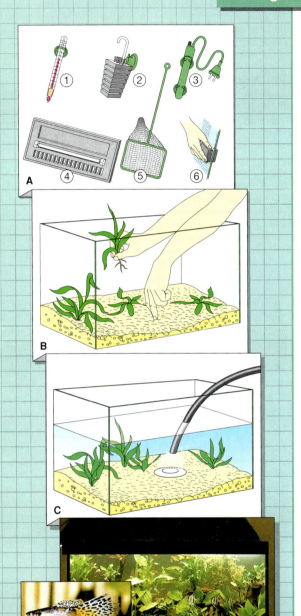

1 Aquarium. A Geräte, 1 Thermometer, 2 Innenfilter, 3 Reglerheizer, 4 Abdeckung, 5 Kescher, 6 Magnetreiniger; **B** Einrichten des Aquariums; **C** Einfüllen des Wassers; **D** fertiges Aquarium; **E** Guppy

Wirbeltiere in ihren Lebensbereichen

Übung Fische

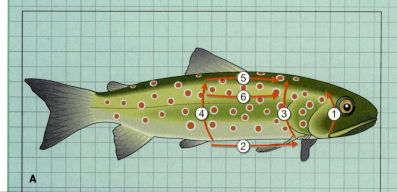

V1 Äußerer Bau der Forelle

Material: Forelle mit Eingeweiden (Fischgeschäft); Präparierschale; Lupe; Zeichenmaterial

Durchführung: Betrachte den äußeren Bau der Forelle von allen Seiten.

Aufgaben: a) Fertige Umrisszeichnungen der Forelle von oben und von der Seite an. Beschrifte beide Zeichnungen.

b) Betrachte einige Schuppen mit der Lupe und zeichne sie.

V2 Innerer Bau der Forelle

Material: Forelle; Präparierschale; Skalpell; Pinzette; spitze Schere

Durchführung: Orientiere dich beim Schneiden an der Abbildung 1A. Entferne den Kiemendeckel mit der Schere ①.

Öffne mit der Schere den Bauch der Forelle; Schnittlinie: Afterflosse – Brustflossen ②.

Schneide entlang des ehemaligen Kiemendeckels nach oben bis zum Rücken ③.

Schneide von der Afterflosse bis zur Rückenflosse ④.

Schneide das Fleischstück ab; die Organe liegen frei ⑤.

Entferne mit Schnitt ⑥ Muskelfleisch. Nun erkennst du die Wirbelsäule.

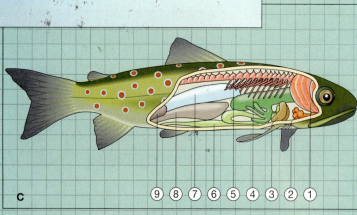

Aufgaben: a) Suche beim präparierten Fisch einzelne Organe wie Kiemen, Herz, Leber, Magen, Darm, Schwimmblase, Hoden (Eierstöcke), Niere und Wirbelsäule.

b) Präpariere einen Kiemenbogen heraus und zeichne ihn.

c) Vergleiche den Bau des Verdauungssystems von Fisch und Mensch. Nimm das Buch zuhilfe.

d) Fertige eine Zeichnung an, auf der die geöffnete Forelle mit den inneren Organen zu sehen ist. Male die verschiedenen Organe farbig an. Beschrifte deine Zeichnung.

1 Präparation einer Forelle. A Schnittlinien; **B** Material; **C** innere Organe.
1 Kiemen, 2 Herz, 3 Leber, 4 Magen, 5 Wirbelsäule, 6 Darm, 7 Schwimmblase, 8 Hoden, 9 Niere

V 3 Wie verschiedene Körperformen durchs Wasser gleiten

Material: schmaler Messzylinder, 50 cm hoch; Wasser; Lineal; Knetmasse; Küchenmesser; Schneidunterlage; Waage; Stoppuhr

Durchführung: Stelle den Standzylinder auf eine feste Unterlage (Tisch). Fülle ihn mit Wasser bis zur oberen Markierung. Forme die Knetmasse zu einer Stange. Schneide fünf Stücke von je 5 cm Länge ab. Kontrolliere mit der Waage, ob alle fünf Knetstangen in etwa das gleiche Gewicht haben. Forme aus jedem Stück eine andere Figur wie in der Abbildung.

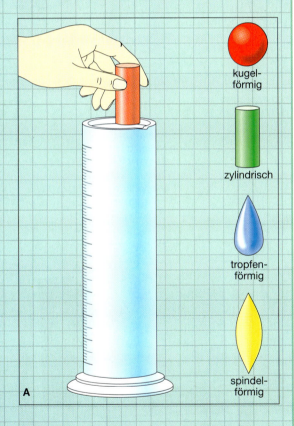

A

- kugelförmig
- zylindrisch
- tropfenförmig
- spindelförmig

Aufgaben: a) Stelle fest, wie schnell jede Form im Wasser absinkt. Miss dazu die Zeit zwischen Loslassen und Auftreffen am Gefäßboden mit der Stoppuhr. Notiere die gemessenen Zeiten.
b) Vergleiche die Ergebnisse und erkläre deine Beobachtungen.
c) Erläutere, warum viele Fischarten eine Stromlinienform haben.

Streifzug durch die Physik

Auftrieb im Wasser

Wirft man einen vollständig mit Wasser gefüllten Luftballon ins Wasser, so geht er unter. Seine *Gewichtskraft* zieht ihn nach unten. Wird er jedoch aufgeblasen unter Wasser gedrückt, schnellt er beim Loslassen nach oben. Da das Gas (Luft) leichter ist als Wasser, erhält der Luftballon eine *Auftriebskraft*. Bläst man jedoch einen mit Wasser gefüllten Luftballon nur so weit auf, dass seine Gewichtskraft gleich der Auftriebskraft ist, so *schwebt* der Ballon im Wasser.

Auch die *Schwimmblase* des Fisches ist mit *Gas* gefüllt. Er erhält dadurch so viel Auftrieb, dass er im Wasser schwebt. Wenn der Fisch in tieferes Wasser schwimmt, wirkt der zunehmende Schweredruck des Wassers auf ihn ein. Die Schwimmblase wird etwas zusammengedrückt und der Fisch verliert an Auftriebskraft. Um nun nicht weiter abzusinken, gibt er solange Gas in die Schwimmblase ab, bis er wieder schwebt. Das Gas stammt aus feinen Blutgefäßen in der Wand der Schwimmblase.

Schwimmt der Fisch wieder nach oben, nimmt der Schweredruck des Wassers ab und die Schwimmblase erweitert sich. Dadurch nimmt seine Auftriebskraft wieder zu. Jetzt nimmt der Fisch solange Gas aus der Schwimmblase in die Blutgefäße auf, bis er in der gewünschten Höhe schwebt. So sorgt die Schwimmblase dafür, dass der Fisch in jeder Wassertiefe schwimmen kann.

① Fisch schwimmt tiefer
② Die Schwimmblase wird zusammengedrückt
③ Der Fisch gibt Gas in die Schwimmblase ab

zunehmender Schweredruck des Wassers

Wirbeltiere in ihren Lebensbereichen

Pinnwand

SÜSSWASSERFISCHE

Aal
Länge: 100 - 150 cm
Lebensraum: Flüsse und Seen, zur Fortpflanzung im Meer
Lebensweise: Bodenbewohner; ernährt sich als Breitkopfaal räuberisch, als Spitzkopfaal überwiegend pflanzlich
Fortpflanzung: wandert zur Paarung aus den Flüssen in die Sargassosee vor der Küste Amerikas; Larven werden mit der Strömung zurück nach Europa getrieben

Lachs
Länge: 50 - 100 cm
Lebensraum: junge Lachse in Flüssen, erwachsene Tiere im Meer; durch Flussbegradigungen und Verunreinigungen in Mitteleuropa selten geworden
Lebensweise: ernährt sich überwiegend von kleinen Fischen
Fortpflanzung: wandert zur Paarung aus dem Meer in die Quellgebiete von Flüssen; stirbt nach der Ablage und Besamung der Eier

Stichling
Länge: 5 - 8 cm
Lebensraum: meist pflanzenreiche, stehende Gewässer
Lebensweise: ernährt sich von Würmern und Wasserinsekten
Fortpflanzung: das Männchen baut Nester und bewacht die darin abgelegten Eier und die Jungfische

> **1** Fische kümmern sich meist nicht darum, was aus ihren Eiern wird. Nenne eine Ausnahme.

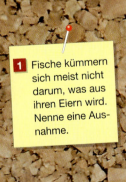

Regenbogenforelle
Länge: 60 cm
Lebensraum: Bäche und klare Seen
Lebensweise: stammt aus den USA, in Europa eingeführt; wird häufig in Fischteichen als Speisefisch gezüchtet; ernährt sich räuberisch
Fortpflanzung: laicht im Winter in Bodenmulden

Hecht
Länge: 100 cm
Lebensraum: größere Fließgewässer und pflanzenreiche Seen
Lebensweise: Lauerjäger, der auch größere Fische überwältigen kann
Fortpflanzung: Laichzeit im Frühjahr, laicht an verkrauteten Stellen, oft auf überschwemmten Wiesen

Wirbeltiere in ihren Lebensbereichen

MEERESFISCHE

Pinnwand

Kabeljau (Dorsch)
Länge: 70 - 100 cm
Lebensraum: Atlantik
Lebensweise: lebt in großen Schwärmen und ernährt sich von Heringen und anderen Fischen
Fortpflanzung: laicht im Frühjahr

Gefleckter Katzenhai
Länge: 100 cm
Lebensraum: Nordsee, Mittelmeer, Atlantik; bevorzugt mit Tang bewachsene Fels- oder Sandküsten
Lebensweise: nachtaktiv; ernährt sich von Fischen und Krebsen
Fortpflanzung: große Eier werden einzeln an Tang abgelegt

Industrielle Fischerei bringt mehr Schaden als Nutzen

Hamburg (dp) Immer höhere Fangmengen haben in den letzten Jahren dazu geführt, dass viele einst häufige Fischarten heute selten geworden sind. Enge Maschen der Netze lassen auch Jungfischen keine Chance.

Seesterne und Seeigel, junge Schollen und Dorsche gelten als „unerwünschter Beifang" in der industriellen Hochseefischerei. Nach dem Einziehen des Schleppnetzes werden sie einfach durchs „Speigatt", einem runden Loch in der Schiffswand, ins Meer zurückgespült.

So gehen viele tausend Tonnen Jungfische und anderer Seetiere jährlich verloren...

Hering
Länge: 35 cm
Lebensraum: Atlantik, Nordsee, Ostsee
Lebensweise: Hochseefisch, der in riesigen Schwärmen lebt; kommt abends zur Nahrungssuche an die Wasseroberfläche
Fortpflanzung: laicht im zeitigen Frühjahr in flachen Küstengewässern

[1] Internationale Vereinbarungen regeln z. B. die jährlichen Fangmengen des Herings. Erläutere den Sinn dieser Vereinbarungen.

Scholle
Länge: 50 - 90 cm
Lebensraum: Nordsee, Ostsee, Mittelmeer und Atlantik
Lebensweise: vergräbt sich gerne im Sand; ernährt sich von Würmern, Krebsen und Muscheln
Fortpflanzung: laicht im Winter in großer Tiefe

Makrele
Länge: 40 cm
Lebensraum: Nordsee, Mittelmeer, Atlantik
Lebensweise: Schwarmfisch; lebt räuberisch
Fortpflanzung: laicht im Sommer in Küstennähe

Wirbeltiere in ihren Lebensbereichen

2 Pferde im Winterfell

1 Freilandhaltung auch im Winter

6 Überwinterung bei Tieren

6.1 Säugetiere im Winter

Wenn wir im Winter nach draußen gehen, ziehen wir uns warm an, um nicht zu frieren. Wie aber schützen sich die Tiere vor Kälte? Sehen wir uns frei laufende Pferde einmal aus der Nähe an. Sie besitzen ein Fell aus dicht beieinander stehenden Haaren. Es hält ihren Körper warm so wie uns Winterkleidung vor Kälte schützt. Zum Frühjahr hin verlieren die Pferde einen Teil ihres wärmenden „Unterkleides". Dann sehen sie zum Teil struppig aus.

Der **Haarwechsel** zum Winter und zum Frühjahr wird besonders beim *Hermelin* deutlich. Im Sommer trägt dieser Marder auf dem Rücken ein braunes *Sommerfell*. Zum Winter hin verliert er sein braunes Haarkleid. An dessen Stelle tritt ein dichtes weißes *Winterfell*. Nur die Schwanzspitze bleibt dunkel gefärbt. Der Haarwechsel vom Sommer zum Winter und umgekehrt ist eine Angepasstheit an die jahreszeitlich unterschiedlichen Temperaturen. Das Winterfell dient dem Tier als Kälteschutz. Zugleich ist es auch eine Tarnfärbung in der weißen Winterlandschaft. Es schützt das Hermelin vor möglichen Fressfeinden wie Greifvögeln und Eulen.

Auch *Rehe*, *Hirsche* und *Füchse* haben sich ein dichtes „Unterkleid" aus *Wollhaaren* zugelegt. In den kleinen Zwischenräumen der Haare wird die Luft festgehalten. Luft leitet Kälte und Wärme schlecht. Solch ein lufthaltiges Winterhaar wirkt wie eine Isolierschicht

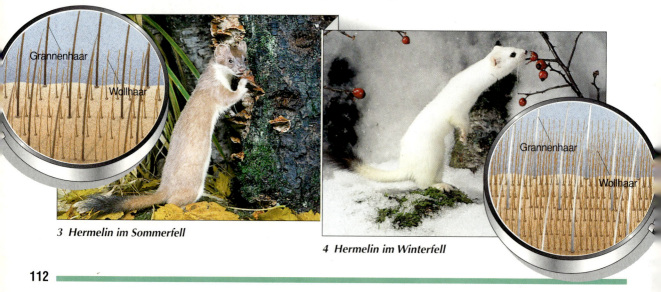

3 Hermelin im Sommerfell

4 Hermelin im Winterfell

Wirbeltiere in ihren Lebensbereichen

und verhindert einen zu starken Wärmeverlust. *Grannenhaare* weisen zusätzlich Feuchtigkeit ab. Die Tiere gehen den Winter über auf Nahrungssuche. Es sind **winteraktive Tiere.**

Eichhörnchen, denen du im Sommer gelegentlich begegnest, wirst du im Winter kaum antreffen. Sie „verschlafen" die kalte Jahreszeit in ihrem kugelförmigen Nest, dem *Kobel,* das sie sich in einem Baum angelegt haben. Es ist mit Pflanzenteilen ausgepolstert und schützt das Tier zusätzlich zu seinem Winterkleid vor Auskühlung. Für den Winter legt sich das Eichhörnchen Verstecke mit Nahrungsvorräten an: Eicheln, Nüsse, Bucheckern und Zapfen von Nadelbäumen. Diese vergräbt es oder versteckt sie in Baumhöhlen. Von Zeit zu Zeit erwacht das Eichhörnchen aus seinem *Ruheschlaf* und frisst von seinen Vorräten. Eichhörnchen sind **Winterruher.**

Ganz anders verhält sich der *Igel* in der kalten Jahreszeit. Bis zum Herbst hat er sich ein Fettpolster angefressen. Es dient ihm im Winter als Nahrungsreserve. Der Igel baut sich unter Laub- oder Reisighaufen aus Heu, Moos und Laub ein Nest, in das er sich verkriecht, wenn die Außentemperatur längerfristig sinkt. Er hält dort eingerollt einen tiefen **Winterschlaf.** Seine Körpertemperatur fällt von 35 °C auf etwa 6 °C, das Herz schlägt statt 180-mal nur noch 20-mal in der Minute. So kann der Igel viele Wochen lang regungslos in seinem Nest schlafen. – Bleibt die Außentemperatur längere Zeit unter 6 °C oder herrscht sogar Dauerfrost, kann der Igel erfrieren. Die Kälte wirkt auf den Igel als *Weckreiz.* Er wacht auf. Dabei steigt seine Körpertemperatur innerhalb kurzer Zeit wieder auf 35 °C. Danach fällt er erneut in Winterschlaf.

Winterschlaf halten auch *Fledermäuse.* Sie ziehen sich in frostsichere Baum- und Felshöhlen oder Felsspalten zurück. Dafür müssen sie oft Hunderte von Kilometern weit fliegen.

> Haarwechsel, Winterruhe und Winterschlaf sind eine Angepasstheit der Säugetiere an die Lebensbedingungen im Winter.

1 Unterscheide die Tiere der Pinnwand auf S. 115 nach Winteraktiven, Winterruhern und Winterschläfern. Welches Tier gehört nicht dazu?

6 Eichhörnchen. A Kobel im Baumwipfel; **B** auf Nahrungssuche im Winter

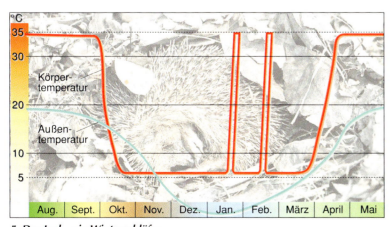

5 Der Igel – ein Winterschläfer

7 Fledermäuse im Winterschlaf

Wirbeltiere in ihren Lebensbereichen

6.2 Wechselwarme Tiere erstarren im Winter

Beim Ausheben eines Pflanzloches für einen Baum machte ein Gärtner eine überraschende Entdeckung: Er förderte ein Knäuel unbeweglicher, steifer *Blindschleichen* zutage. Er reagierte sofort richtig und brachte sie unter einem großen Laubhaufen in Sicherheit. Was war hier geschehen?
Der Gärtner hatte die Blindschleichen in ihrem Winterquartier gestört, das diese im Herbst in einem etwa 30 cm tiefen Erdloch aufgesucht hatten. Blindschleichen sind Eidechsen ohne Gliedmaßen und können daher leicht mit Schlangen verwechselt werden. Sinkt im Herbst die Außentemperatur, fällt auch ihre Körpertemperatur. Sie sind **wechselwarme Tiere**.

1 Blindschleiche

Um den Winter zu überstehen, suchen die Blindschleichen unter Steinen, Moospolstern oder in Erdlöchern einen geschützten Unterschlupf und fallen bei einer Körpertemperatur unter 14 °C von Oktober/November bis März/April in eine Kälte- oder **Winterstarre**. Der Gärtner war also auf eine *Schlafgemeinschaft* vieler Blindschleichen gestoßen, die noch nicht aus ihrer Winterstarre erwacht war.

Auch andere wechselwarme Tiere wie Schlangen, Eidechsen, Kröten, Frösche und Molche überdauern den Winter in Winterstarre. Die Frühjahrswärme weckt sie wieder aus ihrer Starre.
Auch manche Insekten wie Käfer oder Schmetterlinge überwintern an geschützten Orten zum Beispiel unter Moos oder in Rindenspalten in Winterstarre.

> Wechselwarme Tiere halten keinen Winterschlaf. Ihr Körper fällt zur kalten Jahreszeit in Winterstarre.

1 Was muss geschehen, damit wechselwarme Tiere nach der Winterstarre wieder aktiv werden können? Erläutere.

Streifzug durch die Erdkunde
Die Tages- und Jahreszeiten

Wie du aus Erfahrung weißt, geht die Sonne im Osten auf, erreicht im Süden den höchsten Stand und geht im Westen unter. In Wirklichkeit jedoch bewegt sich die Sonne nicht, sondern die Erde dreht sich in 24 Stunden einmal um sich selbst. Dabei wird immer nur eine Erdhälfte von der Sonne beschienen. Wenn es bei uns Nacht ist, hat sich die Erde so weit gedreht, dass unsere Erdhälfte von der Sonne abgewandt ist. Wir liegen dann im Erdschatten. Auf der anderen Erdhälfte ist es zur gleichen Zeit Tag. So entstehen die Tageszeiten.

Wie entstehen nun die Jahreszeiten? Die Erde dreht sich nicht nur um sich selbst, sondern umkreist auch die Sonne. Sie braucht dafür ein Jahr. Dabei beschreibt sie eine Umlaufbahn, die einer Ellipse gleicht. Dazu kommt, dass die Erdachse geneigt ist. Deshalb liegen während der Erdumdrehung bestimmte Gebiete der Erde der Sonne mal näher und mal ferner. Sie werden daher unterschiedlich erwärmt. So entstehen die Jahreszeiten. Wenn die Sonne z. B. der nördlichen Halbkugel mehr zugeneigt ist, herrscht bei uns Sommer, auf der südlichen Halbkugel ist dann Winter.
Der Lebensrhythmus der meisten Lebewesen wird durch diesen Wechsel von Tag und Nacht sowie von den vier Jahreszeiten Frühling, Sommer, Herbst und Winter bestimmt.

1 In Ländern, die weit im Norden liegen, sind die Sommer kürzer und die Winter länger als bei uns. Nenne Gründe hierfür. Nimm die Abbildungen zu Hilfe.

2 Die Erdachse, um die sich die Erde wie ein Kreisel dreht, ist keine echte Achse, sondern nur eine gedachte Linie. An den Stellen, an denen sie die Erde „durchstößt", liegen der Nordpol und der Südpol. Auf halber Strecke zwischen Nordpol und Südpol liegen die Tropen. Dort gibt es keine Jahreszeiten wie bei uns. Nenne einen Grund dafür. Nimm die Zeichnung zu Hilfe.

Wirbeltiere in ihren Lebensbereichen

TIERE IM WINTER

Siebenschläfer: Nagetier in Laubwäldern, Parks, Obstgärten; zieht sich von September an in ein im Erdboden angelegtes Nest aus Moos, Laub und Pflanzenfasern zurück; rollt sich ein und hält bis April Winterschlaf; zehrt dann von seinem Körperfett

Feldhamster: Nagetier und Allesfresser; in Feldern; Winterschlaf in einem Nest seines Erdbaues bei seinen Vorräten, die viele Kilogramm betragen können; unterbricht bisweilen seinen Winterschlaf; dieser dauert von Oktober bis März

Fuchs: winteraktives Raubtier; in Wäldern, auf Feldern und Wiesen; nutzt nur zeitweilig seinen Erdbau; lässt sich auch zusammengerollt einschneien; sein dichtes Winterfell schützt ihn vor jedem Wetter

Dachs: Marder in Wäldern mit reichem Unterholz; Allesfresser; hält in der kalten Jahreszeit in seinem Erdbau Winterruhe; zehrt dann von seinem körpereigenen Fettpolster; schläft tagelang ununterbrochen, wacht dann für kurze Zeit auf, nimmt feste und flüssige Nahrung zu sich und setzt dann seinen Ruheschlaf fort

Alpenmurmeltier: Nagetier; lebt gesellig in Gebirgslandschaften; polstert im Spätherbst den Schlafkessel des unterirdischen Winterbaus mit Heu aus; verstopft die Eingänge von innen mit Erde und Pflanzenteilen; mehrere Tiere rollen sich dicht nebeneinander ein und fallen von Oktober bis April in Winterschlaf; zehren in dieser Zeit vom Fettpolster

Weinbergschnecke: lebt in Gebieten mit kalkhaltigen Böden; Pflanzenfresser; zum Herbst verkriecht sie sich an einen geschützten Ort, verschließt ihre Gehäuseöffnung mit einem Kalkdeckel und fällt in Winter- oder Kältestarre

Wirbeltiere in ihren Lebensbereichen

1 Schwalben sammeln sich

6.3 Vögel gehen auf Reisen

Es ist Spätsommer. Da sammeln sich eines Tages viele Rauch- und Mehlschwalben auf Leitungsdrähten. Von Tag zu Tag werden es mehr. Doch eines Morgens sind sie verschwunden und erscheinen erst im nächsten Frühjahr wieder bei uns. Wohin fliegen die Tiere?

Dieser Frage sind Biologen von **Vogelwarten** nachgegangen; denn nicht nur Schwalben verlassen ihre Brutheimat. Auch andere Vögel ziehen zum Herbst hin fort. Es sind vor allem solche Arten, die im Winter in ihrer Brutheimat keine Nahrung finden und dort verhungern müssten. Solche jahreszeitlich wandernden Vögel nennt man **Zugvögel.**

Um die Wanderung der Vögel zu verfolgen, kennzeichnen Biologen der Vogelwarten und viele Mitarbeiter im ganzen Land die Vögel. Dazu legen sie jedes Jahr vielen hunderttausend Vögeln, meist Nestjungen, einen leichten Aluminiumring um den Lauf. Darauf sind eine Nummer und die jeweilige Vogelwarte eingestanzt.

Andere Vögel werden mithilfe von Reusen wie auf Helgoland oder mit großen Netzen gefangen, anschließend beringt, in Listen erfasst und sofort wieder freigelassen. Durch diese **Beringung** wurden in den letzten hundert Jahren viele Millionen Vögel gekennzeichnet. Durch Wiederfunde der Ringe konnten die Biologen viele Fragen des **Vogelzuges** klären. Bei den Rauchschwalben z. B. fanden sie heraus, dass diese auf verschiedenen Wegen in ihr Überwinterungsgebiet nach Südafrika gelangen.

Besonders gut erforscht ist das *Zugverhalten* des Weißstorches. Neben der Beringung hat vor allem eine neue Methode, die **Radarbeobachtung,** wichtige Ergebnisse gebracht. Bei dieser Methode fängt man z. B. einen ausgewachsenen Storch, bindet ihm einen etwa 70 g leichten Sender um und lässt den Vogel wieder frei. Der Sender sendet Funksignale aus. Diese werden von einem Satelliten empfangen und an eine Vogelwarte rückgemeldet. Dadurch ist es möglich, über Monate hinweg den jeweiligen Aufenthaltsort des Storches festzustellen und in eine *Zugkarte* einzutragen.

Man weiß, dass die Störche auf zwei unterschiedlichen Wegen nach Afrika gelangen. Die westlich der

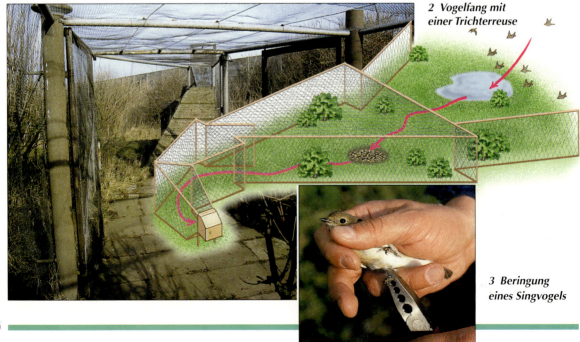

2 Vogelfang mit einer Trichterreuse

3 Beringung eines Singvogels

Wirbeltiere in ihren Lebensbereichen

Elbe brütenden Störche machen sich im Spätsommer in Richtung Spanien auf die Reise, die östlich davon brütenden Störche wählen die Ostroute über Griechenland und die Türkei. Die *Weststörche* und die *Oststörche* meiden lange Wege über das Meer. Sie brauchen die warmen Aufwinde über dem Festland, die sie zum Segeln nutzen.
So müssen sie nicht mit den Flügeln schlagen und sparen deshalb Kraft. Daher wählen sie im Westen die Meerenge bei Gibraltar, im Osten die Meerenge am Bosporus. So kann man im September zur Zugzeit an einem Tag mehrere tausend Störche die Meerengen überqueren sehen.

Die Weststörche ziehen nach Überquerung der Straße von Gibraltar in breiter Front südwärts und „überwintern" in Westafrika. Die Oststörche dagegen fliegen über Israel und die Sinai-Halbinsel zum Nil und folgen diesem nach Süden. Ende des Jahres erreichen sie den Süden Afrikas.

> Zugvögel verlassen zum Herbst ihre Brutheimat.

1 Beschreibe das Zugverhalten eines mit einem Sender versehenen Storches anhand der Abb. 4 (blauer Weg).
2 Suche dir aus der Pinnwand auf S. 118 einen Pinnzettel heraus. Was entnimmst du diesem zum Zugverhalten des Vogels/der Vögel? Schreibe es auf.
3 Welchen Gefahren sind Zugvögel ausgesetzt?

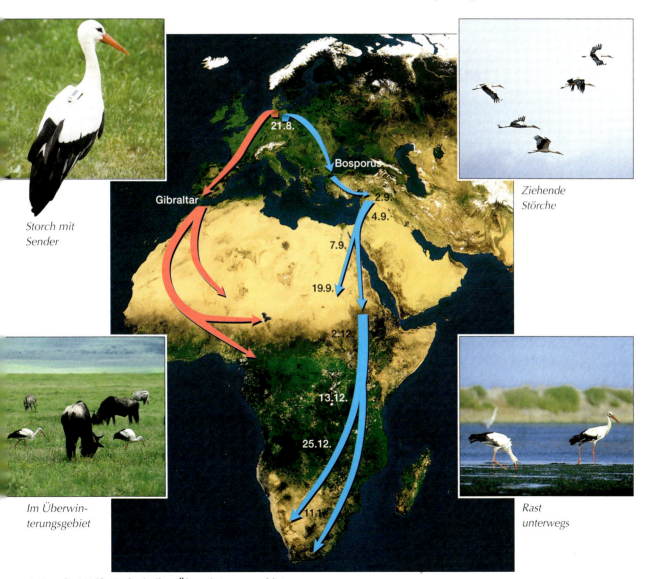

Storch mit Sender

Ziehende Störche

Im Überwinterungsgebiet

Rast unterwegs

4 Zug der Weißstörche in ihre Überwinterungsgebiete

Wirbeltiere in ihren Lebensbereichen

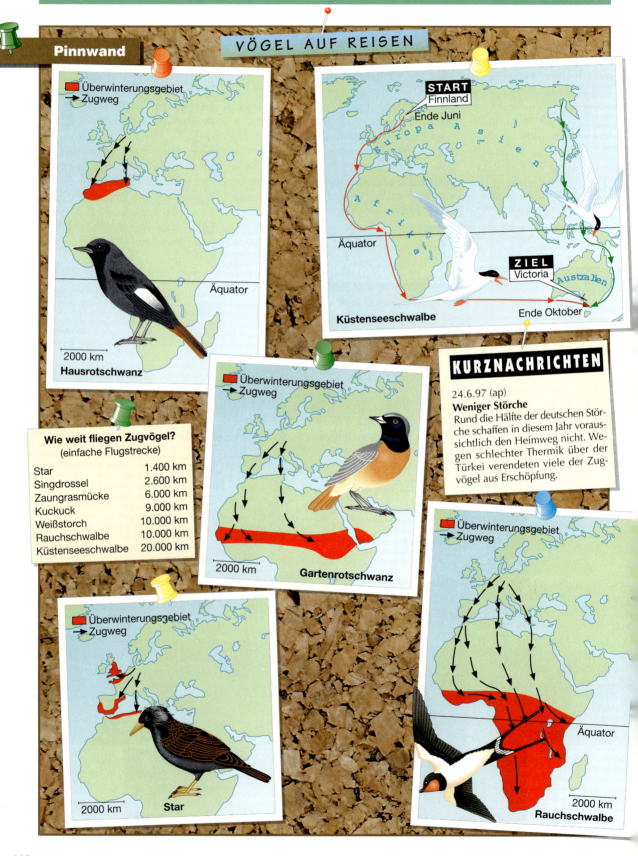

Pinnwand — VÖGEL AUF REISEN

Wie weit fliegen Zugvögel?
(einfache Flugstrecke)

Star	1.400 km
Singdrossel	2.600 km
Zaungrasmücke	6.000 km
Kuckuck	9.000 km
Weißstorch	10.000 km
Rauchschwalbe	10.000 km
Küstenseeschwalbe	20.000 km

KURZNACHRICHTEN

24.6.97 (ap)

Weniger Störche
Rund die Hälfte der deutschen Störche schaffen in diesem Jahr voraussichtlich den Heimweg nicht. Wegen schlechter Thermik über der Türkei verendeten viele der Zugvögel aus Erschöpfung.

Wirbeltiere in ihren Lebensbereichen

6.4 Vögel im Winter

Es ist Spätherbst. Aus den Erlen hören wir ein reges Gezwitscher. Wir schauen hinauf und entdecken einen Schwarm von *Zeisigen,* die sich aus den Erlenzapfen die nahrhaften Samen holen. Gewöhnlich hören wir im Herbst kaum noch Vogelstimmen; denn viele Vogelarten sind bei uns nur *Sommergäste* und haben sich bereits auf die Reise in ihre Winterquartiere begeben. Daher fällt uns die große Schar der Zeisige auf. Es sind *Wintergäste,* die der Kälte und dem Schnee im Norden Europas ausgewichen sind.

Wir treffen im Winter bei uns zumeist nur solche Vögel an, die das ganze Jahr über in ihrem Brutgebiet bleiben. Man nennt sie daher **Standvögel** oder *Jahresvögel.* So begegnen wir z. B. Drosseln, Finken, Sperlingen, Meisen, Rotkehlchen, Spechten, Dompfaffen und Kernbeißern bei der Futtersuche. Für Finken, Ammern und Hänflinge sind vor allem die stehengebliebenen Stauden mit ihren Samen eine wichtige Nahrungsquelle. Kernbeißer knacken die harten Schalen von Kirschkernen und gelangen so an die Samen.

1 Erlenzeisige als Wintergäste

Wenn für viele Vögel bei Frost und Schnee die Nahrung knapp wird, ist für die *Fichtenkreuzschnäbel* „der Tisch reich gedeckt". Sie haben sich auf die noch nicht geöffneten Zapfen der Fichten spezialisiert. Die Vögel

2 Rotkehlchen

3 Kernbeißer

4 Wacholderdrossel

5 Fichtenkreuzschnabel am Nest

besitzen einen Schnabel, dessen Hälften vorn gebogen sind und sich dabei überkreuzen. Mit diesem Spezialschnabel können sie die Schuppen auseinanderspreizen und so mit der Zunge an die Samen gelangen. Sie brüten sogar im Winter und ziehen in dieser Zeit ihre Jungen groß.

> Standorttreue Vogelarten bleiben im Winter in ihrem Brutgebiet. Sie finden dort auch in der kalten Jahreszeit meist ausreichend Nahrung. Zu ihnen gesellen sich Wintergäste aus entfernten Brutgebieten.

1 Betrachte das Rotkehlchen in Abb. 2. Was ist der Grund für sein „dickes" Aussehen?

Wirbeltiere in ihren Lebensbereichen

6.5 Projekt „Wir helfen den Vögeln"

An Tims Schule ist Tag der offenen Tür. An diesem Tag werden Projekte vorgestellt. Die Projektgruppe **„Nisthilfen für Höhlenbrüter"** hat einen Stand mit selbstgebauten Nisthöhlen. Tim berichtet: „Manchen Vögeln wie Kohlmeise, Blaumeise, Sumpfmeise und Kleiber, die gewöhnlich in Baumhöhlen ihren Nistplatz haben, fehlt es an geeigneten Brutplätzen. Wir hatten daher beschlossen, Nisthöhlen zu bauen. Wir entschieden uns für den Bau von Dreieckshöhlen.

Die Materialien besorgten wir uns vom Baumarkt. Die Werkzeuge gab es im Werkraum. Zunächst zeichneten wir die einzelnen Bauteile auf die Bretter und sägten diese dann aus. Die Seitenwände schrägten wir oben ab. In den Boden bohrten wir Ablauflöcher für die sich ansammelnde Feuchtigkeit. Die Vorderwand erhielt eine Kerbe für die Halbflügelschraube zum Öffnen der Höhle.

Nun konnten wir die Dreieckshöhle zusammenbauen. Die beiden Seitenwände nagelten wir so an die Rückwand, dass die abgeschrägten Kanten aufeinander lagen. Anschließend nagelten wir die Seitenwände am First zusammen und rundeten sie oben mit einer Feile ab. Danach konnte der Boden an den Seitenwänden und an der Rückwand befestigt werden. Mit zwei Schrauben verbanden wir die Rückwand mit der Aufhängeleiste. Jetzt setzen wir die Fluglochwand ein. Etwa 5 cm unter dem First vor und hinter dieser Wand brachten wir je einen Nagel zum Festhalten der Vorderwand an. Danach drehten wir die Halbflügelschraube in die Vorderkante des Bodens. Nun ließ sich die Fluglochwand öffnen und schließen; denn im Herbst müssen die Höhlen gesäubert werden. Zuletzt brachten wir am First Dachpappe gegen eindringende Feuchtigkeit an.

Als wir im Frühjahr die Höhlen an verschiedenen Bäumen angebracht hatten, wurden wir bald ‚belohnt'. Schon nach wenigen Tagen untersuchten Kohlmeisen und Blaumeisen die neuen Höhlen. Mitte April waren alle Höhlen besetzt."

1 Dreieckshöhle an einem Baumstamm

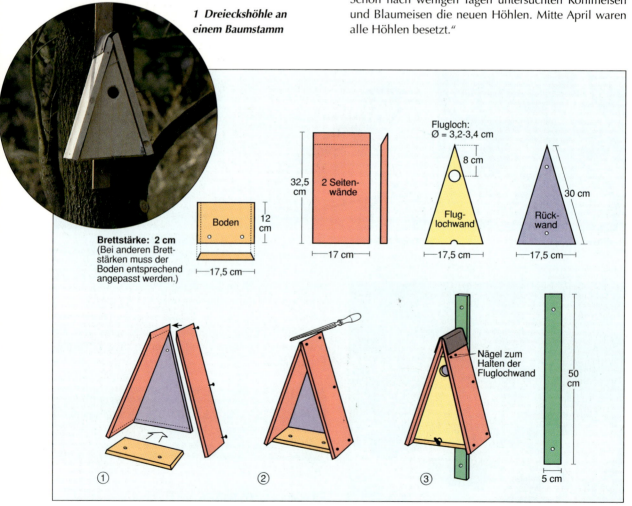

2 Dreieckshöhle für Meisen und Trauerschnäpper

Wirbeltiere in ihren Lebensbereichen

Aus der Projektgruppe **„Winterfütterung"** berichtet Andrea: „Bei starkem Frost und geschlossener Schneedecke haben es Standvögel schwer, Nahrung zu finden. Daher beschlossen wir, Vogelfutter selbst zuzubereiten und den Vögeln an verschiedenen Stellen in unserer Umgebung anzubieten.

Für verschiedene Futtergeräte stellten wir ein **Fettfuttergemisch** aus geschmolzenem Rindertalg und der gleichen Menge kleiner Samen, Sonnenblumenkernen, Schrot von Haselnüssen, Weizenkleie und Haferflocken her. Die noch nicht erkaltete Futtermasse kneteten wir zu kleinen, in Kunststoffnetze passende Ballen. Die fertigen **Futternetze** hängten wir katzensicher auf. Einen Teil des Fettfutters verwendeten wir für **Futterglocken** aus kleinen Blumentöpfen und Kokosnusshälften. Zum Aufhängen der Glocken und als Halt für die Vögel versahen wir die Glocken vor dem Einfüllen der Futtermasse mit einem Holzstab. Meisen und Kleiber fressen auch gerne das helle „Fleisch" aus einer frisch aufgesägten Kokosnuss. Wir sahen daher einige Hälften für die Winterfütterung vor, die wir mit der offenen Seite nach unten aufhängen werden. Für Spechte und Kleiber bereiteten wir **Nussschnüre** vor. Dazu fädelten wir ungeöffnete Erdnüsse auf rostfreien Draht auf, um sie später draußen aufhängen zu können. Vor zwei Jahren hatte eine andere Projektgruppe ein **Futterhaus** gebaut. In diesem Winter werden wir es mit Körnerfutter für Meisen, Finken und Kleiber versehen.

Beim Füttern werden wir beachten: *Nur füttern, wenn Not herrscht! Gesunde und kräftige Vögel können ohne unsere Hilfe den Winter überstehen. Nie gewürztes oder gesalzenes Futter anbieten!"*

> Die Lebensbedingungen von Vögeln können wir verbessern, wenn wir den Tieren Nisthilfen anbieten und sie im Winter verantwortungsvoll füttern

4 Kleiber an einem Futternetz

Futterglocke

Futterhaus

Kokosnusshälfte

Nussschnur

3 Futterhilfen für Vögel im Winter

1 Einordnung des Buchfinken in die Klasse der Vögel

7 Wirbeltiere lassen sich ordnen

Eulen, Greifvögel, Gänse, Störche, Sperlingsvögel … Hierbei handelt es sich um Gruppen von Vögeln, die man an bestimmten Merkmalen erkennen kann. So kannst du z. B. „Gänse" mit ihren breiten flachen Schnäbeln und den Schwimmfüßen sicher ohne Schwierigkeiten von „Greifvögeln" mit Hakenschnäbeln und Greiffüßen unterscheiden.

Damit die große Vielfalt der Tiere überschaubar wird, hat man Tiere mit gleichen Merkmalen zu Gruppen zusammengefasst. Berücksichtigt man nur wenige gemeinsame Merkmale, so können sehr viele Tiere in eine Gruppe gestellt werden. Eulen, Greifvögel, Gänse, Störche und Sperlingsvögel haben als gemeinsame Merkmale ein Federkleid und Flügel als Vordergliedmaßen. Diese Tiere gehören alle zur **Klasse** der **Vögel**.

Charakteristische Merkmale von Gänsen und Greifvögeln wurden bereits genannt. Sie zeigen, dass man die Klasse der Vögel in verschiedene Gruppen unterteilen kann. Diese Gruppen nennt man **Ordnungen**. Betrachten wir die Ordnung der *Sperlingsvögel* genauer. Zu dieser Gruppe gehören z. B. *Sperlinge, Finken, Meisen, Drosseln* und *Schwalben*. Sie bilden **Familien** der Sperlingsvögel. Vögel aus der Familie der Finken erkennt

Wirbeltiere in ihren Lebensbereichen

man an den kräftigen Körnerfresser-Schnäbeln. In jeder Familie gibt es noch mehrere **Gattungen** und **Arten.** Zur Gattung *Fink* gehören verschiedene Arten. So hat z. B. der *Buchfink* ein anders gefärbtes Gefieder als der *Bergfink*.

Die Fledermaus gehört nicht zur Klasse der Vögel. Sie hat ein Fell, säugt ihre Jungen und gehört daher zur Klasse der **Säugetiere.** Weitere Tierklassen sind **Kriechtiere, Lurche** und **Fische.** Alle diese Tierklassen haben ein gemeinsames Merkmal, das sie von allen anderen Tieren unterscheidet. Säugetiere, Vögel, Kriechtiere, Lurche und Fische haben alle ein inneres Skelett mit einer Wirbelsäule. Aufgrund dieses gemeinsamen Merkmals fasst man die fünf Klassen zum **Stamm** der **Wirbeltiere** zusammen. Außer den Wirbeltieren gibt es noch andere Tierstämme. Alle zusammen bilden das **Tierreich.**

Die Entwicklung der Wirbeltiere kann man in einem *Stammbaum* anschaulich darstellen. Der Baumstamm entspricht dabei dem Stamm der Wirbeltiere, von dem die verschiedenen Klassen als Äste abzweigen.

> Tiere mit gleichen Merkmalen werden zu Gruppen zusammengefasst. Man gliedert das Tierreich in Stämme, Klassen, Ordnungen, Familien, Gattungen und Arten. Zum Stamm der Wirbeltiere gehören die Klassen Fische, Lurche, Kriechtiere, Vögel und Säugetiere.

1 Ordne den Bergfinken den verschiedenen Gruppen des Tierreichs zu. Begründe deine Zuordnung.

2 Schneide aus Zeitschriften Tierbilder aus. Ordne sie nach Gruppen und klebe sie in dein Heft. Begründe dein Ordnungsschema.

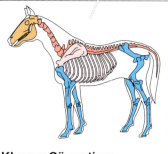

Klasse: Säugetiere

Körperbedeckung:	Haare
Gliedmaßen:	2 Arme und 2 Beine oder 4 Beine
Atmung:	Lungen
Körpertemperatur:	gleichwarm
Vermehrung:	gebären lebende Junge, die mit Muttermilch ernährt werden

Klasse: Vögel

Körperbedeckung:	Federn
Gliedmaßen:	2 Flügel, 2 Beine
Atmung:	Lungen
Körpertemperatur:	gleichwarm
Vermehrung:	Eier

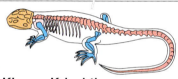

Klasse: Kriechtiere

Körperbedeckung:	Schuppen
Gliedmaßen:	meist 4 Beine
Atmung:	Lungen
Körpertemperatur:	wechselwarm
Vermehrung:	Eier; wenige Arten lebendgebärend, z. B. Waldeidechse

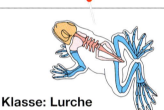

Klasse: Lurche

Körperbedeckung:	nackte Haut
Gliedmaßen:	4 Beine; vorn 4 Finger, hinten 5 Zehen
Atmung:	Kiemen bei Larven; Lungen bei erwachsenen Tieren
Körpertemperatur:	wechselwarm
Vermehrung:	Eier; Entwicklung über eine vollständige Verwandlung; Alpensalamander lebendgebärend

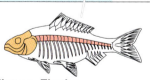

Klasse: Fische

Körperbedeckung:	Schuppen
Gliedmaßen:	Flossen
Atmung:	Kiemen
Körpertemperatur:	wechselwarm
Vermehrung:	Eier; wenige Arten lebendgebärend, z. B. Guppy

2 Stammbaum der Wirbeltiere

Wirbeltiere in ihren Lebensbereichen

Prüfe dein Wissen

A1 Welche Säugetiere besitzen ein Raubtier-, ein Pflanzenfresser-, ein Nagetier-, ein Insektenfresser-, ein Allesfressergebiss? Ordne zu.
Spitzmaus, Reh, Dachs, Eichhörnchen, Igel, Fledermaus, Marder, Kamel, Hase, Maulwurf, Fuchs, Wildschwein.

A2 Welche Aussagen treffen beim Eichhörnchen zu?
a) Es ist ein Nagetier.
b) Es frisst gelegentlich Vogeleier und nestjunge Vögel.
c) Es hamstert Nüsse in seinen Backentaschen.
d) Es legt Verstecke für die Wintervorräte an.

A3 Hier ist das Skelett eines Wirbeltieres abgebildet.

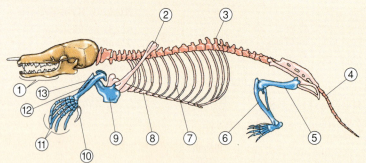

a) Zu welchem Tier passt das Skelett?
b) Benenne die Ziffern mit verschiedenen Skelettteilen.
c) Das Vorderbein hat eine spezielle Bezeichnung. Nenne diese.

A4 Kulturfolger sind
a) Tiere, die die Nähe des Menschen suchen;
b) kulturell interessierte Menschen;
c) wild lebende Tiere, die in menschlich beeinflussten Lebensräumen günstige Lebensbedingungen finden.

A5 Der linke Schädel gehört einer Waldmaus, der rechte einer Spitzmaus. Begründe, warum die Spitzmaus trotz ihres Namens eher mit dem Maulwurf verwandt ist als mit der Waldmaus.

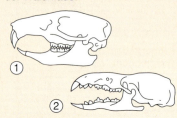

A6 Wie heißen folgende Flugformen?
a) Vorwärts ohne Flügelschlag; verliert an Höhe.
b) Der Vogel „steht" mit propellerartigen Flügelschlägen in der Luft.
c) Ausgebreitete Flügel und Ausnutzung von Aufwinden.
d) Die Flügel werden auf und ab geschlagen; Vorwärtsflug.
e) Die Flügel werden schnell auf und nieder bewegt; der Schwanz ist gegen die Flugrichtung gespreizt.

A7 Unter den Singvögeln gibt es einige Höhlenbrüter. Welche Arten gehören dazu?
a) Kohlmeise
b) Amsel
c) Buntspecht
d) Kleiber

A8 Welche der folgend genannten Vögel sind
a) aktive Höhlenbrüter;
b) passive Höhlenbrüter?
Hohltaube, Kleiber, Buntspecht, Star, Schwarzspecht, Kohlmeise; Steinkauz, Grauspecht, Trauerfliegenschnäpper.
c) Weshalb bezeichnet man sie so?

A9 Nenne bis zu 5 Verhaltensweisen bei Amseln, die auch bei anderen Vogelarten zu beobachten sind (…verhalten).

A10 Du findest ein Gewölle und bist dir nicht sicher, ob es zu einer Eule oder zu einem Greifvogel als „Verursacher" passt. Wie findest du das ganz schnell heraus?

A11 Nicht alle Vögel bleiben im Winter bei uns. Welche der folgenden Arten sind
a) Standvögel
b) Zugvögel?
Buchfink, Fichtenkreuzschnabel, Hausrotschwanz, Rauchschwalbe, Rotkehlchen, Singdrossel, Zaungrasmücke, Zaunkönig.

A12 Welcher Begriff passt zu folgendem Text? „Sie zeigen in bestimmten Situationen ein unbewusstes, aber richtiges Verhalten."

A 13 Welcher Fuß gehört zu welchem Vogel? Falke, Specht, Ente, Storch, Amsel, Blässhuhn, Eule.

A 22 Bauplan eines Fisches. – Ordne den Ziffern die entsprechenden Begriffe zu.

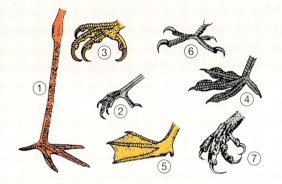
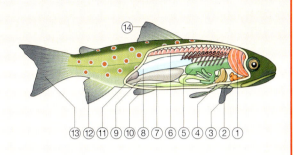

A 14 Welche der aufgeführten Kriechtiere kommen in Deutschland vor?
Äskulapnatter, Waran, Zauneidechse, Europäische Sumpfschildkröte, Klapperschlange, Blindschleiche, Smaragdeidechse, Krokodil, Mauereidechse, Kreuzotter.

A 15 Nenne die Zeitabschnitte, in denen die Dinosaurier lebten.

A 16 Wann starben die Dinosaurier?
a) Am Ende der Jurazeit.
b) Am Ende des Erdmittelalters.
c) Am Ende der Kreidezeit.
d) In der Tertiärzeit.
e) Im Erdaltertum.

A 17 Nenne je ein Beispiel für
a) einen Landmolch,
b) einen Wassermolch,
c) eine Unke,
d) eine Kröte,
e) einen Frosch,
f) einen Schwanzlurch,
g) einen Froschlurch.

A 18 Wie heißt die Entwicklung eines Lurches vom Ei bis zum ausgewachsenen Tier?
a) Generationswechsel,
b) Metamorphose,
c) Gestaltwandel,
d) Metaphasen

A 19 Ein Frosch springt ins Wasser und taucht erst nach 50 Minuten wieder auf. Wie ist das möglich?
a) Er kann die Luft anhalten.
b) Er atmet durch die Haut.
c) Er atmet durch Kiemen.
d) Er atmet durch Lunge und Haut.
e) Er atmet durch Haut und Kiemen.

A 20 Was trifft zu, wenn ein Frosch einen anderen trägt?
a) Sie pflanzen sich fort.
b) Ein Männchen besamt im Körper des Weibchens die Eier.
c) Der abgelegte Laich wird vom Männchen besamt.

A 21 Welche Aussagen sind zutreffend? Delfine sind a) die größten Fische, b) Walfische, c) Säugetiere, d) Bartenwale.

A 23 In einem Fischgeschäft werden u. a. angeboten: Hering, Makrele, Forelle, Scholle, Lachs, Karpfen, Hecht, Schellfisch, Aal. Ordne die Fische nach Süßwasser- und Meeresfischen.

A 24 Tiere überwintern auf unterschiedliche Weise. Ordne die genannten Tiere den folgenden Gruppen zu:
a) aktive Überwinterer,
b) Winterruher,
c) in Kältestarre.
Blindschleiche, Dachs, Eichhörnchen, Feldhase, Fledermaus, Fuchs, Igel, Murmeltier, Wildschwein, Weinbergschnecke.

A 25 „Damhirsche wechseln zum Winter ihr Fell." Was stimmt an dieser Aussage nicht? Berichtige und begründe.

A 26 Winterschläfer zeichnen sich durch bestimmte Eigenschaften aus, die es ihnen ermöglichen, die kalte Jahreszeit zu überstehen. Nenne zwei Beispiele.

1 Auf dem Schulhof

1 Dein Körper

2 **Jennifer.** A Foto; B Strichzeichnung

[1] Die fünfjährige Jennifer hat ihre Schwester wie in Abb 2 B gezeichnet. Was hat sie dargestellt?

[2] Schau dir die Abb. 3 an. Zeige, an welcher Stelle sich bei dir die abgebildeten Organe befinden.

Es ist Pause. Alle haben sich auf dem Schulhof zusammengefunden. Die Schülerinnen und Schüler erkennen sich auf den ersten Blick, denn jeder sieht anders aus. Sie unterscheiden sich unter anderem in der Hautfarbe. Susannes Freundin Ying zum Beispiel ist Chinesin. Ihre Eltern haben seit vielen Jahren ein Restaurant in der Stadt. John und Mike sind dunkelhäutig. Sie kommen aus Kalifornien und gehören zu einer Gruppe amerikanischer Gastschüler.

Doch so verschieden die Schülerinnen und Schüler auch aussehen, ihr Körper ist in immer der gleichen Weise gegliedert: in den **Kopf,** den **Rumpf** und die Arme und Beine, die **Gliedmaßen**. Auch der innere Aufbau des Körpers ist bei allen gleich. Einen Überblick über die inneren Organe des Menschen und ihre Lage im Körper gibt dir die Abbildung 3.

Organe, die gemeinsam eine Aufgabe erfüllen, fasst man zu einem Organsystem zusammen. So steuert das Gehirn die Lebensvorgänge und über die Nerven werden die Befehle des Gehirns weitergeleitet. Gehirn und Nerven bilden das **Nervensystem.** Im Brustraum liegt die Lunge, ein Organ des **Atmungssystems.** Auch das Herz, das unseren **Blutkreislauf** antreibt, liegt im Brustraum. Der Magen, die Leber und der Darm befinden sich im unteren Teil des Rumpfes, in der Bauchhöhle. Es sind Organe des **Verdauungssystems.** Schließlich kannst du noch die beiden Nieren und die Blase sehen, die zum **Ausscheidungssystem** gehören.

> Der Körper des Menschen ist in Kopf, Rumpf und Gliedmaßen gegliedert. Auch die inneren Organe und ihre Lage sind bei allen Menschen gleich.

Bau und Leistungen des menschlichen Körpers

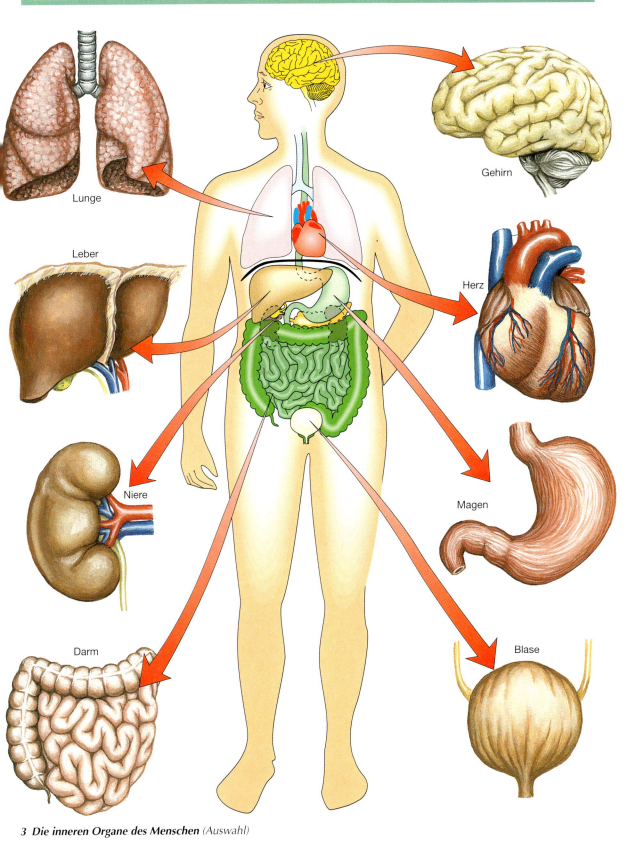

3 Die inneren Organe des Menschen *(Auswahl)*

Bau und Leistungen des menschlichen Körpers

1 Daniel beim Tennisspiel

2 Organe, die bei der Bewegung eine wichtige Rolle spielen. **A** Nervensystem; **B** Muskeln; **C** Knochen und Gelenke

1 Nenne anhand der Abb. 2 die Organe, die beim Tennisspiel an der Ausführung von Bewegungen beteiligt sind.

2 Du stehst in den Startlöchern und wartest auf den Startschuss. Beschreibe, welche Organe bei dir während des „50-Meter-Laufs" aufeinander abgestimmt arbeiten müssen.

2 Haltung und Bewegung

2.1 Bei Sport und Spiel arbeiten die Organe der Bewegung zusammen

Der Tennisball saust in das hintere Drittel des Tennisfeldes. Ein gekonnter Sprung und Daniel erwischt ihn gerade noch. Ein kräftiger Schlag und nun muss Sven, der Gegenspieler, um den Ball kämpfen. Er springt hoch, ein starker Schmetterball und die Lage ist zunächst gerettet ... .
Dieser Schlagaustausch erfordert eine schnelle Abfolge von Bewegungen, bei der mehrere Organe aufeinander abgestimmt zusammenarbeiten müssen.

Sehen wir uns einen Spieler an: Er erblickt den Ball. Sein **Gehirn** verarbeitet dieses Bild, entscheidet, wie dieser Ball zu nehmen ist, und lässt einen entsprechenden Befehl über die **Nerven** den **Muskeln** des Armes zukommen. Der Spieler holt aus und trifft mit Wucht den Ball. Um dieser Kraft standzuhalten, braucht der Körper eine Stütze, eine Art Gerüst. Die **Knochen** bilden dieses Gerüst. Sie sind untereinander durch Gelenke, Muskeln und Bänder beweglich verbunden. Das ganze Knochengerüst wird als **Skelett** bezeichnet.

> Bei jeder Bewegung arbeiten das Nervensystem, die Muskeln und das Skelett zusammen.

2.2 Das Skelett gibt dem Körper Halt

Tennisspieler brauchen nicht nur gut trainierte Muskeln, sondern auch eine stabile innere Stütze – das Skelett.

Sven benutzt gerade sein rechtes **Armskelett**, um den Ball zurückzuschlagen. Beim Laufen trägt und stützt ihn sein **Beinskelett**. Damit Sven diese Bewegungen ausführen kann, müssen seine Gliedmaßen mit der **Wirbelsäule** beweglich verbunden sein. Diese Verbindungen stellen **Schultergürtel** und den **Beckengürtel** her.

Die Wirbelsäule stützt das Skelett und hält es aufrecht. An ihr sind die übrigen Teile des Skeletts befestigt.

Beim Tennisspiel lassen sich kleine Unfälle nicht vermeiden. Bekommt ein Spieler unglücklicherweise einen Tennisball an den Kopf, so ist das Gehirn durch das **Kopfskelett** gut geschützt. Ähnlich schützt der **Brustkorb** das Herz und die Lunge. Die 12 Rippenpaare des Brustkorbs sind hinten mit der Wirbelsäule und vorne zum Teil mit dem Brustbein verbunden und bilden so einen schützenden Korb.

Das Skelett setzt sich also aus Kopfskelett, Armskelett, Schultergürtel, Brustkorb, Wirbelsäule, Beckengürtel und Beinskelett zusammen.

> Das Skelett stützt den Körper und schützt innere Organe.

1 Schätze, aus wie vielen einzelnen Knochen das menschliche Skelett besteht. Sind es 53, 220, 517 oder 930?

2 Welche Knochen kannst du besonders gut bei dir fühlen? Nenne sie. Orientiere dich an der Abb.1. Versuche bei dir z.B. Schlüsselbein, Schulterblatt, Rippen oder Brustbein zu ertasten.

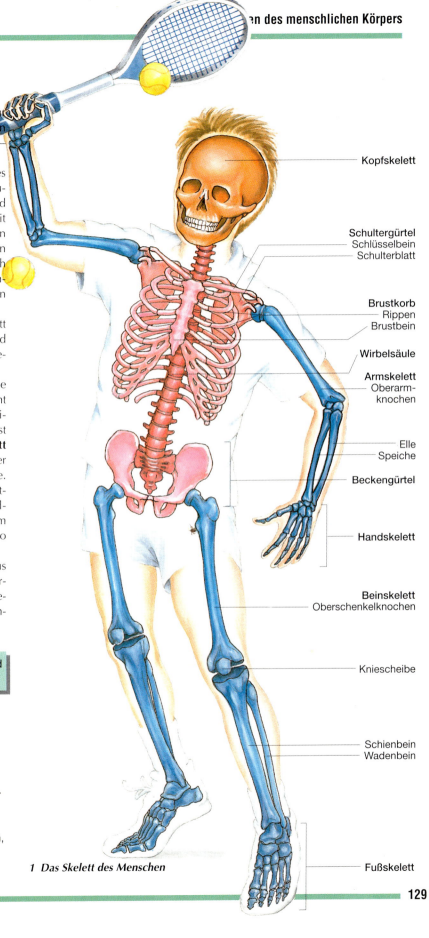

1 Das Skelett des Menschen

Bau und Leistungen des menschlichen Körpers

1 Im Sportunterricht: Rolle vorwärts

2.3 Die Wirbelsäule – Hauptstütze des Skeletts

Die Klasse 5a übt Rolle vorwärts. Anna setzt die Hände auf, legt das Kinn an die Brust, krümmt den Rücken, gibt sich mit den Beinen Schwung, rollt über den Rücken ab, springt hoch und steht.

Weshalb ist Anna so beweglich? Betrachten wir das menschliche Skelett: Eine geschwungene Achse durchzieht den Rumpf und hält ihn aufrecht. Es ist die **Wirbelsäule.** Von der Seite hat sie die Form eines „Doppel-S". Dadurch kann sie Stöße beim Laufen und Springen abfangen. Die Wirbelsäule besteht aus über 30 **Wirbeln.** Sie sind im Hals-, Brust- und Lendenbereich gegeneinander beweglich und durch knorpelige Scheiben voneinander getrennt. Diese elastischen **Bandscheiben** geben den Wirbeln Spielraum für Bewegungen beim Drehen und Beugen. Außerdem dämpfen sie Stöße. Bänder und Muskeln verbinden die Wirbel untereinander. Zwischen *Wirbelkörper* und *Wirbelbogen* liegt das *Wirbelloch*. Übereinander gereiht bilden diese Öffnungen den *Wirbelkanal*. Dieser schützt das Rückenmark, einen wichtigen Nervenstrang.

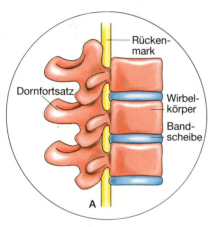

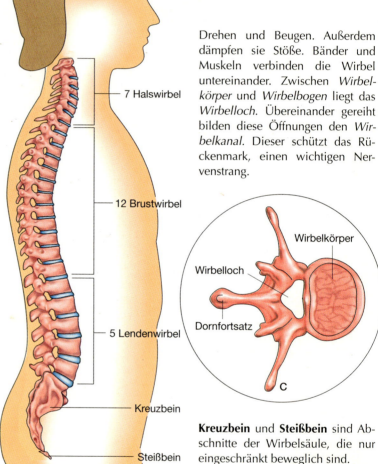

2 Wirbelsäule des Menschen.
A Ausschnitt der Lendenwirbelsäule;
B Gesamtbild; **C** Lendenwirbel

Kreuzbein und **Steißbein** sind Abschnitte der Wirbelsäule, die nur eingeschränkt beweglich sind.

> Die Wirbelsäule hält den Körper aufrecht und federt Stöße ab.

1 Beuge deinen Rumpf nach vorn, nach hinten und zur Seite. Welche Bereiche sind besonders beweglich? Erläutere.

2 Welche Knochen müsstest du dem „Skelettatlas" (S. 131) hinzufügen, damit das Skelett vollständig ist?

3 Male die Umrisse der rechten Hand ins Heft. Zeichne vereinfacht die Knochen der Hand ein. Orientiere dich dabei am Skelettatlas (S. 131).

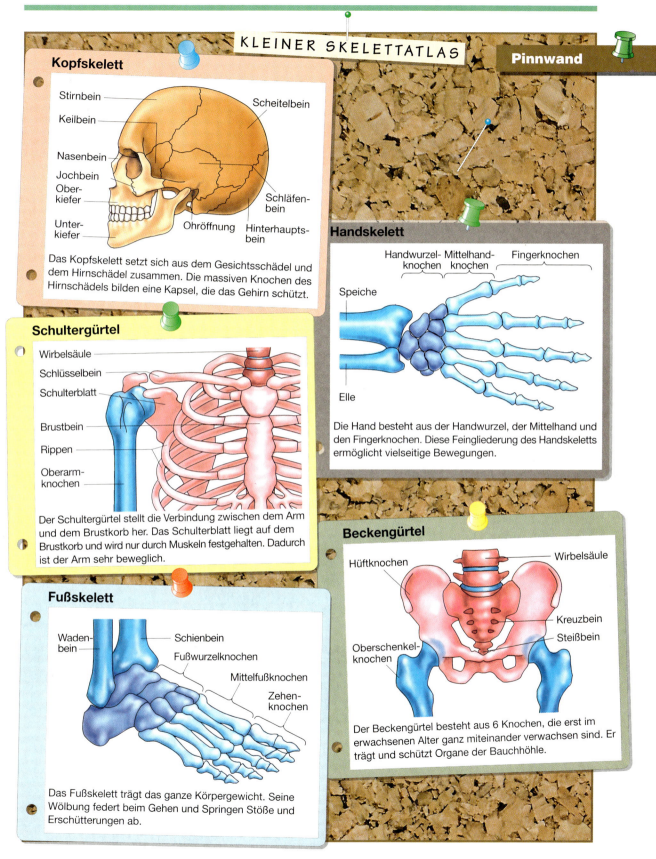

Bau und Leistungen des menschlichen Körpers

2.4 Ohne Gelenke keine Beweglichkeit

Die Mädchen in der Ballettschule haben sich durch einen schnellen Jazztanz aufgewärmt. Jetzt stehen Dehnungsübungen auf dem Programm. Lisa steht an der Stange. Mit Leichtigkeit hebt sie ihr Bein wie zum Spagat hoch. Unglaublich, wie gelenkig sie nach drei Jahren Ballettunterricht geworden ist. Gelenkig, was heißt das eigentlich?

Sehen wir uns in der Abbildung 1 Lisas Beinstellung an: Ihr Oberschenkelknochen ist mit dem Becken fest verbunden und trotzdem kann Lisa ihr Bein fast nach allen Seiten bewegen. Diese Beweglichkeit ermöglicht ihr *Hüftgelenk.* Es ist ein **Kugelgelenk.** Lisas *Ellenbogengelenk* ist im Vergleich zu ihrem Hüftgelenk in seiner Beweglichkeit dagegen stark eingeschränkt. Wie das Scharnier einer Tür erlaubt dieses **Scharniergelenk** Bewegungen nur in einer Richtung. Der feste Griff an der Stange wird durch ein **Sattelgelenk** ermöglicht. Mit seiner Hilfe kann sich der Daumen gegenüber dem Handwurzelknochen in zwei Richtungen bewegen. Nach vorne und hinten sowie nach links und rechts. Die Drehung des Kopfes ermöglichen die beiden ersten Wirbel. Sie sind mit einem **Drehgelenk** miteinander verbunden.

Obwohl diese Gelenkarten verschiedene Form und unterschiedliche Beweglichkeit besitzen, ist ihr Aufbau ähnlich. Das Ende des einen Knochens, der *Gelenkkopf,* passt in die Vertiefung am Ende des anderen Knochens, die *Gelenkpfanne.* Die Knochenenden sind durch eine feste und elastische **Gelenkkapsel** miteinander verbunden. Häufig wird diese Verbindung durch Bänder und Muskeln verstärkt. Damit sich Gelenkkopf und Gelenkpfanne bei Bewegungen durch Reibung gegenseitig nicht beschädigen, sind sie durch einen Knorpelüberzug und ein Gleitmittel, die *Gelenkschmiere,* geschützt.

> Die Bewegungen des Körpers werden durch Gelenke zwischen den Knochen ermöglicht. Man unterscheidet Kugelgelenke, Scharniergelenke, Sattelgelenke und Drehgelenke.

1 Suche am Skelett der Schulsammlung Kugelgelenke. Benenne sie.
2 Prüfe die Kugelgelenke des Skeletts der Biologiesammlung auf ihre Beweglichkeit. Beschreibe.
3 Wo findest du an deinem Körper Scharniergelenke? Benenne sie. Beschreibe ihre Beweglichkeit.

1 Lisa in der Ballettstunde

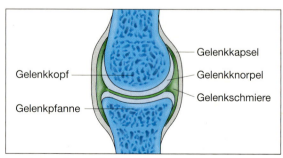

2 Schema eines Gelenkes

Bau und Leistungen des menschlichen Körpers

Streifzug durch die Technik

Auch Roboter haben Gelenke

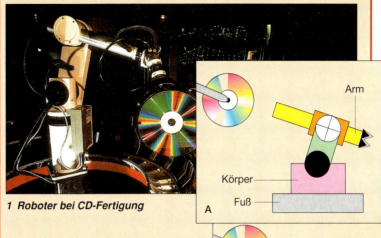

1 Roboter bei CD-Fertigung

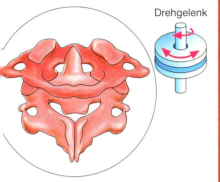

3 Ellenbogengelenk

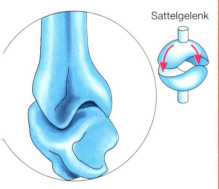

4 Die ersten beiden Halswirbel

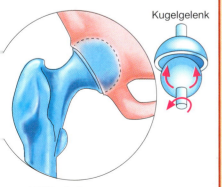

5 Daumengelenk

6 Hüftgelenk

Seit einigen Jahren erledigen Roboter in der Industrie für uns viele Arbeiten. Um beweglich zu sein, brauchen auch sie Gelenke. Wie funktioniert zum Beispiel ein Armroboter bei der CD-Fertigung? Der Roboter ist in Fuß, Körper und Arm gegliedert. Seine Glieder sind durch Gelenke verbunden.

Verfolgen wir den Vorgang, bei dem der Roboter nach einer CD greift. Zunächst dreht der Roboter seinen „Körper" zu der nächsten CD. Ein *Drehgelenk* zwischen „Fuß" und „Körper" bewirkt eine Kreisbewegung, die mit einer Kopfdrehung des Menschen vergleichbar ist. Mithilfe von zwei *Scharniergelenken* wird der Roboter aufgerichtet. Es sind Bewegungen, wie sie auch unsere Scharniergelenke ausführen. Um die CD zu „ergreifen", wird der Unterarm über ein Teleskopgelenk verlängert. Ein solches *Schubgelenk* finden wir bei dem Menschen nicht. Du kennst es jedoch sicherlich von dem Herausziehen einer Antenne eines Autoradios. Nun ist der Roboter am Ziel und greift nach der CD.

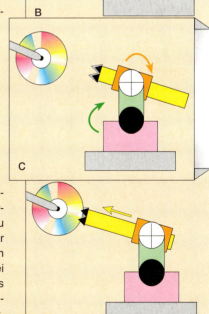

2 Schema eines Armroboters

Bau und Leistungen des menschlichen Körpers

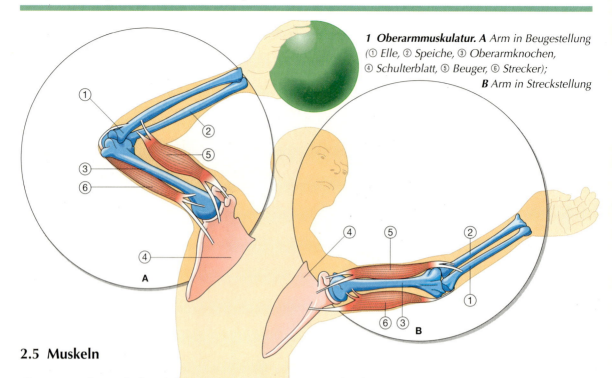

1 Oberarmmuskulatur. A Arm in Beugestellung (① Elle, ② Speiche, ③ Oberarmknochen, ④ Schulterblatt, ⑤ Beuger, ⑥ Strecker); **B** Arm in Streckstellung

2.5 Muskeln

Christian spielt Handball. Er hebt den Ball mit gebeugtem Arm über den Kopf und zieht den Arm durch. Wie ein Geschoss fliegt der Ball an dem gegnerischen Torhüter vorbei ins Tor. Woher nimmt Christian die Kraft für seinen gelungenen Torwurf?

Die Kraft dazu wird von den **Muskeln** am Arm erzeugt. Vorne am Oberarm findet man einen besonders kräftigen Muskel, den *Bizeps,* auf der Rückseite des Oberarms den *Trizeps.* Verkürzt sich der Bizeps, so wird der Unterarm gebeugt. Diesen Muskel nennt man auch **Beuger.** Um den Arm wieder zu strecken, muss sich der *Trizeps* verkürzen. Dieser Muskel heißt daher **Strecker.** Beuger und Strecker sind **Gegenspieler.** Sie arbeiten stets abwechselnd.

Ein Muskel ist aus vielen einzelnen **Muskelfasern** zusammengesetzt. Außen ist er von einer festen **Hülle** umgeben. Die Hülle gibt dem Muskel die typische Form einer Spindel. An beiden Enden des Muskels geht die Muskelhülle in die zugfesten **Sehnen** über. Sehnen verbinden den Muskel mit den Knochen. Verkürzt sich ein Muskel, wird er dicker. Die Muskelhülle wird gespannt und der Muskel fühlt sich hart an.

Beim Torwurf muss Christian die Kraft der Armmuskeln genau einstellen. Nur dann kann er das Tor treffen. Auch bei anderen Bewegungen ist es wichtig, die Muskelkraft zu steuern. Dies wird möglich, weil sich jede einzelne Muskelfaser getrennt von den anderen verkürzen kann. Nur wenn viele Muskelfasern gleichzeitig arbeiten, erzeugt der Muskel eine große Kraft.

Regelmäßige sportliche Bewegung kräftigt die Muskeln. Sie nehmen an Umfang zu und werden leistungsfähiger. Wenig benutzte Muskeln werden mit der Zeit schwächer. Dies zeigt sich besonders, wenn ein Muskel wegen einer Verletzung nicht benutzt werden kann.

Die Muskeln des menschlichen Körpers machen etwa die Hälfte unserer Körpermasse aus. Die Muskeln, die am Skelett ansetzen, nennt man **Skelettmuskeln.** Sie erzeugen die Bewegungen des Rumpfes und der Gliedmaßen. Diese Muskeln arbeiten nur dann, wenn wir es wollen. Man nennt sie deshalb *willkürliche Muskulatur.* Daneben gibt es auch Muskeln, die wir normalerweise nicht mit dem Willen beeinflussen können. Zu dieser *unwillkürlichen Muskulatur* gehören zum Beispiel die **Eingeweidemuskeln** und der **Herzmuskel.**

> Die Muskeln erzeugen die Kraft für selbstständige Bewegungen des Körpers. Muskeln arbeiten nach dem Gegenspielerprinzip zusammen.

1 Strecke deinen Arm waagerecht aus und halte so eine Schultasche. Beuge dann den Arm nach oben. Beobachte die Muskulatur an deinem Oberarm und erläutere.
2 Erkläre das Gegenspielerprinzip.
3 Wo liegen im Oberschenkel Beuger und Strecker?

Bau und Leistungen des menschlichen Körpers

1 Sportverletzungen. A Unterarmbruch;
B Ausrenkung (① Schulterblatt, ② Schlüsselbein,
③ Oberarmknochen); **C** Meniskusschaden
(① Meniskus, ② Kniescheibe, ③ Seitenbänder)

2.6 Verletzungen beim Sport

Hannes ist Fußballspieler. Bei einem Zweikampf ist er auf den Arm gestürzt. Er verspürt starke Schmerzen im Arm und in der Schulter. „Möglicherweise ist der Arm gebrochen", meint der Betreuer. Hannes muss zur genauen Untersuchung ins Krankenhaus. „Der Arm ist nicht gebrochen", stellt der untersuchende Arzt fest, „du hast nur eine **Prellung** in der Schulter. Die Schmerzen werden bald nachlassen." Der Arzt erklärt Hannes, dass bei einer Prellung Blutgefäße verletzt werden. Das austretende Blut fließt in das umliegende Gewebe, dieses schwillt an und ein schmerzhafter Bluterguss entsteht. Hannes will nun noch mehr über Verletzungen beim Sport wissen.

„Eine **Verstauchung** ist eine *Gelenkverletzung*. Bei zu starker Belastung des Gelenks wird die Gelenkkapsel überdehnt. Das Gelenk kann dann nicht mehr richtig belastet werden und schmerzt. Häufig kommt es auch noch zu einem Bluterguss", erläutert der Arzt. „Bei einer starken Dehnung der Gelenkbänder kann sogar der Gelenkkopf aus der Gelenkpfanne springen. Das Gelenk ist dann völlig blockiert und schmerzt sehr. Diese Verletzung nennt man **Ausrenkung.** Ein ausgerenktes Gelenk muss umgehend vom Arzt wieder eingerenkt werden. Häufig tritt diese Verletzung beim Schultergelenk auf. Hier ist die Gelenkpfanne besonders flach und die Bänder sind nicht so straff, um eine gute Beweglichkeit zu ermöglichen."

„Und was ist dann ein **Bänderriss**?", will Hannes noch wissen. Der Arzt erklärt, dass Gelenkbänder sogar reißen können. Sie müssen dann in einer Operation wieder zusammengenäht werden. Beim Abschied gibt der Arzt Hannes noch Informationen mit, in denen häufige Sportverletzungen genau beschrieben sind.

Im Kapitel über Verletzungen des Kniegelenks liest Hannes, dass in jedem Kniegelenk zwei bewegliche, halbmondförmige Knorpelscheiben, die *Menisken*, den äußeren Rand der Gelenkpfanne bilden. Sie geben dem Kniegelenk seitliche Festigkeit und federn harte Stöße ab. Bei seitlichen Drehbewegungen können die Menisken zwischen den Knochen eingeklemmt werden. Es können aber auch Risse in den Menisken entstehen und kleine Knorpelstücke abreißen. Solche Verletzungen heißen **Meniskusschäden.**

Auch **Knochenverletzungen** sind in dem Heftchen beschrieben. Bei einem harten Aufprall oder Tritt können Knochen durch die plötzliche starke Belastung brechen. Dann liegt ein **Knochenbruch** vor. Durchstoßen die spitzen Bruchenden von innen die Haut, spricht man von einem offenen Bruch. Beim „Einrichten" eines Bruchs müssen die Bruchenden wieder genau in ihre ursprüngliche Lage gebracht werden. Nur so können die Bruchenden gut zusammenwachsen.
Sportverletzungen kann man durch ein Aufwärmtraining vorbeugen. Dabei wird die Muskulatur gut durchblutet und mit Sauerstoff versorgt und die Beweglichkeit erhöht.

> Prellungen, Verstauchungen, Verrenkungen, Bänderrisse, Meniskusschäden und Knochenbrüche sind häufige Sportverletzungen.

Bau und Leistungen des menschlichen Körpers

Übung — **Bewegung**

V1 Biegsamkeit der Wirbelsäule

Material: Wellpappe; Schaumstoff 1 cm dick (Bettenfachgeschäft); Kunststoffkleber (z. B. Silikonkleber); Schere; Locher; Bleistift, Zirkel oder Kreisschablone

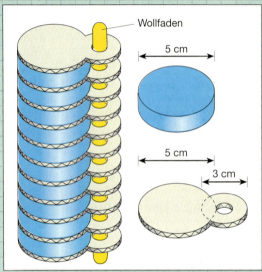

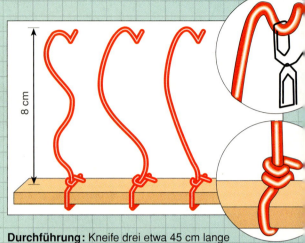

Durchführung: Zeichne 10 Kreise mit einem Durchmesser von 5 cm auf den Schaumstoff und schneide sie aus. Schneide 11 zusammenhängende Doppelkreise wie in der Abbildung mit einem Durchmesser von 5 cm bzw. 3 cm aus der Wellpappe.
Loche die kleinen Kreise wie in der Abbildung zu sehen. Klebe abwechselnd die gleich großen Schaumstoff- und Pappkreise aufeinander. Achte darauf, dass auch die kleineren Kreise übereinander liegen. Ziehe einen Wollfaden durch die Löcher in den kleinen Kreisen.

Aufgaben: a) Was wird durch die Pappe, den Schaumstoff und den Faden veranschaulicht?
b) Krümme das Modell zur Seite. Beschreibe die Verformung der einzelnen Teile. Welche Eigenschaft der menschlichen Wirbelsäule kannst du auf diese Weise nachvollziehen?

Durchführung: Kneife drei etwa 45 cm lange Drahtstücke ab. Schlinge sie um die Unterlage und drehe sie mit der Zange fest. Kürze die überstehenden Enden auf eine Länge von 13 cm. Biege die einzelnen Drahtstücke zu den abgebildeten Formen. Achte darauf, dass alle drei Drahtformen gleich hoch sind. Hänge auf jede Form wie in der Abbildung eine geöffnete Büroklammer.

Aufgaben: a) Miss die Höhe der Drahtstücke. Belaste die Formen zunächst mit 10 Klammern, dann mit 20 Klammern und miss jeweils ihre Höhe erneut. Welches Modell verbiegt sich am wenigsten?
b) Nenne das Modell, das die menschliche Wirbelsäule wiedergibt. Begründe, warum diese Form besonders vorteilhaft ist.

V3 Stoßdämpferwirkung der Wirbelsäule

Material: Wirbelsäulenmodell und Büroklammern aus V2
Durchführung: Stoße die Unterlage auf einen Tisch auf, sodass die Modelle erzittern. Führe diesen Versuch zuerst ohne Belastung durch. Hänge dann je 10 Büroklammern auf die Formen und wiederhole den Versuch. Stelle fest, bei welcher Form die Schwingungen am schnellsten nachlassen.
Aufgabe: Welche Baumerkmale der menschlichen Wirbelsäule sind für die Stoßdämpferwirkung verantwortlich?

V2 Belastbarkeit der Wirbelsäule

Material: ca. 1,5 m Klingeldraht; Unterlage (z. B. ein Holzbrett, 10 cm breit, 20 cm lang und 2 cm dick); ca. 65 Büroklammern; Kombizange; Lineal

V4 Modell eines Scharniergelenkes

Material: Moosgummiplatte (Papier- oder Bastelladen) in zwei Farben; Versandtaschenklammer; Kleber; Schere; Nagelschere, Bleistift, Lineal; Zirkel

Bau und Leistungen des menschlichen Körpers

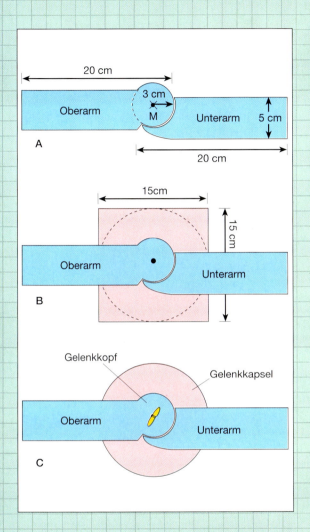

Aufgaben: a) Bewege beide Teile des Modells gegeneinander. In welcher Richtung sind sie beweglich?
b) Vergleiche das Modell mit dem Ellenbogengelenk. Halte Gemeinsamkeiten und Unterschiede fest.

V 5 Wie Muskeln arbeiten

Material: Gelenkmodell aus V 4, 1 Blatt Papier (nicht zu dünn); Wolle; Basteldraht (15 cm lang); Kombizange; Klebstoff

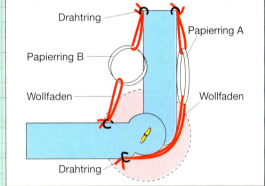

Durchführung: Kneife vier 3 cm lange Drahtstücke ab und steche sie wie in der Abbildung durch das Modell aus V 4. Biege den Draht zu kleinen Ringen zusammen.
Schneide zwei Papierstreifen (1 cm breit, 18 cm lang) zu und klebe sie jeweils zu einem Ring zusammen.
Schneide 4 Wollfäden ab (je 25 cm lang) und befestige damit die Papierstreifen an den Drahtringen wie in der Abbildung. Verknote die Wollfäden zunächst aber nur locker.
Beuge den Modellarm und ziehe die Wolle bei Ring A so fest an, dass dieser Ring zu einem Oval verformt wird. Gleichzeitig sollen die Wollfäden am Ring B zwar gespannt sein, aber der Ring B soll in dieser Armstellung seine kreisrunde Form behalten. Verknote die Wollfäden in dieser Stellung nun endgültig.

Aufgaben: a) Strecke und beuge das Modell. Es muss dabei flach auf der Tischplatte liegen. Beschreibe, wie sich dabei die beiden Papierringe verformen.
b) Beschreibe die Arbeitsweise der Armmuskeln und vergleiche sie mit dem Modell. In welchen Punkten entspricht das Modell nicht der Wirklichkeit?

Durchführung: Zeichne das Modell von Oberarm und Unterarm auf Moosgummi in einer Farbe (Abb. A). Beginne die Zeichnung mit dem Kreis. Zeichne auch den Kreismittelpunkt ein. Schneide „Oberarm" und „Unterarm" aus.
Zeichne die „Gelenkkapsel" wie in Abb. B auf das Moosgummi der anderen Farbe und schneide sie aus. Klebe nun den „Unterarm" wie in Abb. B auf die „Gelenkkapsel".
Loche nun den „Gelenkkopf" in der Mitte. Passe ihn in die „Gelenkpfanne" ein. Markiere das Loch im „Gelenkkopf" auf der Gelenkkapsel. Schneide an der markierten Stelle mit der Nagelschere ein Loch in die Gelenkkapsel. Verbinde nun Gelenkkopf und Gelenkkapsel mit der Versandtaschenklammer (Abb. C).

Streifzug durch die Medizin

Erste Hilfe

Als Nicolas Bruder vor einigen Tagen gestürzt war und sich den Arm gebrochen hatte, wusste sie zunächst nicht, wie sie ihm helfen sollte. Daher besucht Nicola nun einen Erste-Hilfe-Kurs. Sie will lernen, in einer Notsituation das Richtige zu tun.

Im Erste-Hilfe-Kurs hört Nicola, wie man einen Notfall meldet. Ein Arzt erläutert, welche Maßnahmen als erste Hilfe sinnvoll sind. Anschließend erproben Nicola und die übrigen Kursteilnehmer in praktischen Übungen ihre neuen Kenntnisse.

Ruhigstellung des Arms

Bei Gelenkverletzungen sollte man das verletzte Gelenk nach der Vereisung vorübergehend ruhig stellen. Bei Verletzungen an Arm und Schulter kann dies mit Dreieckstüchern geschehen. Mit ihnen wird der Arm gestützt und an den Körper gebunden. Sind Gelenke am Bein verletzt, sollte man mit einem straffen Verband das Gelenk ruhig stellen. Der Verband darf aber den Blutstrom nicht behindern. Bis zur Untersuchung durch einen Arzt darf das verletzte Gelenk nicht belastet werden.

Eisbeutel

Notrufnummer
110 oder 112

Notfallmeldung:

Was ist geschehen?
Wo ist es geschehen?
Wie viele Verletzte gibt es?
Welcher Art sind die Verletzungen?
Wer meldet den Unfall?

Stabile Seitenlage

Bei Prellungen und Gelenkverletzungen sollte man die verletzte Körperstelle sofort mit einem Eisbeutel oder mit einem Vereisungsspray kühlen. Durch die Kühlung wird verhindert, dass dort ein großer Bluterguss entsteht.

Bei einem Knochenbruch ist es wichtig, dass der Bruch geschient wird. Als Schiene kann man im Notfall auch eine mehrfach zusammengelegte Zeitung verwenden. Der Arm wird in die Zeitung gelegt und mit zwei Taschentüchern festgebunden.

Unterarmschienung

Ist der Verletzte bewusstlos, muss er in die stabile Seitenlage gebracht werden: Bei Rückenlage wird zuerst ein Arm gestreckt und unter den Körper des Bewusstlosen geschoben. Das Bein derselben Körperseite wird zum Körper angewinkelt. Die gegenüberliegende Schulter wird angehoben und der Bewusstlose auf die Seite gedreht. Diese Seitenlage wird mit beiden Armen nach vorne und nach hinten gesichert. Der Kopf wird in den Nacken gestreckt, das Gesicht zum Boden gedreht.

Bau und Leistungen des menschlichen Körpers

Haltungsfehler

Streifzug durch die Medizin

Ärzte warnen immer wieder vor Bewegungsmangel und Fehlhaltungen des Körpers. Solche Fehlhaltungen siehst du auf der nebenstehenden Abbildung. Durch die einseitige Tragehaltung der Schultasche wird die natürliche Form der Wirbelsäule verändert. Als Folge der einseitigen Krümmung können dauerhafte **Haltungsschäden** entstehen.

Auch krummes und zu langes Sitzen an zu niedrigen Tischen belastet die Wirbelsäule einseitig. Besonders nachteilig kann sich dies auf die Bandscheiben auswirken. Durch die dauernde einseitige Belastung wird die Bandscheibe teilweise zwischen den Wirbeln herausgequetscht und drückt auf die nahe liegenden Nervenbahnen des Rückenmarks. Sehr starke Schmerzen oder sogar Lähmungen der Beine können die Folge sein.

Dauerschäden an der Wirbelsäule als Folge falscher Körperhaltungen kannst du vermeiden, wenn du folgende ärztliche Ratschläge beachtest:

Achte immer auf die richtige Höhe von Tisch und Sitz beim Arbeiten!

Gehe in die Hocke und halte deinen Rücken gerade, wenn du schwere Lasten anheben willst!

Verteile schwere Lasten beim Tragen möglichst gleichmäßig auf beide Arme!

Kräftige deine Muskeln an Bauch und Rücken durch regelmäßige Übungen, wie du sie auf der Abbildung nebenan sehen kannst!

Die Füße sind ebenfalls hoch belastet, denn sie müssen das gesamte Körpergewicht tragen. Durch ihren gewölbeartigen Bau wird das Körpergewicht so verteilt, dass zwei Drittel davon auf dem Fußballen liegen, der Rest auf den Zehen und der Ferse. Schuhe mit hohen Absätzen verlagern die Belastung nach vorne auf den Fußballen. Durch die geänderte Gewichtsverteilung wird das Fußskelett überlastet, der Fuß schmerzt. Manchmal sind die Bänder, die die Knochen im Fuß miteinander verbinden, zu schwach. Bei starker Dauerbelastung sinkt das Fußgewölbe ab. Zunächst entsteht ein *Senkfuß*, später ein **Plattfuß**. Häufiges Barfußgehen und Fußgymnastik können dies verhindern.

Von Natur aus ist der Fuß im Bereich des Ballens am breitesten, die große Zehe zeigt geradeaus. Durch vorne sehr spitz auslaufende Schuhe wird die große Zehe aber zu den anderen Zehen hin abgebogen. Dies führt zu seitlichen Druckstellen am Fuß, die stark schmerzen.

1 Falsche Krümmung der Wirbelsäule

2 Übungen für die Wirbelsäule

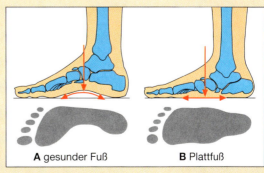

A gesunder Fuß   B Plattfuß

3 Fußschäden

139

3 Blutkreislauf und Atmung

3.1 Wie wir atmen

Bei einem 100-m-Lauf hat Linda als Erste das Ziel erreicht. Sie ist dabei ganz schön „aus der Puste" gekommen. In Ruhe atmet man etwa 12- bis 16-mal in der Minute, bei Anstrengung können es bis zu 60 Atemzüge in der Minute sein. Der Körper braucht dann mehr Atemluft. Auf welche Weise gelangt die Atemluft in den Körper?

Atmest du tief ein, hebt sich dein Brustkorb. Beim Ausatmen senkt er sich wieder. Das kommt daher, dass sich beim Einatmen die Muskeln zwischen den Rippen zusammenziehen und den Brustkorb anheben. Bei dieser **Brustatmung** vergrößert sich der Brustraum und wie ein auseinander gezogener Blasebalg wird die Lunge gedehnt. In den vergrößerten Innenraum der Lunge kann so Atemluft einströmen. Erschlafft die Muskulatur zwischen den Rippen, senkt sich der Brustkorb und der Brustraum verkleinert sich. Wie bei einem zusammengepressten Blasebalg wird die Lunge eingedrückt und die Luft ausgeatmet.

Nach größeren Anstrengungen wird die Atemluft meist durch den geöffneten Mund eingeatmet. Bei ruhiger Atmung ist es jedoch gesünder, durch die **Nase** zu atmen. Die Nasenschleimhaut ist stark durchblutet und sondert Schleim ab. So wird die Atemluft im Nasenraum angewärmt und angefeuchtet. Außerdem bleiben Verunreinigungen wie Staubteilchen und Krankheitserreger in der feuchten Schleimhaut haften.

Bei geringeren körperlichen Anstrengungen benötigt der Körper weniger Atemluft. Dann sorgt hauptsächlich das *Zwerchfell* dafür, dass Atemluft in die Lunge gesogen wird. Das Zwerchfell ist eine Muskelschicht, die Bauch- und Brustraum voneinander trennt. Erschlafft die Zwerchfellmuskulatur, wölbt sich das Zwerchfell in den Brustraum. Zieht sich die Muskulatur bei dieser **Zwerchfell-** oder **Bauchatmung** zusammen, flacht das Zwerchfell ab. Dadurch wird der Brustraum vergrößert und die Lunge wird im Brustraum gedehnt. Sie füllt sich mit Atemluft. Erschlafft anschließend die Muskulatur des Zwerchfells, wölbt sich das Zwerchfell wieder in den Brustraum und Luft wird aus der Lunge herausgedrückt.

Verfolgen wir den Weg der Atemluft in die Lunge. Über den Rachenraum gelangt die eingeatmete Luft in die **Luftröhre**. Sie ist eine etwa 12 cm lange elastische Röhre, die durch Knorpelspangen offen gehalten wird. Im Brustraum teilt sich die Luftröhre in die zwei *Hauptbronchien*. Sie führen jeweils zu einem der beiden Lungenflügel.

Eine Schleimhaut und Flimmerhärchen schützen die Bronchien weitgehend vor Fremdkörpern. „Verunreinigungen" in den Bronchien bleiben in der Schleimhaut

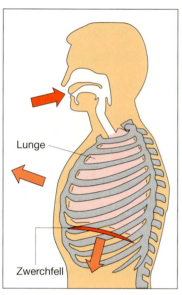

1 Einatmen (Brustatmung und Bauchatmung)

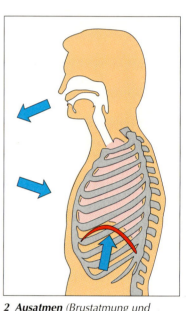

2 Ausatmen (Brustatmung und Bauchatmung)

Bau und Leistungen des menschlichen Körpers

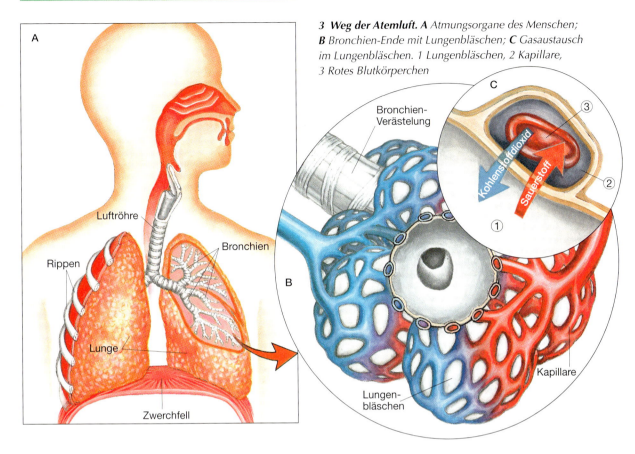

3 **Weg der Atemluft.** A *Atmungsorgane des Menschen;* B *Bronchien-Ende mit Lungenbläschen;* C *Gasaustausch im Lungenbläschen.* 1 Lungenbläschen, 2 Kapillare, 3 Rotes Blutkörperchen

haften und werden durch Husten heraustransportiert. In den Lungenflügeln verzweigen sich die Bronchien zu immer engeren Röhrchen. Diese feinen Bronchienästchen enden in den kugelförmigen **Lungenbläschen.** Sie hängen wie Beeren an einer Weintraube. In den Lungen befinden sich etwa 500 Millionen Lungenbläschen.

Die dünnen Wände der Lungenbläschen werden von einem dichten Netz von feinen Blutgefäßen überzogen. An den Lungenbläschen wird der **Sauerstoff** der eingeatmeten Luft in das Blut dieser Kapillaren abgegeben. Gebunden an bestimmte Blutzellen, die roten Blutkörperchen, wird der Sauerstoff zu den Körperzellen transportiert. Im Gegenzug geben die Körperzellen **Kohlenstoffdioxid** an das Blut ab.
Mit dem Blut gelangt Kohlenstoffdioxid in die Kapillaren der Lungenbläschen. Aus dem Blut wird Kohlenstoffdioxid in den Innenraum der Lungenbläschen abgegeben und schließlich ausgeatmet. In den Lungenbläschen findet also ein *Gasaustausch* statt.

Erkrankungen der Atemwege erschweren die Atmung. Zum Beispiel entzünden sich bei einer *Grippe* die Schleimhäute und oftmals setzen sich Eitererreger fest.

Schleim und Eiter verstopfen die Atemwege und durch kräftiges Husten werden Schleimhautteilchen gelöst und herausgeschleudert.
Bestimmte Farben, Lacke, Klebstoffe und Pflegemittel enthalten Lösungsmittel. Kommen sie mit Luft in Verbindung, bilden sich oft ätzende und giftige Gase, die die Schleimhäute reizen und angreifen.

> Bei der Atmung wird der Brustraum durch die Bewegung der Zwischenrippenmuskeln und des Zwerchfells vergrößert. Dabei werden die Lungen mit Atemluft gefüllt. Beim Gasaustausch an den Lungenbläschen wird Kohlenstoffdioxid an die Luft abgegeben und Sauerstoff ins Blut aufgenommen.

1 Auf welche Weise gelangt Atemluft in die Lunge? Nimm den Lehrbuchtext und Abb. 2 zu Hilfe.
2 Beschreibe an der Abb. 3 A den Weg der Atemluft bis ins Lungenbläschen.
3 Erläutere an der Abb. 3 B, C den Satz: „In der Lunge findet ein Gasaustausch statt."
4 Warum sollte man beim Kauf von Lacken darauf achten, dass diese „wasserlöslich" sind?

Bau und Leistungen des menschlichen Körpers

1 Zigarettenwerbung
2 Auf einer Party wird oft geraucht
3 Gesundheitsschäden durch das Rauchen. A Banderole mit Angaben zum Giftgehalt; B Warnung vor Gesundheitsschäden; C „Raucherbein"; D Lungengewebe von Nichtraucher (links) und Raucher (rechts)

3.2 Atmungsorgane werden durch Rauchen geschädigt

Die Werbung zeigt ein Mädchen, das lässig eine Zigarette hält. Jugend, Schönheit, Abenteuer und unbegrenzte Freiheit sind Ziele, die hier mit dem Rauchen verknüpft werden. Ist dies wirklich so? Auf dem Plakat und auf jeder Zigarettenschachtel steht auch eine Warnung. Dieser Hinweis ist klein gedruckt, sodass er kaum ins Auge fällt. Was ist nun so gefährlich am Rauchen? Auf der Banderole am Verschluss der Zigarettenschachteln sind Giftstoffe und ihr Gehalt im Tabak aufgeführt. Das **Nikotin**, auf der Banderole mit N abgekürzt, bewirkt eine Verkrampfung der Muskelfasern in der Wand von Blutgefäßen. Um die Organe trotz der verengten Gefäße mit ausreichend Blut zu versorgen, muss das Herz schneller schlagen. Dadurch kommt es zu Überlastungen und Veränderungen des Blutkreislaufs. Es drohen sogar *Herzinfarkt* und *Gehirnschlag*. Aufgrund der mangelnden Durchblutung kann ein Bein absterben. Es muss dann amputiert werden. Außerdem gewöhnt sich der Körper beim regelmäßigen Rauchen an das Nikotin. Es entsteht eine Sucht. Das geruchlose Gas **Kohlenstoffmonooxid**, das ebenfalls im Tabakrauch enthalten ist, vergiftet die Roten Blutkörperchen. Der Buchstabe K auf der Banderole steht für „Kondensat" und bezieht sich auf die **Teerstoffe** im Rauch. Beim Einatmen lagern sich diese Stoffe in Nase, Luftröhre, Bronchien und Lungenbläschen ab. Die Ablagerungen beeinträchtigen den Gasaustausch und mindern die körperliche Leistungsfähigkeit des Rauchers. Die ständige Reizung in den Atmungsorganen kann zu einem dauerhaften *Reizhusten* führen. Einige Bestandteile des Teers sind Krebs erregend. *Kehlkopfkrebs* und *Lungenkrebs* sind bei Rauchern um ein Vielfaches häufiger als bei Nichtrauchern.

Im Tabakrauch sind gefährliche Gifte enthalten. Sie können zu ernsthaften Krankheiten führen.

1 Wieso werden auch Nichtraucher durch Rauchen gefährdet?

3.3 Bau und Aufgaben des Herzens

Uwe kommt beim 400-Meter-Lauf als Erster durch das Ziel. Nun hockt er keuchend im Gras. Er kann das heftige Schlagen seines Herzens spüren. Allmählich wird sein Atem ruhiger und sein Herz schlägt langsamer. Atmung und Herztätigkeit müssen jetzt nicht mehr so viel leisten wie während des Laufs. Die Muskeln brauchen bei Anstrengungen viel mehr Sauerstoff als beim Ruhen und die Lungen müssen mehr Luft aufnehmen. Da der Sauerstoff mit dem Blut von den Lungen in die Muskeln transportiert wird, muss auch das Herz kräftiger und schneller pumpen.

Das Herz ist ein Hohlmuskel. Es schlägt ununterbrochen und das ganze Leben lang. Deshalb braucht es viel Sauerstoff und Nährstoffe, die es über die *Herzkranzgefäße* erhält. Der Innenraum des Herzens wird durch die *Herzscheidewand* in zwei **Herzkammern** geteilt. Jede Herzkammer hat einen **Vorhof**, über den das Blut ins Herz gelangt. Die großen Adern, die das Blut zum Herzen transportieren und in die Vorhöfe münden, nennt man **Venen.** Zwischen den Vorhöfen und den Herzkammern liegen die *Herzklappen.* Sie lassen das Blut nur in eine Richtung strömen, wirken also wie Ventile. Solche Klappen befinden sich auch dort, wo das Blut durch je eine große Ader wieder aus den Herzkammern herausströmt. Adern, die das Blut vom Herzen wegführen, nennt man **Arterien** oder *Schlagadern.*

Das Herz pumpt in Ruhe etwa 70-mal in der Minute. Jede Pumpbewegung kann in zwei Abschnitte gegliedert werden: Im ersten Abschnitt strömt Blut in die beiden Vorhöfe. Gleichzeitig entspannen sich die Herzkammern, dehnen sich aus und saugen das Blut aus den Vorhöfen an. Im zweiten Abschnitt ziehen sich die Herzkammern zusammen und pumpen das Blut in die beiden großen Adern, die aus den Herzkammern herausführen. Diesen Pumpstoß des Herzens kann man als *Puls* an den Schlagadern am Handgelenk oder an der Schläfe spüren.

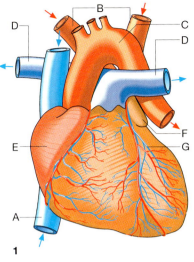

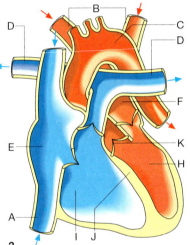

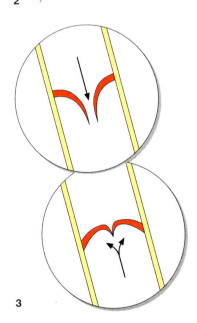

1 Das Herz des Menschen. **A** *Körpervene;* **B** *Lungenvene;* **C** *Körperarterie (Aorta);* **D** *Lungenarterie;* **E** *rechter Vorhof;* **F** *linker Vorhof;* **G** *Herzkranzgefäße*

2 Innerer Bau des Herzens und Weg des Blutes. **A–G** *siehe Abbildung 1;* **H** *linke Herzkammer;* **I** *rechte Herzkammer;* **J** *Herzscheidewand;* **K** *Herzklappen*

3 Wirkung der Herzklappen

> Das Herz ist ein Hohlmuskel. Durch die Venen und die beiden Vorhöfe gelangt das Blut in die Herzkammern. Wenn sich diese zusammenziehen, wird das Blut in die Arterien gepresst.

1 Erläutere die Aufgabe der Herzkranzgefäße.

2 Warum beschleunigt sich bei einer sportlichen Anstrengung der Pulsschlag?

3 Durch Überanstrengung oder als Folge von manchen Infektionskrankheiten kann ein Herzklappenfehler entstehen, bei dem eine Herzklappe nicht mehr richtig schließt. Erläutere die Folgen.

4 Vielleicht ist dir aufgefallen, dass in der Abbildung 2 die rechts gezeichnete Herzkammer als linke Herzkammer bezeichnet wird bzw. umgekehrt. Erläutere diesen scheinbaren Widerspruch. Stelle dir dabei vor, aus welcher Position ein Arzt seinen Patienten betrachtet.

Bau und Leistungen des menschlichen Körpers

Streifzug durch die Geschichte

Was hat Herzlichkeit mit dem Herzen zu tun?

Im Jahr 1056 ordnete der todkranke Kaiser Heinrich III. an, dass seine Gebeine in Speyer, sein Herz jedoch in Goslar bestattet werden sollten. Man betrachtete damals das Herz nicht – wie wir heute – als faustgroßen Hohlmuskel, der als Pumpe den Blutkreislauf antreibt, sondern als „Wohnstätte der Seele". Diese Vorstellung hatten bereits die alten Ägypter. Auf Papyrusrollen und in Grabkammern wird dargestellt, wie das Herz eines Verstorbenen auf die Waage gelegt wird und so dessen Taten von den Göttern beurteilt werden.

1 Das Herz einer Verstorbenen wird gegen die Wahrheit gewogen (um 350 vor Christus)

Nach dem Tod eines Menschen schlägt sein Herz nicht mehr. Man glaubte aus diesem Grund, dass das Herz der Ursprung und der Ausdruck des Lebens sei. Bei Gemütsbewegungen wie Freude oder Leid verändert sich der Herzschlag. „Das Herz bleibt vor Schreck fast stehen" ist eine bekannte Redewendung. Deshalb sah man auch im Herzen den Ort von Empfindungen wie Liebe und Hass, Glück und Leid, Mut und Feigheit. So wurde das Herz zu einem der am häufigsten verwendeten Symbole. Im Wappen des Kirchenvaters Augustinus steht ein Herz, das von zwei Pfeilen, nämlich der Liebe Gottes und der Nächstenliebe, durchbohrt wird.

2 Herzwappen des Heiligen Augustinus (334 bis 430 nach Christus)

Auch Martin Luther wählte als sein Wappen die bekannte „Lutherrose" mit einem Herz im Zentrum. In vielen Kirchen gibt es Altarbilder mit Darstellungen des Herzens von Jesus oder Maria. Einmal ließ ein Indianerhäuptling sein Herz „an der Biegung des Flusses" begraben und die Priester der Azteken opferten ihren Göttern die Herzen von Kriegsgefangenen.

4 Wappen von M. Luther (1524)

Das Herz hatte aber nicht nur im religiösen Bereich Symbolbedeutung. Im Mittelalter, etwa um 1200 n. Chr., erhielt der englische König Richard – bekannt aus der Legende von „Robin Hood" – wegen seines Mutes den Beinamen „Löwenherz".

Ebenfalls im Mittelalter warben umherreisende Ritter, die Minnesänger, mit ihren Liedern um das „Herz", also die Zuneigung, hoch gestellter Frauen. Zur gleichen Zeit erschienen Herzen auf Spielkarten. In manchen Kartenspielen ist Herz die Trumpf-Farbe und das Herz-As die höchste Karte im Spiel. Die Herzform wird für Schmuckgegenstände, zur Verzierung von Bauernmöbeln oder als Kuchenform verwendet.

3 Spielkarte (um 1550)

Auch heute noch ist das Herz als Symbol beliebt: Ein Liebespaar schnitzt Herzen in die Baumrinde, und sehr persönliche Briefe werden mit „herzlichen Grüßen" unterschrieben. Auch in der Werbung gibt es beispielsweise Pralinenschachteln, Sofakissen und Glückwunschkarten in Herzform. Groschenromane und manche Illustrierten greifen immer wieder auf das Herz zurück, um mit diesem Symbol zu werben, und nichts reimt sich im volkstümlichen deutschen Liedgut so zuverlässig wie „Schmerz und Herz".

5 Schmuckstück aus Silber und Brillanten

3.4 Das Blut strömt in einem Kreislauf

Tim klagt über Schwindelgefühl am Morgen beim Aufstehen. Manchmal wird ihm „schwarz vor Augen", sodass er sich schnell wieder hinsetzen muss. „Das könnten Kreislaufschwächen sein", meint seine Mutter und schickt ihn zum Arzt. Dieser untersucht Tim genau. Mit dem *Stethoskop* hört er die Herztöne ab und schließlich wird auch der Blutdruck gemessen. „Dein Blutdruck ist zu niedrig, weil du in letzter Zeit ziemlich schnell gewachsen bist", sagt der Arzt. „Keine Sorge", meint er, „dein Blutkreislauf wird bald wieder in Ordnung sein."

Bei jedem Herzschlag wird Blut aus den beiden Herzkammern in die Schlagadern gepresst. An der Schlagader des Arms kann gemessen werden, ob das Herz mit genügender Kraft pumpt. Dies bezeichnet man als *Blutdruck*.

Wir wollen nun den Weg des Blutes durch den Körper verfolgen. Aus der linken Herzkammer gelangt das Blut in die größte **Arterie** unseres Körpers, die *Aorta*. Diese verzweigt sich in kleinere Schlagadern, die in alle Teile des Körpers führen. Die feinsten Verästelungen haben nur etwa einen hundertstel Millimeter Durchmesser. Dies sind die **Kapillaren**. Ihre Wände sind so dünn, dass Sauerstoff leicht aus dem Blut in die Körpergewebe und Kohlenstoffdioxid in umgekehrter Richtung gelangen kann. Die Kapillaren vereinigen sich wieder zu größeren Gefäßen, den **Venen,** die das Blut zum Herzen zurücktransportieren. Der Blutdruck ist in den Venen sehr niedrig. Deshalb wird das Blut durch die Bewegung von Muskeln oder von anliegenden Arterien vorwärts getrieben. Die *Venenklappen* wirken wie Ventile und verhindern das Rückströmen des Blutes. Durch die Körpervene gelangt schließlich das sauerstoffarme, kohlenstoffdioxidreiche Blut in den rechten Vorhof und in die rechte Herzkammer. Das Blut wird in einem Kreislauf zum Herzen zurückgebracht. Jedoch ist der Ausgangspunkt, die linke Herzkammer, noch nicht erreicht.

Jetzt wird das Blut in die Lungenarterie gepresst. Auch hier verzweigt sich die Schlagader bis in feinste Kapillarnetze, die in die Wände der Lungenbläschen eingelagert sind. Nun gibt das Blut das Kohlenstoffdioxid an die Luft in den Lungenbläschen ab und nimmt neuen Sauerstoff auf. Das sauerstoffreiche Blut strömt über die Lungenvene in den linken Vorhof und in die linke Herzkammer. Den Weg von der linken Herzkammer durch die Kapillarnetze des Körpers zurück in die rechte Herzkammer nennt man den *Körperkreislauf*. Den etwas kürzeren Weg von der rechten Herzkammer durch die Lungen in die linke Herzkammer bezeichnet man als *Lungenkreislauf*. Mit jedem Herzschlag wird also Blut sowohl in den Körperkreislauf als auch in den Lungenkreislauf getrieben. Das Blut strömt auf dem gesamten Weg innerhalb von Adern. Dies nennt man einen **geschlossenen Blutkreislauf.**

1 *Der Blutkreislauf.* **A** *Schema;* **B** *im „gläsernen Menschen" sind die größeren Gefäße gut zu erkennen;* **C** *Bewegung des Blutes in den Venen;* **D** *Schema der Blutkapillaren*

Das Herz pumpt das Blut durch je eine Arterie in den Körperkreislauf und den Lungenkreislauf.
In den Kapillaren der Lungenbläschen nimmt das Blut Sauerstoff auf, den es dann an die Körperzellen abgibt.

1 Manchmal wird ein Kind geboren, bei dem die Herzscheidewand ein Loch aufweist. Erläutere, weshalb diese Kinder unter ständigem Sauerstoffmangel leiden.

Streifzug durch die Medizin

Blutende Verletzungen

1 Bei Stürzen treten oft Schürfwunden auf. **A** Schürfwunde am Ellenbogen; **B** Erste-Hilfe-Leistung

Tommy ist vom Fahrrad gestürzt. Er umfasst jammernd sein schmerzendes Bein. Seine Mutter versucht ihm zu helfen. Dies ist eine Situation, in die man leicht kommen kann. Jetzt ist schnelle und richtige Hilfe notwendig. Die notwendigen Kenntnisse erhält man in einem **Erste-Hilfe-Kurs**.

Was muss ich tun …
… bei einer Schürfwunde?

Bei einem Sturz vom Fahrrad oder beim Fußballspielen wird oft an den Knien oder Ellenbogen die Haut abgerieben. Die Wunde blutet nur ganz wenig, stattdessen ist eine farblose, wässerige Flüssigkeit in der Wunde zu sehen. Bei solchen Schürfwunden ist die Gefahr einer Infektion durch Verschmutzung gering. Es genügt deshalb meist, die Wunde zu reinigen und mit einem sauberen, keimfreien Verband – am besten aus einem noch ungeöffneten Verbandspäckchen aus dem Verbandskasten – abzudecken oder an der Luft trocknen und dann abheilen zu lassen.

… bei einer mäßig blutenden Wunde?

Manche Verletzungen gehen so tief, dass Blutgefäße in der Haut aufgerissen werden. Dann blutet die Wunde. Hier legt man ein keimfreies Mullkissen auf und befestigt es mit Pflaster auf der Haut. Das Pflaster darf nur auf der unverletzten Haut festkleben. Bei allen blutenden Wunden muss sicher sein, dass der Verletzte den notwendigen Impfschutz gegen Wundstarrkrampf hat. Dies kann man beispielsweise im Impfpass nachlesen.

2 Anlegen eines Pflasterverbandes

… bei einer stark blutenden Wunde?

Ein Blutverlust von etwa einem Liter bedeutet bei Erwachsenen bereits Lebensgefahr. Eine starke Blutung muss daher unbedingt gestillt werden. Oft genügt das Anlegen eines Druckverbandes. Dabei darf die Wunde auf keinen Fall berührt oder mit irgendeinem Mittel behandelt werden! Zuerst legst du eine keimfreie Wundauflage aus dem Verbandspäckchen auf die Wunde. Notfalls kann man auch ein sauberes Taschentuch nehmen. Dann machst du mit einem zusammengelegten Dreieckstuch – ebenfalls aus dem Verbandskasten – oder einem Handtuch einen ersten Umschlag. Nun wird ein ungeöffnetes Verbandspäckchen als Druckpolster über die Wunde auf den ersten Umschlag gelegt und mit einem zweiten Tuch festgehalten. Dieser zweite Umschlag wird fest, aber nicht zu kräftig verknotet. Achte darauf, dass die verletzte Stelle hochgehalten oder hochgelagert wird. Dann muss so schnell wie möglich mit dem **Notruf 112** Hilfe herbeigerufen werden. Ein erfahrener Ersthelfer kann die Blutung noch besser zum Stillstand bringen. Die notwendigen Kenntnisse, z.B. für das *Abdrücken* oder *Abbinden* und die *Schockbehandlung*, erhält man in einem **Erste-Hilfe-Kurs**.

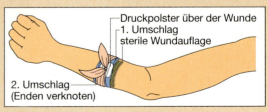

3 Anlegen eines Druckverbandes

Bau und Leistungen des menschlichen Körpers

3.5 Zusammensetzung und Aufgaben des Blutes

Lars ist von einem Auto angefahren worden. Schwer verletzt wird er mit dem Rettungswagen in eine Klinik transportiert. Lars hat viel Blut verloren. Um sein Leben zu retten, werden mehrere Blutübertragungen durchgeführt. Woher kommt dieses lebensrettende Blut?

Das Deutsche Rote Kreuz führt in allen Städten regelmäßige Blutspendeaktionen durch. Hier können gesunde Personen, die älter als 18 Jahre sind, freiwillig Blut spenden. Dazu wird aus einer Vene am Arm etwa ein halber Liter Blut entnommen. Das Blut wird dann untersucht und als *Blutkonserve* in eine *Blutbank* gebracht, um in einem Notfall zur Verfügung zu stehen. Wieso ist ein Blutverlust so lebensgefährlich?

Alle Organe, besonders das Gehirn und die Muskeln, brauchen Sauerstoff. Dieser Sauerstoff wird mit dem Blut von den Lungen in die Körperorgane transportiert. Wenn man einen Tropfen Blut mit einem starken Vergrößerungsgerät, einem Mikroskop, betrachtet, kann man winzige, rötlich gefärbte Scheibchen erkennen. In einem Tropfen Blut sind etwa 250 Millionen dieser Scheibchen enthalten. Dies sind die **Roten Blutkörperchen.** Sie enthalten den roten Blutfarbstoff, das Hämoglobin, und *transportieren Sauerstoff*.

Neben den Roten Blutkörperchen kann man im Mikroskop auch die selteneren **Weißen Blutkörperchen** finden. Man kann sie erst durch Anfärben deutlicher sichtbar machen. In der Abbildung erkennst du sie als runde Gebilde mit einem angefärbten Kern. Sie *fressen Krankheitserreger* und schützen dadurch den Körper. Die Blutkörperchen schwimmen in einer gelblichen, durchsichtigen Flüssigkeit, die man **Blutplasma** nennt. Wenn man einen Bluttropfen auf eine Glasplatte gibt, kann man nach wenigen Minuten feststellen, dass er sich in eine ziemlich feste Masse umwandelt. Man nennt dieses Erstarren des Blutes *Blutgerinnung*. So werden verletzte Blutgefäße verschlossen und Blutungen gestoppt. Im Blutplasma werden Nährstoffe, Vitamine und Mineralsalze transportiert, die in allen Körperorganen gebraucht werden. Auch Abfallstoffe des Stoffwechsels, die manchmal sogar giftig sein können, werden im Blutplasma transportiert. Sie werden in die Leber gebracht und dort abgebaut oder durch die Nieren ausgeschieden. Schließlich verteilt das Blut die Körperwärme gleichmäßig und verhindert ein Auskühlen des Körpers.

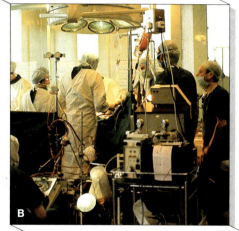

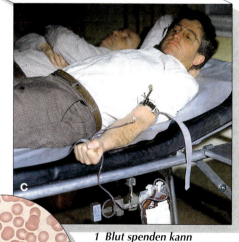

> Das Blut enthält die Roten Blutkörperchen, die den Sauerstoff transportieren. Die Weißen Blutkörperchen schützen vor Krankheitserregern. Das Blutplasma transportiert vor allem Nährstoffe und Abfallstoffe. Das Blut reguliert die Körperwärme.

1 *Blut spenden kann Leben retten.*
A *Unfall;* **B** *Operation mit Blutübertragung;* **C** *beim Blutspenden*

2 *Blut unter dem Mikroskop*

1 Fertige eine Tabelle, in die du die Bestandteile des Blutes und die jeweiligen Aufgaben einträgst.

4 Ernährung und Verdauung

4.1 Unsere Nahrungsmittel enthalten lebenswichtige Stoffe

Auf dem Einkaufszettel steht: Schinken, Kartoffeln, Butter, Spaghetti, Eier, Tomaten, Vollkornbrot, Äpfel, Reis, Käse, Leberwurst. Lars geht an den Regalen und Theken des Lebensmittelgeschäftes entlang und legt die gewünschten Lebensmittel in den Einkaufswagen. Er wählt aus einem reichhaltigen Angebot von verschiedenen Lebensmitteln aus. Obwohl sie sich durch ihre Herkunft und ihren Geschmack unterscheiden, enthalten sie immer die gleichen Stoffe. Allerdings kommen sie jeweils in unterschiedlichen Anteilen vor. Was sind das für Stoffe und wozu brauchen wir sie?

Backwaren, Nudeln, Reis, Kartoffeln und Süßigkeiten enthalten einen hohen Anteil an Stärke und Zucker. Stärke und Zucker sind **Kohlenhydrate.** Kohlenhydrate sind „Kraftstoffe". Sie haben **Energie** gespeichert. Ein Motor braucht energiehaltige Kraftstoffe wie Benzin oder Diesel, um arbeiten zu können. Ebenso benötigt auch dein Körper energiereiche Stoffe. So liefern Kohlenhydrate die notwendige Energie, damit du dich zum Beispiel bewegen oder in der Schule leistungsfähig sein kannst und Herz und Kreislauf arbeiten können.

Auch **Fette** liefern deinem Körper Energie. Sahne und Butter, aber auch Margarine, Öle, Nüsse und viele Wurstsorten sind sehr fettreich. Aus Fetten kann mehr Energie gewonnen werden als aus der gleichen Menge an Kohlenhydraten.

Naturreis
Spaghetti
Vollkornbrot
Brötchen

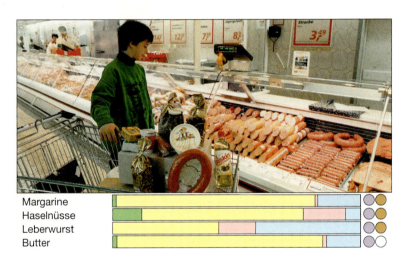

Margarine
Haselnüsse
Leberwurst
Butter

Schnittkäse
Schweinskotelett
Rindfleisch
Eier

🟩 Kohlenhydrate　　🟨 Fette　　🟣 reich an Mineralstoffen
🟥 Eiweißstoffe　　🟦 Wasser　　🟠 reich an Vitaminen

1 Nahrungsmittel und ihre Zusammensetzung

Bau und Leistungen des menschlichen Körpers

Dein Körper braucht jedoch nicht nur *Energielieferanten,* sondern auch Stoffe, um die Körperzellen aufzubauen und zu erhalten. Alle Zellen des Körpers enthalten **Eiweißstoffe.** Für den Aufbau neuer Körperzellen musst du solche Eiweißstoffe aufnehmen. So enthalten Fleisch und Wurst, aber auch Fisch, Milch, Eier, Erbsen, Bohnen und Getreide einen hohen Anteil an Eiweißstoffen, die als *Baustoffe* für den Körper wichtig sind.

Kohlenhydrate, Fette und Eiweißstoffe sind **Nährstoffe.** Um deinen Körper gesund zu erhalten, reicht die Aufnahme von Nährstoffen allein nicht aus. Du brauchst zusätzlich kleine Mengen von verschiedenen Salzen, die man **Mineralstoffe** nennt. Ebenso brauchst du bestimmte Wirkstoffe, die **Vitamine.** Vor allem in Obst, Gemüse und Vollkornprodukten findet man viele Mineralstoffe und Vitamine. Frische Pflanzenprodukte enthalten neben **Wasser** auch Pflanzenfasern, die als **Ballaststoffe** für die Verdauung notwendig sind.

> Nahrungsmittel enthalten die Nährstoffe Kohlenhydrate, Fette und Eiweißstoffe. Kohlenhydrate und Fette liefern Energie. Eiweißstoffe sind Baustoffe für unseren Körper. Viele Nahrungsmittel enthalten lebensnotwendige Mineralstoffe, Vitamine, Ballaststoffe und Wasser.

1 Nenne Nahrungsmittel, die entweder einen hohen Anteil an Kohlenhydraten, an Fetten oder an Eiweißstoffen haben. Nimm Abb. 1 zu Hilfe. Du kannst dich auch an Verpackungsaufschriften verschiedener Nahrungsmittel orientieren.
2 Nenne die Stoffe in Lebensmitteln, die der Mensch zum Leben braucht.

Streifzug durch die Geschichte

Eine Krankheit der Seefahrer

Nachdem 1492 Christoph Kolumbus die Westküste Amerikas entdeckt hatte, brachte er Schätze mit und öffnete neue Handelswege für die Spanier. Auch die Portugiesen wollten durch Entdeckungsreisen zu neuen Reichtümern gelangen. Am 8. Juli 1497 stach der portugiesische Seefahrer Vasco da Gama mit einer Flotte von 4 Schiffen in See. Er segelte Richtung Osten. Das Proviantschiff war hauptsächlich mit Schiffszwieback, Pökelfleisch, Wasser und Wein beladen. Der Vorrat sollte für die Mannschaft von 170 Seeleuten für 3 Jahre reichen.

Ernährte sich die Mannschaft jedoch zu lange ohne frischen Proviant, wurden die Seeleute krank. Das Zahnfleisch begann sich bläulich zu verfärben, es schwoll an und eiterte. Einige Tage später blutete das Zahnfleisch und Zähne fielen aus. Der Körper wurde von Fieber geschüttelt. An den Beinen bildeten sich Wunden. Die geschwächten Seeleute lagen bewegungslos auf den Schiffsplanken. Schließlich wurden die Erkrankten bewusstlos und starben einige Wochen nach Ausbruch der Krankheit. Man nannte diese tödliche Krankheit **Skorbut.**

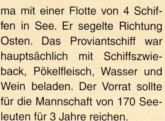

1 Skorbut (Historische Darstellung)

Als Vasco da Gama 1499 mit 54 Seeleuten nach Portugal zurückkehrte, hatte er den Seeweg nach Indien entdeckt. Aber über 100 Seeleute waren an Skorbut gestorben.

Damals wusste man nur, dass sich Skorbut bekämpfen und heilen liess, wenn die Seeleute an Land gingen und frisches Obst und Gemüse zu sich nahmen. 1747 bewies der englische Militärarzt James Lind durch Experimente, dass Orangen und Zitronen zum Heilen von Skorbut und zur Vorbeugung gegen diese Krankheit gut geeignet waren. Englische Seefahrer nahmen seitdem einen Vorrat an solchen Zitrusfrüchten als Proviant mit.

Heute weiss man: den damaligen Seefahrern fehlte das Vitamin C bei ihrer Ernährung. Zwieback und Pökelfleisch enthalten ebenso wie Konserven kaum Vitamin C. Zitrusfrüchte und anderes frisches Obst und Gemüse dagegen besitzen einen hohen Anteil an Vitamin C.

1 Überlege, warum man früher Zitronen und nicht andere vitaminreiche Früchte, z. B. Äpfel, auf den Schiffen mitführte. Berichte.

4.2 Wie ernähren wir uns richtig?

„Nach diesem anstrengenden Training brauch' ich erst mal Pommes, 'ne Currywurst und 'ne Cola. Du weisst ja, ohne Energie bewegt sich nix!", ruft Jan. „Ich geh' nach Hause und esse lieber 'ne Scheibe Vollkornbrot mit Käse, Jogurt und einen knackigen Salat", erwidert Linda. „Geschmackssache", sagt Jan darauf. Ist es wirklich nur „Geschmackssache", wie man sich ernährt?

Du weisst, dass dein Körper ständig mit Energie versorgt werden muss, damit er arbeiten kann. Jan möchte seinen Energiebedarf mit sehr fettreichen Lebensmitteln decken. Tatsächlich könnte er seinen gesamten Tagesbedarf an Energie zum Beispiel mit etwa 240 g Fetten abdecken.

Bei sehr fettreicher Ernährung steht jedoch meist mehr Energie zur Verfügung, als tatsächlich benötigt wird. Der Körper speichert sie in Form von „Fettpolstern", die man nur sehr schwer wieder los wird. Auch Kohlenhydrate im Übermaß können diese Wirkung haben. Bekannte „Dickmacher" sind zum Beispiel Pommes frites, stark gesüßte Getränke und Süßigkeiten.

Beim Essen solltest du darauf achten, nicht zu viele Energielieferanten zu dir zu nehmen. Bei einer gesunden Ernährung sollten die Nährstoffe außerdem in einem ausgewogenen Verhältnis zueinander stehen.

Darunter versteht man, dass zum Beispiel von 100 g Nährstoffen etwa 65 g Kohlenhydrate, 20 g Fette und 15 g Eiweißstoffe sein sollten. Dabei ist auch die Herkunft der Nahrung wichtig. Nahrungsmittel tierischer Herkunft wie Fleisch enthalten oft ein Übermaß an Eiweißstoffen und Fett. Daher werden bei einer ausgewogenen Ernährung mehr pflanzliche als tierische Nahrungsmittel gegessen. Frische pflanzliche Nahrungsmittel versorgen außerdem deinen Körper mit den notwendigen Vitaminen und Mineralstoffen.

Eine ausgewogene Ernährung besteht nicht nur aus festen Nahrungsmitteln, sondern auch aus einer ausreichenden Versorgung mit Flüssigkeit. Deshalb solltest du am Tag mindestens 1,5 l trinken.

Schließlich ist auch die Verteilung der Mahlzeiten zu beachten. Dein Körper arbeitet im Verlauf eines Tages nicht gleichmäßig. Es entstehen Leistungstiefs. Durch eine Verteilung der Mahlzeiten auf den ganzen Tag kann man solche Leistungstiefs teilweise auffangen.

Ein 2. Frühstück während der Schulzeit und ein Imbiss in dem Zeitraum zwischen Mittagessen und Abendessen sind dazu gut geeignet. Bei einer gesunden Ernährung sind als Zwischenmahlzeiten zum Beispiel frisches Obst, Gemüse, Milchprodukte oder Vollkornprodukte zu empfehlen.

1 Empfohlene Verteilung der Nährstoffe in 100 g Lebensmittel.
A, B unterschiedliche Mahlzeiten

> Zu einer gesunden Ernährung gehört ein ausgewogenes Verhältnis der einzelnen Nährstoffe. Eine überwiegend pflanzliche Ernährung sichert die Versorgung mit Vitaminen, Mineralstoffen und Ballaststoffen. Die tägliche Ernährung soll sich auf Haupt- und Zwischenmahlzeiten verteilen.

Bau und Leistungen des menschlichen Körpers

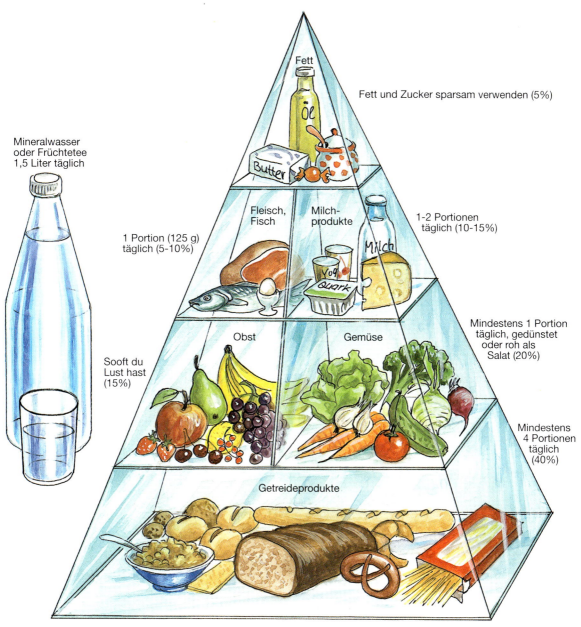

2 Ernährungspyramide. *Wenn man sich die Mahlzeiten aus der Ernährungspyramide zusammenstellt, kommt man auf einfache Weise zu einer gesunden und ausgewogenen Ernährung.*

1 Stell dir vor, du nimmst täglich 500 g Nährstoffe zu dir. Wie viel Gramm Kohlenhydrate, Fette und Eiweißstoffe sollten bei einer gesunden Ernährung darin enthalten sein? Nimm die Empfehlung in Abb. 1 zu Hilfe.

2 Betrachte die unterschiedlichen Mahlzeiten in Abb. 1. Nimm Stellung dazu.

3 Überprüfe, ob du dich gesund ernährst. Notiere dazu, welche Nahrungsmittel du an einem Tag isst und vergleiche mit Abb. 2.

4 Stelle für einen Tag einen Ernährungsplan für eine gesunde Ernährung zusammen. Nimm Abb. 2 als Hilfe.

5 Sammle Vorschläge für ein gesundes Frühstück und für Pausensnacks.

6 Vergleiche deine Vorschläge mit den Lebensmitteln und Getränken, die bei dir in der Schule angeboten werden. Sollte man das Angebot ändern? Begründe.

7 Welche Getränke könntest du bei einer Party anbieten? Nimm die Pinnwand S. 153 zu Hilfe.

Bau und Leistungen des menschlichen Körpers

Streifzug durch die Medizin

Alkohol – eine Droge

Der Vater von Anja sitzt fast jeden Abend vor dem Fernseher und trinkt Bier. Im Laufe des Abends trinkt er mehrere Flaschen, bis er vor dem Fernseher einschläft. Immer wieder sagt Anjas Mutter zu ihm: „Trink nicht so viel. Warum denn jeden Abend?"

Alkoholische Getränke sind aus dem Alltag vieler Erwachsener nicht mehr wegzudenken: das Glas Bier oder der Schoppen Wein beim abendlichen Fernsehen, das Bier mit Schnaps an der Theke, das Glas Sekt aus einem feierlichen Anlass. Schon wenig Alkohol bewirkt bei vielen Menschen ein verändertes Verhalten: Die Heiterkeit im Gespräch mit Kollegen und Freunden steigt und die Sorgen des Alltags scheinen zu verschwinden. Diese Wirkungen sind ein häufiges Motiv, Alkohol zu trinken.

Anjas Vater redet schon lange nicht mehr mit seiner Frau über seine Probleme im Beruf. Er will einfach nur noch „abschalten". Im Büro trinkt er auch schon Alkohol. Zuerst war es die Geburtstagsfeier im Büro oder das Essen mit anderen Geschäftsleuten, aber inzwischen greift er auch heimlich zur Flasche. Dieser ständige übermäßige Genuss von Alkohol bleibt nicht ohne Folgen, denn **Alkohol** ist wie Nikotin und Koffein ein **Genussgift**.

Bei regelmäßigem Alkoholkonsum werden vor allem Leber, Magen, Darm, Herz, Gehirn und Nervensystem geschädigt. Ein Trinker verliert oft die Kontrolle über sich selbst. Er lallt Unverständliches und kann sich schließlich nur noch torkelnd bewegen. Manchmal kann er auch gewalttätig werden. Der Betrunkene nimmt seine Umwelt nicht mehr richtig wahr und bringt so vor allem im Straßenverkehr sich und andere in Gefahr. Der Trinker kann seinen Alkoholkonsum nicht mehr selbst kontrollieren. Ohne ärztliche Hilfe kann er auf Alkohol nicht verzichten. Somit ist Alkohol den Drogen zuzuordnen. Unter **Drogen** versteht man Stoffe, die auf die Steuerung unseres Körpers einwirken. Drogen verursachen eine körperliche und seelische Abhängigkeit. Das bedeutet, dass der Mensch meint, ohne die Droge nicht mehr leben zu können. Bei Weglassen der Droge reagiert der Körper mit Schmerzen, die man als **Entzugserscheinungen** bezeichnet.

Alkoholabhängigkeit ist eine Krankheit. Ärzte bieten Hilfe an. Sie können beispielsweise eine Entwöhnungskur verordnen. Selbsthilfegruppen, wie die „Anonymen Alkoholiker", bieten Gesprächsrunden. In diesen lernt der betroffene Trinker seine Probleme zu erkennen. Oft ist es der erste Schritt zum Verzicht auf Alkohol.

Gehirn
Bewegungskontrolle wird beeinflusst; Konzentrationsfähigkeit lässt nach; Reaktionszeit wird verlängert

Leber
Fettleber, Leberverhärtung, Leberschrumpfung

Herz
Herzschwäche, Kreislaufstörungen

Verdauungsorgane
Entzündungen der Schleimhäute von Magen und Darm

Nieren
Nieren können schrumpfen

1 Wirkung des Alkohols auf den Körper

Bau und Leistungen des menschlichen Körpers

4.3 Zähne zerkleinern die Nahrung

„Zahnpflege muss sein, damit du auch morgen noch kräftig zubeißen kannst!" So raten Zahnärzte, um dich auf die Bedeutung gesunder und gepflegter Zähne hinzuweisen.

Beißt du zum Beispiel in eine Brotschnitte mit Käse, kannst du deutlich die Spuren der vorderen Zähne an der Bisskante erkennen. Die **Schneidezähne** im Ober- und Unterkiefer schneiden die Nahrung in mundgerechte Stücke. Daneben stehen die spitzen **Eckzähne**. Sie halten beim Abbeißen feste oder zähe Teile der Nahrung fest. Beim Kauen wird der abgebissene Nahrungsbrocken zwischen den breiten **Backenzähnen** zerquetscht. Schneidezähne, Eckzähne und Backenzähne bilden das **Gebiss**.

Du hast sicherlich schon zum größten Teil die „zweiten" Zähne, dein *Dauergebiss*. Diese Zähne haben deine *Milchzähne* aus dem Kiefer geschoben. An der Stelle der 20 Milchzähne wachsen die Zähne des Dauergebisses aus dem Kiefer. Es hat 32 Zähne. Die hinteren Backenzähne, die *Weisheitszähne*, erscheinen meist erst nach dem 23. Lebensjahr.

Manchmal wachsen die Zähne schief. Dann muss die Zahnstellung reguliert werden. Solange der Kiefer noch wächst, kann zum Beispiel durch Spangen die Stellung der Zähne gut in die erwünschte Richtung korrigiert werden.

Die Zähne werden täglich beansprucht. Dazu besitzt der äußere Teil des Zahnes, die *Zahnkrone*, eine harte Oberfläche. Porzellanartiger *Zahnschmelz* überzieht wie eine Kappe die Zahnkrone. Unter dem Zahnschmelz liegt das knochenartige *Zahnbein*.
Im Kiefer sitzt die *Zahnwurzel*. Hier ist das Zahnbein von

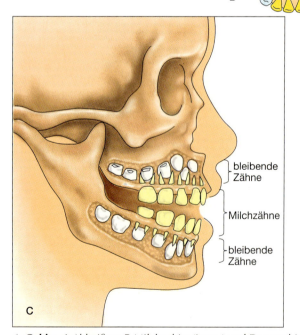
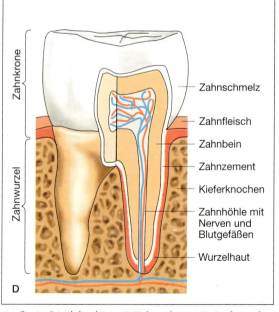

1 Gebiss. A Abbeißen; **B** Milchgebiss (innen) und Dauergebiss (außen); **C** Milchgebiss mit Zahnanlagen; **D** Backenzahn

Bau und Leistungen des menschlichen Körpers

Zahnzement überzogen. Mit der Wurzel ist der Zahn fest im Kiefer verankert. Die *Zahnhöhle* wird von Blutgefäßen und Nerven durchzogen. Dadurch wird der Zahn mit den notwendigen Nährstoffen versorgt. Wenn der Zahn beschädigt oder erkrankt ist, verursacht er Schmerzen.

Zahnschmerzen entstehen häufig dann, wenn Zähne faulen. Zahnfäule oder **Karies** ist eine sehr häufige Zahnkrankheit. Süßigkeiten und mangelnde Zahnpflege sind häufig die Ursachen. Zuckerhaltige Speisereste bleiben zwischen den Zähnen hängen. Schädigende Bakterien können sich dort rasch vermehren. Es entstehen Säuren, die den Zahnschmelz beschädigen und schließlich das Zahnbein angreifen können. Erst wenn ein „Zahnloch" bis in die Zahnhöhle reicht, spürst du gewöhnlich Schmerzen.

Ist ein Zahn durch Karies geschädigt, kann das „Loch" durch eine Plombe verschlossen werden. Regelmäßige Vorsorgeuntersuchungen beim Zahnarzt sind notwendig. Bei der Kontrolle deiner Zähne können bereits kleine kariöse Zahnstellen festgestellt und behandelt werden, bevor der Zahn zu stark zerstört ist.

Für die Gesunderhaltung deiner Zähne musst du aber auch selbst vorsorgen. Deine Zähne müssen regelmäßig gepflegt werden. Wie du deine Zähne nach jeder Mahlzeit mindestens 3 Minuten lang richtig pflegen solltest, zeigt die Abbildung 3.

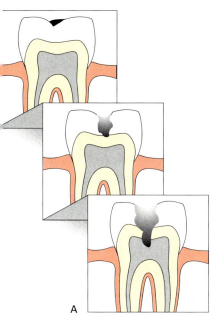
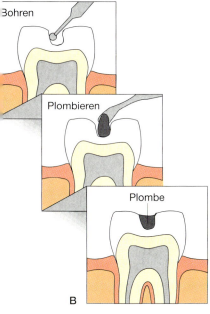

2 Karies.
A Entstehung, B Beseitigung

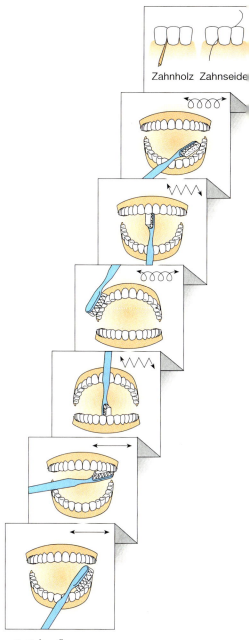

3 Zahnpflege

1 Untersuche dein Gebiss mit einem Taschenspiegel. Fertige eine Skizze an und beschrifte.
2 Bettina will ihre Zahnspange nicht tragen. Wie machst du ihr klar, dass für sie das Tragen der Zahnspange notwendig ist?
3 Beschreibe die Entstehung von Karies. Wie beugst du Karies vor?

Schneidezähne, Eckzähne und Backenzähne zerkleinern die Nahrung. Richtige Zahnpflege und Vorsorgeuntersuchungen sorgen für die Gesunderhaltung des Gebisses.

4 Beschreibe anhand von Abb. 3, wie Zähne richtig gepflegt werden.
5 Durch Bakterien bildet sich auf den Zähnen ein Belag (Plaque). Färbetabletten zeigen diesen Belag an. Überprüfe mit Färbetabletten, ob du beim Zähneputzen Plaque vollständig entfernt hast.

Bau und Leistungen des menschlichen Körpers

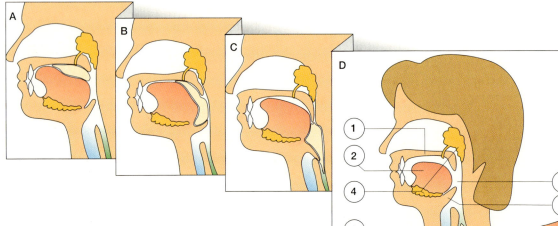

4.4 Der Weg der Nahrung im Körper

Was geschieht eigentlich mit dem abgebissenen Brocken eines mit Ei belegten Butterbrotes? Während du beim Kauen den Bissen mit der Zunge zwischen die Backenzähne schiebst, wird er mit dem Speichel durchmischt. Drei Paar **Speicheldrüsen** sondern täglich etwa 1,5 Liter Speichel ab. Er macht den Bissen breiig und gleitfähig. Bestandteile des Speichels sorgen auch dafür, dass bestimmte Nährstoffe in deinem Brotbissen in ihre kleinen Bausteine zerlegt werden. So wird das Kohlehydrat Stärke, aus dem das Brot zum großen Teil besteht, in Zuckerbausteine zerlegt. Mit diesem Vorgang fängt die **Verdauung** an.

Nach dem Schlucken rutschen zerkleinerte und eingespeichelte Speisebrocken in die **Speiseröhre**. Die Speiseröhre ist etwa 15 cm lang. Ihre Wände können sich in regelmäßigen Abständen wellenförmig zusammenziehen. Dadurch wird Speise in kleinen Portionen fortlaufend in den Magen gedrückt.

Im **Magen** wird die Nahrung weiterverarbeitet. In den Schleimhautfalten des Magens liegen kleine Drüsen, die täglich etwa 2 Liter Magensaft absondern. Bewegungen der Magenmuskulatur vermischen den Speisebrei mit dem Magensaft. Magensaft enthält verdünnte Salzsäure. Die Salzsäure kann bestimmte Bakterien, die mit der Nahrung aufgenommen werden, abtöten. Außerdem trägt sie dazu bei, dass zum Beispiel die Eiweißstoffe aus dem Ei in ihre Bausteine aufgespalten werden.

Sind die eiweißhaltigen Bestandteile im Magen vorverdaut, wird der Nahrungsbrei in den **Dünndarm** abgegeben. Dazu öffnet und schließt sich in bestimmten Zeitabständen ein ringförmiger Muskel am Magenausgang. Kleinere Portionen aus dem Magen gelangen in den Dünndarm. Muskeln in den Wänden des Darmes

1 Verdauung. *A–C* Schluckvorgang; *D* Verdauungsorgane; 1 Gaumen, 2 Zunge, 3 Rachen, 4 Speicheldrüsen, 5 Kehldeckel, 6 Luftröhre, 7 Speiseröhre, 8 Leber, 9 Magen, 10 Gallenblase, 11 Zwölffingerdarm, 12 Dünndarm, 13 Bauchspeicheldrüse, 14 Dickdarm, 15 After

Bau und Leistungen des menschlichen Körpers

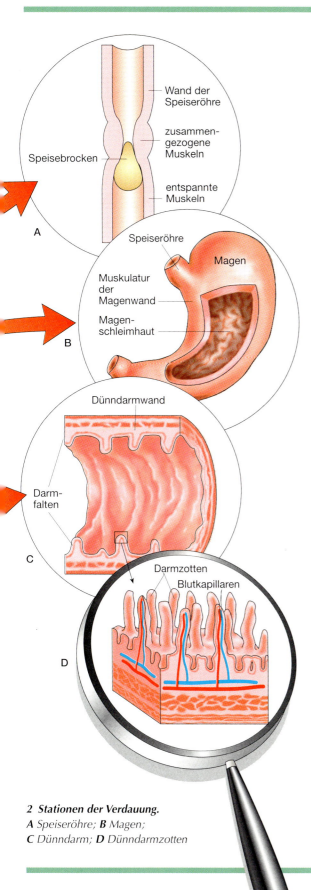

ziehen sich zusammen und schieben den Verdauungsbrei weiter. Ballaststoffe in der Nahrung unterstützen diese Darmbewegungen.

Der Dünndarm ist etwa 3 bis 4 m lang und liegt wie in Schlingen gelegt im Bauchraum. Den obersten Dünndarmabschnitt bezeichnet man als *Zwölffingerdarm*. In diesem Darmabschnitt wird der Verdauungsbrei mit verschiedenen Verdauungsflüssigkeiten vermischt.

Aus der *Gallenblase* fließt bei Bedarf *Galle* hinzu. Sie wird in der *Leber* erzeugt, in der Gallenblase gespeichert und unterstützt die Verdauung von Fetten. So werden zum Beispiel die Fette aus der Butter in kleinste Tröpfchen zerlegt. Auch die *Bauchspeicheldrüse* sondert verdauungsfördernde Flüssigkeiten ab.

Drüsen in der Wand des Dünndarms liefern ebenfalls Verdauungsflüssigkeiten. Diese Flüssigkeiten sorgen dafür, dass bisher noch nicht vollständig verdaute Kohlenhydrate, Eiweißstoffe und Fette in ihre einzelnen Bestandteile zerlegt werden.

Die Bausteine aller Nährstoffe aus dem Butterbrot mit Ei können nun vom Körper aufgenommen werden. Dies geschieht durch die *Darmzotten* im Dünndarm. Die Bausteine gelangen durch die Dünndarmzotten ins Blut. Über den Blutkreislauf werden diese Bausteine der Nährstoffe zu den Körperzellen transportiert.

Die unverdaulichen Reste gelangen in den **Dickdarm**. Dem flüssigen Brei wird hier ein großer Teil des Wassers entzogen. Die so eingedickten unverdaulichen Reste sammeln sich im Enddarm. Durch den After werden sie als Kot ausgeschieden.

> Bei der Verdauung werden die Nährstoffe in der Nahrung schrittweise in ihre Bausteine aufgespalten. Durch die Dünndarmzotten gelangen diese Stoffe in das Blut.

1 Beschreibe den Schluckvorgang anhand von Abb. 1 A–D.

2 Auch wenn man bei einem Handstand mit einem Strohhalm trinkt, gelangt die Flüssigkeit in den Magen. Erkläre den Vorgang und nimm Abb. 2 A zu Hilfe.

3 Welchen Weg nimmt der Bissen deines Pausenbrotes bei der Verdauung? Erkläre. Nimm die Abb. 1 D und den Lehrbuchtext zu Hilfe.

4 Ballaststoffe werden unverdaut wieder ausgeschieden. Wozu sind sie dennoch wichtig?

5 Beiße ein Stück Weißbrot ohne Rinde ab, kaue es kurz und verschlucke es. Wiederhole den Vorgang, kaue das Brot aber etwa 3 Minuten lang. Vergleiche den Geschmack. Erläutere.

2 Stationen der Verdauung.
A Speiseröhre; B Magen;
C Dünndarm; D Dünndarmzotten

Bau und Leistungen des menschlichen Körpers

Übung — Nährstoffe und Verdauung

V1 Nachweis von Stärke

Material: Iodlösung; Stärke; Wasser; Pipette; zwei kleine Gläser; Messer; Glasstab
Durchführung: Fülle zwei Gläser gleich hoch mit Wasser und gib in eines eine Messerspitze Stärke. Verteile die Stärke durch Rühren. Versetze beide Proben mit je zwei Tropfen der Iodlösung.

Aufgabe: Nenne deine Beobachtung. Was schließt du daraus?

V2 Nachweis von Eiweißstoffen

Material: zwei kleine Glasgefäße; Schälchen; Wasser; Eiweiß-Teststreifen aus der Apotheke; Hühnerei
Durchführung: Nimm vom Hühnerei etwas Eiklar. Fülle ein Glas mit wenig Wasser und das andere mit etwas Eiklar. Tauche je einen Teststreifen in das Wasser und in das Eiklar. Vergleiche die Testzonen auf den Streifen mit der Farbskala auf der Packung.

Aufgabe: Beschreibe das Ergebnis des Versuchs.

V3 Nachweis von Fetten

Material: Löschblatt oder Butterbrotpapier; Wasser; Öl
Durchführung: Gib etwas Öl auf das Löschblatt und setze einen Wassertropfen daneben. Wenn das Papier getrocknet ist, halte es gegen das Licht.

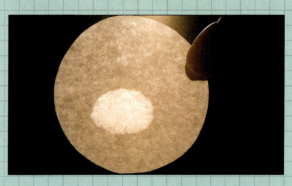

Aufgabe: Beschreibe das Ergebnis der Fettfleckprobe.

V4 Untersuchung von Nahrungsmitteln

Material: alle Materialien der Versuche 1 bis 3; kleine Gläser und Schälchen; Messer; Reibe; Löffel; Proben von Nahrungsmitteln, z.B.: Brot, Fruchtsaft, Milch, Getreideflocken, Wurst, Nüsse, Käse, Kartoffeln, Gemüse, Früchte
Durchführung: Führe Nachweise für Stärke, Eiweißstoffe und Fette durch. Beachte, dass du den Nachweis von Eiweißstoffen nur mit flüssigen, aufgelösten oder sehr fein zerteilten (zerriebenen) Proben durchführen kannst. Eventuell musst du die Probe noch mit Wasser mischen. Für die Durchführung der Fettfleckprobe musst du feste Nahrungsmittel ebenfalls zerkleinern.
Aufgaben: a) Stelle eine Tabelle mit deinen Versuchsergebnissen zusammen.
b) Ordne den untersuchten Nahrungsmitteln die nachgewiesenen Nährstoffe zu.

V5 Wirkung von Mundspeichel

Material: drei Reagenzgläser; ein weites Glasgefäß (z.B. Marmeladenglas); Iodlösung; frisch aufgekochte Stärkelösung (wird von der Lehrkraft bereitgestellt); Wasser; Speichel; Pipette; Heizplatte; Thermometer; Uhr; Folienstift; Papier; Schreibzeug

Durchführung: Erwärme Wasser auf 35 °C bis 40 °C. Beschrifte die drei Reagenzgläser mit den Zahlen von 1 bis 3.
Fülle nun die Reagenzgläser ungefähr zu einem Drittel mit Wasser. Gib in Glas 2 und Glas 3 jeweils etwas Stärkelösung und schüttle vorsichtig, um den Inhalt zu durchmischen. Nun füge in alle drei Gläser je drei Tropfen Iodlösung zu. In Glas 3 kommt zusätzlich noch etwas Mundspeichel. Schüttle die Reagenzgläser erneut. Stelle die Reagenzgläser für etwa 15 Minuten in das Wasserbad. Notiere die Veränderungen, die sich während des Versuchsverlaufs in den Reagenzgläsern 1 bis 3 ergeben.

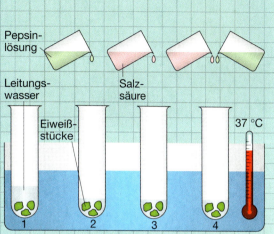

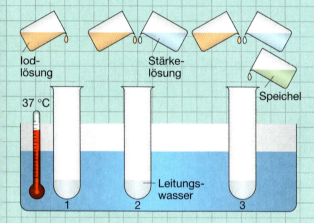

Aufgaben: a) Welche Schlussfolgerungen kannst du aus deinen Beobachtungen ziehen?
b) Erkläre, weshalb drei Versuchsansätze durchgeführt werden müssen. Welche Aufgabe übernimmt das Wasserbad?

A 6 Die Verdauung von Eiweißstoffen im Magen

Eiweißstoffe werden schon im Magen teilweise verdaut. Aus Untersuchungen des Magensaftes weiß man, dass dies durch ein Gemisch von Salzsäure und Verdauungsstoffen bewirkt wird. Ein solcher Eiweiß zerlegender Stoff ist das Pepsin.
In der folgenden Abbildung siehst du einen Versuch zum Abbau von Eiweißstoffen im Magen.

Beobachtung: Nach etwa 24 Stunden waren nur im Reagenzglas 4 die Eiweißstoffe aufgelöst.
a) Beschreibe die Versuchsdurchführung.
b) Erläutere die Beobachtungen in den Reagenzgläsern 1 bis 4.
Wo findet die engültige Verdauung der Eiweißstoffe im Körper statt? Nimm den Text S. 157 zu Hilfe.
c) Gegen Völlegefühl, Übelkeit und Blähungen gibt es Medikamente, die Verdauungsenzyme wie Pepsin enthalten. Erkläre, weshalb solche Medikamente Verdauungsbeschwerden lindern können.

V 7 Die Wirkung von Gallseife

Material: heller, alter Stoffrest; Gallseife (enthält Ochsengalle); Seife; Öl, Margarine, Schokolade, Fruchtsaft, Wasser; wasserunlöslicher Filzstift
Durchführung: Markiere auf dem Stoff mithilfe eines Filzstifts größere Kreise, die du durch einen Längsstrich in zwei Halbkreise teilst. „Verschmutze" den Stoff innerhalb der Kreise mit den Proben. Feuchte die Gallseife und die Seife gut mit Wasser an. Reibe die Flecken kräftig mit den Seifen ein, jeweils die eine Hälfte mit Gallseife, die andere mit der gewöhnlichen Seife. Warte einige Zeit und wasche dann die Seife bzw. die Flecken mit Wasser aus.
Aufgaben: a) Welche der Flecken wurden entfernt?
b) Nenne die Aufgabe der Galle bei der Verdauung.

5 Sinnesorgane

5.1 Sinnesorgane empfangen Reize

Jan *hört* Geräusche aus der Küche. Sein Vater bereitet das Mittagessen zu. „Darf ich heute Pudding als Nachtisch kochen?" fragt er. Sein Vater ist einverstanden. Jan holt ein Päckchen Puddingpulver und Milch aus dem Schrank. Zur Sicherheit *sieht* er sich das Rezept auf der Puddingpackung noch einmal an. Bevor er den Topf mit der Milch auf die Herdplatte stellt, prüft er vorsichtig mit der Hand, ob er auch die richtige Platte eingeschaltet hat. Er kann die Wärme *fühlen*. Dann rührt er das Pulver in die Milch ein. Aber halt, er hat ja den Zucker vergessen. Er holt die Zuckerdose aus dem Schrank und prüft mit einem kleinen Löffel, ob sich auch wirklich Zucker in der Dose befindet. Auf der Zunge *schmeckt* er den süßen Geschmack. Er fügt den Zucker hinzu und lässt das Ganze kochen. „Hmmm, das *riecht* gut", ruft er seinem Vater zu. Beide freuen sich schon auf den leckeren Nachtisch.

Die ganze Zeit über haben bestimmte **Reize** auf Jan eingewirkt. Das Klappern der Teller, die Schrift des Rezepts, die Wärme der Herdplatte, der Geschmack des Zuckers und der Geruch des Puddings sind solche Reize. Jan hat diese Reize mit seinen **Sinnesorganen** wahrgenommen: den Ohren, den Augen, der Haut, der Zunge und der Nase. Jedes Sinnesorgan spricht nur auf bestimmte Reize an.
Mithilfe der Sinnesorgane orientieren wir uns in unserer Umwelt. Wenn es hell genug ist, verlassen wir uns auf unseren **Sehsinn,** im Dunkeln hilft uns unser **Tastsinn.** Geräusche nehmen wir mit dem **Hörsinn** wahr, Gerüche mit dem **Geruchssinn.** Auf der Zunge befindet sich der **Geschmackssinn.**

Die Sinnesorgane nehmen die Reize auf. Nerven leiten sie als elektronische Impulse an das Gehirn weiter. Dort werden die Informationen verarbeitet.

> Mit den Sinnesorganen nehmen wir Reize auf und orientieren uns so in unserer Umwelt.

1 *Sinneseindrücke.* **A** Hören; **B** Sehen; **C** Fühlen; **D** Schmecken; **E** Riechen

1 Stelle in einer Liste alle genannten Sinnesorgane zusammen. Welche Reize können mit ihnen wahrgenommen werden? Nimm Abb. 1 zu Hilfe.
2 Ordne folgende Reize den entsprechenden Sinnesorganen zu: Geruchsstoffe, Temperatur, Schmerz, Geschmacksstoffe, Lichtstrahlen, Druck, Berührung, Schallwellen.

Bau und Leistungen des menschlichen Körpers

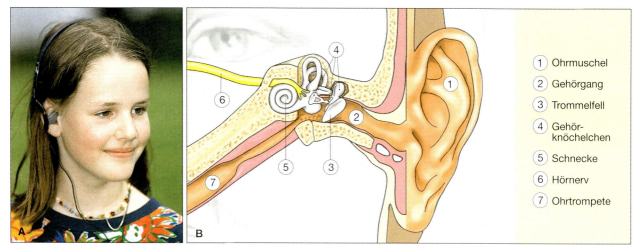

1 **Das menschliche Ohr.** A *beim Musikhören;* B *Bau des Ohres (Schema)*

① Ohrmuschel
② Gehörgang
③ Trommelfell
④ Gehörknöchelchen
⑤ Schnecke
⑥ Hörnerv
⑦ Ohrtrompete

5.2 Mit dem Ohr nehmen wir Geräusche wahr

Bestimmt hast du schon oft über die Ohrhörer deines Walkmans Musik gehört, wenn du andere nicht stören wolltest. Was passiert beim Hören?

Geräusche aus unserer Umgebung werden normalerweise von unseren *Ohrmuscheln* aufgefangen und weitergeleitet. Doch wenn du deinen Walkman benutzt, wird der Ohrhörer direkt in den *Gehörgang* eingestöpselt. Der Ohrhörer versetzt die Luft in Schwingungen, die man Schallwellen nennt. Durch den Gehörgang werden sie zum Trommelfell geleitet. Das *Trommelfell* ist eine dünne Haut, die das **Außenohr** abschließt. Es wird durch die Schallwellen hin und her bewegt.
Diese Bewegungen werden auf drei winzige Gehörknöchelchen, die man als *Hammer, Amboss und Steigbügel* bezeichnet, übertragen. Die Gehörknöchelchen liegen in einem kleinen Hohlraum, dem **Mittelohr.** Über die *Ohrtrompete* ist das Mittelohr mit dem Rachen verbunden.
Die Gehörknöchelchen ihrerseits übertragen den Schall auf die *Schnecke*. Sie liegt im **Innenohr** und ist das eigentliche Hörorgan. Sie ist mit Flüssigkeit gefüllt, die durch die Bewegung der Gehörknöchelchen in Schwingungen versetzt wird. Dadurch werden *Sinneszellen* gereizt. Diese melden den Reiz über den *Hörnerv* an das *Gehirn* weiter. Dort werden die Signale als Töne erkannt. Neben der Art und der Höhe verschiedener Töne können wir auch noch die Richtung erkennen, aus der sie kommen. Wenn Schallwellen an einer Seite des Kopfes ankommen, erreichen sie ein Ohr für Sekundenbruchteile früher als das andere. Dieser Zeitunterschied genügt um zu erkennen, aus welcher Richtung ein Geräusch kommt.

Wenn du Musik über Ohrhörer hörst, musst du besonders auf die Lautstärke achten. Lang anhaltender lauter Schall und besonders hohe Töne schädigen die Sinneszellen und können so zu Hörschäden führen.

> Das Ohr nimmt Schallwellen auf und leitet sie an die Sinneszellen in der Schnecke weiter. Von dort gelangen die Reize über den Hörnerv ins Gehirn und werden dort verarbeitet.

1 Was bedeutet dieses Zeichen?

2 Nenne Tätigkeiten, die deiner Meinung nach dein Gehör schädigen können.
3 Beschreibe den Hörvorgang. Nimm dazu Abb. 1B zu Hilfe.
4 a) Bilde mit deinen Mitschülerinnen und Mitschülern einen Kreis. In der Mitte steht ein Junge oder ein Mädchen mit verbundenen Augen. Beide Ohren sollten dabei frei bleiben. Nun schnippen die Jungen und Mädchen, die im Kreis stehen, in beliebiger Reihenfolge mit den Fingern. Die Versuchsperson zeigt mit der Hand dorthin, wo sie die Schallquelle vermutet. In welchem Kreisabschnitt treffen die Vermutungen am häufigsten zu? Erkläre.
b) Der Versuchsperson wird nun ein Ohr verschlossen. Der Versuch wird dann wiederholt. Beobachte das Verhalten der Versuchsperson. Erkläre.

Bau und Leistungen des menschlichen Körpers

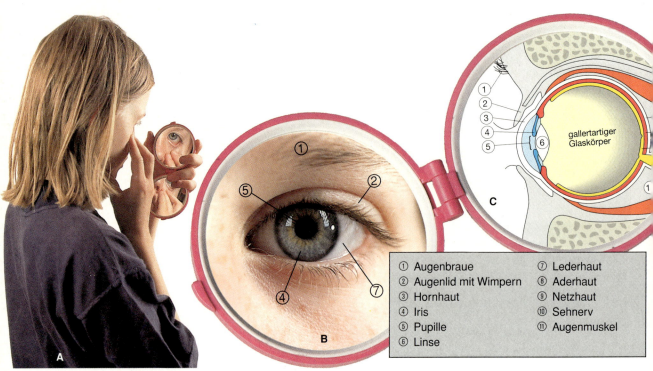

1 **Der Bau des Auges.** *A* Betrachtung im Spiegel; *B* äußerlich sichtbare Teile des Auges; *C* Aufbau (Längsschnitt)

5.3 Das Auge – Fenster zur Außenwelt

Sandra hat ein Staubkorn im Auge. Ihr Auge hat schon angefangen zu tränen. Mithilfe eines Papiertaschentuches versucht sie das Staubkorn zu entfernen. Dabei betrachtet sie ihr Auge im Spiegel.

Wenn du dein Auge im Spiegel betrachtest, siehst du als erstes die **Schutzeinrichtungen,** die dafür sorgen, dass die Augen stets leistungsfähig bleiben: Die *Augenbrauen* und die *Wimpern* verhindern, dass Regen- oder Schweißtropfen in die Augen gelangen. Das *Augenlid* schützt vor zu grellem Licht und verhindert, dass Fremdkörper das Auge verletzen. Der feuchte Film, der das Auge überzieht, besteht aus *Tränenflüssigkeit*, die durch den Lidschlag gleichmäßig auf den Augen verteilt wird. Sie hält das Auge feucht und spült Staub und Krankheitserreger weg. Verbrauchte Tränenflüssigkeit fließt durch den *Tränenkanal* in die Nase ab. Der Ausgang des Tränenkanals befindet sich im unteren Augenlid nahe des Augenwinkels.

Wenn du das Auge selbst betrachtest, siehst du den Augapfel mit einem farbigen Ring auf weißem Hintergrund. In seiner Mitte befindet sich ein dunkler runder Punkt. Der farbige Ring ist die *Iris* oder *Regenbogenhaut*. Wenn man von blauen, grünen oder braunen Augen spricht, so meint man die Farbe der Iris. Der dunkle runde Punkt ist ein Loch, die *Pupille*. Das Weiße des Auges wird von der *Lederhaut* gebildet. Sie liegt hinter der durchsichtigen *Hornhaut*. Alle weiteren Teile des Auges kannst du von außen nicht sehen.

Sehen wir uns deshalb den Längsschnitt des Auges an: Gleich hinter der Pupille befindet sich die *Linse*. Das Innere des Auges wird vom geleeartigen *Glaskörper* ausgefüllt. Er erhält die Form des Auges von innen. Der Glaskörper ist von drei Schichten umgeben. Die äußere Schicht ist die stabile weiße *Lederhaut*. Sie ist eine schützende Kapsel, die dem Auge von außen seine Form gibt. Die mittlere Schicht heißt *Aderhaut*. Sie versorgt das Auge mit Sauerstoff und Nährstoffen. Die innerste Schicht ist die *Netzhaut*. Sie besteht aus lichtempfindlichen Sinneszellen. Mit den *Augenmuskeln* wird der Augapfel in alle Richtungen bewegt.

Was passiert nun beim **Sehvorgang?** Von beleuchteten Gegenständen gehen Lichtstrahlen aus. Durch die Hornhaut und die Pupille fallen diese Strahlen in das Auge. Die Iris regelt dabei den Lichteinfall. Ist viel Licht vorhanden, zieht sich die Pupille zusammen. Bei wenig Licht weitet sie sich.

Im Auge treffen die Lichtstrahlen als Erstes auf die Linse. Die Augenlinse sorgt dafür, dass auf der Netz-

Bau und Leistungen des menschlichen Körpers

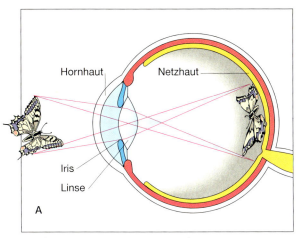

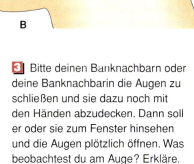

*2 Sehvorgang. **A** im Auge; **B** im Gehirn*

haut ein scharfes Bild entsteht. Von der Linse werden die Lichtstrahlen durch den Glaskörper auf die Netzhaut gelenkt. Auf der Netzhaut entsteht wie auf dem Film in einer Kamera ein Bild, das auf dem Kopf steht. Das Bild wird von lichtempfindlichen Sinneszellen der Netzhaut in Nervensignale umgewandelt und über den Sehnerv zum Gehirn geleitet.

Das Gehirn wertet alle ankommenden Informationen aus. Es erfasst die Gestalt und Form eines Gegenstands ebenso wie dessen Farben oder Bewegungen. Es sorgt dafür, dass die Kopf stehenden Bilder aufrecht stehend wahrgenommen werden.

> Schutzeinrichtungen sorgen dafür, dass die Augen stets leistungsfähig bleiben. Durch die verschiedenen Teile des Auges gelangen Lichtstrahlen auf die Netzhaut. Lichtempfindliche Zellen in der Netzhaut wandeln die Lichtreize zu Nervensignalen um. Diese gelangen über den Sehnerv zum Gehirn.

1 Beschreibe den Sehvorgang mithilfe der Abb. 2A.

2 Die Iris regelt wie eine Blende den Lichteinfall ins Auge. Betrachte die Abb. 3. Welches der beiden Teilbilder zeigt ein Auge bei Dunkelheit? Begründe.

3 Bitte deinen Banknachbarn oder deine Banknachbarin die Augen zu schließen und sie dazu noch mit den Händen abzudecken. Dann soll er oder sie zum Fenster hinsehen und die Augen plötzlich öffnen. Was beobachtest du am Auge? Erkläre.

4 Schaue in den Spiegel. Ziehe vorsichtig ein unteres Augenlid vom Auge ab. Auf dem Lidrand zur Nase hin siehst du eine kleine einstichartige Öffnung. Worum handelt es sich dabei? Erläutere die Aufgabe dieser Öffnung.

5 Stelle in einer Liste die Schutzeinrichtungen des Auges zusammen. Welche Aufgaben haben die einzelnen Einrichtungen?

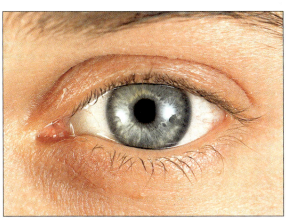
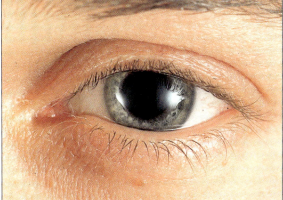

3 Die Iris regelt den Lichteinfall ins Auge

163

Bau und Leistungen des menschlichen Körpers

1 Aufgaben der Haut. A Hitzeempfinden, Kühlung durch Schweiß und Schutz vor Sonnenstrahlen durch Bräunung; **B, C** Kälteempfinden und Berührungsempfinden mit Gänsehaut; **D** Schmerzempfinden

5.4 Die Haut – ein vielseitiges Organ

Markus schwitzt. Schweißtropfen treten aus der Hautoberfläche aus. Nadine und Tanja frieren. Sie haben eine Gänsehaut. Auch Petra hat eine Gänsehaut. Sie friert allerdings nicht, sondern wird von ihrer Freundin am Rücken gestreichelt.

Hitze, Kälte und Berührungen nehmen wir über die Haut wahr. Die Haut kann allerdings noch mehr. Sie wirkt als Schutzmantel gegen Sonnenstrahlen, Wasser und viele Krankheitserreger. Schmerzempfindungen signalisieren uns, dass wir uns vorsichtiger verhalten müssen, um uns nicht ernsthaft zu verletzen. Auch bei der Regelung der Körpertemperatur spielt unsere Haut eine wichtige Rolle. Um zu verstehen, wie die Haut dies alles leisten kann, müssen wir ihren Aufbau kennen lernen.

Untersuchen wir die Haut zunächst von außen. Wenn du deine Haut betrachtest, siehst du die *Hornschicht* der **Oberhaut.** Sie schützt die Haut vor Verletzungen und vor dem Austrocknen. Solange die Haut unverletzt ist, können auch keine Krankheitserreger eindringen. Fetthaltige Stoffe aus den *Talgdrüsen* halten die Oberfläche geschmeidig. Die Hornschicht besteht aus abgestorbenen Zellen, die sich im Lauf der Zeit als weiße Schuppen ablösen. Von der darunter liegenden *Keimschicht* werden jedoch ständig neue Hautzellen gebildet, die abgestorbene oder verletzte Hautzellen ersetzen. Ein richtiger Sonnenbrand kann nämlich sehr schmerzhaft sein und die Haut auf Dauer schädigen.

Bau und Leistungen des menschlichen Körpers

Bei Sonnenbestrahlung bildet sich ebenfalls in der Keimschicht ein brauner Farbstoff, der den Körper vor Verbrennungen schützt. Außerdem werden in der Keimschicht die *Körperhaare* verwurzelt. An jedem Haar sitzt ein *Haarmuskel*. Dieser Muskel kann sich zusammenziehen und das Haar aufrecht stellen. So entsteht eine *Gänsehaut*. Auch Zehen- und Fingernägel werden von der Keimschicht gebildet.

Wenn man schwitzt, werden die Schweißdrüsen aktiv. Durch Poren in der Oberhaut wird dann Schweiß, eine Mischung aus Wasser, Salzen und anderen Stoffen, ausgeschieden. Er verdunstet auf der Haut und entzieht dabei dem Körper Wärme. Dadurch wird eine Überhitzung verhindert.

In der gut durchbluteten **Lederhaut** befinden sich die meisten Sinneskörperchen. Sinneskörperchen sind mikroskopisch kleine „Fühler", mit denen wir verschiedene Reize wahrnehmen. Mit den *Wärme-* und den *Kältekörperchen* nehmen wir Reize wie „kalt" oder „heiß" wahr. Mit den *Tastkörperchen* spüren wir Berührungsreize. Sie sind in der Haut unterschiedlich dicht verteilt. In den Fingerspitzen liegen sie sehr dicht zusammen. Blinde können mit den Fingerspitzen die Buchstaben der Blindenschrift ertasten. Die *freien Nervenendigungen* melden uns Schmerzen.

In der **Unterhaut** befinden sich *Blutgefäße* und *Fetteinlagerungen*. Sie wirken wie Polster und schützen die darunter liegenden Körperteile. Alle Reize werden von den Sinneskörperchen in elektrische Signale umgewandelt und über Nerven an das Gehirn weitergeleitet. Dort werden die Reize verarbeitet.

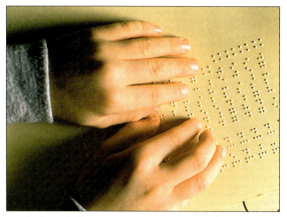

3 Blindenschrift

> Die Haut besteht aus drei Schichten: Oberhaut, Lederhaut und Unterhaut. Mit Sinneskörperchen nehmen wir Temperaturen, Berührungen, Druck oder Schmerzen wahr.

1 Nenne die Aufgaben der Haut. Nimm Abb. 1 zu Hilfe.
2 Beschreibe den Aufbau der Haut. Nimm Abb. 2 zu Hilfe.
3 Wie versucht die Haut, den Körper vor Verbrennungen durch Sonnenstrahlen zu schützen?
4 Was kannst du tun, um deinen Körper vor Verbrennungen durch Sonnenstrahlen zu schützen?
5 Sammelt in der Klasse Tipps zur Hautpflege.
6 Beschreibe wie Blinde lesen. Nimm Abb. 3 zu Hilfe.

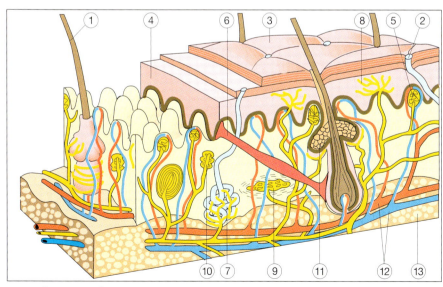

2 Bau der Haut (Schema)

Oberhaut
① Haar
② Schweißpore
③ Hornschicht
④ Keimschicht

Lederhaut
⑤ Tastkörperchen
⑥ Haarmuskel
⑦ Schweißdrüse
⑧ freie Nervenenden
⑨ Wärmekörperchen
⑩ Kältekörperchen
⑪ Talgdrüse

Unterhaut
⑫ Blutgefäße
⑬ Fetteinlagerungen

Bau und Leistungen des menschlichen Körpers

Übung — **Haut und Hautpflege**

V 1 Unsere Haut ist nicht überall gleich

Material: Lupe; Bleistift; Papier; Stempelkissen
Durchführung: Betrachte mit der Lupe die Haut an folgenden Stellen: Handrücken, Handinnenfläche, Fingerkuppen, Handgelenk, Unterarm, Oberschenkel, Unterschenkel, Fußsohle.
Aufgaben: a) Schreibe auf: An welcher Stelle sind die meisten Haare? Wo ist die Haut am weichsten? Wo findest du die meisten Falten? Versuche deine Beobachtungen zu erklären.
b) Drücke die Innenseiten deines Daumens auf das Stempelkissen und dann aufs Papier. Vergleiche mit deinem Banknachbarn. Erkläre, was du siehst.

V 2 Tastversuche

Material: wollene oder gefütterte Handschuhe; ähnlich geformte Dinge wie z.B. eine Mandarine, Orange, Zitrone, Tomate, Kartoffel, Tennisball, Tischtennisball usw.; Augenbinde
Durchführung: Verbinde einer Versuchsperson die Augen. Lege ihr nun die verschiedenen Gegenstände in die Hand und lasse sie diese ertasten. Verbinde einer anderen Versuchsperson die Augen und lasse sie die Handschuhe anziehen. Lasse diese Versuchsperson die gleichen Gegenstände ertasten.
Aufgaben: a) Schreibe auf, wie lange die beiden Versuchspersonen brauchen, um alle Gegenstände zu ertasten. Vergleiche.
b) Befrage die beiden Personen, was ihnen geholfen hat, die Gegenstände zu erkennen. Welche Unterschiede lassen sich feststellen?

V 3 Temperaturempfinden

Material: 3 Plastikschalen; Thermometer; Wasser
Durchführung: Fülle in je 1 Schale Wasser von 10°C, 20°C und 30°C. Tauche gleichzeitig eine Hand etwa 2–3 Minuten in das 10°C warme, die andere in das 30°C warme Wasser. Anschließend tauchst du beide Hände gleichzeitig in das 20°C warme Wasser.
Aufgaben: a) Welche Temperaturempfindungen hast du?
b) Erkläre das Versuchsergebnis.

V 4 Schwitzen

Material: durchsichtige Plastiktüte; Gummiband
Durchführung: Stecke eine Hand in die Plastiktüte und verschließe sie, indem du ihre Öffnung unter deine Uhr oder ein Gummiband steckst. Warte einige Minuten. Nimm dann die Plastiktüte wieder ab.
Aufgabe: Was siehst du auf ihrer Innenfläche? Wie fühlt sich deine Hand an? Wie erklärst du dir das Ergebnis?

V 5 Herstellung eines reinigenden Gesichtswassers

Material: 2 Marmeladengläser; kleiner Kochtopf; Kaffeelöffel; dunkle Glasflasche; 1/2 Kaffeelöffel Bienenhonig; 50 g Rosenwasser, 50 g Orangenblütenwasser; 25 g 70% Alkohol; 3 Tropfen Melissenöl (Die Zutaten erhältst du in einer Apotheke oder Drogerie.)

1 *Erwärmen im Wasserbad*

Durchführung: Gib etwas Wasser in den Kochtopf und bringe es zum Kochen. Stelle dann den Herd ab. Stelle ein Marmeladenglas in das Wasserbad und vermische darin das Rosen- und das Orangenwasser. Gib den Bienenhonig dazu und löse ihn darin auf. Vermische in einem anderen Glas das Melissenöl mit dem Alkohol und gib es dann zu der anderen Lösung. Schütte das Ganze in eine dunkle Glasflasche.
Aufgaben: a) Tränke einen Wattebausch und reibe dein Gesicht damit ab. Was empfindest du?
b) Begründe, warum gründliches und regelmäßiges Reinigen für die Gesunderhaltung der Haut wichtig ist.

Bau und Leistungen des menschlichen Körpers

Prüfe dein Wissen

A1 Bau der Wirbelsäule.
a) In welche Bereiche ist die Wirbelsäule gegliedert?
b) Zu welchen Abschnitten der Wirbelsäule gehören die abgebildeten Wirbel?

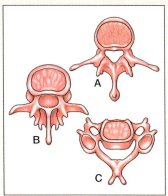

A2 Die Abbildung zeigt ein Gelenk im Finger.

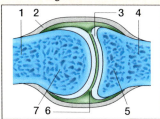

a) Benenne die einzelnen Teile.
b) Handelt es sich um ein Kugelgelenk, Sattelgelenk, Scharniergelenk oder um ein Drehgelenk?

A3 Die Abbildung zeigt Knochen und Muskeln.

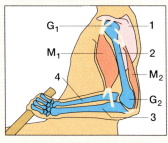

a) Benenne die Knochen 1 bis 4 und die Gelenke bei G_1 und G_2.
b) Wie heißen die Muskeln bei M_1 und M_2?
c) Welche Aufgaben haben die Muskeln M_1 und M_2?

A4 Der Blutkreislauf – ein doppeltes System.

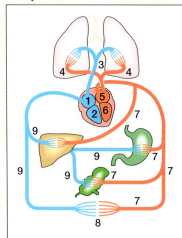

a) Nenne die beiden Kreislaufsysteme.
b) Ordne den Ziffern die richtigen Benennungen zu: Körpervenen, Lungenarterien, Kapillaren, Lungenvenen, linke Herzkammer, rechter Vorhof, Körperarterien, linker Vorhof, rechte Herzkammer.

A5 Etwa wie viel Liter Blut pumpt das Herz in einer Stunde?
a) 6 Liter; b) 80 Liter; c) 300 Liter; d) 2000 Liter.

A6 Welche Aufgaben für das Blut treffen zu?
a) Sauerstoff-Transport
b) Kohlenstoffdioxid-Transport
c) Transport von Abfallstoffen
d) Wundverschluss
e) Einstellung der richtigen Körpertemperatur
f) Abwehr von Krankheitserregern.

A7 a) Was veranschaulicht der Schnitt durch ein Lungenbläschen?

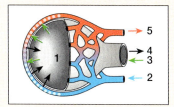

b) Finde zu den Ziffern die entsprechende Beschriftung.

A8 Nenne die verschiedenen Nahrungsbestandteile der menschlichen Ernährung.

A9 Bei einer gesunden Ernährung sollten die Nährstoffe in einem bestimmten Mengenverhältnis stehen. Nenne dieses.

A10 Ordne den Zahlen die richtigen Begriffe zu. Verwende folgende Begriffe:
Augenlid – Lage des Tränenkanals – Wimpern – Lederhaut – Iris – Pupille.

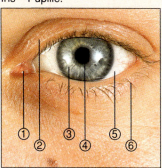

Fortpflanzung und Entwicklung des Menschen

1 Jungen und Mädchen – ein problemloses Verhältnis?

1 Auf dem Weg zum Erwachsenwerden

Sebastian wird 12 Jahre alt. Eigentlich hätte er die beiden Mädchen aus dem Nachbarhaus gern zu seiner Geburtstagsfete eingeladen, doch das war auf einmal nicht mehr so einfach. Letztes Jahr noch feierte er gemeinsam mit Lisa und Jenny. Dieses Jahr traute er sich nicht so recht, sie wieder einzuladen. Jan, sein bester Freund, spielte sich in Gegenwart von Mädchen immer so „obercool" auf. Und überhaupt: Was würden wohl die andern sagen, wenn er Mädchen einladen würde? Außerdem war er sich auch nicht sicher, ob Lisa und Jenny überhaupt kommen würden. Neulich, als er sie in der Fußgängerzone mit ihren Freundinnen getroffen hatte, hatten sie ihn ziemlich hochnäsig behandelt. Alle waren plötzlich so komisch. Was war in der letzten Zeit mit ihnen geschehen?

Zwischen dem 10. und dem 14. Lebensjahr verändern sich Mädchen und Jungen. Der Umgang mit dem anderen Geschlecht wird schwieriger. Gleichaltrige Mädchen und Jungen finden sich in dieser Zeit meist gegenseitig ziemlich albern. Die Mädchen sind am liebsten mit anderen Mädchen zusammen, Jungen fühlen sich häufig in Jungengruppen am wohlsten. Man kann dort über die anderen reden, herumalbern, lachen oder Probleme diskutieren. Die Meinungen der Freunde oder Freundinnen werden sehr wichtig. Man möchte dazugehören, in der Clique die gleichen Dinge tun, manchmal sogar die gleiche Kleidung tragen. Solche Verhaltensweisen sind in dieser Entwicklungsphase häufig zu beobachten. Es kann aber auch vorkommen, dass die Clique etwas vorhat, was man nicht

---

Stichwort

Hormone

Hormone sind Stoffe, die im Körper erzeugt und mit dem Blut verteilt werden. Sie steuern Körpervorgänge.

Fortpflanzung und Entwicklung des Menschen

mitmachen möchte. In einer solchen Situation sollte man zur eigenen Meinung stehen. Gute Freundinnen und Freunde erkennen auch andere Ansichten an.
Erwachsenen gegenüber werden Jungen und Mädchen in diesem Alter zunehmend kritischer. Sie wollen die Verhaltensweisen und Ansichten der Eltern oder Lehrer nicht mehr einfach übernehmen, sondern stärker selbst entscheiden. Äußerlich zeigt sich dies häufig an der Kleidung oder in der Gestaltung der Frisur.
Umgekehrt ist allerdings auch für Erwachsene der Umgang mit Mädchen und Jungen dieses Alters schwieriger geworden. Ihre Ansichten und Stimmungen können sich jetzt sehr schnell ändern. Manchmal sind sie „gut drauf" und dann wieder „total daneben". Ein solches Verhalten ist für Erwachsene nur noch schwer einzuschätzen und erfordert eine Menge Geduld und Einfühlungsvermögen. Alle diese Veränderungen können in dieser Zeit zu viel Ärger zu Hause und in der Schule führen. Auch Eltern sowie Lehrerinnen und Lehrer müssen sich erst daran gewöhnen, dass „ihre" Kinder langsam erwachsen werden.

3 „Mutprobe" – ein gutes Gefühl?

Man nennt diese Entwicklungsphase, in der Mädchen zu Frauen und Jungen zu Männern werden, **Pubertät**. Der Grund für die Veränderungen ist die vermehrte Bildung von *Geschlechtshormonen* im Körper. Der Zeitpunkt, wann bei einzelnen Mädchen und Jungen die Pubertät beginnt, ist ganz verschieden. Bei den meisten Mädchen beginnt die Produktion von Geschlechtshormonen schon vor dem 10. Geburtstag. Die ersten Veränderungen sind ziemlich bald danach zu beobachten. Bei Jungen beginnen die Veränderungen meistens etwas später. Der Entwicklungsunterschied gleicht sich aber nach einigen Jahren wieder aus.

> Die Entwicklung vom Kind zum Erwachsenen nennt man Pubertät. Der Beginn der Pubertät ist für jedes Kind verschieden. Während der Körper heranreift, verändern sich auch Gefühle und Einstellungen. Mädchen und Jungen werden kritischer gegenüber Erwachsenen. Gleichaltrige Freundinnen und Freunde gewinnen zunehmend an Bedeutung.

2 Immer wieder gibt es Streit

1 Beschreibe die Situation auf den Bildern 1A und 1B. Vergleiche das Verhalten der Jungen und Mädchen.
2 Gibt es Themen, über die du mit deinem Vater oder deiner Mutter immer wieder streitest? Fertige eine Liste an.
Stellt in eurer Klasse zusammen, welche Themen besonders häufig genannt werden.
3 „Ich bin gerne ein Mädchen/ein Junge, weil …"
Überlegt euch Gründe, warum ihr gerne ein Mädchen oder ein Junge seid. Schreibt dann eure Überlegungen auf kleine Zettel. Jede Aussage beginnt mit „… weil". Auf jedem Zettel soll nur eine Aussage stehen. Ihr könnt aber mehrere Zettel beschriften. Sammelt anschließend alle Zettel ein und mischt sie gut durch. Lest dann alle Aussagen vor. Welche Aussagen lassen sich eindeutig einem bestimmten Geschlecht zuordnen, welche treffen für beide zu? Sprecht über die verschiedenen Aussagen.

Fortpflanzung und Entwicklung des Menschen

2 Jungen entwickeln sich zu Männern

2.1 Das männliche Erscheinungsbild

Wenn man kleine Kinder beim Spielen beobachtet, kann man häufig nur vermuten, ob es sich um einen Jungen oder ein Mädchen handelt. Allerdings wird es dir bestimmt nicht schwer fallen, das Geschlecht von nackten Menschen zu erkennen. Die Geschlechtsorgane sind ein unverwechselbares Merkmal. Da dieses Merkmal von der Geburt an vorhanden ist, bezeichnet man es als **primäres Geschlechtsmerkmal.** Erst später unterscheiden sich Mann und Frau auch durch andere Merkmale.

Im Verlauf der Pubertät verändert sich der Körper des Jungen unter dem Einfluss von Hormonen. Betrachtest du die Abbildungen, dann fällt dir auf, dass sich die *Körperform* ändert. Die Schultern werden breiter, das Becken bleibt schmal. Die *Muskulatur* wird kräftiger. Ein weiteres Merkmal ist die zunehmende *Körperbehaarung*. Oberhalb des Glieds zeigen sich die ersten Schamhaare und etwas später wachsen die ersten Haare in den Achselhöhlen. Schließlich erscheint ein dünner Bartflaum auf der Oberlippe. Außerdem kann es bei manchen Jungen zu einer Behaarung von Brust, Rücken oder Bauch kommen.

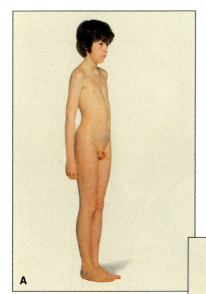

A

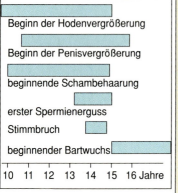

1 Entwicklung der Geschlechtsmerkmale bei Jungen

B

Während der Wachstumsphase vergrößert sich auch der Kehlkopf. Er wird als „Adamsapfel" sichtbar. Auch die Stimmbänder werden länger. Dies führt zum *Stimmbruch*. Während einiger Monate schlägt die hohe Kinderstimme immer wieder in eine tiefere Männerstimme um. So bildet sich die männliche Stimme heraus.

Diese Merkmale prägen das männliche Erscheinungsbild. Weil sie sich erst im Verlauf der Pubertät entwickeln, spricht man von **sekundären Geschlechtsmerkmalen.** Es ist vollkommen normal, dass sich diese Merkmale auch unter Gleichaltrigen zu verschiedenen Zeitpunkten entwickeln.

> Das männliche Erscheinungsbild wird durch kräftige Muskulatur, Körperbehaarung und Bartwuchs, die breiteren Schultern und die tiefere Stimme geprägt. Diese sekundären Geschlechtsmerkmale entwickeln sich während der Pubertät.

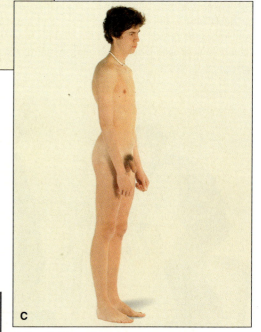

C

2 Entwicklung eines Jungen zum Mann.
A 11 Jahre; B 13 Jahre; C 16 Jahre

Fortpflanzung und Entwicklung des Menschen

2.2 Die männlichen Geschlechtsorgane

Während der Pubertät vergrößern sich die männlichen Geschlechtsorgane. Jungen bemerken, dass ihr **Penis** länger und der *Hodensack* größer wird. Im Hodensack befinden sich zwei **Hoden.** In ihnen werden täglich mehrere Millionen männliche Geschlechtszellen, die **Spermien,** gebildet. In den *Nebenhoden* werden sie gespeichert. Sind diese gefüllt, kann es zu einem Spermienerguss kommen. Dabei werden die Spermien zusammen mit Flüssigkeiten aus *Bläschendrüse* und *Vorsteherdrüse* in die Spermienleiter abgegeben. Diese münden in die Harn-Spermien-Röhre, durch die die Spermien ausgestoßen werden. Der erste Spermienerguss zeigt, dass ein Junge geschlechtsreif geworden ist. Er könnte jetzt ein Kind zeugen. Vorn am Penis befindet sich die *Eichel*. Sie reagiert sehr empfindlich auf Berührungen und ist deshalb durch die *Vorhaut* geschützt. Bei manchen Jungen wird die Vorhaut aus religiösen Gründen entfernt. Diesen Vorgang nennt man Beschneidung.

Im Normalzustand ist der Penis weich. Vor allem mit Beginn der Pubertät wird er häufiger steif. Das liegt daran, dass sich die Blutgefäße der *Schwellkörper* mit Blut füllen. Der Penis wird dicker und länger und richtet sich auf. Eine solche Gliedversteifung bezeichnet man als *Erektion*.

In der Pubertät kann es vorkommen, dass Jungen im Schlaf eine Erektion haben, die mit einem Spermienerguss verbunden sein kann. Auch durch Berührung der Geschlechtsorgane kann sich das Glied versteifen. Dies sind alles natürliche Vorgänge. Hierfür braucht sich niemand zu schämen.

Während der Pubertät vergrößern sich die männlichen Geschlechtsorgane. Durch den Einfluss von Hormonen bilden sich in den Hoden Spermien.

2 Hinweise zur Körperpflege.
Dusche dich täglich. Besonders die Achselhöhlen und die Füße solltest du dabei mit Seife reinigen.
Ziehe beim Waschen der Geschlechtsorgane die Vorhaut vorsichtig über die Eichel zurück. Wasche die talgähnlichen Ablagerungen ab, damit dort keine Entzündungen entstehen können.

1 Beschreibe den Weg der Spermien von den Hoden bis zum Spermienerguss.

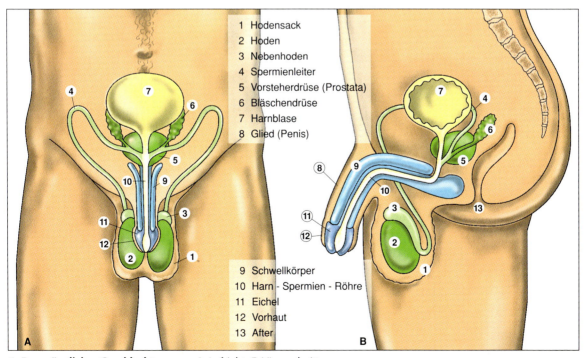

1 Hodensack
2 Hoden
3 Nebenhoden
4 Spermienleiter
5 Vorsteherdrüse (Prostata)
6 Bläschendrüse
7 Harnblase
8 Glied (Penis)
9 Schwellkörper
10 Harn - Spermien - Röhre
11 Eichel
12 Vorhaut
13 After

1 Bau männlicher Geschlechtsorgane. **A** *Aufsicht;* **B** *Längsschnitt*

3 Mädchen entwickeln sich zu Frauen

3.1 Das weibliche Erscheinungsbild

Die Pubertät beginnt bei Mädchen gewöhnlich früher als bei Jungen. Betrachtest du die Bildreihe, wirst du die Veränderungen der **primären Geschlechtsmerkmale,** der Geschlechtsorgane, allerdings nur schwer feststellen können. Die Entwicklung der Geschlechtsorgane läuft bei Mädchen vorwiegend im Innern des Körpers ab.

Deutlicher kannst du die äußerlich sichtbaren Veränderungen erkennen. Unter dem Einfluss von Hormonen entwickeln sich die **sekundären Geschlechtsmerkmale.** Die Mädchen bemerken zunächst Veränderungen an ihrer Figur. Das Becken wird breiter. Durch verstärkte Fetteinlagerungen in der Haut werden die Schenkel und die Hüften runder. Die Taille wirkt dadurch schmaler. Gleichzeitig beginnen die *Brüste* zu wachsen. Im Bereich der Geschlechtsorgane und in den Achselhöhlen zeigen sich feine Haare, die mit der Zeit stärker und krauser werden. Auch die Beschaffenheit der Haut verändert sich. Die Talgdrüsen produzieren mehr Fett als vorher. Dadurch können Pickel entstehen. Wer zu Pickeln neigt, sollte sich mit entzündungshemmenden Mitteln und viel warmem Wasser waschen und auf fette Speisen, scharfe Gewürze und Süßigkeiten möglichst verzichten.

Nicht alle Mädchen sind glücklich, wenn sie feststellen, dass sich ihr Körper äußerlich sichtbar verändert. Sie fühlen sich zu dick oder zu dünn, zu groß oder zu klein, zu wenig „fraulich" oder viel zu rund. Dies ist ein ganz natürliches Gefühl während der Pubertät. Mädchen müssen sich an ihren fraulicheren Körper erst gewöhnen.

Viele Mädchen wünschen sich in dieser Zeit einen ungestörten eigenen Bereich. Diesem Wunsch sollte von den Eltern, den Geschwistern und allen weiteren Personen im Umfeld eines Mädchens Verständnis entgegengebracht werden.

> Während der Pubertät bilden sich auch bei Mädchen die sekundären Geschlechtsmerkmale heraus. Es sind die Brüste, die runderen Schenkel und Hüften und das breitere Becken.

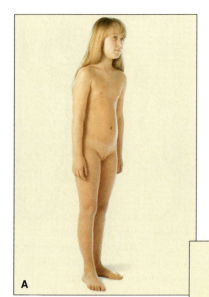

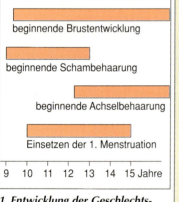

1 Entwicklung der Geschlechtsmerkmale bei Mädchen

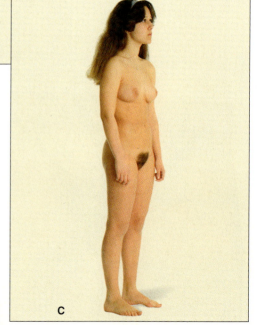

2 Entwicklung vom Mädchen zur Frau.
A Mädchen; **B** Jugendliche; **C** Frau

Fortpflanzung und Entwicklung des Menschen

3.2 Die weiblichen Geschlechtsorgane

Von den weiblichen Geschlechtsorganen sind äußerlich meist nur die *großen Schamlippen* mit den Schamhaaren sichtbar. Darunter liegen die *kleinen Schamlippen*. Sie umschließen den Kitzler, auch *Klitoris* genannt, die Harnröhrenöffnung und die Scheidenöffnung. Diese ist – bis auf eine kleine Öffnung – durch eine dünne Hautschicht, das Jungfernhäutchen, verschlossen. Scheide und After sind durch eine Muskelschicht, den Damm, getrennt.

Die **Scheide** ist eine etwa 10 cm lange Röhre. Sie führt zu den inneren Geschlechtsorganen, die im Becken liegen. Bei der Geburt wird das Kind durch diese Röhre, die stark dehnbar ist, hindurchgepresst. Am oberen Ende der Scheide befindet sich die muskulöse **Gebärmutter**. Sie ist mit der Gebärmutterschleimhaut ausgekleidet. Während einer Schwangerschaft entwickelt sich hier das Kind. In den oberen Teil der Gebärmutter münden die beiden Eileiter, an deren anderem Ende sich die Eierstöcke befinden. Die Eierstöcke haben etwa die Größe einer Walnuss. In ihnen befinden sich von Geburt an über 200 000 mikroskopisch kleine **Eizellen**. Es sind die weiblichen Geschlechtszellen. Jeden Monat reift abwechselnd im linken und rechten Eierstock eine Eizelle heran. Sie entwickelt sich in einem *Eibläschen*. Nach etwa 14 Tagen platzt das Eibläschen und entlässt die Eizelle in die trichterförmige

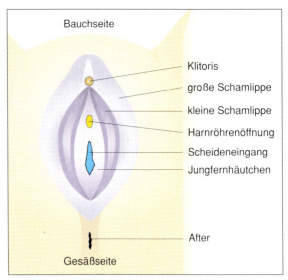

2 Die äußeren Geschlechtsorgane

Öffnung des Eileiters. Dieser Vorgang heißt *Eisprung*. Nachdem er zum ersten Mal stattgefunden hat, könnte ein Mädchen Kinder bekommen. Im Lauf von drei bis vier Tagen wird die Eizelle durch den Eileiter in die Gebärmutter transportiert. Dort hat sich indessen die Gebärmutterschleimhaut verdickt. Sie ist jetzt weich und stark durchblutet. Ein Kind könnte sich jetzt darin

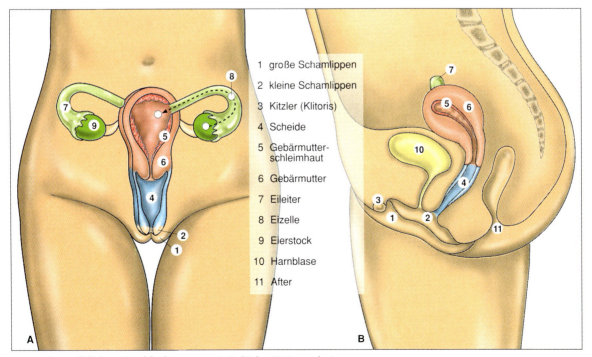

1 Bau der weiblichen Geschlechtsorgane. A Aufsicht; B Längsschnitt

Fortpflanzung und Entwicklung des Menschen

entwickeln. Wird die Eizelle nach dem Eisprung nicht befruchtet, stirbt sie ab. Die Gebärmutterschleimhaut kann nun ihre Aufgabe nicht mehr erfüllen und löst sich deshalb etwa zwei Wochen nach dem Eisprung ab. Dabei werden Blut und Schleimhautreste durch die Scheide abgegeben. Diesen Vorgang nennt man Regelblutung oder **Menstruation.** Sie dauert etwa 4–5 Tage. Unmittelbar danach reift wieder eine Eizelle heran und der Vorgang beginnt von neuem. Man spricht deshalb auch von einem *Menstruationszyklus.* Die Zeitabstände zwischen zwei Monatsblutungen können bei jungen Mädchen noch sehr unregelmäßig sein.

Von den weiblichen Geschlechtsorganen sind äußerlich nur die großen Schamlippen zu sehen. Die inneren Geschlechtsorgane liegen im Becken. Sie nehmen in der Pubertät unter dem Einfluss von Hormonen ihre Aufgabe auf. Dies wird an der monatlich wiederkehrenden Menstruation erkennbar.

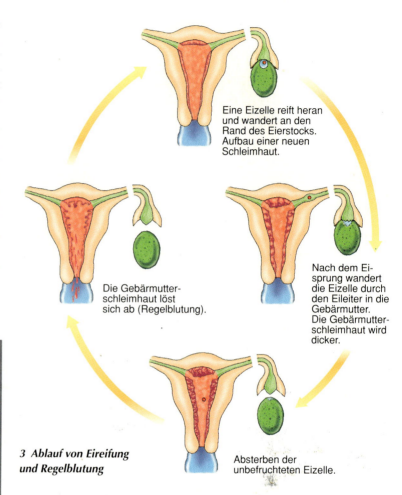

3 *Ablauf von Eireifung und Regelblutung*

4 *Körperpflege der Frau*

Fortpflanzung und Entwicklung des Menschen

4 Schwangerschaft und Geburt

Wenn sich eine Frau und ein Mann lieben, entsteht meist der Wunsch, „miteinander zu schlafen". Mit diesen Worten umschreibt man häufig den Geschlechtsverkehr. Dabei wird das steife Glied des Mannes in die Scheide der Frau eingeführt. Kommt es dort zu einem Spermienerguss, bewegen sich die Spermien von der Scheide durch die Gebärmutter in die beiden Eileiter.

Treffen die Spermien dort auf eine reife Eizelle dringt eines von ihnen in die Eizelle ein. Die Kerne der beiden Zellen wandern nun aufeinander zu und verschmelzen miteinander. Diesen Vorgang nennt man **Befruchtung.** Anschließend wird die befruchtete Eizelle durch die Bewegung von Flimmerhärchen des Eileiters in die Gebärmutter befördert. Etwa eine Woche nach der Befruchtung nistet sich die Eizelle, die sich bis dahin bereits mehrfach geteilt hat, in der Gebärmutterschleimhaut ein. Damit beginnt die **Schwangerschaft.**

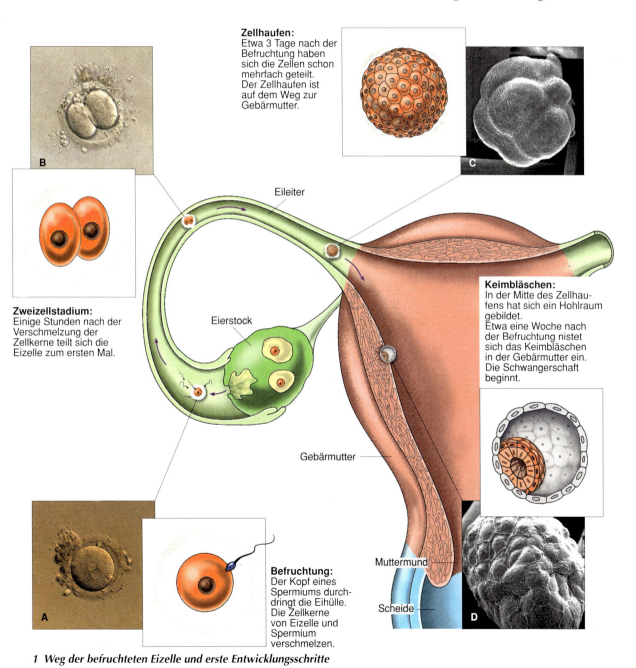

Zellhaufen: Etwa 3 Tage nach der Befruchtung haben sich die Zellen schon mehrfach geteilt. Der Zellhaufen ist auf dem Weg zur Gebärmutter.

Zweizellstadium: Einige Stunden nach der Verschmelzung der Zellkerne teilt sich die Eizelle zum ersten Mal.

Keimbläschen: In der Mitte des Zellhaufens hat sich ein Hohlraum gebildet. Etwa eine Woche nach der Befruchtung nistet sich das Keimbläschen in der Gebärmutter ein. Die Schwangerschaft beginnt.

Befruchtung: Der Kopf eines Spermiums durchdringt die Eihülle. Die Zellkerne von Eizelle und Spermium verschmelzen.

1 Weg der befruchteten Eizelle und erste Entwicklungsschritte

Fortpflanzung und Entwicklung des Menschen

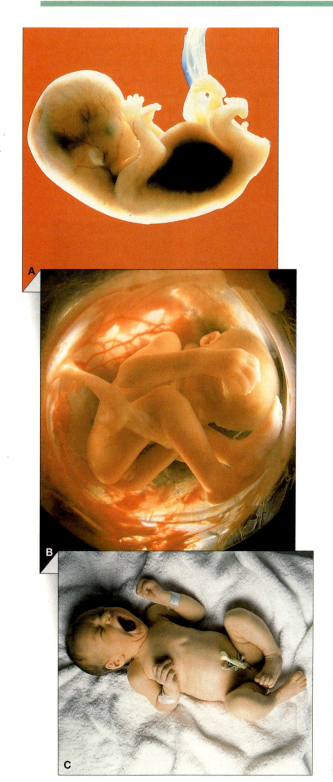

Das Kind wächst nun in der Gebärmutter heran. Zunächst kann man in dem jungen Keim, dem **Embryo,** nur schwer ein menschliches Wesen erkennen. Doch schon innerhalb der ersten 8 Wochen werden alle Organe angelegt. Die Frau erkennt jetzt am Ausbleiben ihrer Regelblutung, dass sie schwanger ist.

Vom 3. Monat an wird der Keim **Fetus** genannt. Alle Organe sind schon ausgebildet und nehmen an Größe zu. Bis zur Geburt schwimmt er in der *Fruchtblase*, die mit *Fruchtwasser* gefüllt ist. Dieses schützt den Fetus vor Erschütterungen und ermöglicht ihm Bewegungsfreiheit. Ab dem 5. Monat kann die Mutter bereits erste Bewegungen des Kindes spüren. Das Kind wird von der Mutter über die *Nabelschnur* versorgt. Die Nabelschnur beginnt am Bauch des Kindes und endet im *Mutterkuchen*. So werden vom Mutterkuchen Nährstoffe und Sauerstoff in den Körper des Kindes transportiert. Gleichzeitig werden über die Nabelschnur Kohlenstoffdioxid und andere Abfallstoffe in den Mutterkuchen und damit in die Blutbahn der Mutter geleitet. Die Mutter scheidet diese Stoffe dann aus. Bei diesem *Stoffaustausch* können auch Nikotin, Alkohol und die Erreger der *Röteln* in das Blut des Kindes gelangen und den Fetus schädigen. Mädchen in der Pubertät wird deshalb eine *Rötelnschutzimpfung* empfohlen.

Nach 9 Monaten ist die Entwicklung des Kindes im Mutterleib abgeschlossen. Es ist jetzt etwa 50 cm lang. Die **Geburt** kündigt sich durch *Wehen* an. Dabei ziehen sich die Muskeln der Gebärmutter immer wieder zusammen und verursachen der Mutter Schmerzen. Schließlich platzt die Fruchtblase und das Fruchtwasser fließt heraus. Die eigentliche Geburt beginnt mit dem Erscheinen des Köpfchens. Jetzt hilft die Hebamme, die Ärztin oder der Arzt. Sobald das Kind die Scheide verlassen hat, beginnt es selbstständig zu atmen. Ein paar Minuten nach der Geburt wird die Nabelschnur einige Zentimeter vor dem Bauch des Kindes an zwei Stellen abgeklemmt und durchtrennt. Diesen Vorgang nennt man **Abnabelung.** Aus dem Fetus ist ein **Säugling** geworden.

> Bei der Befruchtung verschmelzen eine Eizelle und ein Spermium. Mit dem Einnisten der befruchteten Eizelle in der Gebärmutterschleimhaut beginnt die Schwangerschaft. Der Geburtsvorgang beginnt mit dem Einsetzen der Wehen. Nach der Geburt wird das Kind abgenabelt.

2 Entwicklung eines Kindes
A Embryo, etwa 9 Wochen alt; B Fetus, 25. Woche;
C Neugeborenes mit abgeklemmter Nabelschnur

1 Ordne die Pinnzettel auf der Seite 177 den Abbildungen zu.

Fortpflanzung und Entwicklung des Menschen

VERHÜTUNGSMITTEL

Pinnwand

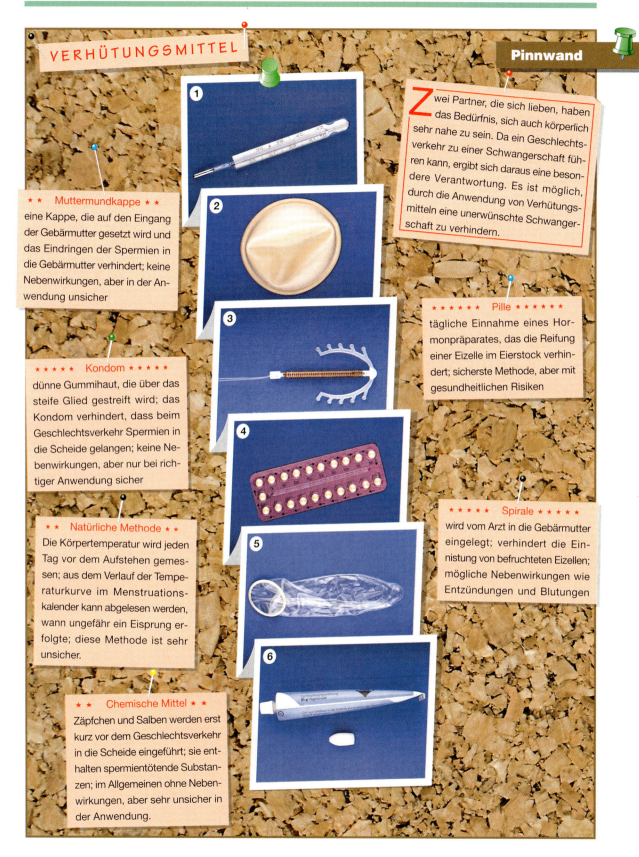

Zwei Partner, die sich lieben, haben das Bedürfnis, sich auch körperlich sehr nahe zu sein. Da ein Geschlechtsverkehr zu einer Schwangerschaft führen kann, ergibt sich daraus eine besondere Verantwortung. Es ist möglich, durch die Anwendung von Verhütungsmitteln eine unerwünschte Schwangerschaft zu verhindern.

★★ **Muttermundkappe** ★★
eine Kappe, die auf den Eingang der Gebärmutter gesetzt wird und das Eindringen der Spermien in die Gebärmutter verhindert; keine Nebenwirkungen, aber in der Anwendung unsicher

★★★★★ **Pille** ★★★★★★
tägliche Einnahme eines Hormonpräparates, das die Reifung einer Eizelle im Eierstock verhindert; sicherste Methode, aber mit gesundheitlichen Risiken

★★★★★ **Kondom** ★★★★★
dünne Gummihaut, die über das steife Glied gestreift wird; das Kondom verhindert, dass beim Geschlechtsverkehr Spermien in die Scheide gelangen; keine Nebenwirkungen, aber nur bei richtiger Anwendung sicher

★★★★★ **Spirale** ★★★★★
wird vom Arzt in die Gebärmutter eingelegt; verhindert die Einnistung von befruchteten Eizellen; mögliche Nebenwirkungen wie Entzündungen und Blutungen

★★ **Natürliche Methode** ★★
Die Körpertemperatur wird jeden Tag vor dem Aufstehen gemessen; aus dem Verlauf der Temperaturkurve im Menstruationskalender kann abgelesen werden, wann ungefähr ein Eisprung erfolgte; diese Methode ist sehr unsicher.

★★ **Chemische Mittel** ★★
Zäpfchen und Salben werden erst kurz vor dem Geschlechtsverkehr in die Scheide eingeführt; sie enthalten spermientötende Substanzen; im Allgemeinen ohne Nebenwirkungen, aber sehr unsicher in der Anwendung.

Fortpflanzung und Entwicklung des Menschen

5 Ein Säugling entwickelt sich zum Kleinkind

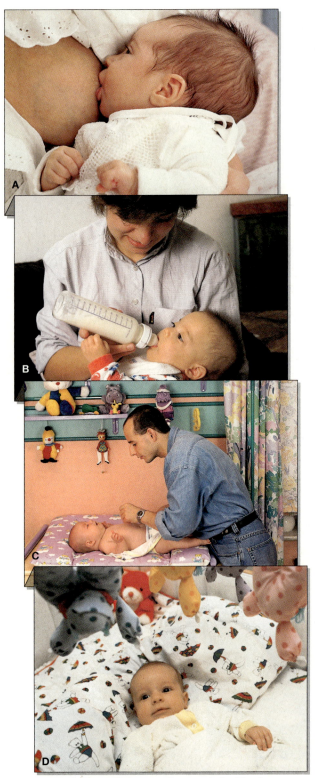

1 **Säugling. A** Stillen; **B** Ernährung mit der Flasche; **C** Wickeln; **D** aufmerksames Betrachten der Umwelt

Marion fühlt sich genervt. Schon wieder schreit ihr Brüderchen. Der Vater beruhigt sie und erklärt ihr: „Dein Bruder kann uns noch nicht sagen, was ihm fehlt. Schließlich ist er gerade erst zwei Monate alt. Vielleicht ist seine Windel zu nass." „Oder er hat Hunger", ruft die Mutter aus dem Wohnzimmer. „Ich mache es mir für das Stillen schon bequem. Bringt ihr mir den Kleinen?" Marion nimmt den Kleinen vorsichtig aus dem Bettchen und trägt ihn, während sie seinen Hinterkopf mit der Hand stützt, zur Mutter. Sie legt den Säugling an die Brust und er beginnt zu saugen. Bei diesem **Stillen** ist er nun zufrieden und still.

Flaschenmilch sollte der Säugling am Anfang seines Lebens nur bekommen, wenn sich in der Brust der Mutter nicht genügend Milch bildet. Die beste Babynahrung ist nämlich die Muttermilch, da sie alle wichtigen Nährstoffe und Abwehrstoffe gegen Krankheiten enthält. Beim *Stillen* wird das Bedürfnis des Kindes nach Zuwendung und Sicherheit befriedigt. Durch diese enge Beziehung wird die Mutter zur *Bezugsperson* des Kindes. Doch auch der Vater entwickelt ein inniges Verhältnis zum Kind, wenn er sich von Anfang an um den Säugling kümmert. Die Sicherheit und Geborgenheit in der Familie fördert die seelische Entwicklung des Kindes.

In den ersten Lebensmonaten des Säuglings entwickeln sich seine **Wahrnehmung,** die **Körperhaltung** und die **Fortbewegung** sehr schnell. Schon kurz nach der Geburt kann der Säugling Helligkeit, einfache Formen und Bewegungen wahrnehmen. Zum Erkennen von Gesichtsumrissen und groben Mustern reicht die Sehfähigkeit bereits im zweiten Lebensmonat. Vier bis acht Wochen später erkennt das Baby die Eltern. Am Anfang löst noch jeder Blickkontakt mit verschiedenen Personen Lächeln beim Baby aus. Später, nach dem achten Monat, werden fremde Gesichter oft abgelehnt. Man sagt dann, das Kind „fremdelt". Gegenstände werden hingegen mit großer Ausdauer betrachtet.

Nach einem Monat kann ein Baby seinen Kopf heben, wenn es auf dem Bauch liegt. Den Oberkörper kann es nach zwei Monaten aufrichten. Im sechsten Monat dreht sich das Baby bereits auf den Rücken und beginnt mit den Füßen zu spielen. In der Regel kann es ohne fremde Hilfe sitzen. Dann kommt die Zeit, in der das Baby versucht sich an Möbeln hochzuziehen. Mit zehn Monaten können die meisten Babys schon krab-

Fortpflanzung und Entwicklung des Menschen

beln. Im Alter von etwas über einem Jahr laufen viele Kinder schon allein. Treppen steigen lernen die Kinder in der Regel erst im dritten Lebensjahr. Im vierten Jahr üben sie das Hüpfen auf einem Bein. Hierfür müssen sie ihren Gleichgewichtssinn trainieren.

Unsere **Sprache** erlernen die Kinder allmählich, indem sie die aufgenommenen Wörter nachsprechen. Zuerst bringen die Kinder aber nur Laute hervor. Nach etwa sechs Monaten gelingen ihnen doppelte Silben („dada"). Fast ein Jahr braucht das Kind, bis es das erste Wort formuliert. Danach folgt die so genannte Zweiwortphase („Auto da"). Die Erwachsenensprache wird nun eifrig nachgeahmt.

Marions Brüderchen hatte mit fast vier Jahren schon viel zu erzählen. Besonders auffällig war, dass das Kind immer wieder Wörter wiederholte oder Wörter beim Aussprechen in die Länge zog. Marion war das gegenüber ihren Freundinnen ein bisschen unangenehm. „Was ist mit meinem Bruder los?", fragte Marion ihre Mutter. „Keine Sorge", sagte sie, „ich vermute, das ist das Stottern, das zwischen dem dritten und vierten Lebensjahr für kurze Zeit auftreten kann. Wenn es nicht bald aufhört, gehen wir natürlich zum Arzt."

Kleinkinder spielen sehr gerne. Sie lernen dabei viel Neues. Im **Spiel** ahmen sie die Welt der Erwachsenen nach, trainieren Bewegungen und erlernen auch den Umgang mit anderen Kindern. Kinder müssen lernen sich durchzusetzen, den anderen aber auch mal vorzulassen oder mit anderen Kindern zu teilen.

Für jede Altersstufe gibt es spezielle Spiele zu kaufen. Jedoch zeigt die Erfahrung, dass sich Kinder selbst die Spiele aussuchen, die sie für ihre aktuelle Entwicklung brauchen. Oft sind es nicht die gekauften Spielsachen, sondern die Dinge im Haushalt, die für sie interessant sind. Die Kleinkinder erobern sich so die Welt der Erwachsenen.

> Ernährung, Körperpflege, Zuwendung und Zärtlichkeit sind für die Entwicklung eines Säuglings sehr wichtig. Die Entwicklung des Kindes verläuft im ersten Lebensjahr besonders schnell.

1 Beschreibe anhand der Fotos die körperliche Entwicklung des Säuglings zum Kleinkind.
2 Welche Bedeutung hat das Stillen für den Säugling?
3 Welche Bedeutung haben Eltern und Geschwister für die Entwicklung des Kindes?

2 Entwicklung des Kindes. A Schlafen mit einem Monat; B Abstützen und Kopf heben mit sechs Monaten; C Stehen mit einem Jahr; D Spielen mit zwei Jahren

Fortpflanzung und Entwicklung des Menschen

Mädchen belästigt!

„Essen – Von einem Unbekannten wurde am Montagnachmittag eine 11-jährige Schülerin belästigt, als sie von der Schule nach Hause ging. In der Gartenstraße merkte sie, dass ihr ein Mann folgte. Direkt nach der Unterführung hielt er das Mädchen am Arm fest und berührte es unsittlich. Als die Elfjährige schrie und sich wehrte, ließ der Mann sie los und flüchtete …"

1 Bericht aus einer Tageszeitung

2 Deutliche Ablehnung

? Hier findest du Hilfe:
Deutscher Kinderschutzbund, Jugendamt, Frauenzentren, Mädchentreffs, Nottelefon für Kinder und Frauen, Pro Familia, Telefonseelsorge, … Die Telefonnummern stehen im Telefonbuch.

1 Betrachte die Abb. 2. Nenne weitere Möglichkeiten um Ablehnung auszudrücken.

6 Dein Körper gehört dir!

Schlagzeilen wie in dem nebenstehenden Zeitungsartikel findet man immer wieder in Tageszeitungen. Meist gehen die Mädchen nach so einem schrecklichen Erlebnis mit ihren Eltern zur Polizei und zeigen den Täter an. Zeitungsreporter greifen dann diese Vorfälle auf und berichten darüber. Doch solche Vorfälle sind trotz allem eher Einzelfälle. Zwar sind es fast immer Männer, die Mädchen oder manchmal auch Jungen belästigen oder sexuell missbrauchen, aber nur selten ist es ein ganz fremder Mann. Viel öfter sind es Männer, die die Mädchen und Jungen kennen. Das können andere Jungen aus der eigenen Schule sein, ein Mann aus der Nachbarschaft oder sogar jemand aus der eigenen Familie. Meistens ist der Tatort auch nicht ein dunkler Park oder eine abgelegene Straße, sondern eine vertraute Wohnung und sehr häufig ist gar keine brutale Gewalt im Spiel.

Mädchen und Jungen, die sexuell missbraucht werden, wissen häufig nicht, wie sie sich verhalten sollen. Oft glauben sie, dass es nur ihnen so geht und sie geben sich sogar noch selber die Schuld. Sie trauen sich nicht, darüber zu reden, denn sie haben Angst, dass ihnen niemand glaubt. Häufig müssen sie auch versprechen, niemand etwas über dieses „Geheimnis" zu erzählen. Doch es ist sehr wichtig, darüber zu reden. Wenn sich keine Vertrauensperson zum Reden finden lässt, gibt es andere Stellen, wo Mädchen und Jungen alleine hingehen und sich aussprechen können, wo ihnen geglaubt wird.

Berührungen und Zärtlichkeiten können schöne Gefühle auslösen. Wenn sie aber unangenehm sind oder komische Gefühle auslösen, dann solltest du folgendes wissen:

- Dein Körper gehört dir! Du hast das Recht zu bestimmen, wer dich anfassen darf und wer nicht!

- Du hast das Recht, alle Zärtlichkeiten und Berührungen, die du nicht magst, sehr deutlich abzulehnen!

- Du hast das Recht, unheimliche, merkwürdige oder unangenehme Geheimnisse zu erzählen, auch wenn du versprochen hast, es nicht zu tun!

> Jedes Kind darf selber bestimmen, wo und wie es angefasst werden möchte. Wenn Mädchen und Jungen sexuell belästigt oder missbraucht werden, sollten sie darüber reden, auch wenn es ihnen verboten wurde.

Fortpflanzung und Entwicklung des Menschen

Mein Körper gehört mir!

Übung

A1 Was können sie tun?

Beispiel 1:
Auf dem Weg zur Schule nähert sich Anna von hinten ein Mann und fasst sie am Arm an. Sie hatte schon länger bemerkt, dass er ihr folgte. Was sollte sie tun?

1 Was könnte Anna sagen?

Beispiel 2:
Irgendwie mag Julia ihren Onkel Peter. Er ist witzig und unternimmt immer wieder tolle Sachen mit ihr. Wenn nur eins nicht wäre: Zum Abschied nimmt er sie immer ganz fest in die Arme, tätschelt ihren Po und gibt ihr einen dicken, feuchten Kuss. Sie traut sich nicht ihm zu sagen, dass ihr das alles unangenehm ist. Würde er dann noch mit ihr weggehen?

a) Was können Anna und Julia tun? Überlegt euch verschiedene Lösungsmöglichkeiten für beide Situationen.
b) Tragt die Lösungsmöglichkeiten in der Klasse vor und vergleicht sie miteinander. Stimmt darüber ab, welche ihr für die beste haltet.

A2 Weitererzählen oder nicht?

Geheimnisse können der Anlass für gute oder schlechte Gefühle sein. Wann darf man sie weitererzählen?

Geheimnis 1:
Leyla (12) hat Marion (15) und Ellen (16) dabei beobachtet, wie sie im Supermarkt 4 CDs geklaut haben. Am nächsten Tag in der Schule verschenken die beiden Mädchen die CDs, um ihre Großzügigkeit zu beweisen. Mehmet, Leylas älterer Bruder, erhält auch eine und erzählt zu Hause ganz stolz davon.

Geheimnis 2:
Kai erzählt Uwe von einem Mädchen aus der 6b, das er ganz toll findet. Kai bittet Uwe, keinem Menschen etwas davon zu erzählen.

Geheimnis 3:
Der Freund von Anjas Vater will Anja, wenn sie alleine sind, immer streicheln und küssen obwohl Anja das nicht mag. Er sagt ihr, dass sie niemand etwas davon erzählen darf, das wäre ihr gemeinsames Geheimnis.

a) Welches Geheimnis sollte man weitererzählen, welches nicht? Begründe.
b) Wer wäre der jeweils geeignete Ansprechpartner? Mache Vorschläge.

A3 Gefühle haben – Gefühle zeigen

Die einen machen lachend einen Luftsprung, die andern klatschen begeistert in die Hände; wieder andere strahlen über das ganze Gesicht, manche weinen sogar! Du weißt sicher, von welchem Gefühl die Rede ist: vom Glücklichsein! Wenn wir traurig oder wütend sind, verhalten wir uns ganz anders. Manche Menschen verstecken ihre Gefühle. Sie denken, es wäre eine Schwäche, sie zu zeigen. Doch das Gegenteil ist richtig: Wir müssen unsere eigenen Gefühle und die anderer Menschen ernst nehmen, um miteinander leben zu können, ohne krank zu werden.

a) Stellt Gefühle pantomimisch dar und lasst eure Mitschüler raten, welche ihr meint.

b) Fertigt eine Collage mit Bildern aus Zeitschriften, die Gefühle ausdrücken.

Fortpflanzung und Entwicklung des Menschen

Übung

A 4 Gefühle erkennen – Gefühle achten

a) Betrachte die Bilder und überlege dir: Was könnten die Betroffenen fühlen? Wie heißen die Gefühle? Woran erkennst du diese Gefühle? Was könnte jeweils passiert sein?

Fortpflanzung und Entwicklung des Menschen

Prüfe dein Wissen

A1 Welches der aufgelisteten Merkmale gehört nicht zu den sekundären Geschlechtsmerkmalen des Mannes?
a) breite Schultern
b) Bartwuchs
c) Hoden
d) tiefe Stimme

A2 Welches der aufgelisteten Merkmale gehört nicht zu den sekundären Geschlechtsmerkmalen der Frau?
a) Brüste
b) Scheide
c) breites Becken
d) runde Schenkel und Hüften

A3 Entscheide, welche Aussagen richtig sind.
a) Während der Pubertät entstehen die männlichen Geschlechtsorgane.
b) Die Eichel ist durch die Vorhaut geschützt.
c) In den Nebenhoden werden die Spermien gebildet.
d) Wenn sich die Schwellkörper mit Blut füllen, kommt es zu einer Erektion.
e) Bei einem Spermienerguss werden Spermien durch die Harn-Spermien-Röhre ausgestoßen.

A4 Entscheide, welche Aussagen richtig sind.
a) Die Gebärmutter gehört zu den weiblichen Geschlechtsorganen.
b) Am oberen Ende der Scheide befinden sich die Eierstöcke.
c) Die Schamhaare wachsen auf den kleinen Schamlippen.
d) Die Eizellen befinden sich in den Eierstöcken.

A5 Die Abbildung zeigt einen Vorgang während des Menstruationszyklusses.

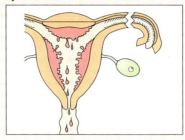

a) Wie heißt dieser Vorgang?
b) Beschreibe den Vorgang. Benutze dazu folgende Begriffe: Eisprung, Eizelle, Eierstock, Eileiter, wird nicht befruchtet, Gebärmutter, Gebärmutterschleimhaut, Absterben der Eizelle, Ablösung der Gebärmutterschleimhaut.

A6 Auf der Abbildung siehst du ein Verhütungsmittel.

a) Wie heißt das Verhütungsmittel?
b) Wie wird es verwendet?

A7 Entscheide, welche Aussagen richtig sind.
a) Eine Schwangerschaft dauert in der Regel acht Monate.
b) Bei der Befruchtung verschmelzen die Zellkerne einer Eizelle und einer Samenzelle.
c) Mit dem Einnisten der befruchteten Eizelle in der Gebärmutterschleimhaut beginnt die Schwangerschaft.
d) Das Kind wird von der Mutter über die Nabelschnur versorgt.
e) Der Geburtsvorgang beginnt mit dem Einsetzen der Wehen.
f) Die eigentliche Geburt beginnt mit dem Erscheinen des Köpfchens. Diesen Vorgang nennt man auch Abnabelung.

A8 Ein Säugling entwickelt sich zum Kleinkind.

a) Beschreibe, was du auf der Abbildung siehst.
b) Erkläre die Aussage: „Flaschensäuglingsnahrung sollte der Säugling nur bekommen, wenn sich in der Brust der Mutter nicht genügend Milch bildet."

c) Wie alt etwa ist das Kind auf der Abbildung?
d) Was können die meisten Kinder, die etwa ein Jahr alt sind?

Bau und Leistungen der Blütenpflanzen

1 Blühendes Rapsfeld

1 Der Aufbau von Blütenpflanzen

1.1 Blütenpflanzen zeigen einen Grundbauplan

Im Frühjahr blüht auf vielen Feldern der Raps. Du erkennst die Rapspflanzen leicht an den gelben Blüten. Zur Zeit der Rapsblüte blühen auch andere Pflanzen wie zum Beispiel die Heckenrose und die Rosskastanie. Pflanzen, die Blüten ausbilden, nennt man *Blütenpflanzen*. Haben Blütenpflanzen außer Blüten noch weitere gemeinsame Merkmale?
Betrachten wir eine Rapspflanze genauer. Dazu ziehen wir sie aus dem Boden. Deutlich ist die **Wurzel** zu sehen. Sie besteht aus einer pfahlförmigen *Hauptwurzel* und kurzen *Seitenwurzeln*. Die oberirdischen Pflanzenteile bilden den **Spross**. Darunter verstehen wir die Sprossachse mit den Blättern. Die Sprossachse heißt bei *krautigen Pflanzen* wie dem Raps auch *Stängel*. Ist der Stängel verholzt, spricht man von einem *Stamm*. Dies ist bei den *Holzgewächsen* wie der Heckenrose und der Rosskastanie der Fall. Bei der Rosskastanie kann der Stamm sehr dick werden. Er ist lang und trägt die Krone mit den Ästen und Zweigen, an denen sich Blätter und Blüten entwickeln. Eine solche Wuchsform bezeichnet man als *Baum*. Die Heckenrose hingegen ist ein *Strauch:* Von einem sehr kurzen Hauptstamm entspringen kurz über dem Boden viele Seitenstämmchen.

> Alle Blütenpflanzen zeigen einen gemeinsamen Bauplan aus Spross und Wurzel. Je nach der Wuchsform unterscheidet man krautige Pflanzen, Sträucher und Bäume.

2 Rapspflanze (Bauplan)

1 Nach einem Sturm wurden Fichten entwurzelt, Kiefernstämme abgeknickt. Erläutere diese Beobachtungen. Nimm auch die Pinnwand Seite 185 zu Hilfe.

Bau und Leistungen der Blütenpflanzen

1 Wasserverdunstung bei der Buntnessel.
A Versuchsaufbau; B nach einem Tag

2 Wasserleitung im Stängel. Die Pflanze (Springkraut) steht in einer Farbstofflösung (rote Tinte).

1.2 Pflanzenorgane erfüllen bestimmte Aufgaben

Als Lena ihre Zimmerpflanzen auf der Fensterbank goss, machte sie eine Entdeckung: Ein Blatt des Weihnachtssterns berührte mit der Unterseite die kalte Fensterscheibe. An dieser Stelle war die Scheibe nass. Auch die Blattunterseite fühlte sich feucht an. Können Pflanzen über ihre Blätter „schwitzen"?

Untersucht man die Unterseite eines **Blattes** mit einem Mikroskop, sieht man kleine spaltförmige Öffnungen. Jede *Spaltöffnung* setzt sich aus zwei bohnenförmigen, grün gefärbten Schließzellen zusammen, zwischen denen ein winziger Spalt liegt. Die Schließzellen können ihre Form verändern und somit den Spalt öffnen oder schließen. Dieser Vorgang hängt auch vom Licht und von der Feuchtigkeit der Umgebung ab. Über die Spaltöffnung kann die Pflanze Luft und auch Wasserdampf austauschen. Trifft nun der abgegebene Wasserdampf – wie bei Lenas Zimmerpflanze – auf eine kalte Fensterscheibe, verdichtet er sich dort zu kleinen Wassertropfen. Eine solche Verdunstung über die Blätter nennt man Transpiration. Da die Pflanzen ständig Wasser verdunsten, muss es aus dem Boden nachgeliefert werden. Daher gießt Lena ihre Zimmerpflanzen regelmäßig.

An einem Blattquerschnitt kann man grün gefärbte Zellen erkennen, zwischen denen Blattadern liegen. In den grün gefärbten Zellen bildet die Pflanze aus Kohlenstoffdioxid und Wasser den Nährstoff Traubenzucker, der zu Stärke umgewandelt wird. Dazu benötigt sie den grünen Blattfarbstoff Chlorophyll und Sonnenlicht. Dieser Vorgang heißt **Fotosynthese.** Außerdem wird hierbei Sauerstoff gebildet, den die Pflanze über die Spaltöffnungen abgibt.

Über die Blattadern wird dem Blatt Wasser zugeführt. Blattadern sind Bündel von kleinen dünnen Röhrchen. Man spricht von **Leitbündeln.** Diese führen durch die **Sprossachse** bis in die Wurzelspitze. Die Wasser leitenden Röhrchen in einem Leitbündel heißen *Gefäße*. Den Wassertransport kann man in durchscheinenden Sprossachsen wie beim Springkraut mit bloßem Auge verfolgen. Dazu stellt man einen abgeschnittenen Stängel in eine wässerige Farbstofflösung. Die Farbstoffteilchen werden dann im Stängel mittransportiert.

Ihren Ursprung haben die Leitbündel in den Wurzelspitzen der Wurzeln. **Wurzeln** verankern die Pflanze im Erdboden. Jede Wurzelspitze ist von einem zarten Haarflaum umgeben. Mit diesen *Wurzelhaaren* nimmt die Pflanze Wasser aus dem Boden auf. Somit bilden die Gefäße vom Wurzelhaarbereich bis zu den Blättern ununterbrochene „Rohrleitungen".

> Die Organe der Pflanze haben verschiedene Aufgaben: Die Wurzel dient der Verankerung im Boden und der Aufnahme von Wasser. Die Sprossachse leitet das Wasser in die Blätter. Die grünen Blätter betreiben Fotosynthese und sorgen für die Transpiration.

Bau und Leistungen der Blütenpflanzen

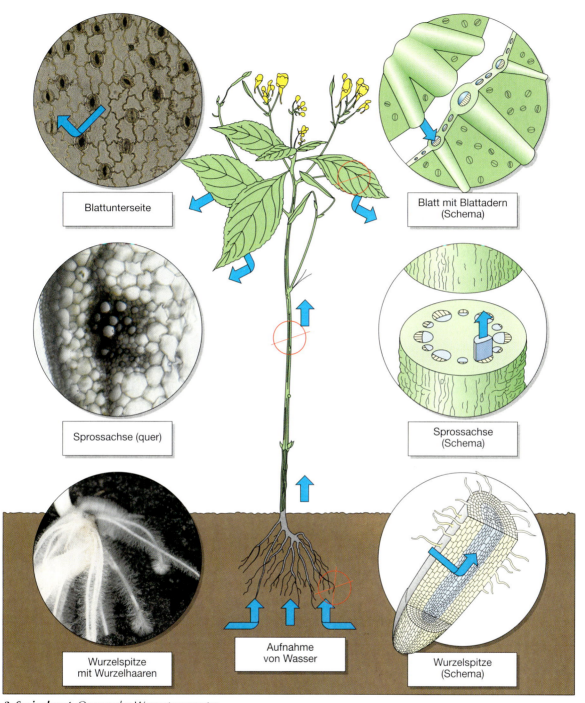

3 **Springkraut.** *Organe des Wassertransportes*

1 Beschreibe den Versuch zur Wasserverdunstung bei der Buntnessel in Abbildung 1.
Erläutere die Beobachtung in B.
2 Was geschieht an den Spaltöffnungen?

Bau und Leistungen der Blütenpflanzen

Streifzug durch die Geschichte und die Chemie

Fotosynthese

1 Versuche von PRIESTLEY

Im Jahre 1771 untersuchte Joseph PRIESTLEY (1733–1804) die Rolle der Luft bei Verbrennungen. Dazu stellte er in einem Wassertrog zwei Glasglocken so auf, dass sie mit dem Wasser luftdicht abschlossen. In die Glasglocken brachte er brennende Kerzen: Nach einiger Zeit erloschen die Flammen. Die Luft war „verbraucht" worden. Nun führte PRIESTLEY in eine der beiden Glasglocken eine Pfefferminzpflanze ein. Zu seinem Erstaunen wuchs sie zu einer stattlichen Pflanze heran. Nach etwa einem Monat führte er erneut brennende Kerzen in die beiden Glasglocken: In der unverändert gebliebenen Glocke erlosch die Kerzenflamme sofort, in der Glasglocke mit der Minze hingegen brannte sie weiter. Die Pflanze hatte also die „verbrauchte" Luft „verbessert".

In einem anderen Versuch setzte PRIESTLEY lebende Mäuse statt Kerzen in die Glasglocken. Kurze Zeit später wurden die Mäuse ohnmächtig. Nun ließ er in einer Glocke mit der „verbrauchten" Luft wieder einen Monat lang eine Minze wachsen. In dieser Glocke konnten Mäuse für bestimmte Zeit atmen. Aus welchem Gas bestand die „verbesserte" Luft? An verschiedenen Wasserpflanzen beobachtete PRIESTLEY, dass Gasblasen von den Blättern abgegeben wurden. Ein glimmender Holzspan, den er in das aufgefangene Gas hielt, entflammte sofort. Dies war der Nachweis für **Sauerstoff.** Der niederländische Arzt Jan INGENHOUSZ (1730–1799) bestätigte in Versuchen, dass die Bildung von Sauerstoff bei Pflanzen vom **Licht** abhängig ist.

Sauerstoff wird von Mäusen und anderen Lebewesen zum Atmen benötigt. Bläst man ausgeatmete Luft durch Kalkwasser, bildet sich ein milchig weißer Niederschlag. Dieser ist ein Nachweis für **Kohlenstoffdioxid.** Versuche haben ergeben, dass Pflanzen in kohlenstoffdioxidfreier Luft keinen Sauerstoff bilden und ihr Wachstum einstellen. Zum Wachstum benötigt die Pflanze aber Nährstoffe wie die Stärke. Sie färbt sich mit Iodlösung blauschwarz. Führt man nun einen solchen Stärkenachweis an belichteten grünen Blättern durch, werden sie blauschwarz gefärbt.
Die Stärkebildung im Blatt ist aber auch vom grünen Farbstoff **Chlorophyll** abhängig. Panaschierte Blätter sind grünweiß gescheckt. Sie enthalten in den weißen Bereichen kein Chlorophyll. Bedeckt man einen Teil eines solchen Blattes mit einem lichtundurchlässigen Alufolienstreifen, zeigt sich nach Belichtung nur in den ehemals grünen belichteten Bereichen eine Blauschwarzfärbung.

Die grüne Pflanze baut also aus Wasser und Kohlenstoffdioxid den Nährstoff Stärke auf und gibt dabei Sauerstoff ab. Da dieser Vorgang nur bei Licht abläuft, spricht man von **Fotosynthese.** Von den Nährstoffen ernähren sich nicht nur die Pflanzen, sondern auch Tiere und Menschen.

*2 Fotosynthese. **A** Sauerstoffbildung; **B** Stärkenachweis*

Bau und Leistungen der Blütenpflanzen

2 Blüten dienen der Fortpflanzung

2.1 Blüten bestehen aus umgebildeten Blättern

An einem blühenden Kirschzweig findest du neben den weiß leuchtenden Blüten auch Blütenknospen. Schaust du eine Knospe näher an, fällt dir auf, dass grünlich gefärbte Blätter das Blüteninnere schützend umhüllen. Sie sitzen am Rande eines kelchförmigen Blütenbodens und heißen **Kelchblätter**. Die Ähnlichkeit mit einem Laubblatt gibt einen Hinweis auf ihre Herkunft. Kelchblätter sind umgewandelte Blätter. Trifft dies auch auf die anderen Blütenteile zu? Auffallend an der geöffneten Kirschblüte sind die fünf weißen **Kronblätter**. Bei näherem Hinsehen kannst du sogar Blattadern erkennen. Die Kronblätter locken Insekten wie zum Beispiel Bienen an.
Auf die Kronblätter folgt nach innen ein „Büschel" von 30 **Staubblättern**. Die Umbildung aus Laubblättern ist hier nur schwer nachzuvollziehen. Allerdings geben Zuchtformen von Zierkirschen einen Hinweis: Bei ihren gefüllten Blüten sind Staubblätter zu Kronblättern umgewandelt worden. Jedes Staubblatt setzt sich aus dem *Staubfaden* und dem *Staubbeutel* zusammen. Der Staubbeutel enthält gelben Blütenstaub, den *Pollen*. Er wird in den vier *Pollensäcken* des Staubbeutels gebildet. Der Pollen besteht aus mikroskopisch kleinen *Pollenkörnern*. Aus ihnen entwickeln sich die männlichen Geschlechtszellen. Staubblätter sind daher die *männlichen Blütenorgane*.

Aus der Mitte der Staubblätter ragt der *Stempel* heraus. Er ist aus einem **Fruchtblatt** entstanden. Deutlich lassen sich die klebrige *Narbe*, der *Griffel* und der verdickte *Fruchtknoten* unterscheiden. Der Fruchtknoten enthält die *Samenanlage* mit der *Eizelle*. Das Fruchtblatt ist also das *weibliche Blütenorgan*. Blüten, die sowohl männliche als auch weibliche Blütenorgane enthalten, heißen *Zwitterblüten*.

> Die Blüte setzt sich aus verschiedenen umgebildeten Blättern zusammen: Kelch*blätter*, Kron*blätter*, Staub*blätter* und Frucht*blätter*.

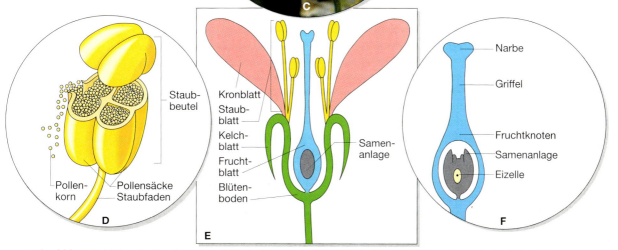

1 Kirschblüte. **A** blühende Kirschzweige; **B** Blütenknospe; **C** Blüte; **D** Staubblatt; **E** Blütenlängsschnitt; **F** Fruchtblatt

Bau und Leistungen der Blütenpflanzen

1 Bestäubung von Kirschblüten durch Bienen

2.2 Blüten werden bestäubt

An dem blühenden Kirschbaum herrscht Hochbetrieb: Bienen fliegen summend von Blüte zu Blüte. Sie werden angelockt von dem Duft, der den weißen Blüten entströmt. Er stammt von einem zuckerhaltigen Saft aus Nektardrüsen am Blütenboden. Dieser *Nektar* dient den Bienen als Nahrung. Sie saugen ihn mit ihrem Rüssel auf und bilden daraus Honig. Verfolgen wir die Blütenbesuche einer Biene!

Bei einer Kirschblüte sind die Staubblätter und der Stempel selten gleichzeitig reif. Landet die Biene in einer älteren Blüte mit reifen Staubbeuteln, so drückt sie die Staubblätter beiseite, um an den Nektar zu gelangen. Dabei bleiben viele klebrige Pollenkörner in ihrem Haarpelz hängen. Damit fliegt sie zur nächsten Blüte.

Ist es eine junge Blüte, sind die Staubblätter noch geschlossen, die Narbe dagegen ist reif. Bei der Suche nach dem Nektar streift die Biene einige Pollenkörner an der Narbe ab. Man sagt, die Blüte ist **bestäubt.** Da die Bestäubung durch Bienen, also durch Insekten erfolgte, spricht man von **Insektenbestäubung.**

Dabei werden die Narben von jungen Kirschblüten immer mit den Pollenkörnern von *fremden,* älteren Blüten bestäubt. Man spricht daher von **Fremdbestäubung.**

Fremdbestäubung erfolgt auch bei der *Steinnelke.* Ihre Blüten sind lang gestreckt und im unteren Bereich von einer Kelchröhre umschlossen. Durch diese Röhre kann nur der lange und dünne Saugrüssel eines Schmetterlings den Nektar vom Blütenboden aufsaugen. Dabei werden Pollenkörner auf die Narbe übertragen. Bei der Steinnelke reifen die Staubblätter vor der Narbe. Solche Pflanzen, die von Tagfaltern bestäubt werden, heißen auch **Tagfalterblumen.**

Ganz anders erfolgt die Fremdbestäubung bei der *Salweide.* Bestimmt sind dir im zeitigen Frühjahr schon einmal die leuchtend gelben „Kätzchen" aufgefallen. Ein Kätzchen besteht aus vielen Ein-

2 Steinnelke

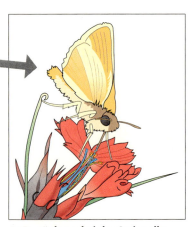

3 Bestäubung bei der Steinnelke

Bau und Leistungen der Blütenpflanzen

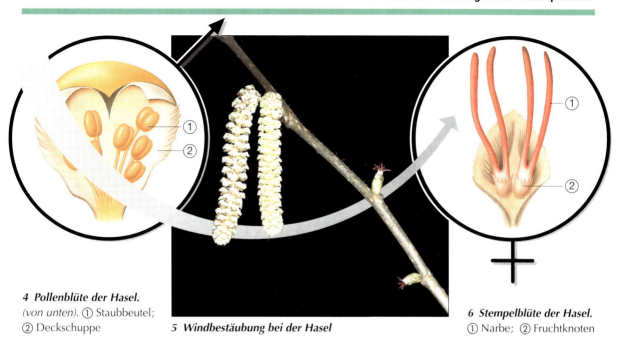

4 Pollenblüte der Hasel.
(von unten). ① Staubbeutel;
② Deckschuppe

5 Windbestäubung bei der Hasel

6 Stempelblüte der Hasel.
① Narbe; ② Fruchtknoten

zelblüten. Es bildet einen *Blütenstand*. Allerdings enthalten die Blüten nur Staubblätter. Immer zwei Staubblätter bilden zusammen mit einem kleinen Tragblatt und einer Nektardrüse die männliche Blüte. Man nennt sie *Pollenblüte*. An einer Weide mit Pollenblüten findest du keine weiblichen Blüten. Sie sitzen an Weiden mit grau-grünen Kätzchen. Ein weiblicher Blütenstand setzt sich aus vielen *Stempelblüten* zusammen. Von dem Duft ihres Nektars werden Bienen angelockt. Bei der Nektarsuche bestäuben sie die klebrigen Narben mit Pollenkörnern.

Bei der Salweide sind die weiblichen und männlichen Blüten auf zwei Pflanzen verteilt. Sie „wohnen"ʼ sozusagen in „zwei Häusern". Solche Pflanzen heißen *zweihäusig*. Im Gegensatz zu den Zwitterblüten der Kirsche enthalten die Weidenblüten nur männliche oder nur weibliche Blüten. Sie sind *getrenntgeschlechtlich*.

Auch die *Hasel* hat getrenntgeschlechtliche Blüten. Männliche und weibliche Blüten findest du jedoch an einer Pflanze. Sie ist *einhäusig*. Die männlichen Blütenstände kannst du leicht als gelbe Kätzchen erkennen. Die weiblichen Blütenstände sind dagegen nur durch die roten pinselartigen Narben zu erkennen. Sie sind unscheinbar und werden von Insekten nicht besucht. Die Bestäubung erfolgt durch den Wind: Aus den reifen Staubbeuteln einer männlichen Blüte fallen bei warmem Wetter die trockenen, leichten Pollenkörner auf die Deckschuppe der darunter liegenden Blüte. Durch den Wind werden sie fortgeweht. So gelangen einige Pollenkörner zu den weiblichen Blütenständen. Eine solche **Windbestäubung** findest du auch bei den Gräsern und vielen Bäumen.

> Die Übertragung von Pollenkörnern einer Blüte auf die Narbe einer anderen Blüte nennt man Bestäubung. Man unterscheidet Insektenbestäubung und Windbestäubung.

1 Beschreibe die Bestäubung bei der Schlüsselblume auf der Pinnwand Seite 192. Wie wird die Fremdbestäubung gesichert?

7 Salweide (männlicher Strauch)

Staubbeutel
Tragblatt
Nektardrüse

Narbe
Griffel
Fruchtknoten

8 Salweide (weiblicher Strauch)

Bau und Leistungen der Blütenpflanzen

Pinnwand

BLÜTEN UND IHRE BESTÄUBUNG

Hummeln und Falter sorgen für Fremdbestäubung bei der Schlüsselblume

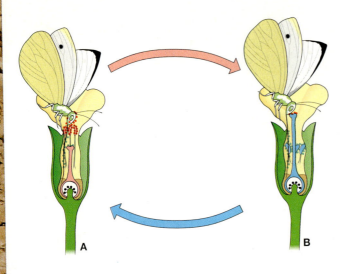

Die Schlüsselblume hat zwei verschiedene Blütenformen. Bei den kurzgriffeligen Blüten (A) sitzen die Staubblätter oben in der Kronröhre, bei den langgriffeligen (B) in der Mitte der Kronröhre. Der am Grunde der Blüte ausgeschiedene Nektar ist nur langrüsseligen Hummeln und dem Zitronenfalter zugänglich. Beim Besuch einer kurzgriffeligen Blüte berührt der Falter mit dem Kopf die Staubbeutel und mit dem Rüssel die Narbe. Bei einer langgriffeligen Blüte ist es umgekehrt. Auf diese Weise wird vorwiegend Pollen zwischen zwei Blüten verschiedener Pflanzen übertragen.

Die Hauhechel pumpt Pollen

In den Blüten der Hauhechel oder der Lupine sind die beiden Kronblätter des Schiffchens so verwachsen, dass nur an der Spitze eine kleine Öffnung bleibt. Sind die Staubbeutel reif, entleeren sie ihre klebrigen Pollen in die Schiffchenspitze. Drückt ein Insekt das Schiffchen bei der Nektarsuche nach unten, wird der Pollen durch die kolbenförmig verdickten Staubfäden an den Körper des Tieres gepresst.

Der Trick des Wiesensalbeis

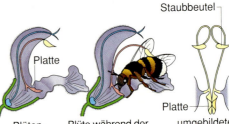

Blüten-längsschnitt — Blüte während der Bestäubung — umgebildetes Staubblatt

Die beiden Staubblätter des Wiesensalbeis sind lang und gebogen. Jedes Staubblatt trägt am langen Ende ein Staubbeutelfach, am kurzen Ende eine löffelförmige Platte. Zusammen mit der Platte des zweiten Staubblattes wird so der Eingang der Blütenröhre versperrt. Stößt nun eine Hummel oder Biene bei der Nektarsuche gegen die Platten, senken sich die Bänder. Wie ein Schlagbaum werden die geöffneten Staubbeutel auf den Rücken des Insekts gedrückt, das so mit Pollenkörnern bepudert wird.

Bau und Leistungen der Blütenpflanzen

2.3 Von der Bestäubung zur Befruchtung

Eine Biene kriecht in eine junge Blüte eines Kirschbaumes. Ihr Körper ist bepudert mit Pollenkörnern einer älteren Blüte. Bei der Suche nach Nektar bleiben Pollenkörner an der klebrigen Narbe hängen. Auf einer Narbe hat man über 50 Pollenkörner gefunden. Was geschieht nun? Um dies beobachten zu können, benötigen wir ein Mikroskop. Damit schauen wir uns bestäubte Stempel im Längsschnitt zu verschiedenen Zeitpunkten an. Zunächst beginnen die Pollenkörner in der zuckerhaltigen Narbenflüssigkeit zu **keimen:** Aus jedem Pollenkorn wächst ein kleines, schlauchartiges Gebilde. Man nennt es *Pollenschlauch.* Die Pollenschläuche wachsen in die Narbe und dann in den Griffel. Ein „Wettwachsen" beginnt! Das Ziel ist die Eizelle in der Samenanlage. Der Pollenschlauch, der am schnellsten wächst, dringt in die Samenanlage ein.

Während dieses Wachstums hat sich im Pollenschlauch die *männliche Geschlechtszelle* gebildet. Sie liegt im unteren Bereich des Pollenschlauchs. Hat dieser die Eizelle erreicht, erfolgt die **Befruchtung:** Der Pollenschlauch öffnet sich und die männliche Geschlechtszelle verschmilzt mit der Eizelle. Beide Zellkerne vereinigen sich zu einem Zellkern.
Nun ist die Befruchtung abgeschlossen. Die Samenanlage verschließt sich, sodass keine weiteren Pollenschläuche eindringen können.

> Nach der Bestäubung keimen die Pollenkörner zu Pollenschläuchen. In ihnen entwickelt sich die männliche Geschlechtszelle. Bei der Befruchtung verschmilzt sie mit der Eizelle.

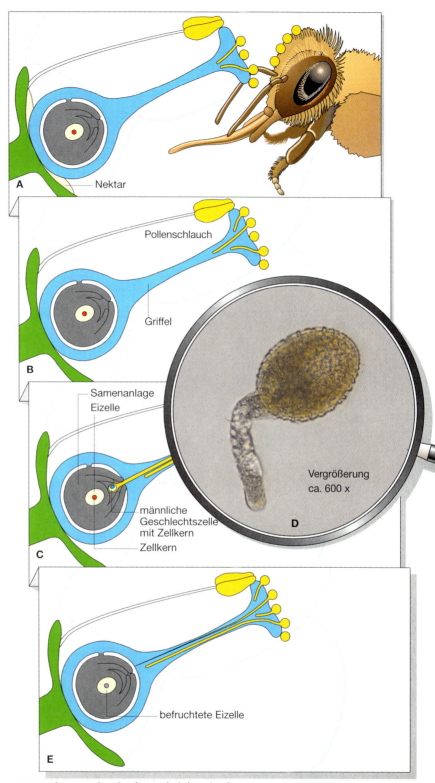

1 Bestäubung und Befruchtung bei der Kirsche. A *Bestäubung;* **B** *Pollenkornkeimung (Schema);* **C** *Pollenschlauch kurz vor der Befruchtung;* **D** *Pollenkornkeimung (Foto);* **E** *nach der Befruchtung*

Bau und Leistungen der Blütenpflanzen

2.4 Nach der Befruchtung entwickeln sich Früchte

Kirschen sind die **Früchte** des Kirschbaumes. Die Fruchtentwicklung setzt nach der Befruchtung ein und ist äusserlich an der Veränderung der Blüten zu verfolgen: Die Kronblätter werden braun, welken und fallen ab. Auch der Griffel und die Narbe vertrocknen. Der Fruchtknoten dagegen schwillt an. Bald wird der kelchförmige Blütenboden zu eng. Er wird zerrissen. An der entstehenden grünen Frucht bleiben die Reste von Kelchblättern, Staubblättern und dem Blütenboden wie ein Gürtel haften. Schließlich fallen sie ab.

Auch im Inneren des Fruchtknotens zeigen sich Veränderungen: Die Wand des Fruchtknotens entwickelt sich zur *Fruchtwand* der reifen Kirschfrucht. Sie besteht aus drei Schichten: aus der glatten *Außenhaut*, dem roten, saftigen *Fruchtfleisch* und der steinharten *Innenschale*. Eine solche Fruchtform bezeichnet man als *Steinfrucht*. Im Inneren des Kirschsteins hat sich aus der Samenanlage mit der befruchteten Eizelle der **Samen** gebildet.

Früchte können unterschiedliche Formen zeigen wie zum Beispiel *Nüsse* oder *Beeren*. Sie enthalten in ihrem Inneren einen oder mehrere Samen.

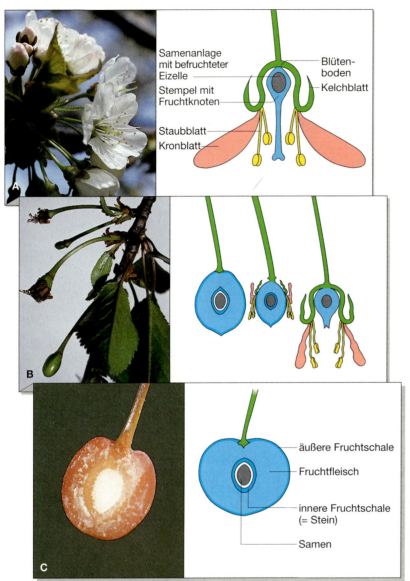

1 Entwicklung der Kirschfrucht

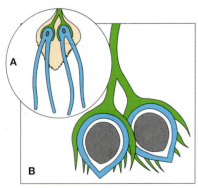

*2 **Hasel**. A Blüte; B Frucht (Nuss)*

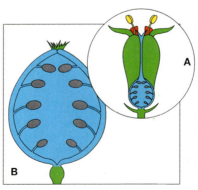

*3 **Stachelbeere**. A Blüte; B Frucht (Beere)*

> Eine Frucht entsteht aus dem Fruchtknoten. In der Frucht liegen ein oder mehrere Samen.

1 Worin unterscheiden sich die Fruchtformen in den Abbildungen 2 und 3 von der Kirschfrucht?

2 Beschreibe die Möglichkeiten der Vermehrung beim Scharbockskraut auf der Pinnwand auf der Seite 195.

Bau und Leistungen der Blütenpflanzen

VERMEHRUNG DER BLÜTENPFLANZEN

Pinnwand

Geschlechtliche und ungeschlechtliche Vermehrung

Blütenpflanzen können sich auf zweierlei Art vermehren: Meist vermehren sie sich durch *Samen*. Samen entwickeln sich nach der Befruchtung der Eizelle durch eine männliche Geschlechtszelle. Eine solche Vermehrung bezeichnet man als *geschlechtliche Vermehrung*.

Manche Blütenpflanzen sind jedoch in der Lage, sich zusätzlich ohne Ausbildung von Samen zu vermehren. Diese *ungeschlechtliche Vermehrung* erfolgt durch Ausläufer, Ableger, Brutknollen, Wurzelknollen oder Stecklinge.

Die Erdbeerpflanze bildet im Sommer Seitensprosse. Aus der Blattrosette der Mutterpflanze wachsen diese *Ausläufer* auf dem Erdboden entlang. In bestimmten Abständen werden aus den Knospen Wurzeln und Blätter gebildet. Wenn diese Tochterpflanzen selbstständig Nährstoffe bilden können, vertrocknen die Ausläufer.

Das Brutblatt bildet an den Blatträndern winzige Tochterpflanzen mit Wurzeln und Blättchen. Fallen diese *Ableger* auf die Erde, wachsen sie unter der Mutterpflanze fest. Die Tochterpflanzen können dann in andere Töpfe umgesetzt werden.

Wir züchten Usambaraveilchen aus Blattstecklingen

Zunächst steckt man ein abgeschnittenes Blatt (mit Stiel) vom Usambaraveilchen in ein Gefäß mit Wasser. Haben sich um den Blattstiel zahlreiche Wurzeln gebildet, wird der Steckling in einen kleinen Topf mit Blumenerde gesetzt. Die Pflege erfolgt dann wie im Hinweis auf der Pinnwand der Seite 207.

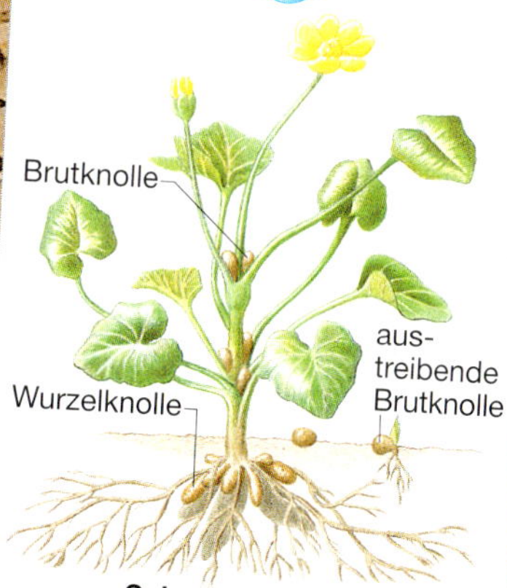

Brutknolle

austreibende Brutknolle

Wurzelknolle

Scharbockskraut

Bau und Leistungen der Blütenpflanzen

Übung Blüten

A1 Wir zeichnen eine Blüte

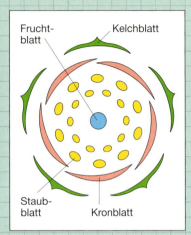

Fertige von dem abgebildeten Längsschnitt der Kirschblüte eine Zeichnung an. Beschrifte.

V2 Wir zergliedern eine Kirschblüte

Material: Kirschblüte; Lupe; Pinzette; ein Stück durchsichtige Klebefolie (8 cm × 8 cm); schwarzer Zeichenkarton

Durchführung: Betrachte den Bau der Kirschblüte mit einer Lupe und suche die einzelnen Blütenteile. Lege dann die Klebefolie mit der Klebeseite nach oben auf den Tisch. Zupfe von der Blüte vorsichtig mit der Pinzette zuerst die Kronblätter, dann die Kelchblätter, die Staubblätter und schließlich den Stempel ab. Ordne die Blütenteile auf dem Zeichenkarton so, wie auf der Abbildung dargestellt. Übertrage dann die Blütenteile in dieser Anordnung auf die Klebefolie und drücke jeweils leicht an. Drehe die Klebefolie mit den anhaftenden Blütenteilen um und klebe sie auf den Zeichenkarton. Du hast nun ein Legebild einer Kirschblüte. Stellt man die Anordnung der Blütenteile zeichnerisch vereinfacht dar, erhält man einen **Blütengrundriss** oder Blütendiagramm. Im Blütendiagramm sind die einzelnen Blütenteile durch bestimmte Farben gekennzeichnet.

Aufgaben: a) Weshalb werden die Blütenteile im Legebild und im Blütengrundriss kreisförmig angeordnet?
b) Zähle die einzelnen Blütenteile und nenne ihre jeweilige Aufgabe.

V3 Wir zergliedern eine Wickenblüte

Material: Blüte einer Gartenwicke; Lupe; Pinzette; ein Stück durchsichtige Klebefolie (10 cm × 10 cm); schwarzer Zeichenkarton

Durchführung: Betrachte den Bau der Wickenblüte mit der Lupe und suche die einzelnen Blütenteile. Stelle dann ein Legebild her. Bedenke, dass Staubblätter und Stempel nebeneinander angeordnet werden müssen.

Aufgaben: a) Die Wickenblüte hat fünf Kronblätter. Vergleiche diese Angabe mit deinem Legebild. Finde eine Erklärung.
b) Vergleiche den Bau der Wickenblüte mit dem der Kirschblüte. Suche im Buch nach Pflanzen, die ähnlich gebaute Blüten wie die Wicke ausbilden.

Bau und Leistungen der Blütenpflanzen

V4 Wir untersuchen eine Tulpenblüte

Material: Tulpenblüte; Messer; Lupe; Zeichenmaterial
Durchführung: Betrachte den Bau einer Tulpenblüte und suche die einzelnen Blütenteile.
Schneide mit dem Messer die Tulpenblüte etwa in der Mitte quer durch. Schaue von oben auf diesen Querschnitt. Zeichne den Querschnitt. Du erhältst auf diese Weise einen Blütengrundriss.
Betrachte das Schnittbild des Stempels und zeichne.
Schneide ein Staubblatt in Höhe des Staubbeutels quer durch. Betrachte den Querschnitt mit der Lupe und zeichne. Beschrifte deine Zeichnungen.
Aufgaben: Vergleiche den Bau der Tulpenblüte mit dem der Kirschblüte. Fertige hierzu eine Tabelle an, in die du die Anzahl der einzelnen Blütenteile einträgst.

A5 Die Blüte der Berberitze ist reizbar

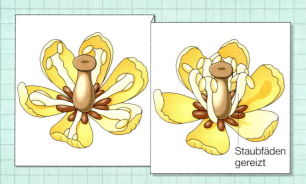

Staubfäden gereizt

Berührt man die Staubblätter der Berberitze zum Beispiel mit einer Bleistiftspitze, klappen sie innerhalb von Bruchteilen einer Sekunde nach innen.
a) Welche Bedeutung hat diese Reizbarkeit für die Bestäubung?
b) Durch welche Einrichtungen haben Blüten ihre Bestäubung gesichert? Nimm auch die Abbildungen auf der Pinnwand der Seite 192 zu Hilfe.
c) Weshalb wird die Blüte der Steinnelke nicht von Bienen bestäubt?
d) Bei Zwitterblüten besteht die Möglichkeit der *Selbstbestäubung*, das heißt, Pollenkörner werden innerhalb einer Blüte von den Staubblättern auf die Narbe übertragen.
Auf welche Weise haben Pflanzen eine Selbstbestäubung verhindert?

A6 Bestäubungsversuche

Ein Gärtner führte an Kirschblüten seines Kirschbaumes im Frühjahr die abgebildeten Versuche durch. Nur an den Kirschblüten im Versuch 1 B bildeten sich nach einigen Wochen Kirschfrüchte.

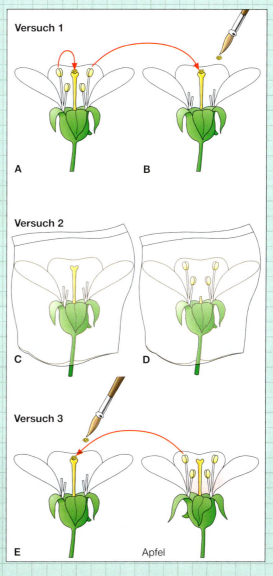

Beschreibe die Durchführung der Versuche. Um welche Bestäubungsarten handelt es sich bei Versuch 1 A und 1 B? Siehe hierzu auch A5, Teilaufgabe d). Erkläre das jeweilige Versuchsergebnis.

Bau und Leistungen der Blütenpflanzen

3 Eine Samenpflanze entwickelt sich

3.1 Aus Samen entwickeln sich Pflanzen

Bohnen sind die Samen von Bohnenpflanzen. Ein Bohnensamen wird von einer lederartigen **Samenschale** umgeben. Im Innern liegt ein kleines Pflänzchen, ein **Embryo**. Er enthält zwei große *Keimblätter*, in denen Nährstoffe gespeichert sind. Der Embryo zeigt außerdem eine *Keimwurzel*, einen *Keimstängel* und winzige *Laubblätter*. Als Samen überdauert zum Beispiel die Feuerbohne ungünstige Bedingungen wie Trockenheit oder Frost. Was passiert aber, wenn der trockene Samen in feuchte Erde gelangt?

Zunächst nimmt die Bohne Wasser auf und quillt. Dabei vergrößern sich ihr Gewicht und ihr Umfang. Bei dieser **Quellung** entsteht ein so großer Druck, dass das umgebende Erdreich gelockert wird. Nach einigen Tagen platzt die inzwischen weiche Samenschale: Die Keimwurzel bricht durch. Sie dringt senkrecht in die Erde ein. Dabei streckt sie sich in die Länge. Das *Streckungswachstum* lässt sich durch Markierung der Keimwurzel gut beobachten. Man nennt die Wachstumszone an der Wurzelspitze auch *Streckungszone*. Die so in die Länge wachsende Keimwurzel entwickelt sich zur *Hauptwurzel*, die im oberen Bereich zahlreiche *Seitenwurzeln* ausbildet. Die Spitzen der Wurzeln sind von einem zarten Haarflaum umgeben. Der Bereich dieser *Wurzelhaare* ist bis zu drei Zentimeter lang. Über die Wurzelhaare nimmt die Keimpflanze Wasser und die darin gelösten Nährsalze auf. Eine weitere Aufgabe der Wurzeln ist die Verankerung der Pflanze im Erdboden. Dann streckt sich auch der Keimstängel. Dabei biegt er sich hakig um und wächst durch den gelockerten Boden nach oben. Allmählich wird so die Keimknospe mit den zwei gelblichen, inzwischen gewachsenen Laubblättern aus der Samenschale gezogen. Bei der Feuerbohne bleibt im Gegensatz zur Gemüsebohne der Stängelabschnitt mit den Keimblättern im Erdboden. Dann durchbricht der gelblich weiße Stängel mit den Laubblättern den Erdboden und richtet sich auf. Im Licht werden Stängel und Laubblätter grün. Bei der Gemüsebohne ergrünen auch die Keimblätter.

1 Feuerbohne. A *Samen (trocken und gequollen);* **B** *Samen aufgeklappt (① Samenschale);*

> **Stichwort**
>
> **Keimung**
>
> Unter Keimung versteht man den Entwicklungsabschnitt bei Pflanzen von der Quellung der Samen bis zur Entfaltung der ersten Laubblätter. In dieser Zeit spricht man von Keimpflanzen.

> Pflanzen entwickeln sich aus ihren Samen durch Wachstumsvorgänge von Keimwurzel und Keimstängel.

2 Keimung der Feuerbohne (A bis H)

C Embryo (② Keimblatt, ③ Laubblätter, ④ Keimstängel, ⑤ Keimwurzel)

1 Beschreibe den Aufbau eines Samens der Feuerbohne. In der Einbuchtung der Bohne ist ein heller Fleck zu sehen, den man als *Nabel* bezeichnet. Um welche Stelle handelt es sich hier?

2 Beschreibe die Keimung der Feuerbohne. Nimm auch die Abbildung 2 (A bis H) zu Hilfe.

3 Worin unterscheidet sich die Keimung der Feuerbohne von der der Gemüsebohne? Nimm den Text S. 198 und die Abbildungen in der Aufgabe 3 auf S. 201 zu Hilfe.

4 Auf die Keimwurzel, die Keimblätter und die Laubblätter eines Embryos der Feuerbohne wird jeweils ein Tropfen Iodlösung gegeben. Nur bei den Keimblättern färbt sich die Auftropfstelle blauschwarz. Erläutere die Beobachtung (*Anmerkung:* Stärke färbt sich auf Iodlösung blauschwarz).

Bau und Leistungen der Blütenpflanzen

3.2 Ein Samen braucht bestimmte Bedingungen zur Keimung

Du machst folgende **Beobachtung:** Ein trockener Samen der Feuerbohne wird in feuchte Erde gelegt. Nach einigen Tagen beginnt er zu keimen. Unter welchen Bedingungen keimt eigentlich ein Samen? Außer Erde und Wasser benötigt der Samen vielleicht Licht, Wärme und Luft. So könnte deine Antwort auf die **Frage** lauten. Sie beinhaltet jedoch nur **Vermutungen.** Um diese Vermutungen zu überprüfen, überlegst du dir **Versuche.** Zu jedem Versuch fertigst du ein *Versuchsprotokoll* mit *Versuchsaufbau, Versuchsdurchführung* sowie *Beobachtungen* an.

Der erste Versuch enthält alle zu überprüfenden Bedingungen: Erde, Wasser, Licht, Wärme und Luft. Er dient als *Kontrollversuch.* Bei den weiteren Versuchen lässt du jeweils eine der Bedingungen weg. Keimt der Samen auch dann noch, ist die Bedingung für die Keimung unbedeutend. Keimt er jedoch nicht, ist sie unbedingt notwendig. Betrachtest du die abgebildeten Versuche, stellst du fest, dass der Samen auch ohne Erde und ohne Licht keimt.

Fehlt den Samen dagegen Wasser, keimen sie nicht, auch wenn die anderen Bedingungen wie Erde, Licht, Wärme und Luft erfüllt sind. Sie keimen ebenfalls nicht, wenn ihnen Luft und Wärme fehlen, obwohl die jeweiligen übrigen Bedingungen vorhanden sind. Die Versuchsreihe liefert dir folgendes **Versuchsergebnis:** Samen brauchen zur Keimung nur Wasser, Wärme und Luft.

> Keimungsbedingungen werden durch Versuche ermittelt. So benötigt ein Samen zur Keimung Wasser, Wärme und Luft.

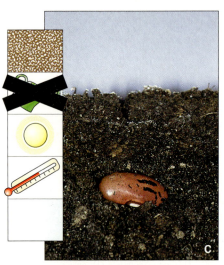

1 Keimungsversuche mit der Feuerbohne

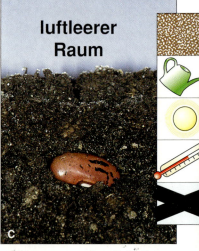

2 Keimungsversuche mit der Feuerbohne

Bau und Leistungen der Blütenpflanzen

Keimung

Übung

V1 Samen als „Sprengmaterial"

Material: Samen der Gemüsebohne; Plastikbecher; Gummiring; Haushaltsfolie; Schüssel
Durchführung: Fülle den Plastikbecher mit Bohnen. Gib dann randvoll Wasser hinzu. Spanne über die Öffnung ein Stück Haushaltsfolie und halte sie mit einem Gummiband fest. Stelle den Becher in die Schüssel und lasse ihn einen Tag stehen.
Aufgabe: Beschreibe deine Beobachtungen nach einem Tag. Erläutere.

V2 Wir erstellen ein Wachstumsprotokoll

Material: Samen der Feuerbohne (z. B. aus der Samenhandlung); Glasgefäß (z. B. Einmachglas); Lineal; Blumenerde; Wasser
Durchführung: Lege eine Bohne einen Tag lang in Wasser. Fülle das Gefäß mit Blumenerde. Drücke den gequollenen Samen am Rand des Glases etwa 4 cm tief in die Erde, sodass du ihn von außen sehen kannst. Stelle das Gefäß hell und warm auf. Miss 14 Tage lang täglich die Längen von Keimwurzel und Keimstängel. Notiere die Werte.
Aufgabe: Fertige mit den Werten jeweils eine Wachstumskurve der Keimwurzel und des Keimstängels nach folgendem Muster an:

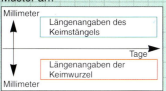

A3 Bedeutung der Keimblätter

B

C

Erstelle von den abgebildeten Versuchen A–C ein Versuchsprotokoll (Versuchsaufbau, Versuchsdurchführung, Beobachtung, Ergebnis).
Hinweis zur Durchführung: Kurz nach dem Durchbruch des Keimsprosses aus der Erde wurden den Gemüsebohnen beide Keimblätter (A), jeweils ein Keimblatt (B) und kein Keimblatt (C) entfernt.

V4 Keimungsbedingungen bei der Gemüsebohne

Material: Samen der Gemüsebohne (z. B. Buschbohnen aus der Samenhandlung); 6 Marmeladengläser (gleich groß, 1 Glas mit Deckel); Watte; Blumenerde; Schuhkarton; Kühlschrank; Arbeitsleuchte
Durchführung: Fülle ein Glas (du nennst es **Glas A**) etwa $1/3$ hoch mit Blumenerde. Feuchte die Erde an. Lege sieben Bohnen gleichmäßig verteilt auf die Erde und drücke die Bohnen leicht an. Stelle das Glas an einen hellen und warmen Ort (z. B. Fensterbank). Halte die Erde feucht (nicht nass).
Glas B: Fülle Glas B etwa ein Drittel hoch mit Watte. Verfahre dann weiter wie bei Glas A.
Glas C: Fülle Glas C mit trockener Blumenerde. Gib sieben Bohnen darauf. Verfahre dann weiter wie bei Glas A. Lass die Erde jedoch trocken.
Glas D: Verfahre mit Glas D wie bei Glas A. Stülpe über das Glas D einen Karton.
Glas E: Verfahre mit Glas E wie bei Glas A. Stelle das Glas dann in einen Kühlschrank. Sorge für eine Beleuchtung (z. B. Arbeitsleuchte).
Glas F: Verfahre mit Glas F wie bei Glas A. Verschliesse das Glas luftdicht mit dem Deckel.
Beobachte die Versuchsreihe zwei Wochen lang täglich. Halte deine Beobachtungen in Form einer Tabelle fest.
Aufgabe: Welche Bedingungen brauchen Samen der Gemüsebohne, um keimen zu können?

Bau und Leistungen der Blütenpflanzen

1 Löwenzahn. A Horst (fruchtend); **B** „Pusteblume" – Fruchtstand des Löwenzahns;

3.3 Verbreitung von Früchten und Samen

Vielleicht ist es dir auch schon einmal so wie dem Jungen auf dem Foto oben gegangen: Du hast einen Stängel einer „Pusteblume" gepflückt und auf die „Blume" gepustet. Viele kleine, fallschirmartige Gebilde wirbelten daraufhin durch die Luft. Einige davon schwebten langsam zu Boden, andere trug der Wind weit davon.

Bei der „Pusteblume" handelt es sich um den Fruchtstand des Löwenzahns. Aus jeder einzelnen Blüte des gelben Blütenstandes hat sich eine Frucht entwickelt. Etwa 150 solcher Einzelfrüchte bilden einen Fruchtstand. Es sind kleine, mit Widerhaken versehene Früchte, die an einem Fallschirm aus Haaren hängen. Diese *Schirmflieger* werden durch den Wind verbreitet und können auf diese Weise viele Kilometer weit fliegen. Solche Früchte heißen **Flugfrüchte.** Bei ihrer Landung verankern sie sich mit den Widerhaken auf einem für sie geeigneten Untergrund und keimen dort zu einer neuen Pflanze aus. So kann der Löwenzahn durchaus in einer Mauerritze oder sogar in einer Dachrinne wachsen.

Flugfrüchte besitzen verschiedene Einrichtungen, um weit von der Mutterpflanze weggetragen zu werden und neue Gebiete zu besiedeln. Mit einem einfachen Haarschopf ausgerüstet sind die Früchte der Weidenröschen. Zu solchen *Schopffliegern* gehören auch die Weiden und Pappeln. Ihre „Wattebäuschchen" hast du bestimmt schon öfter auf Straßen und Wegen angetroffen.

> **Stichwort**
> **Frucht**
> Eine Frucht geht aus einem Fruchtknoten hervor. Seine Wand umgibt einen bis mehrere Samen. Teile der Frucht dienen oft der Samenverbreitung. Es gibt verschiedene Fruchttypen.

2 Klatschmohn. A Reifende Früchte (Kapseln); **B** Streufrucht; **C** Neubesiedlung eines Wegrandes

Bau und Leistungen der Blütenpflanzen

C junge Löwenzahnpflanze; *D* blühender Löwenzahn

Die Früchte von Birke und Erle sind *Segelflieger*. Sie besitzen zwei häutige Flügel, mit denen sie durch die Luft segeln. „Fliegenden Untertassen" gleichen die Früchte der Ulme. Sie sind in der Mitte einer häutigen Scheibe eingebettet. Bei ihrem Flug rotieren sie um ihre eigene Achse und verringern so ihre Fallgeschwindigkeit.

Auch beim Spitzahorn finden wir Flugfrüchte. Bei der Frucht sitzt der Samen am Ende eines Flügels. Bis zur Fruchtreife hängen jeweils 2 Teilfrüchte zusammen. Wenn der Wind durch einen Spitzahorn mit reifen Früchten bläst, trägt er die nun voneinander getrennten propellerartigen Teilfrüchte davon. Dabei drehen sie sich schraubenförmig und verlängern dadurch ihren Flug. Versuche in einem windstillen Raum haben ergeben, dass eine Ahornfrucht etwa fünfmal solange braucht, um zu Boden zu fallen wie eine Frucht ohne Flügel. In der freien Natur verlängert sich die Fallzeit noch um ein Vielfaches, da der Wind den Flügel erfasst, die Frucht immer wieder hochwirbelt und auf diese Weise weit verbreitet. Auch die Früchte von Hainbuche und Esche gehören zu solchen *Schraubenfliegern*.

Ganz anders sorgen die Mohnpflanzen für die Verbreitung ihrer Samen. Am Ende eines langen Stiels schwanken die reifen Früchte, auch *Mohnkapseln* genannt, im Wind hin und her. Am oberen Kapselrand entstehen bei Fruchtreife kleine Löcher. Mit diesen Poren bildet die Kapsel eine Art Streudose für die in ihr enthaltenen Samen. Die leichten Samen werden beim Schwanken der Kapsel mehrere Meter weit herausgeschleudert und können von dort aus auch vom Wind fortgetragen werden. Solche Früchte heißen **Streufrüchte**. Bis zu 20 000 Samen kann eine Klatschmohnpflanze im Jahr verstreuen. Daher ist es nicht verwunderlich, wenn manche Weg- oder Straßenränder in ein Blütenmeer von Klatschmohn verwandelt sind.

3 Ahornfrüchte. 1 Bergahorn; 2 Feldahorn; 3 Eschenahorn; 4 Zuckerahorn; 5 Silberahorn

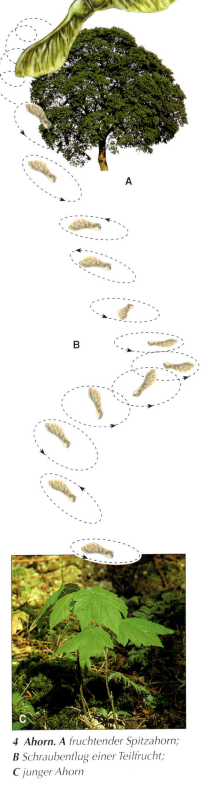

4 Ahorn. **A** fruchtender Spitzahorn; **B** Schraubenflug einer Teilfrucht; **C** junger Ahorn

Bau und Leistungen der Blütenpflanzen

5 Schleuderfrucht (Ginster)

6 Klettfrüchte (Kleblabkraut)

8 Lockfrüchte (Eberesche)

Manche Pflanzen haben zur Verbreitung ihrer Samen Schleudermechanismen entwickelt. Beim Ginster zum Beispiel springen die reifen Früchte, die *Hülsen,* derart heftig auf, dass sich die Fruchtwand schraubig aufrollt. Hierbei werden die Samen bis zu 5 m weit fortgeschleudert. Das Aufspringen der Hülsen kannst du an einem warmen Sommertag sogar hören. Dann knackt es am Ginsterstrauch. Ähnliche **Schleuderfrüchte** haben auch Lupinen.

Die Samen des Schneeglöckchens besitzen fetthaltige Anhänge, die gern von Ameisen gefressen werden. Sie schleppen die Samen fort, verlieren einige davon beim Transport und ermöglichen so ihre Verbreitung. Man bezeichnet sie daher als **Ameisenfrüchte.** Auch Veilchen, Schöllkraut und Taubnesseln haben sich mit den süßen Anhängen ihrer Samen die „Naschhaftigkeit" der Ameisen zunutze gemacht.

Als „blinde Passagiere" gehen alle Früchte mit Klettvorrichtungen auf die Reise. Sie besitzen Hakenhaare, mit denen sie im Fell und Gefieder von Tieren festgekettet, verschleppt und irgendwo wieder abgestreift werden. Auch der Mensch wird zum unfreiwilligen Helfer bei der Verbreitung dieser **Klettfrüchte** wie Kleblabkraut, Klette und Waldmeister.

7 Früchte werden unterschiedlich verbreitet.

Die auffällig gefärbten **Lockfrüchte** vieler Bäume und Sträucher wie Eberesche, Eibe, Himbeere, Holunder oder Schneeball werden gern von Vögeln gefressen. Ihre hartschaligen Samen sind meist unverdaulich. Sie werden mit dem Kot ausgeschieden und keimen so weit entfernt von der Mutterpflanze zu neuen Pflanzen aus.

Uferpflanzen wie Seerose, Teichrose und Wasserhahnenfuß besitzen **Schwimmsamen,** die mit einem „Schwimmgürtel" umgeben sind. Mit der Wasserströmung können die Samen weit fortgetrieben werden.

> Die Verbreitung von Früchten und Samen kann durch Wind, Tiere, Menschen, Wasser oder durch Schleudermechanismen erfolgen. Auf diese Weise können Pflanzen neue Standorte besiedeln.

1 Wie viele Samen können von der Löwenzahnpflanze in Abb. 1 (S. 202) verbreitet werden?

2 Schreibe eine „Geschichte" zu der Abb. 1A–D (S. 202/203).

3 Finde heraus, um welche Früchte es sich in Abb. 7 handelt. Nenne deren Verbreitungsart.

4 Die Früchte vieler Pflanzen sind giftig. Informiere dich über Giftpflanzen auf der Seite 205.

Bau und Leistungen der Blütenpflanzen

4 Pflanzen haben bestimmte Lebensansprüche

4.1 Pflanzen wachsen unter bestimmten Bedingungen

Wird eine Pflanze in völlig reinem Wasser, also destilliertem Wasser, gehalten, bleibt sie im Wachstum zurück. Schließlich stirbt sie ab. Dagegen gedeiht eine Pflanze prächtig, wenn das Wasser Mineralstoffe enthält. Mineralstoffe sind Salze, die in fester Form im Erdboden vorkommen. Da sie für die Ernährung der Pflanzen lebensnotwendig sind, heißen sie auch **Nährsalze.** Wenn Pflanzen gegossen werden, lösen sich die Nährsalze und werden aus der Erde von *Wurzelhaaren* an den Wurzelspitzen aufgesaugt. Um genügend Nährsalze zu bekommen, müssen die Pflanzen viel Wasser aufnehmen. Man kann sogar Pflanzen in einer Nährsalzlösung ohne Erde aufziehen. Dies nennt man Wasserkultur oder **Hydrokultur.** Jede Pflanze entzieht dem Boden Nährsalze. Über abgestorbene Pflanzen und über tierische Ausscheidungen werden sie dem Boden wieder zugeführt. Dies ist bei Topfpflanzen nicht möglich. Zimmerpflanzen müssen daher von Zeit zu Zeit gedüngt werden. Bei der **Düngung** werden dem Erdboden also Nährsalze zugeführt. Auch bei Pflanzen in Hydrokultur müssen dem Wasser regelmäßig Nährsalze zugefügt werden.

> Pflanzen haben bestimmte Lebensansprüche an Licht, Luft, Wasser, Wärme und Nährsalzen.

1 Beschreibe die Versuchsreihen in den Abbildungen 1 und 2. Schreibe auf, was die Pflanze zum Leben braucht.

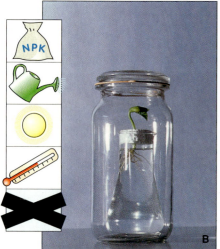
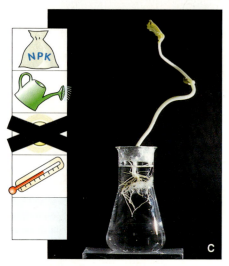

1 Wachstumsversuche mit der Gemüsebohne

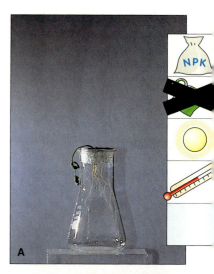

2 Wachstumsversuche mit der Gemüsebohne

Bau und Leistungen der Blütenpflanzen

ZIMMERPFLANZEN AUS VERSCHIEDENEN LEBENSRÄUMEN

Pinnwand

Flamingoblume oder Anthurie

Heimat:
Tropische Regenwälder, Südamerika

Wachstumszeit:
März bis September

Pflege:
Standort hell, jedoch keine direkte Sonne; Blumenerde mit Styroporflocken auflockern; Topfballen gleichmäßig feucht halten; mit Regenwasser gießen und von Zeit zu Zeit die Blätter besprühen

Pflegemaßnahmen für Zimmerpflanzen

1. Stelle die Pflanzen möglichst so auf, wie es dem jeweiligen Licht- und Wärmebedürfnis nach ihrer Herkunft entspricht.
2. Verändere nicht so häufig den Standort.
3. Achte auf Ruhezeiten zur Blütenbildung.
4. Gieße nur mit Regenwasser oder abgestandenem Wasser von Zimmertemperatur.
5. Gieße nicht mitten in die Pflanze, sondern vom Rand her.
6. Lasse kein Gießwasser im Topfuntersatz stehen.
7. Lockere die Oberfläche der Erde im Topf nach mehrmaligem Gießen mit einem Holzstab auf.
8. Dünge nur nach Vorschrift.
9. Topfe vor der Weihnachtszeit um, wenn der Topf zu klein geworden ist.
10. Informiere dich im Falle dir unbekannter Zimmerpflanzen in Fachbüchern, in einer Gärtnerei oder in einem Blumengeschäft über Name, Heimat, Wachstumszeit und Pflegehinweise.

Alpenveilchen

Heimat:
Alpen, östliche Mittelmeerländer

Wachstumszeit:
September bis April

Pflege:
Standort halbschattig, kühl; kalkfreies Wasser verwenden, nur in den Untersatz gießen; verblühte Stiele aus der Knolle herausdrehen

Usambaraveilchen

Heimat:
Ostafrika (Tansania)

Wachstumszeit:
Februar bis Oktober

Pflege:
Standort hell, jedoch keine direkte Sonne; mäßig gießen; keine Staunässe; Blätter und Blüten nicht übergießen; Temperatur um 20°C

Kakteen

Heimat:
Südamerika

Wachstumszeit:
April bis August

Pflege:
Von März bis August sonnig, warm und feucht halten; Kakteenerde verwenden; Wurzelhals vor Nässe schützen; bis Juli einmal in der Woche düngen; ab September hell, aber nicht zu warm stellen (etwa 10°C); wenig gießen; im Frühjahr umtopfen

Bau und Leistungen von Blütenpflanzen

Frühjahr

Sobald der Boden nicht mehr gefroren ist, wird er glattgeharkt. Dann legst du 70 bis 100 cm breite Beete an. Bereits im März kannst du gegen Kälte unempfindliche Gemüsearten wie Spinat, Möhren, Radieschen, Petersilie und Schnittsalat säen. Gurken, Tomaten und Bohnen dürfen erst im Mai ins Freiland, wenn die Frostgefahr vorbei ist.

1 Pflanzenpflege im Nutzgarten

4.2 Pflege von Pflanzen im Garten

Kaum ist der Winter vorüber, schon sieht man überall Menschen in ihren Gärten arbeiten. Gärten erfreuen sich seit jeher großer Beliebtheit. **Nutzgärten** liefern mit ihren Gemüsebeeten, Obstbäumen und Beerensträuchern fast das ganze Jahr über frisches Gemüse, Obst und Beerenfrüchte. Auch *Küchenkräuter* zum Würzen und Verfeinern der Speisen können jederzeit frisch geerntet werden. In vielen Nutzgärten gibt es auch *Blumenrabatten*. Durch planvolle Auswahl kann erreicht werden, dass vom Frühjahr bis zum Herbst immer verschiedene Pflanzen blühen.

Manche Gartenbesitzer legen mehr Wert auf Schönheit als auf Obst und Gemüse aus dem eigenen Garten. Sie legen sich einen **Ziergarten** mit Rasenflächen, Blumenbeeten und Ziersträuchern an. Ihr Garten dient dann vor allem der Entspannung und Erholung.

Doch ein Garten macht auch Arbeit. Wenn man Obst und Gemüse ernten oder Blumen gedeihen sehen möchte, muss man auch Zeit und Energie in ihre Pflege stecken. Dazu sollte man die Ansprüche der einzel-

Herbst

Im Herbst werden die letzten Gemüsesorten geerntet. Auch Äpfel, Birnen und Quitten sind jetzt reif.
Nach der Ernte musst du deine Beete umgraben. Die groben Schollen bleiben liegen.
Jetzt kannst du auch Blumenzwiebeln wie Tulpen, Krokusse, Osterglocken und Schneeglöckchen in die Erde bringen.

① ② ③

Bau und Leistungen von Blütenpflanzen

Sommer

Jetzt kommt es auf die richtige Pflege deiner Beete an. Du musst sie regelmäßig gießen, Unkraut jäten und den Boden mit der Hacke lockern.
Im Frühsommer kannst du auf den abgeernteten Beeten noch einmal neue Gemüsesorten wie Erbsen und Salat säen.
Im Sommer ist Erntezeit für Erdbeeren, Kirschen und Stachelbeeren.

nen Pflanzen genau kennen. Wenn du zum Beispiel Sonnenblumen ziehen möchtest, kaufst du dir Samen und legst sie im April oder Mai in die Erde. Sonnenblumen brauchen einen sonnigen bis halb schattigen Standort. Alle 50 cm werden die Samen einzeln in den Boden gelegt. Nach der Aussaat wird gegossen. In den nächsten Wochen musst du das Beet regelmäßig gießen, den Boden lockern und das Unkraut entfernen. Wenn die Sonnenblumen etwa einen Meter groß sind, bindest du sie an einem Stab fest, damit sie nicht umknicken. Im Juli und August blühen die Sonnenblumen. Du kannst einige Stängel für die Vase abschneiden oder die Blütenkörbe stehen lassen. Die reifen Samen sind ein begehrtes Vogelfutter.

> Im Garten kann man Blumen, Obst und Gemüse selber anbauen. Dabei muss man die Ansprüche der einzelnen Pflanzen kennen und beachten.

1 Benenne die unten abgebildeten Gartengeräte.

Winter

Im Winter ruht die eigentliche Gartenarbeit. Jetzt ist Zeit, die Geräte zu kontrollieren und notfalls Instand zu setzen.
Ist die Schneedecke geschlossen, solltest du an die Vögel im Garten denken und ein Futterhäuschen aufstellen.
Im Februar kannst du bereits nach den ersten Frühblühern wie Winterling oder Schneeglöckchen Ausschau halten.

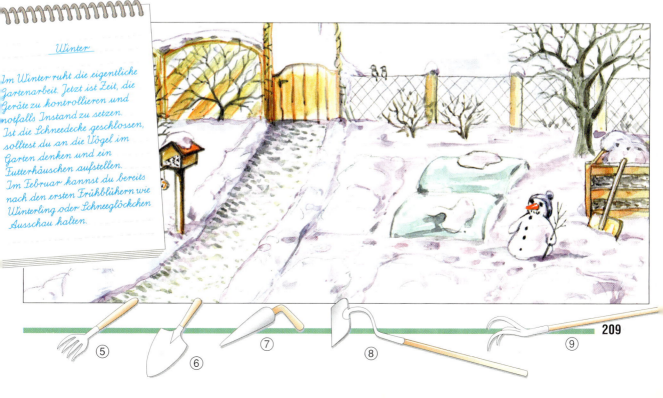

⑤ ⑥ ⑦ ⑧ ⑨

Pflanzen sind ihrem Lebensraum angepasst

5 Nutzpflanzen

5.1 Die Kartoffel ist ein wichtiges Nahrungsmittel

Anna freut sich auf das Mittagessen. Heute gibt es Schnitzel mit Pellkartoffeln. An den Kartoffeln entdeckt Anna in der Schale Stellen, die wie kleine Knospen aussehen. Sie beschließt, eine Kartoffel näher zu untersuchen, und stößt dabei auf eine Überraschung: Bei den im Keller gelagerten Kartoffeln wachsen genau aus diesen Stellen, den „Augen", weißliche, lang gestreckte Gebilde. Annas Mutter erklärt, dass es sich um *Triebe* handelt, die aus den Knospen unter dem „Augenlid", einer Blattnarbe, wachsen. Auch an diesen Trieben kann man kleine Blättchen, Knospen und sogar feine Wurzeln finden. Die Kartoffel ist also keine Wurzel, sondern ein verdickter Abschnitt der Sprossachse, eine *Sprossknolle*. Welche Aufgabe erfüllt sie? Da bei der Kartoffel vor dem Winter alle oberirdischen Teile absterben, benötigt die Pflanze ein *Überwinterungsorgan*. Darin gespeicherte Nährstoffe werden im nächsten Frühjahr abgebaut, damit eine neue Pflanze entstehen kann. Sie reichen so lange aus, bis die junge Pflanze sich durch Fotosynthese selbst ernähren kann. Bei der Kartoffelknolle ist dieser Speicherstoff vor allem *Stärke*. Diese Stärke hat die Kartoffel zu einer der wichtigsten Nutzpflanzen und die Kartoffelknolle zu einem unverzichtbaren Nahrungsmittel für den Menschen gemacht. Die nach der Blüte an der Sprossachse entstehenden Früchte dienen der Kartoffel zur geschlechtlichen Fortpflanzung. Sie sind sehr giftig und dürfen deshalb nicht verzehrt werden.

> Kartoffelknollen sind verdickte Abschnitte der Sprossachse. Sie enthalten Stärke, die der Mensch für seine Ernährung nutzt.

1 Erkläre, weshalb die Aussage „Kartoffeln keimen" falsch ist.

1 Kartoffelpflanze. *A vollständige Pflanze; **B** Blüten; **C** Früchte; **D** Knolle*

210

Pflanzen sind ihrem Lebensraum angepasst

Die Kartoffel – eine Pflanze macht Geschichte

Streifzug durch die Geschichte

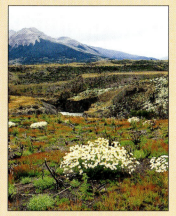

1 Die Anden – Heimat der Kartoffelpflanze

Eines Tages konnten die Bewohner der Stadt Breslau Zeugen eines merkwürdigen Schauspiels werden: Friedrich II., seit 1740 König der Preußen, saß auf einem Balkon des Schlosses und verzehrte in aller Öffentlichkeit warme Kartoffeln! Was konnte der Grund sein für das ungewöhnliche Verhalten des Königs? Nun, er wollte der Kartoffel endlich Anerkennung als Nahrungsmittel verschaffen – ganz entgegen der Meinung seiner Untertanen. Selbst die Kontrolle und Bewachung des Kartoffelanbaus durch Soldaten war bis dahin ohne Erfolg geblieben. Die Bauern warfen die Knollen höchstens den Schweinen zum Fraß vor. Grund für diese Ablehnung waren vor allem Vorurteile. Anfangs hatten die Menschen aus Unwissenheit die giftigen Beerenfrüchte gegessen – und waren davon krank geworden. Das Gerücht, dass die ganze Pflanze giftig sei, hielt sich in Deutschland erstaunlich lange.

Im übrigen Europa war die Kartoffel als Nahrungsmittel schon recht weit verbreitet. Wann aber genau die ersten Kartoffeln hierher gekommen sind, ist bis heute nicht ganz klar. Ihre eigentliche Heimat ist Südamerika. Hoch in den Anden wurde sie von den dort lebenden Indios, den Inkas, als Kulturpflanze angebaut. Im 16. Jahrhundert eroberten die Spanier das Reich der Inka. Zusammen mit dem Gold muss auch die Kartoffel auf dem Seeweg nach Europa gelangt sein. In manchen Gebieten, z. B. im armen Irland, erwies sie sich als der weitaus wertvollere Schatz: billiges Nahrungsmittel für Millionen Menschen. Wenn durch Kartoffelkrankheiten Ernte-ausfälle auftraten, waren große Hungersnöte die Folge. Aber der Siegeszug der unscheinbaren Knollen in alle Welt war nicht mehr aufzuhalten.

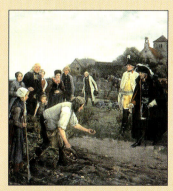

3 Friedrich II. kontrolliert den Kartoffelanbau

2 Verbreitung der Kartoffel heute

4 Kartoffelanbau heute

Bau und Leistungen der Blütenpflanzen

1 Getreide (Roggenährchen)

3 Roggenkorn (Schema, Längsschnitt)

5.2 Gräser dienen unserer Ernährung

Kai und Jan beobachten Rinder beim Fressen. „Eigentlich ernähren auch wir uns von Gräsern", meint Jan auf einmal. „Wieso?", fragt Kai. „Wir essen doch kein Gras, oder?" Wer hat Recht?

Das Rind verarbeitet die aufgenommenen Gräser zum Beispiel zu Milch und Fleisch. Wenn wir Milch trinken oder Rindfleisch essen, ernähren wir uns sozusagen auch von Gräsern. So gesehen haben beide Jungen Recht. Allerdings ernähren wir uns auch direkt von Gräsern.

Unsere Getreidearten wie *Weizen, Roggen, Gerste* und *Hafer* gehören zu den Gräsern. Von ihnen nutzt der Mensch vor allem die Körner. Gräser mit besonders großen Körnern hat der Mensch bereits vor über 6000 Jahren angebaut. Aus solchen Wildgräsern sind die Getreidearten gezüchtet worden. Zuchtziele waren vor allem große Körner in einer *Ähre*. Ähren sind die Blütenstände vieler Gräser.

An der Ährenachse oder „Spindel" sitzen beim Roggen zum Beispiel einzelne *Ährchen*. Jedes Ährchen besteht aus zwei Einzelblüten. Die Blüten werden von Blättern umgeben, die man S*pelzen* nennt. Dünne Fortsätze an den Spelzen sind die *Grannen*. Besonders lange Grannen tragen die Ährchen der Gerste. Kurze Grannen findest du beim Hafer. Seine Ährchen sind lang gestielt.

Aus den Blüten der Getreidepflanzen entwickeln sich die Grasfrüchte, die *Körner*. In ihrem Nährgewebe, dem Mehlkern, wird vor allem **Stärke** gespeichert. Der vermahlene Mehlkern, das *Mehl,* von Weizen und Roggen wird hauptsächlich zur Herstellung von Backwaren wie Brot, Brötchen und Kuchen verwendet, während man den Hafer überwiegend verfüttert. Die Körner der Gerste benötigt man auch zur Herstellung von Alkohol und Bier.

> Gezüchtete Gräser wie die Getreidepflanzen dienen vor allem der Ernährung des Menschen.

1 Bei Rispengräsern sitzt jede Einzelblüte an einem „Stiel". Welche Getreideart gehört dazu?

2 Welche Nutzpflanzen auf der Pinnwand der Seite 213 werden bei uns nicht angebaut?

2 Getreidearten

Bau und Leistungen der Blütenpflanzen

NUTZPFLANZEN

Zuckerrübe
Eine Zuckerrübe von etwa 1200 Gramm enthält etwa 240 Gramm Zucker. Rübensamen werden im März ausgesät. Im Oktober beginnt die Zuckerrübenernte. In Zuckerfabriken werden der Zucker und andere Stoffe aus den Rüben herausgelöst. Von diesem Rohsaft werden alle Fremdstoffe getrennt, während die ausgelaugten Reste als Viehfutter verwendet werden. Den Zuckersaft verbindet man zum braunen, klebrigen Rohzucker. Daraus gewinnt man in Raffinerien den weißen Raffinadezucker.

Mais
Der etwa zwei Meter hohe Mais gehört wie Reis, Hirse und Zuckerrohr zu den Kulturgräsern. Seine Heimat ist Südamerika.
Die männlichen Blüten stehen an der Spitze der Pflanze. Die weiblichen Blüten sitzen in den Kolben, die den Blattachseln entspringen. Hier entwickeln sich die gelblichen Körner.
Die Maispflanze ist von größter Bedeutung als Viehfutter.

Hirse
Hirsearten sind wärmeliebende Pflanzen. In manchen Gegenden Afrikas ist Hirse das Hauptnahrungsmittel der Bevölkerung. Wie beim Hafer stehen auch bei der Hirse die Ährchen an langen Stielen. Solche Blütenstände bezeichnet man als Rispe. Auch der **Reis** ist ein Rispengras warmer Länder. Reis ist nach dem Weizen die wichtigste Getreideart. Er dient etwa der Hälfte aller Menschen als Hauptnahrungsmittel.

Reisanbau in Südostasien

Bau und Leistungen der Blütenpflanzen

6 Pflanzen lassen sich ordnen

Betrachte die Fotos auf dieser Doppelseite. Du siehst Blüten von Pflanzen, die untereinander eng verwandt sind. Wenn Pflanzen miteinander verwandt sind, zeigen sie gemeinsame Merkmale. Untersuchen wir sie näher! Ein wichtiges Merkmal ist der Bau der *Blüte*. Beim Raps sind die Blütenteile kreuzweise angeordnet. Wir erkennen deutlich 4 *Kronblätter*. Nach dem Zergliedern einer Blüte zählen wir außerdem 4 *Kelchblätter* und 6 *Staubblätter*. Es sind 4 kürzere und 2 längere Staubblätter.
Der Blütenlängsschnitt zeigt uns einen Stempel, der aus zwei *Fruchtblättern* besteht. Aus ihnen entwickelt sich später die Frucht. Sie besteht aus zwei trockenen Fruchtwänden und einer Mittelwand, an der die Samen sitzen. Bei den langen, schlanken Früchten des Rapses spricht man von *Schoten*. Vergleichen wir nun die anderen Blüten mit der Rapsblüte! Goldlack, Blaukissen, Wiesenschaumkraut und Hirtentäschelkraut besitzen ebenfalls 4 Kronblätter, die kreuzweise angeordnet sind. Auch die Anzahl und Anordnung der anderen Blütenteile stimmen überein.
Andere Merkmale lassen sich ebenfalls zur Klärung der Verwandtschaft heranziehen. So haben alle hier abgebildeten Pflanzen wechselständig angeordnete *Blätter*. Oft bilden die unteren Blätter eine Blattrosette. Eine solche Verwandtschaftsgruppe wird als **Familie** bezeichnet. Die Anordnung der Blütenteile gab dieser Familie ihren Namen: **Kreuzblütengewächse**. Die Angehörigen der Kreuzblütengewächse unterscheiden sich aber auch in einigen Merkmalen voneinander. Dazu gehören zum Beispiel die Blatt- und Fruchtform.

Hirtentäschelkraut besitzt kleine gedrungene Früchte. Sie erinnern mit ihrer Dreiecksform an die Taschen von Hirten und gaben der Pflanze daher ihren Namen. Ihr innerer Aufbau gleicht den Früchten vom Raps. Da sie kürzer sind als Schoten, bezeichnet man sie als *Schötchen*. Auch die Farbe der Blüten ist nicht bei allen Kreuzblütengewächsen einheitlich. Raps blüht gelb, Goldlack orange bis braun

1 Goldlack

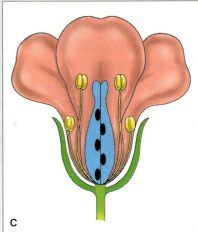

2 Raps. A Pflanze; **B** Blüte; **C** Längsschnitt Blüte;

3 Blaukissen

Bau und Leistungen der Blütenpflanzen

und das Wiesenschaumkraut rosa bis violett. Pflanzen einer Familie ordnet der Biologe deshalb noch einmal in **Gattungen.** So gehört das Wiesenschaumkraut zur Gattung Schaumkraut und der Raps zur Gattung Kohl.

Die violett blühende Wiesenschaumkraut finden wir häufig auf feuchten Wiesen. Seltener ist ein Schaumkraut mit rein weißen Kronblättern und Staubblättern, die violette Staubbeutel tragen. Es wächst in Auen- und Buchenwäldern an feuchten Stellen. Nach dem Geschmacksstoff in seinen Blättern

4 Wiesenschaumkraut

tung nutzt der Mensch für seine Ernährung. Dazu gehören Radieschen, Rosenkohl, Blumenkohl, Kohlrabi, Brokkoli und Weißkohl. Beim Kohlrabi essen wir zum Beispiel die verdickte Sprossachse und beim Weißkohl die Blätter.

Trotzdem wissen viele Leute nicht, dass diese Pflanzen zu den Kreuzblütengewächsen gehören. Wir ernten die Pflanzen nämlich häufig bereits vor dem Blühen. Möchtest du also einmal ein Radieschen blühen sehen, musst du die Pflanze bis zum Sommer stehen lassen. Dann erst erscheinen die rosa Blüten.

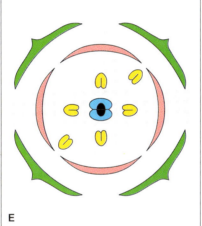

D Legebild; E Blütendiagramm; F Frucht: Schote

wird es Bitteres Schaumkraut genannt. Wenn sich Pflanzen einer Gattung nur ganz geringfügig voneinander unterscheiden, nennt man sie **Arten.** Wiesenschaumkraut und Bitteres Schaumkraut sind also zwei Arten der Gattung Schaumkraut.

Eine Gattung der Kreuzblütengewächse wird vom Menschen besonders vielseitig genutzt – die Gattung Kohl. Zu ihr gehören etwa 40 verschiedene Arten. Eine wichtige Nutzpflanze ist der Raps. Er dient als Futterpflanze und seine Samen liefern das Rapsöl. Viele Arten dieser Gat-

5 Hirtentäschelkraut

> Pflanzen lassen sich anhand gemeinsamer Merkmale ordnen. So unterscheidet man die Verwandtschaftsgruppen Familie, Gattung und Art. Eine Familie sind zum Beispiel die Kreuzblütengewächse.

1 Fertige ein Legebild einer Kreuzblüte an. Orientiere dich an der Abbildung 2 D.

2 Betrachte den Blütenbau der Pflanzenfamilien auf den Pinnwänden S. 216–219. Nenne Gemeinsamkeiten und Unterschiede.

Bau und Leistungen der Blütenpflanzen

Pinnwand

ROSENGEWÄCHSE

Merkmale der Familie

Blüten meist mit 5 freien Kelch- und Kronblättern und vielen Staubblättern; weltweit 3000 Arten, formenreiche Gruppe; viele Obstsorten wie Apfel, Kirsche, Birne, Pfirsich, Quitte, Pflaume, Himbeere und Erdbeere

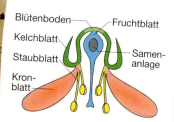

Blütenschema (Längsschnitt)

Feuerdorn

Aussehen:	bis 3 m hoher immergrüner Strauch
Blüten:	weiß
Blütezeit:	Mai - Juni
Vorkommen:	Zierstrauch

Schlehe (Schwarzdorn)

Aussehen:	1 bis 3 m hoher bedornter Strauch
Blüten:	klein, weiß
Blütezeit:	April - Mai
Vorkommen:	Hecken, Weg- und Feldränder

Himbeere

Aussehen:	0,6 bis 1 m hoher Strauch
Blüten:	weiß
Blütezeit:	Mai - Juni
Vorkommen:	Gebüsche, Gräben, Wegränder

Wald-Erdbeere

Aussehen:	krautige Pflanze, 8 bis 20 cm hoch
Blüten:	weiß
Blütezeit:	Mai - September
Vorkommen:	Wälder, Gebüsche

Gänse-Fingerkraut

Aussehen:	kriechende, krautige Pflanze; 15 bis 50 cm lang
Blüten:	gelb
Blütezeit:	Mai - August
Vorkommen:	Weiden, feuchte Wege

Bau und Leistungen der Blütenpflanzen

Pinnwand

SCHMETTERLINGSBLÜTENGEWÄCHSE

Merkmale der Familie:

zweiseitig symmetrische Blüte; Früchte sind Hülsen: sie bestehen aus einem Fruchtblatt und mehreren Samen; Blätter wechselständig, meist zusammengesetzt, gefiedert oder dreizählig, häufig Ranken bildend; Kräuter, Bäume, Sträucher; weltweit etwa 9000 Arten

Erbsenblüte.
A schematisch; **B** Längsschnitt; **C** zergliedert

Rotklee
- Aussehen: 15 bis 40 cm hohe krautige Pflanze
- Blüten: rot, in Köpfchen
- Blütezeit: Juni - August
- Vorkommen: Wiesen, Weiden, Wegränder; wichtige Futterpflanze

Gartenerbse
- Aussehen: bis 2 m hohe rankende, krautige Pflanze
- Blüten: weiß-rosa
- Blütezeit: Juni - August
- Vorkommen: Gärten

Vogelwicke
- Aussehen: bis 1m hohe krautige Pflanze
- Blüten: blau-violett, 3 bis 5 in einer Traube
- Blütezeit: Mai - August
- Vorkommen: Wiesen, Gebüsche, Zäune

Besenginster
- Aussehen: 0,5 bis 2 m hoher Strauch
- Blüten: gelb, einzeln oder zu zweit
- Blütezeit: Mai - Juni
- Vorkommen: trockene Wälder, Gebüsche, Wegränder, Bahndämme

Lupine
- Aussehen: 1 bis 1,5 m hohe krautige Pflanze
- Blüten: meist blau-violett oder gelb
- Blütezeit: Juni - August
- Vorkommen: Waldränder, Lichtungen; auch als Futter- und Zierpflanze

Bau und Leistungen der Blütenpflanzen

KORBBLÜTENGEWÄCHSE

Pinnwand

Merkmale der Familie:

5 Kronblätter zu einer Röhre oder Zunge verwachsen; Blüten korbförmig angeordnet; Röhrenblüten, Zungenblüten oder beide vorhanden; Früchte besitzen häufig einen Haarkelch zur Verbreitung; weltweit etwa 22 000 Arten

Blütenstand (Längsschnitt) – Kelchbätter, Röhrenblüten, Pollen, Narben, Zungenblüte, Fruchtknoten, Staubblätter, Hüllkelch

Gänseblümchen

- **Aussehen:** 5 bis 15 cm hohe krautige Pflanze, Blätter in Rosetten
- **Blüten:** Zungenblüten weiß bis rosa
- **Blütezeit:** Januar - November
- **Vorkommen:** Wiesen, Weiden, auch Zierpflanze (Tausendschön)

Wiesen-Margerite

- **Aussehen:** 0,2 bis 1 m hohe krautige Pflanze,
- **Blüten:** Zungenblüten weiß, große Körbe
- **Blütezeit:** Juni - Oktober
- **Vorkommen:** Wiesen

Kornblume

- **Aussehen:** 30 bis 60 cm hohe krautige Pflanze
- **Blüten:** nur Röhrenblüten, blau, äußere meist größer als innere
- **Blütezeit:** Juni - Oktober
- **Vorkommen:** Getreidefelder, Feldränder

Löwenzahn (Gemeine Kuhblume)

- **Aussehen:** 10 bis 15 cm hohe krautige Pflanze
- **Blüten:** nur gelbe Zungenblüten
- **Blütezeit:** April - Juli
- **Vorkommen:** Wiesen, Äcker, Wegränder

Gemeine Schafgarbe

- **Aussehen:** 0,3 bis 1,20 m hohe krautige Pflanze
- **Blüten:** Zungenblüten weiß oder rosa, Körbe klein
- **Blütezeit:** Juni - Oktober
- **Vorkommen:** Wiesen, Wegränder

Bau und Leistungen von Blütenpflanzen

Übung | **Bestimmungsschlüssel für Kreuzblütengewächse**

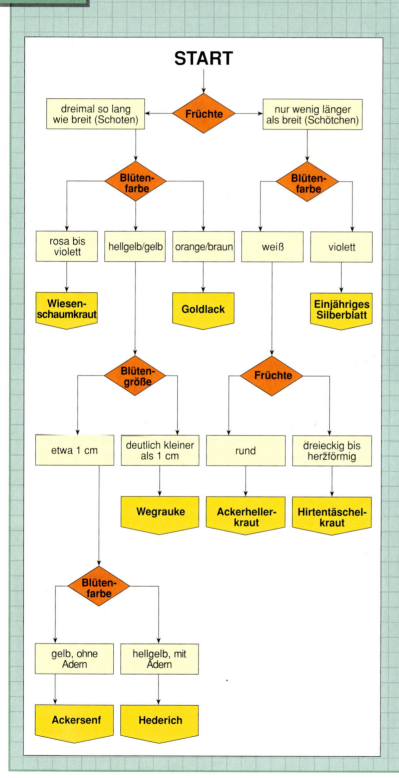

A

B

C

D

a) Nenne Merkmale der Kreuzblütengewächse bei den abgebildeten Pflanzen.
b) Bestimme mithilfe des Bestimmungsschlüssels den Namen dieser 4 Pflanzen.

Bau und Leistungen der Blütenpflanzen

Übung: Bestimmungsschlüssel Sträucher und Bäume

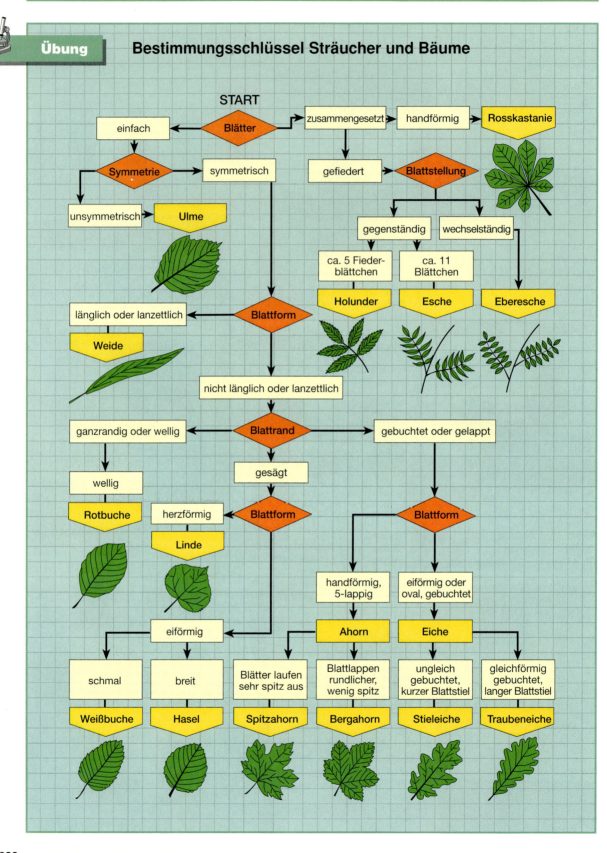

Bau und Leistungen der Blütenpflanzen

Prüfe dein Wissen

A1 Welche der folgenden Aussagen zur Fotosynthese sind falsch?
Die Fotosynthese
a) ist die Atmung der grünen Pflanze;
b) ist die Ernährung der grünen Pflanze;
c) ist abhängig vom Licht und vom Kohlenstoffdioxid;
d) produziert Kohlenstoffdioxid und Wasser;
e) liefert Sauerstoff für die Pflanzenatmung.

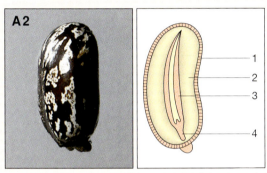

Die Abbildung zeigt den Bau des Ricinussamens.
a) Ordne den Ziffern die richtigen Begriffe zu.
b) Worin unterscheidet er sich vom Aufbau des Bohnensamens?

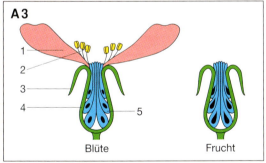

Die Zeichnung gibt den Längsschnitt durch eine Blüte und eine Frucht der Heckenrose wieder.
a) Ordne den Ziffern die entsprechenden Begriffe zu.
b) Nenne die Aufgaben der Blütenteile.
c) Worin unterscheiden sich die Fruchtformen von Heckenrose und Kirsche?

A4 „Ausschließlich durch Bestäubung ihrer Blüten vermehrt sich die Erdbeerpflanze."
Was ist an dieser Aussage falsch?

A5 Wie vermehrt sich die Erdbeerpflanze?
a) durch Ausläufer
b) durch Samen
c) durch Brutknollen
d) ungeschlechtlich
e) geschlechtlich

A6 Im Jahre 1859 gelangte eine weibliche Pflanze der Wasserpest aus Amerika nach Europa. Obwohl es nie männliche Pflanzen in europäischen Gewässern gab, hat sie sich hier massenhaft vermehrt. Wie konnte sich die Wasserpest ausbreiten?

A7 Welche Begriffe treffen auf die Wasserpest-Pflanze der Aufgabe 6 zu: zwittrig, einhäusig, zweihäusig, getrenntgeschlechtlich?

Die abgebildeten Blüten stammen von Apfel, Tulpe, Raps und Wiesenschaumkraut.
Ordne die Blüten den Pflanzen zu.

A9 Ordne die Blüten der Aufgabe 8 folgenden Familien zu:
a) Rosengewächse
b) Kreuzblütler
c) Schmetterlingsblütler
d) Liliengewächse

A10 Zu welcher der in Aufgabe 8 abgebildeten Blüten gehört der folgende Blütengrundriss?

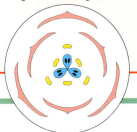

Pflanzen sind ihrem Lebensraum angepasst

1 Teich mit Ufer- und Wasserpflanzen

2 Pflanzen im und am Teich

1 Pflanzen an verschiedenen Standorten

Im Sommer blühen auf dem Teich Seerosen. Die leuchtend weißen Blüten und die großen, dunkelgrünen Blätter schwimmen auf der Wasseroberfläche. Stellst du ein solches Schwimmblatt einer Seerose in eine Vase, so hängt es schlaff herunter. Auch wenn du es gut mit **Wasser** versorgst, stellst du fest, dass es bereits nach kurzer Zeit welkt. Wie kommt das?
Die Seerose besitzt einen biegsamen Stängel, der die auf dem Wasser schwimmenden Blätter zwar nicht trägt, sie aber an ihrem Standort festhält und Wasserbewegungen und Wasserstände ausgleicht. Durchlüftete Gewebe in Stängel und Blättern sorgen für den Auftrieb im Wasser. Die Blätter sind tellergroß, sodass sie über ihre Oberfläche viel Wasser verdunsten. In der Blattoberfläche liegen hierfür viele mikroskopisch kleine Öffnungen. Die Pflanze gibt daher über die Blätter Wasser an die trockene Zimmerluft ab, obwohl sie mit dem durchlüfteten Gewebe des Stängels kaum Wasser aufnehmen kann. Der Wasser-

> **Stichwort**
> ### Lebensraum
> Als Lebensraum bezeichnet man ein Gebiet in der Landschaft, das durch besondere Bedingungen wie Feuchtigkeit, Licht, Boden und Temperatur abgegrenzt ist. Es ist der Ort für eine Gemeinschaft von Tieren und Pflanzen, die dort in wechselseitiger Abhängigkeit leben.

Pflanzen sind ihrem Lebensraum angepasst

gehalt in der Pflanze wird so schnell kleiner. Die Seerose ist also durch verschiedene Merkmale an den **Lebensraum** im Wasser angepasst.

Die Schwimmblätter der Seerose sind einer starken Bestrahlung durch das **Sonnenlicht** ausgesetzt. Die dunkelgrüne Farbe der Blattoberfläche lässt auf einen hohen Chlorophyllgehalt schließen. Auf diese Weise sind sie zur Fotosynthese gut geeignet. Am Boden eines belaubten Waldes hingegen ist die Lichtversorgung schlecht. Viele am Waldboden lebende Pflanzenarten wie z. B. der Sauerklee blühen daher bereits im Frühjahr. Die Bäume tragen noch keine Blätter und das Licht dringt weitgehend ungehindert bis zum Boden vor. Andere Waldbodenpflanzen haben große Blätter, sodass sie auch im Sommer noch ausreichend Licht zur Fotosynthese aufnehmen können.

Die niedrigen **Temperaturen** im Winter können die meisten Pflanzen nur durch besondere Vorkehrungen überstehen. Der Klatschmohn z. B. produziert im Sommer in seinen Kapseln viele Samen, die im Umfeld der Pflanze auf dem Ackerboden ausgestreut werden und dort überwintern. Im nächsten Frühjahr wachsen sie dann, wie die Samen vieler anderer Ackerwildkräuter auch, zu neuen Pflanzen heran. Die Wasserschwertlilie und die Seerose überwintern durch ihre im Erdboden liegenden Pflanzenteile. Eine andere Form der Überwinterung zeigt das Gänseblümchen. Mit seinen oberirdischen Pflanzenteilen liegt es dem Boden eng an. Es ist so im Winter vor den eisigen Winden geschützt. Durch im Zellsaft gelöste Stoffe werden diese oberirdischen Pflanzenteile zusätzlich vor dem Erfrieren geschützt.

Pflanzen wachsen auch nicht auf jedem **Boden.** Der Sauerklee bevorzugt den aus abgestorbenen Pflanzenteilen entstandenen lockeren, modrigen Waldboden. Man bezeichnet ihn als Humusboden. Der Klatschmohn hingegen bevorzugt den eher festen, aus feinen Bodenteilchen bestehenden Lehmboden eines Ackers, wo er an trockeneren Stellen vorkommt.

> Pflanzen sind durch ihren Bau an verschiedene Standorte angepasst. Die Standorte sind gekennzeichnet durch Wasserangebot und Lichtverhältnisse sowie Temperatur und Bodeneigenschaften.

1 Die Laubblätter von Pflanzen, die du im Sommer am Waldboden findest, sind vielfach groß, die von Ackerwildkräutern meistens relativ klein. Gib jeweils eine Erklärung.

3 feuchter Laubwald

4 Feld mit Gerste und Klatschmohn

Pflanzen sind ihrem Lebensraum angepasst

Übung: Pflanzen an Teich und Mauer

A1 Wir untersuchen eine Trockenmauer

Trockenmauer mit einer Auswahl typischer Pflanzen.
① Mäusegerste; ② Klatschmohn; ③ Löwenzahn; ④ Zimbelkraut; ⑤ Weiße Fetthenne; ⑥ Scharfer Mauerpfeffer; ⑦ Flaches Rispengras; ⑧ Hauswurz; ⑨ Mauerraute; ⑩ Schöllkraut; ⑪ Spitzwegerich; ⑫ Efeu; ⑬ Giersch; ⑭ Große Brennnessel; ⑮ Strahlenlose Kamille

Messort		Temperatur in °C	Luftfeuchte	Lichtstärke
F	S	24	mittel	groß
	N	14	sehr hoch	gering
M	S	31	mittel	groß
	N	18	hoch	mittel
K	S	32	gering	sehr groß
	N	22	gering	groß

Temperatur, Luftfeuchte und Lichtstärke an einer Trockenmauer. (F = Mauerfuß; M = Mauerfugen; K = Mauerkrone; S = Süden; N = Norden)

a) Ordne die Pflanzen der Abbildung den drei Standorten Mauerkrone (K), Mauerfugen (M) und Mauerfuß (F) zu.
b) Von einer Schülergruppe wurden Temperatur, Luftfeuchtigkeit und Lichtstärke an den drei Mauerstandorten (K, M und F) jeweils auf der Nord- (N) und Südseite (S) gemessen. Fasse die in der Tabelle dargestellten Ergebnisse zusammen.
c) Betrachte die Pflanzen auf der Pinnwand S. 227. Was fällt dir auf, wenn du Bau und Größe der Laubblätter der Trockenmauerpflanzen mit denen der Teichpflanzen vergleichst? Erkläre die Unterschiede. In den Pinnzetteln findest du zum Größenvergleich einen Ein-Zentimeter-Maßstab.

V2 Wir untersuchen Wasser- und Sumpfpflanzen

Material: Gummistiefel; Schreibzeug; großes Becherglas

Durchführung: Gehe an einen Teich mit flacher Uferzone. Du findest hier Pflanzen, die nur unter der Wasseroberfläche leben. Gib eine Wasserpestpflanze oder eine andere unter der Wasseroberfläche lebende Pflanze in dein Becherglas und beobachte sie. Achte auf die Größe der Blätter und deren Färbung an Ober- und Unterseite sowie deren Verhalten im sich bewegenden Wasser. Nimm die Wasserpflanze aus dem Wasser, fasse sie unten am Stängel und halte sie in die Höhe.
Jetzt betrachte eine Pflanze des Gemeinen Gilbweiderichs oder eine andere Pflanze vom Ufer und untersuche dieselben Merkmale und Eigenschaften wie bei der Wasserpflanze.
Nimm eine Wasserpflanze und eine Pflanze vom Ufer mit in den Klassenraum und lege sie auf die Fensterbank.

Aufgaben: a) Halte alle Beobachtungen, die du im Freiland zum Bau und zu den Eigenschaften der beiden Pflanzen gemacht hast, fest. Fertige dazu eine Tabelle an.
b) Schreibe auf, welche Gründe es für die Unterschiede zwischen den unter der Wasseroberfläche lebenden Pflanzen und den Uferpflanzen geben könnte.
c) Schreibe jede Stunde das Aussehen der zwei Pflanzen auf der Fensterbank auf. Erkläre die Beobachtungen.

Pflanzen sind ihrem Lebensraum angepasst

Pflanzen sind ihrem Lebensraum angepasst

1 Laubwald mit Buschwindröschen

2 Krokus

3 Scharbockskraut

2 Pflanzen im Jahreszyklus

2.1 Pflanzen im Frühjahr

Es ist Frühling: Der Schnee ist geschmolzen. Die wärmende Sonne dringt durch die noch laubfreien Baumkronen im Buchenwald und erhellt den Waldboden. Wie von einem Teppich ist er mit verschiedenen Blütenpflanzen bedeckt. An manchen Stellen erscheint er völlig weiß durch die Blüten der Buschwindröschen. An anderen Stellen bildet das Scharbockskraut durch seine Blüten gelbe Flecken. Es ist leicht an den glänzenden rundlichen Blättern zu erkennen. Pflanzen wie Schneeglöckchen, Buschwindröschen, Scharbockskraut, Krokus und Tulpe blühen als Erste im Frühjahr. Solche Pflanzen heißen **Frühblüher.** Wieso können sie unmittelbar nach der kalten Jahreszeit des Winters wachsen und blühen?

Um hierauf eine Antwort zu erhalten, müssen wir einen Blick unter die Erdoberfläche werfen. Beim Buschwindröschen erkennen wir verdickte Sprosse, die waagerecht unter der Oberfläche liegen.

Solche **Erdsprosse** enthalten Nährstoffe, die in der Wachstumszeit des Vorjahres gebildet wurden. Mit

Pflanzen sind ihrem Lebensraum angepasst

den Erdsprossen überdauert das Buschwindröschen die kalte Jahreszeit. An ihrem vorderen Ende werden im Frühjahr Blütenstängel und Blätter gebildet, während das hintere Ende im Laufe der Zeit abstirbt. Sind die unteren Abschnitte des Sprosses verdickt wie beim Krokus, spricht man von **Sprossknollen.** Auch Wurzelabschnitte können durch die eingelagerten Nährstoffe verdickt sein. Solche **Wurzelknollen** findet man beim Scharbockskraut. Manche von ihnen sind weich und dunkler gefärbt. Es sind die im Vorjahr angelegten Wurzelknollen, deren Nährstoffe in diesem Frühjahr aufgebraucht wurden. Die neuen Vorratsspeicher hingegen sind hell und hart.

Ganz anders hat die Tulpe ihre Nährstoffe gespeichert. Ihre **Zwiebel** kannst du dir als Pflanze vorstellen, deren Stängel wie eine „Radioantenne" zusammengeschoben wurde. Unten findest du ganz normale Wurzeln. Es folgt eine stark verkürzte Sprossachse, an der seitlich dickfleischige, nährstoffreiche Blätter sitzen, wie du sie von der Küchenzwiebel kennst. An der Spitze befindet sich die Sprossknospe für die Ausbildung der grünen Laubblätter und der Blüte.

Wachsen im Frühjahr Laubblätter und Blüte der Tulpe in kurzer Zeit heran, werden die Vorräte aus den dickfleischigen Zwiebelblättern verbraucht. Die entfalteten grünen Laubblätter liefern dann neue Nährstoffe zum Aufbau einer **Ersatzzwiebel,** die den Nährstoffvorrat für das nächste Frühjahr speichert. Außerdem werden **Brutzwiebeln** gebildet, die der Vermehrung der Tulpe dienen.

Im Sommer finden wir keine Buschwindröschen. Wenn die Bäume ab April ein dichtes Blätterdach ausbilden, erreicht nur noch wenig Sonnenlicht den Waldboden. Die oberirdischen Teile der meisten Frühblüher verwelken jetzt, sodass du sie schon wenige Wochen später nicht mehr findest. Im tiefen Schatten des sommerlichen Waldbodens sind nur noch wenige krautige Pflanzen in der Lage, ausreichend Licht zu gewinnen.

> Als Frühblüher bezeichnet man Pflanzen, die im zeitigen Frühjahr schnell heranwachsen und blühen. Die dazu notwendigen Nährstoffe beziehen sie aus Erdsprossen, Sprossknollen, Wurzelknollen oder Zwiebeln.

1 Beschreibe die Umweltbedingungen, denen Pflanzen im Winter und Vorfrühling im Wald ausgesetzt sind. Berücksichtige bei deinen Überlegungen Lichtverhältnisse und Temperatur.
2 Wie sind die Frühblüher, zum Beispiel das Scharbockskraut, in dieser Zeit den Umweltbedingungen angepasst? Beschreibe anhand der Abbildungen auf Seite 228 und 229, wie sie den Winter überdauern.
Woher nehmen die Frühblüher die Kraft, so früh im Jahr auszutreiben und zu blühen?
3 Beschreibe den Ausschnitt aus dem Laubwald in der Abbildung 1. Was wird sich in den nächsten Wochen verändern? Weshalb wachsen und blühen die Frühblüher im Frühling und nicht im Sommer?
4 Liste die Speicherorgane auf, mit denen Frühblüher überwintern, und ordne diesen die abgebildeten Arten auf der Pinnwand Seite 230 zu.

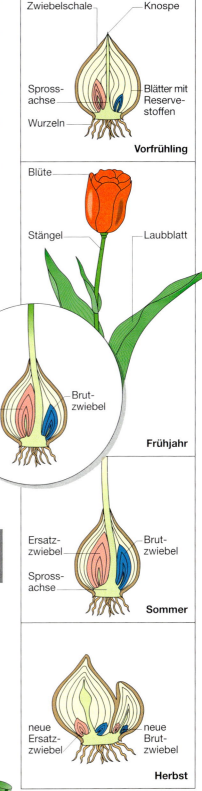

4 Tulpe mit Zwiebel

Pflanzen sind ihrem Lebensraum angepasst

Pinnwand

FRÜHBLÜHER IM WALD

Name: *Wald-Veilchen*
Blütezeit: April bis Juni
Vorkommen: krautreiche Mischwälder
Überwinterung: Erdspross
Besonderheit: Samenverbreitung durch Ameisen

Name: *Schneeglöckchen*
Blütezeit: Februar bis April
Vorkommen: Gärten, Wälder
Überwinterung: Zwiebel
Besonderheit: geschützt

Name: *Vielblütige Weißwurz*
Blütezeit: Mai bis Juni
Vorkommen: Laub- und Mischwälder
Überwinterung: Erdspross
Besonderheit: Blüte hängend (A), Erdspross knotig verdickt; giftig

Name: *Busch-Windröschen*
Blütezeit: März bis April
Vorkommen: Laubwälder, Gebüsch
Überwinterung: Erdspross
Besonderheit: giftig

Name: *Leberblümchen*
Blütezeit: März bis April
Vorkommen: Laubwälder, Gebüsch
Überwinterung: Erdspross
Besonderheit: giftig; bevorzugt kalkhaltigen Boden

Name: *Hohler Lerchensporn*
Blütezeit: März bis Mai
Vorkommen: feuchte Laubwälder
Überwinterung: Sprossknolle (A)
Besonderheit: Sprossknolle ist innen hohl; auch weißblütig

2.2 Pflanzen im Sommer

Die Wiese steht in voller Blüte. An einigen Stellen leuchten die gelben Blüten des Hahnenfußes. An anderen wiederum bilden die blassvioletten Blüten der Kuckuckslichtnelke Farbtupfer in dem satten Grün der Gräser. Insekten werden angelockt und fliegen von Blüte zu Blüte. Hanno und Lena sind fasziniert von dem Treiben auf der Wiese. Sie legen sich auf den Bauch. Sieht die Wiese nicht aus wie ein kleiner Wald mit mehreren Stockwerken?

Das Aussehen der Oberschicht ist geprägt durch die Blüten, das der Mittelschicht durch Stängel und Blätter und das der Unterschicht durch Ausläufer und Blattrosetten.

Der Bauer nutzt die Wiese als Futterquelle für seine Tiere. Mehrmals im Jahr mäht er die Wiesenpflanzen und verarbeitet sie zu Heu. Für die Pflanzen bedeutet der Schnitt einen erheblichen Eingriff. Einjährige Pflanzen und Gehölze vertragen dies nicht und kommen deshalb in der Wiese kaum vor. Andere, wie der Kriechende Günsel oder der Weiß-Klee, sind an das Mähen angepasst. Der Weiß-Klee besitzt kräftige, am Boden liegende Stängel, die an den Knoten Wurzeln bilden. Lediglich die lang gestielten Blätter und Blütenköpfchen, die aus den Knoten nach oben wachsen, werden abgeschnitten. Durch die gleichzeitige Entfernung der höheren Kräuter erhält der Weiß-Klee nun wesentlich mehr Licht und wächst schnell nach. Viele Doldenblütler wie der Wiesen-Kerbel können besonders dann in der Wiese überleben, wenn sie in den Mährhythmus eingepasst sind und schnell wachsen. Diese Pflanzen wachsen erst nach dem ersten Schnitt im Juni zu größeren Pflanzen heran.

1 Wiese im Sommer

Die Zusammensetzung der Pflanzengemeinschaft auf einer Wiese hängt besonders von der Bodenart und dem Wassergehalt ab. *Feuchtwiesen* findet man auf nährsalzreicheren Flächen in Tälern und in der Nähe von Flüssen. *Trockenrasen* kommen auf trockenen, nährsalzärmeren Böden oft in Hanglage vor und sind sehr artenreich.

> Im Sommer finden wir auf Wiesen vielfältige Pflanzen, die an Standortfaktoren wie Licht, Wasser, Boden und Mahd in diesem Lebensraum angepasst sind.

1 Begründe, weshalb die auf der Pinnwand Seite 232 abgebildeten Pflanzen eine Mahd im Juni gut vertragen.

2 Weiß-Klee

Pflanzen sind ihrem Lebensraum angepasst

Pinnwand

SOMMERBLÜHER AUF WIESEN

Wiesen

Wiesen gehören zu den von Menschen geschaffenen Lebensräumen. Sie entstehen dort, wo der Wald gerodet und die krautigen Pflanzen regelmäßig gemäht werden. Sowohl auf besonders nassen als auch auf sehr trockenen Böden, also überall dort, wo Ackerbau mit Schwierigkeiten verbunden ist, werden landwirtschaftliche Flächen seit Jahrhunderten als Wiesen genutzt.

Feuchtwiesen findet man in Tälern und Niederungsgebieten mit hohem Grundwasserstand. Kriechender Hahnenfuß, Kuckuckslichtnelke und Wiesenschaumkraut gehören hier zu den typischen Pflanzenarten.

Trockenrasen sind Grasfluren auf trockenen Standorten, oft in Hanglage. Viele dieser Böden sind arm an Nährsalzen, was besonders das Vorkommen zahlreicher Orchideenarten begünstigt.

Name: *Scharfer Hahnenfuß*
Blütezeit: Mai bis Oktober
Vorkommen: Wiesen
Besonderheit: pro Blüte (A) entstehen zahlreiche Früchte (B,C); wächst schnell

Name: *Kuckuckslichtnelke*
Blütezeit: Mai bis August
Vorkommen: feuchte bis nasse Wiesen
Besonderheit: aufragende Pflanze mit Halbrosette am Boden

Name: *Wiesen-Margerite*
Blütezeit: Mai bis Oktober
Vorkommen: Wiesen
Besonderheit: oft im Bereich von Wiesen-Neusaaten

Name: *Breitblättriges Knabenkraut*
Blütezeit: Mai bis Juni
Vorkommen: feuchte bis nasse Wiesen
Besonderheit: gefährdete Art, geschützt

Name: *Wiesen-Rotklee*
Blütezeit: Mai bis September
Vorkommen: Wiesen und Felder
Besonderheit: ertragreiche und daher wichtige Futterpflanze; kräftiger Erdspross

Pflanzen sind ihrem Lebensraum angepasst

1 Mischwald im Herbst

2 Herbstlaub

3 Humusbildung

2.3 Pflanzen im Herbst

Es ist Herbst. Der Laubwald ist prächtig rot und gelb gefärbt. Anja und Christian sammeln bunte Blätter für den Kunstunterricht. Sie sollen die Blätter zu „Blättertieren" zusammenkleben. Wieso verfärben sich die **Laubblätter** eigentlich im Herbst? Die grünen Laubblätter versorgten die Pflanze im Frühjahr und vor allem im Sommer mit Nährstoffen. Hierzu benötigten sie neben **Chlorophyll** noch Sonnenlicht, Wasser und Kohlenstoffdioxid. Überschüssiges Wasser verdunsteten sie über die Spaltöffnungen in den Blättern.

Im Herbst werden die Tage kürzer und die ersten Nachtfröste setzen ein. Ein gefrorener Boden gibt jedoch kein Wasser mehr her. Die Pflanzen würden kein Wasser aus dem Boden nachsaugen können: Sie würden vertrocknen, wenn sie ihre Blätter behalten. Um die kalte Jahreszeit im Winter zu überstehen, müssen die Pflanzen ihre Blätter abwerfen.

Bevor dies geschieht, werden zunächst Nährstoffe und das Chlorophyll abgebaut und in Stamm und Wurzel transportiert. Im Blatt bleiben gelbe und rote Farbstoffe zurück. Sie sind die Ursache für die prächtige *Laubfärbung* im Herbst. Jetzt werden an den Abbruchstellen des Blattstiels eine frische Zellschicht und Korkstoff gebildet; hierdurch fällt das Blatt ab. Die entstehenden Blattnarben werden verschlossen. In jeder Blattachsel ruht jedoch die Knospe für einen neuen Seitenspross.

Der Waldboden bedeckt sich nun mit herabfallendem Laub. Die dichte Laubdecke bildet einen Kälteschutz für Pflanzen und Tiere des Waldbodens. Im Laufe der nächsten Monate werden die Blätter von Kleinlebewesen zerfressen und zu **Humus** umgewandelt.

Viele Pflanzen werfen im Herbst ihre Blätter ab. Sie schützen sich dadurch vor dem Vertrocknen im Winter.

---

1 Betrachte die Pinnwand auf Seite 235. Nenne weitere Bäume oder Sträucher mit auffälligen Früchten.

Pflanzen sind ihrem Lebensraum angepasst

SAMEN UND FRÜCHTE AN HECKE UND WALDRAND

Pinnwand

Name: *Heckenrose*
Frucht: kugelig bis länglich; wird Hagebutte genannt
Besonderheit: Verarbeitung zu Hagebuttentee; reich an Vitamin C; Winternahrung für Vögel

Name: *Haselnuss*
Frucht: braune, hartschalige Nuss mit wohlschmeckendem, ölhaltigem Kern
Besonderheit: wird von manchen Säugetieren als Wintervorrat vergraben

Name: *Schwarzer Holunder*
Frucht: schwarz, kugelig, mit 3 bis 6 Steinkernen
Besonderheit: Frucht hat gute Heilwirkung bei Erkältungskrankheiten; reich an Vitamin C

Name: *Eberesche / Vogelbeere*
Frucht: anfangs gelb, später rot
Besonderheit: Frucht wird vor allem nach dem ersten Frost von Vögeln gefressen

Name: *Zweigriffliger Weißdorn*
Frucht: rot, rund, am Scheitel kraterförmig vertieft mit zwei Griffeln
Besonderheit: Winternahrung für Vögel

Name: *Schlehe*
Frucht: dunkelblau, etwa kirschgroß, mit runzeligem Kern und saurem Fleisch
Besonderheit: Nahrung für Vögel; Herstellung von Marmelade und Likör

Name: *Stachelbeere*
Frucht: rötlich, rundlich-eiförmig, borstig; Kultursorten auch gelb und grün
Besonderheit: Herstellung von Marmelade und Kompott

Pflanzen sind ihrem Lebensraum angepasst

2.4 Die Rosskastanie im Jahresverlauf

Knospen

Am winterlichen Zweig sind über den Blattnarben Seitenknospen und die besonders dicke Endknospe zu erkennen.

Von November bis April hat die **Rosskastanie** keine Laubblätter. Mit ihren kahlen Zweigen wirkt sie im Winter wie abgestorben. Lediglich die hufeisenförmigen Blattnarben erinnern an die Blätter des vergangenen Jahres. Die übereinander liegenden, schuppenförmigen Hüllblätter der **Knospen** schützen die darunter verborgenen zarten Sprossenden sowie Blatt- und Blütenanlagen vor Nässe, Austrocknung und Frost. Die Knospen scheiden eine unangenehm schmeckende harzige Masse aus. Hierdurch werden die Knospenschuppen wasserdicht verklebt und die jungen Blätter vor Tierfraß geschützt.

Blüten

Die Einzelblüten bestehen aus fünfzipfligem Kelch, vier bis fünf ungleichen Kronblättern, Staubblättern und/oder Stempel.

Im **Frühjahr** schwellen die Knospen an. Sobald die Wurzeln den Baum wieder mit ausreichend Wasser versorgen, entfalten sich ab April erst die **Blätter** und dann die **Blüten**. Die Seiten- und Endknospen entwickeln sich zu vier handförmig gefingerten Laubblättern. Die Endknospen bringen außerdem den Blütenstand hervor. Die Bestäubung erfolgt durch Hummeln und Bienen. Nach der Befruchtung der Eizellen in den Samenanlagen entwickeln sich stachelige Kapselfrüchte, die bis zum Oktober einen Durchmesser von etwa sechs Zentimetern erreichen.

Blätter

Die Blätter sind handförmig gefingert mit fünf bis sieben keilförmigen, gesägten Blättchen. Die Herbstfärbung ist meist gelb und braun.

Im **Herbst** platzt die Frucht beim Aufschlagen auf den Boden an den Verwachsungsnähten ihrer Fruchtblätter auf und gibt bis zu drei braunrot gefärbte **Samen** frei.

Früchte

Die Kapselfrüchte sind grün, kugelig, und oft durch kurze, scharfe, biegsame Stacheln igelartig; innen sitzen ein bis drei braune, glänzende Samen, die „Kastanien".

1 Rosskastanie im Jahresverlauf

> Knospen, Blüten, Blätter und Früchte kennzeichnen das Bild der Rosskastanie in den vier Jahreszeiten.

1 Beschreibe das Aussehen der Kastanie in den vier Jahreszeiten.

Pflanzen sind ihrem Lebensraum angepasst

Prüfe dein Wissen

A1 Nenne 4 Standortfaktoren, die das Vorkommen bestimmter Pflanzenarten beeinflussen.

A2 Ordne die folgend genannten Pflanzen den entsprechenden Standorten zu:
a) Trockenmauer,
b) Teich,
c) Wiese,
d) Wald,
e) Feld, Acker.
Kuckucks-Lichtnelke, Schwertlilie; Zimbelkraut, Kornblume, Gilbweiderich, Buschwindröschen, Fetthenne, Scharfer Hahnenfuß, Seerose, Leberblümchen, Hauswurz, Kratzdistel, Echte Kamille, Weißklee, Sauerklee.

A3 Die Blattoberflächen von 2 Pflanzen wurden untersucht. Die Pflanze A hatte auf der Oberseite 490 Poren/cm² und auf der Unterseite keine Poren. Die Pflanze B wies auf der Oberseite 35 Poren/cm² auf.
a) Was erfolgt über die Poren?
b) Bei den Pflanzen handelt es sich um die Fetthenne und die Seerose. Ordne diese Pflanzen A und B zu und begründe deine Entscheidung im Hinblick auf deren Standort.

A4 Wie ist es möglich, dass Schneeglöckchen so früh im Jahr blühen?

A5 Nenne 4 verschiedene Überwinterungsorgane von Frühblühern und jeweils einen Vertreter dazu.

A6 Wie heißen die abgebildeten Frühblüher im Wald?

A7 Zwiebel und Sprossknolle haben für Frühblüher die gleiche Bedeutung. Welcher grundsätzliche Unterschied besteht jedoch zwischen den Bauformen dieser unterirdischen Pflanzenteile?

A8 Wie heißen die Teile der im Längsschnitt dargestellten Blütenknospe einer Kastanie?

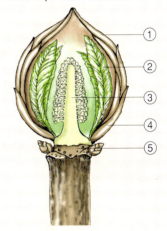

A9 Die Pflanzen von Wiesen, die gemäht werden, sind dem mehrmaligen Schnitt angepasst. Nenne drei Beispiele der Anpassung.

A10 Woher kommt es, dass im Herbst die Blätter vieler Bäume ihre grüne Farbe verlieren und gelb, braun und/oder rot werden?

A11 Wie erklärst du dir, dass bei heftigem Wind im Sommer die Blätter nicht vom Baum fallen, im Herbst jedoch schon ein schwacher Wind ein Abfallen der Blätter bewirkt?

Wechselbeziehungen zwischen Lebewesen

1 Landschaft mit Hecken und Feldgehölzen

1 Feldgehölze – Lebensräume für viele Pflanzen und Tiere

Betrachte die Abbildung 1. Auffallend ist die starke Gliederung der Felder und Wiesen durch Bäume und Sträucher. Sie stehen einzeln, bilden Gruppen oder sind in Hecken oder kleinen Feldgehölzen zusammengeschlossen.

In einer solchen Landschaft kommen viele verschiedene Tiere und Pflanzen vor. Vögel wie Neuntöter und Grasmücken brüten und jagen im Heckenbereich. Turmfalke und Sperber starten von höheren Bäumen um zu jagen.

Zahlreiche Tiere wie Feldhase, Fasan und Reh suchen Deckung vor Feinden. Blindschleiche und Igel nutzen die Büsche ebenfalls zum Schutz und zum Überwintern. Fuchs und Mäusebussard finden in Feldgehölzen Unterschlupf und jagen von hier aus in den angrenzenden Wiesen und Äckern z. B. nach Feldmäusen.

Im Randbereich von Feldgehölzen können viele verschiedene Sträucher wachsen. Häufig findet man Heckenrose, Hartriegel, Weißdorn und Brombeere. Ihre Blüten locken im Sommer zahlreiche Insekten an. Im Inneren eines Feldgehölzes wachsen Bäume wie Birke, Salweide oder Feldahorn.

Feldgehölze und Hecken sind wichtige Lebensräume. Sie dienen darüber hinaus auch den umgebenden Feldern. So schützen sie den Boden z. B. vor Abtragung durch Wind. Die Pflanzen verdunsten darüber hinaus viel Wasser und verbessern so das Klima.

> Feldgehölze sind Lebensraum für viele Tiere und Pflanzen. Sie bieten ihren Bewohnern Nahrung, Schutz, Nist- und Überwinterungsmöglichkeiten.

1 Ordne den abgebildeten Tieren und Pflanzen die richtigen Namen zu.
Tiere: Reh, Fuchs, Feldmaus, Igel, Feldhase, Grasmücke, Buntspecht, Neuntöter, Turmfalke, Mäusebussard, Fasan, Rebhuhn, Blindschleiche, Kleiner Fuchs (ein Schmetterling) und Hummel
Pflanzen: Feldahorn, Heckenrose, Brombeere, Weißdorn, Hartriegel, Rotklee und Klatschmohn

Wechselbeziehungen zwischen Lebewesen

1 Bedrohte Tiere. A *Zitronenfalter;* **B** *Zauneidechse;* **C** *Neuntöter*

2 Hilfe für Tiere und Pflanzen in Feldgehölzen und Hecken

An einem warmen Frühlingstag fliegt ein *Zitronenfalter* auf Nahrungssuche zur nächstgelegenen Hecke. Hier saugt er Nektar von Huflattich und Seidelbast. Vor der Hecke sonnt sich eine *Zauneidechse* auf einem Stein. Diese Steine hat eine Jugendumweltgruppe extra aufeinander geschichtet, um Kriechtieren wie Kreuzotter und Zauneidechse zu helfen, denn sie gehören wie der Zitronenfalter zu den **bedrohten Arten.**

In der Hecke leben noch weitere gefährdete Tiere. Zu ihnen gehört der *Neuntöter.* Er baut hier sein Nest und jagt nach Insekten. Mit viel Glück erbeutet er auch eine junge Eidechse oder Feldmaus.
Hecken und Feldgehölze bieten nicht nur selten gewordenen Tieren Rückzugsmöglichkeiten. Hier findet man auch bedrohte Pflanzen wie *Seidelbast, Akelei* und *heimische Orchideen.* Solche Pflanzen darf man nicht abpflücken oder ausgraben. Da es von ihnen nur noch wenige Exemplare gibt, sind sie wie die bedrohten Tiere geschützt. Alle geschützen Arten, die in Deutschland vorkommen, stehen in der **Roten Liste.** Neben dem eigentlichen Artenschutz ist es besonders wichtig den gesamten Lebensraum der Tiere und Pflanzen zu schützen. Deshalb stehen viele alte Hecken und Feldgehölze unter Schutz.

> In Hecken und Feldgehölzen leben verschiedene gefährdete Tier- und Pflanzenarten. Durch den Erhalt ihres Lebensraumes kann man sie schützen.

1 Nenne drei Schutzmaßnahmen für gefährdete Pflanzen.

2 Bedrohte Pflanzen. A *Seidelbast;* **B** *Akelei;* **C** *Orchidee (Großes Zweiblatt)*

3 Lebensraum Stieleiche

Eine einzeln stehende **Stieleiche** wächst neben dem Feldgehölz. Sie ist schon fast 200 Jahre alt. Der Baum ist 35 m hoch, seine tiefen *Wurzeln* verankern ihn im Erdreich. Mit ihnen nimmt er Wasser und Nährsalze auf, die im *Stamm* zur *Krone* transportiert werden. Typisch für Eichen sind unregelmäßige weit ausladende Kronen mit starken Ästen.

Stieleichen blühen im Mai. Männliche und weibliche *Blüten* sitzen in unscheinbaren grünen Blütenständen. Sie werden vom Wind bestäubt. Im Juni wachsen die *Früchte* heran. Die Eichel sitzt in einem Becher an einem langen Stiel. Nach diesen Früchten wurde die Art benannt.

Die Stieleiche lebt aber nicht allein in ihrem Lebensraum. Sie bietet von den Wurzeln bis zur Krone Unterschlupf und Nahrung für viele Tiere. Hier wohnen Vögel wie *Eichelhäher*, *Buntspecht* und *Baumläufer*. Auch *Blaumeise* und *Kleiber* brüten in der Eiche. In der Baumkrone kannst du den Kobel eines *Eichhörnchens* sehen und zwischen den Wurzeln versteckt sich die *Waldmaus*. Neben diesen Tieren leben hier noch viele Kleintiere, wie verschiedene *Spinnenarten* und *Insekten* wie Schmetterlinge, Käfer, Blattläuse und Ameisen. Ihnen allen gemeinsam ist, dass sie keine Wirbelsäule und kein Skelett besitzen. Man nennt sie deshalb **wirbellose Tiere.** An einer einzigen Eiche hat man über 250 verschiedene Arten der Wirbellosen nachgewiesen.

Es gibt auch viele Tiere, die sich nicht ständig an der Eiche aufhalten, sie jedoch zur Nahrungssuche oder als Unterschlupf aufsuchen. Eine große Höhle im Eichenstamm wird von einer *Fledermaus* oder einem *Steinkauz* angenommen. Auch *Wildschweine* suchen an der Eiche nach Nahrung.

Wie man sieht, herrscht an einer einzigen Eiche ein vielfältiges Leben.

> Die Stieleiche ist ein Laubbaum, der mehrere hundert Jahre alt wird. Sie bietet verschiedenen Säugetieren, Vögeln und vielen Wirbellosen wie Spinnen und Insekten einen Lebensraum. Diese Tiere finden an der Eiche Unterschlupf, Nahrung und Wohnraum.

1 Stelle einen Steckbrief für die Stieleiche zusammen. Beachte dabei Wuchshöhe, Kronenform, Blütezeit, Blüten und Früchte.

2 Suche aus den folgenden Beispielen die Tiere heraus, die nicht an der Eiche leben: Blattlaus, Blaumeise, Ringelnatter, Dachs, Waldmaus, Libelle, Ameise.

1 **Stieleiche. A** weiblicher Blütenstand; **B** Eicheln; **C** Eichelhäher; **D** Eichhörnchen; **E** Waldmaus

Wechselbeziehungen zwischen Lebewesen

4 Zwischen den Lebewesen eines Feldgehölzes gibt es vielfältige Beziehungen

4.1 Pflanzen und Tiere bilden Nahrungsketten

Am Rande eines Feldgehölzes steht eine alte Eiche. Ihre dunkelgrünen Blätter schimmern in der Sonne. An einigen Blättern sitzen Raupen. Es sind die Raupen des Eichenwicklers, eines Schmetterlings. Sie fressen nur Eichenlaub.
Da landet ein Rotkehlchen auf dem Zweig der Eiche, fängt die Raupe und frisst sie.
Wenig später streicht ein Sperber am Feldgehölz entlang, scheucht das Rotkehlchen auf und ergreift es mit seinen Fängen.
Tiere fressen also Pflanzen und werden selbst wieder von anderen Tieren gefressen. Man kann solche Nahrungsbeziehungen als Kette aus verschiedenen Gliedern darstellen, als **Nahrungskette.** In unserem Beispiel ergibt sich eine Nahrungskette aus vier Gliedern:
Eichenblätter → Raupe des Eichenwicklers → Rotkehlchen → Sperber.

Das erste Glied einer Nahrungskette bilden die grünen Pflanzen. Sie dienen den Tieren im Feldgehölz wie Feldhase, Reh oder Feldmaus als Nahrung. Man bezeichnet Tiere, die sich von Pflanzen ernähren, als **Pflanzenfresser.**
Diese Pflanzenfresser werden oft selbst Beute anderer Tiere wie Sperber, Fuchs oder Mäusebussard. Es sind die **Fleischfresser.**

> In einem Feldgehölz gibt es vielfältige Nahrungsbeziehungen, die sich als Nahrungsketten darstellen lassen.

1 Nahrungskette im Feldgehölz (→ = wird gefressen von ...)

1 Nenne fünf weitere Pflanzenfresser, die in einem Feldgehölz leben.
2 Nenne fünf Fleischfresser, die in einem Feldgehölz leben bzw. dort jagen.
3 Überprüfe, ob die folgenden Nahrungsketten richtig und vollständig sind:
a) Weizen → Feldmaus → Mäusebussard
b) Rotklee → Feldhase → Sperber
c) Gras → Schnecke → Igel
d) Feldmaus → Turmfalke
e) Brombeere → Feldmaus → Hummel
f) Heckenrose → Kleiner Fuchs → Rotkehlchen

Wechselbeziehungen zwischen Lebewesen

4.2 Viele Nahrungsketten bilden ein Nahrungsnetz

Der Sperber, der das Rotkehlchen erbeutet hat, ist weiter auf Nahrungssuche. In seinem Horst warten das Weibchen und zwei hungrige Jungvögel auf Futter. Der Vogel erspäht auf der Wiese eine Feldmaus, die gerade eine Weizenähre in ihren Bau zieht. Der Sperber stößt zu und erbeutet die Maus. Er fliegt mit seiner Beute zurück zum Horst.

Hier ergibt sich also eine weitere Nahrungskette. Sie besteht aus *Weizen → Feldmaus → Sperber*. Sie ist über den Sperber mit der Nahrungskette, die du schon kennst, verbunden.

In einem Feldgehölz lassen sich noch viele weitere Nahrungsketten aufstellen.

Der Sperber z. B. jagt bevorzugt Kleinvögel wie Sperlinge, Finken und Lerchen. Er könnte auch einen Feldhamster oder ein Rebhuhn erbeuten.

Daraus ergeben sich wieder fünf neue Nahrungsketten. Jede Nahrungskette kann an einzelnen Gliedern wieder mit einer anderen Kette verknüpft sein. So ergibt sich ein Netz aus vielen verschiedenen Nahrungsketten, ein **Nahrungsnetz**. Dieses Netz veranschaulicht die Nahrungsbeziehungen in einem Lebensraum viel genauer als die einfachen Nahrungsketten.

> Nahrungsketten kann man miteinander zu einem Nahrungsnetz verknüpfen. Nahrungsnetze geben die Nahrungsbeziehungen in einem Lebensraum wirklichkeitsnah wieder.

1 Beschreibe aus der Abbildung 1 drei Nahrungsketten, die über die Feldmaus miteinander verbunden sind.

1 Nahrungsnetz im Feldgehölz

Wechselbeziehungen zwischen Lebewesen

2 *Gleichgewicht zwischen „Jägern" und „Gejagten"*

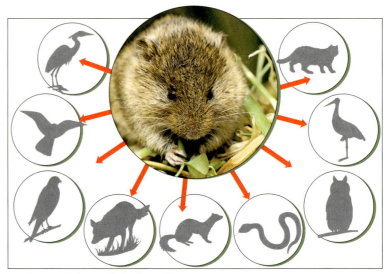

1 *Die natürlichen Feinde der Feldmaus*

4.3 „Jäger" und „Gejagte" leben in einem Gleichgewicht

Nach dem letzten milden Winter erkennen viele Landwirte ihre Wiesen und Felder kaum wieder. *Wühlmäuse,* darunter vor allem Feldmäuse und Rötelmäuse, haben viele Gänge gegraben und das Wintergetreide gefressen. Feldmäuse können sich bei milder Witterung das ganze Jahr über vermehren. Jedes Weibchen bringt dann sechsmal im Jahr etwa sechs Junge zur Welt. Diese haben nach drei Monaten wieder selbst Nachwuchs.

Gibt es aber mehrere Jahre lang besonders viele Mäuse, finden die „Jäger" reichlich Beute. Daraufhin vermehren sie sich stark und können viele Junge aufziehen. Die Zahl der „Jäger" nimmt in diesem Gebiet zu.
Viele „Jäger" erbeuten viele Feldmäuse, sodass die Anzahl der Beutetiere sinkt. Die Mäuse können sich deshalb nicht mehr so stark vermehren. Schließlich gibt es in dem Gebiet zwar viele „Jäger", diese finden aber nur noch wenig Beute.
Die Jäger verlassen das Jagdgebiet oder bekommen kaum noch Nachwuchs. Ihre Zahl sinkt in den folgenden Jahren, bis sich ein Gleichgewicht zwischen „Jägern" und „Gejagten" einstellt.

Der Mensch kann dieses **biologische Gleichgewicht** durch seine Eingriffe stören. Wenn in einem Gebiet zum Beispiel alle Feldgehölze und Hecken abgeholzt werden, finden die natürlichen Feinde der Feldmaus keinen Lebensraum mehr. Sie wandern ab oder sterben in diesem Gebiet aus. Die Feldmäuse können sich dann explosionsartig vermehren.

> Feldgehölze bieten natürlichen Feinden der Feldmaus einen Lebensraum. In einem biologischen Gleichgewicht halten sich Jäger und Gejagte in Waage.

1. Benenne die in Abbildung 1 dargestellten Feinde der Feldmaus.
2. Erläutere den Begriff „biologisches Gleichgewicht".
3. Wie können Landwirte Mäuseplagen vorbeugen?

Wechselbeziehungen zwischen Lebewesen

Prüfe dein Wissen

A1 Entscheide, welche Erklärung auf Feldgehölz zutrifft:
a) ein Kiefernwald neben einem Feld,
b) ein Holzstapel am Feldrand,
c) ein Lebensraum mit Baumgruppen und Sträuchern, der von Feldern und Weiden umgeben ist.

A2 In einem Feldgehölz leben viele Tiere. Lies dir die folgende Liste durch. Welche Tiere kommen dort vor?
Igel, Fuchs, Wolf, Hermelin, Feldhase, Sperber, Pfau, Fasan, Blaumeise, Neunauge, Hummel, Feldmaus

A3 Hier sind Nahrungsketten in einem Feldgehölz angegeben. Leider sind nicht alle Beispiele richtig. Suche die fehlerfreien Nahrungsketten aus den Antworten heraus:
a) Rotklee → Feldhase → Fuchs,
b) Alge → Wasserfloh → Plötze,
c) Weizen → Feldmaus → Mäusebussard,
d) Feldmaus → Rotkleesamen, → Blindschleiche → Mäusebussard,
e) Mücke → Grasmücke → Turmfalke,
f) Gras → Feldhase → Kleiner Fuchs,
g) Brombeere → Weichkäfer → Neuntöter.

A4 Welche Aussagen über die Feldmäuse treffen zu?
a) Feldmäuse sind Säugetiere.
b) Feldmäuse halten Winterschlaf.
c) Feldmäuse ernähren sich von Getreide, Gräsern und Wurzeln.
d) Ein Weibchen bekommt in seinem Leben nur vier Junge.
e) Feldmäuse leben in Kolonien zusammen.
f) Mäusebussard, Eule und Fuchs sind natürliche Feinde der Feldmaus.

A5 In Feldgehölzen kommen viele verschiedene Sträucher und Bäume vor. Wähle die richtigen Namen aus und ordne sie den Abbildungen zu:
Pfaffenhütchen, Holunder, Weißdorn, Hartriegel, Wilde Johannisbeere, Feldahorn, Heckenrose, Brombeere

A6 Stelle ein Nahrungsnetz dar. Verwende dazu die folgenden Pflanzen und Tiere:
Kiefer, Eiche, Buche, Eichhörnchen, Eichelhäher, Baummarder, Fuchs, Habicht, Raupe des Eichenwicklers, Blaumeise, Buntspecht

A7 Entscheide, in welchen Lebensraum das Nahrungsnetz aus Aufgabe 6 gehört.
a) See
b) Feld
c) Mischwald
d) Wiese

A8 Mancher Landwirt hält viel von Feldgehölzen. Es gibt Vorteile, die für das Anlegen bzw. den Schutz von Feldgehölzen sprechen. Leider ist hier einiges durcheinander geraten. Suche die wirklichen Vorteile heraus:
a) Durch Feldgehölze wird der Boden vor Abtragung durch Wasser und Wind geschützt.
b) Durch Feldgehölze ergeben sich größere Anbauflächen.
c) In Feldgehölzen leben viele verschiedene Tiere. Diese ernähren sich zum Teil von „Schädlingen", die angrenzende Felder bedrohen.
d) Der Wind wird durch Feldgehölze abgebremst und das Klima günstig beeinflusst.
e) Feldgehölze ermöglichen einen besseren Einsatz von Großmaschinen und Düngemitteln.
f) Feldgehölze und Hecken ermöglichen kleinen Tieren wie Igel und Blindschleiche das gefahrlose Durchqueren eines Gebietes. Sie bieten auch Schutz und Überwinterungsmöglichkeiten für viele Tiere.

Der Mensch in seinem Lebensraum

1 **Flusstal-Landschaft.** A Kulturlandschaft; B naturnaher Auwald

2 **Straßenbau: Eingriff in die Landschaft**

1 Menschen verändern, gefährden und zerstören Lebensräume

Ein Fluss schlängelt sich durch ein Tal. Seine Ufer sind wie mit Lineal und Zirkel gezogen und von Bäumen und Sträuchern befreit. Deiche zu beiden Seiten schützen Dorf und Ländereien vor Überflutungen. Straßen führen durch die Landschaft. Landschaften wie diese sind von Menschen geschaffen. Man nennt sie **Kulturlandschaften.**
Ursprünglich sah die Landschaft ganz anders aus. Es gab keine Deiche. Der Fluss konnte bei Hochwasser über die Ufer treten und die angrenzenden Flächen überfluten. In solch einem feuchten Gebiet wuchs bis an die Ufer ein *Auwald*, dessen Pflanzenbewuchs wechselnde Wasserstände vertragen konnte. Es war eine unberührte **Naturlandschaft.**
Vor über tausend Jahren nahmen Menschen von dieser Landschaft Besitz. Sie rodeten Wälder, legten Feuchtgebiete trocken und betrieben dort Ackerbau und Viehzucht. Um sich vor Hochwasser zu schützen, wurden nach und nach die Ufer begradigt. So konnte das Wasser schneller abfließen. Deiche gaben den Menschen zusätzliche Sicherheit.
Auch heute noch greift der Mensch gestaltend in die Landschaft ein. So werden für Straßen und Schienenwege zum Teil schützenswerte Gebiete geopfert. Umweltbehörden, Natur- und Umweltschutzverbände versuchen schädigende Eingriffe in die Landschaft möglichst gering zu halten.

> Eingriffe des Menschen in die Landschaft gefährden Lebensräume mit ihren Pflanzen und Tieren.

1 Lies den Pinnzettel über Braunkohleabbau auf Seite 247. Nenne mögliche Argumente von Befürwortern und Gegnern.

2 Auch durch die Verschmutzung der Umwelt greift der Mensch in die Lebensräume ein. Lies dazu den Pinnzettel über Gülle (S. 247).

Der Mensch in seinem Lebensraum

Pinnwand

EINGRIFFE IN DIE LANDSCHAFT UND DIE FOLGEN

Wohin mit der Gülle?

Als ein besonderes Problem erweist sich heute die Massentierhaltung in bestimmten Gegenden unseres Landes. So wurden z.B. im Kreis Vechta vor einigen Jahren rund 15 Mio. Hühner, 2 Mio. Schweine, 100.000 Rinder und einige hunderttausend Enten, Gänse und Puten gezählt. Von diesen Tieren fielen täglich rund 3.600 t Ausscheidungen als flüssiger Dünger an, der sogenannten Gülle.
Diese gewaltige Menge muss „entsorgt" werden. Nur ein geringer Teil konnte auf den bisher vorhandenen Flächen als Dünger ausgebracht werden. Aus überdüngten Flächen gelangte immer wieder Dünger in das Grundwasser und schließlich in die Flüsse und Seen. Auch dort führte die Gülle zu Überdüngung und letztendlich zu Fischsterben. Deshalb darf nur eine bestimmte Menge Gülle auf die Felder gelangen. Um die Gülle dennoch „loszuwerden", wurden wertvolle Feuchtwiesen mit einer artenreichen Tier- und Pflanzenwelt in eintönige Maisfelder verwandelt. Diese dienen als „Entsorgungsflächen" für die Gülle.

Es geht ein Mann durch das bunte Land;
Die Messlatte hält er in der Hand.
Sieht vor sich hin und sieht sich um;
„Hier ist ja alles schief und krumm!"
Er misst wohl hin und misst wohl her;
„Hier geht ja alles kreuz und quer!"
Er blickt zum Bach im Tale hin;
„Das Buschwerk hat doch keinen Sinn!"
Zum Teiche zeigt er mit der Hand,
„Das gibt ein Stück Kartoffelland!"
Der Weg macht seinen Augen Pein;
„Der muss fortan schnurgerade sein!"
Die Hecke dünket ihm ein Graus;
„Die roden wir natürlich aus"!
Der Wildbirnbaum ist ihm zu krumm;
„Den hauen wir als erstes um!"
Die Pappel scheint ihm ohne Zweck;
„Die muss da selbstverständlich weg!"
Und also wird mit vieler Kunst
die Feldmark regelrecht verhunzt.

Hermann Löns (1912)

Moderne Landwirtschaft „frisst" Weißstörche

(dpa 30.10.93)
… der zum Vogel des Jahres 1994 gewählte Weißstorch leidet bei uns unter vielen Gefahren. In entwässerten Landschaften verliert der Storch seinen artgemäßen Lebensraum. Viele Feuchtgebiete, in denen sich der Storch seine Nahrung sucht, sind der Landwirtschaft geopfert worden. In Deutschland sank die Zahl von etwa 9000 Paaren im Jahre 1934 auf nur 3225 im Jahr 1991…

Ein Dorf soll der Braunkohle weichen
(sre/12.9.97)
… der Vorrat an Braunkohle, die für die Energieerzeugung benötigt wird, reicht in dem zur Zeit vorhandenen Abbaugebiet nur noch für etwa ein Jahrzehnt. Daher soll das benachbarte Dorf G., unter dem sich ein ausgedehntes Braunkohlefeld befindet, dem weiteren Abbau weichen. Die beabsichtigte Maßnahme hat zu einer heftigen Auseinandersetzung zwischen Gegnern und Befürwortern geführt. Und das sind ihre Argumente: …

Der Mensch in seinem Lebensraum

2 Menschen renaturieren und schützen ihre Umwelt

In der Vergangenheit wurden viele Wasserläufe begradigt und vertieft. Das Wasser fließt dadurch schneller. Auch das Hochwasser, das z.B. im Frühjahr nach der Schneeschmelze entsteht, läuft immer schneller und immer höher auf. Da es kaum noch Flußauen gibt, die das Wasser speichern und langsam wieder abgeben können, entstehen trotz hoher Deiche immer wieder verheerende Überschwemmungen.

Deshalb, und um ein naturnahes Landschaftsbild wieder herzustellen, werden Bäche und Flüsse teilweise wieder in ihren ursprünglichen Zustand zurückversetzt. Aber nicht nur Wasserläufe werden **renaturiert,** sondern zum Beispiel auch Kies- und Braunkohlegruben zu Teichen und Seen, abgetorfte Flächen durch Vernässung zu Mooren.

Um noch vorhandene naturnahe Gebiete zu erhalten, wurden diese unter besonderen Schutz gestellt. Diese Gebiete sind durch Schilder gekennzeichnet mit der Aufschrift **Naturschutzgebiet** oder **Landschaftsschutzgebiet.** Ganz besonders strengen Bestimmungen unterliegen die verschiedenen **Nationalparke** in Deutschland. Es sind großräumige Naturlandschaften wie etwa das *Niedersächsische Wattenmeer* oder der *Hochharz*. In einem Nationalpark soll die Natur sich weitgehend selbst überlassen bleiben.

> Naturnahe Landschaften schützt der Mensch mit der Ausweisung von Naturschutzgebieten, Landschaftsschutzgebieten und Nationalparken.

1 Nationalparke haben Befürworter und Gegner. Führt am Beispiel der Elbtalaue (S. 249) ein Streitgespräch.
2 Betrachte die Pinnwand auf S. 250. Wie wirken sich die Veränderungen auf die Tierwelt aus?

1 Renaturierung eines Bachlaufes

2 Im Nationalpark Wattenmeer.
A Ruhezone; B Rotschenkel

Der Mensch in seinem Lebensraum

Pinnwand

KURZ NOTIERT: PRO UND CONTRA „NATIONALPARK"

„… wir wollen in Zukunft unseren Hobbies nachgehen. Aber wenn erst einmal das Angelgebiet als Ruhezone ausgewiesen ist, dann können wir dort nicht mehr angeln…" (ein Angler)

„… ich kann meine Jagd nicht mehr wie bisher ausüben, da ich im Schutzgebiet nicht mehr auf Federwild schießen darf…" (ein Jäger)

„… es besteht die Gefahr, dass diese Elbtalaue durch Straßenbau, Ausbau der Elbe als Schifffahrtsweg für größere Binnenschiffe, Maßnahmen der Wasserwirtschaft wie Entwässerung und Eindeichungen, Landwirtschaft und unkontrollierten Fremdenverkehr beeinträchtigt und entwertet wird…" (ein Umweltschützer)

„… den vom Staat zugesagten Hilfen trauen die Landwirte nicht …" (ein Bürgermeister)

„… als Regierung sind wir verpflichtet, diese einmalige Landschaft in ihrem ursprünglichen Zustand zu lassen und daher unter besonderen Schutz zu stellen. Dadurch wollen wir vermeiden, dass menschliche Eingriffe erfolgen, die diesen schützenswerten Lebensraum auf Dauer zerstören. Daher ist eine Verordnung notwendig, in der geregelt ist, was in dem Nationalpark geregelt ist und was nicht…" (eine Vertreterin der Landesregierung)

„… die Elbtalaue ist eine der letzten naturnahen Flusslandschaften in Mitteleuropa und daher besonders schützenswert. Die schwankenden Wasserstände des Flusses tragen dazu bei, dass angrenzende Flächen in unregelmäßigen Abständen überflutet werden. Dadurch haben sich dort wertvolle Sumpfgebiete und Auwälder mit seltenen Pflanzen- und Tierarten erhalten…" (ein Biologe)

„… Landwirte im Gebiet des Nationalparks sollen keine unzumutbaren finanziellen Nachteile haben. Sie erhalten Ausgleichszahlungen von zur Zeit 180 bis 740 DM je Hektar und Jahr, wenn sie ihre Flächen nicht mehr wie bisher nutzen können und dadurch Einbußen erleiden…" (eine Vertreterin der Landesregierung)

„… das hier ist altes Bauernland. Bisher hat die Landschaft darunter nicht gelitten. Das sehen wir doch an der Pflanzen- und Tierwelt. Wir sind doch nicht gegen Naturschutz, wohl aber in der strengen Form, wie es die Nationalpark-Verordnung vorsieht. Wir wollen uns nicht vom Staat vorschreiben lassen, was wir auf unseren Ländereien machen dürfen und was nicht…" (ein Landwirt)

„… es muss ja nicht ausgerechnet in einem Schutzgebiet gejagt werden. In den angrenzenden Gebieten gibt es ausreichend Gelegenheit zur Jagd…" (ein Naturschützer)

„… allein in der Elbtalaue leben oder rasten auf ihrem Durchzug über 50 geschützte Vogelarten, darunter so seltene Vögel wie Kraniche und Uferschnepfen…" (ein Vogelschützer)

„… ich muss um meine Existenz bangen, wenn ich meinen Grund und Boden nicht mehr so bewirtschaften kann, wie ich es für richtig halte…" (ein Landwirt)

Der Mensch in seinem Lebensraum

Pinnwand

ARTENZUNAHME DURCH RENATURIERUNG

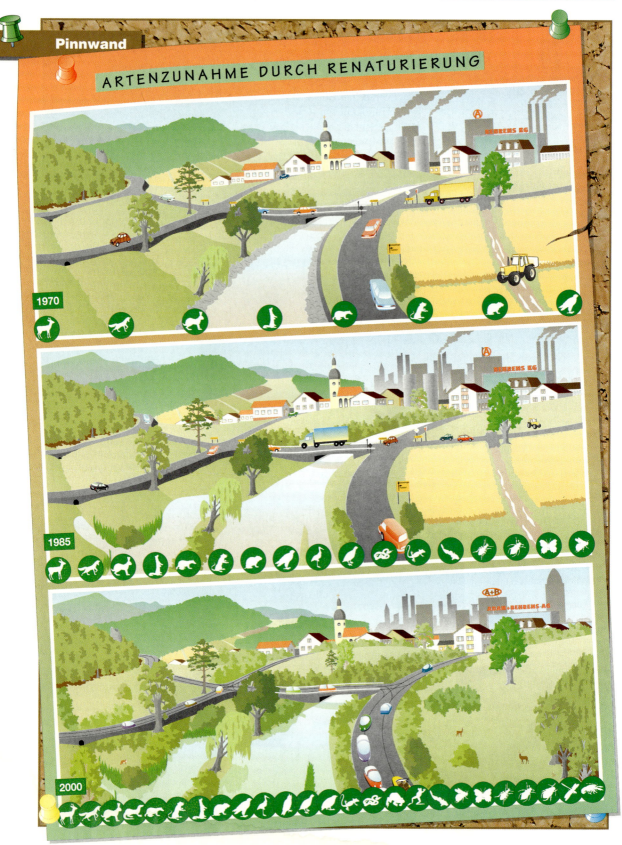

Der Mensch in seinem Lebensraum

Prüfe dein Wissen

A1 Ordne den folgenden Beschreibungen die richtige Bezeichnung zu: Nationalpark, Landschaftsschutzgebiet, Naturschutzgebiet.
a) Hier soll die landschaftliche Eigenart mit den vorkommenden Lebensgemeinschaften von Tieren und Pflanzen erhalten bleiben.
b) Es ist eine großräumige Naturlandschaft, die in ihrem ursprünglichen, vom Menschen weitgehend unbeeinflussten Zustand erhalten bleiben soll.
c) Dort sind alle Maßnahmen untersagt, die zu einer Veränderung des gegenwärtigen Zustandes führen würden. Die in ihm lebenden Tiere und Pflanzen sollen in ihrer Gesamtheit erhalten bleiben.

A2 Für welchen Lebensraum trifft die folgende Beschreibung zu?
„Ihn gibt es nur noch selten an Flüssen und Bächen. Das Gebiet wird zeitweise überflutet. In ihm wachsen vor allem nässevertragende Pflanzen, darunter viele seltene Arten. Bis zu 10 große Baumarten, mehr als 20 Straucharten und weit über 500 Kraut- und Grasarten tragen zu einer artenreichen Tierwelt bei, darunter 135 Brutvogelarten."

A3 Welches Schild im Nationalpark Niedersächsisches Wattenmeer weist auf folgende Bestimmungen hin?
„In dieser Zone gelten die strengsten Schutzbestimmungen, da sich hier die empfindlichsten Landschaftsteile, Pflanzen- und Tierarten des Nationalparks befinden. Hier sind alle Handlungen verboten, die den Nationalpark oder einzelne seiner Bestandteile zerstören, beschädigen oder verändern. Um die dort lebenden Tiere nicht zu beunruhigen, dürfen sie an ihren Brut- und Lebensräumen nicht aufgesucht, gefilmt oder fotografiert werden. Wattwandern, Radwandern, Reiten und Kutschfahren ist in der Ruhezone auf ausgewiesenen Wegen, Routen und Flächen erlaubt. Ansonsten besteht ein generelles Betretungsverbot. Von den einschränkenden Regelungen sind aber nicht nur die Erholungssuchenden betroffen, sondern unter anderem auch die Landwirtschaft, die Jagd und die Fischerei. So ist z. B. die sogenannte Wattenjagd auf Wasserwild verboten. Sport- und Freizeitfischerei sowie Wattwurmstechen im Handstich dürfen nur von dafür vorgesehenen Wegen und Flächen aus betrieben werden.
Bestimmte hergebrachte Nutzungen durch die ansässige Bevölkerung bleiben weiterhin möglich. Maßnahmen zur Erfüllung öffentlicher Aufgaben wie Seenotrettungswesen, Deicherhaltung und Strandreinigung unterliegen keinen Beschränkungen."

A4 Für welche unter Schutz gestellten Gebiete trifft das Motiv der folgend dargestellten Briefmarke zu?

A5 Die Karte zeigt verschiedene Nationalparke in Norddeutschland.
a) Wie heißen die mit A, F und H gekennzeichneten Nationalparke?
b) Kennst du auch die mit B, C, D, E und G bezeichneten Nationalparke? Nenne sie.

Register

Fette Seitenzahlen weisen auf ausführliche Behandlung hin;
f. = die folgende Seite; ff. = die folgenden Seiten.

A

Aal 110
Abstammung
– des Haushuhns 48
– des Haushundes 24
– des Hausschweins 45
– des Pferdes 43
Acker 233
Acker-Hundskamille 233
Acker-Kratzdistel 233
Acker-Stiefmütterchen 233
Ackerwildkräuter 233
Ahorn 203, 221
Alkohol 152
Allesfresser 44
Allesfressergebiß 44
Alligator 95
Alpenveilchen 207
Ameisenfrüchte 204
Amsel 80 f.
Anthurie 207
Aorta 145
Aquarium 6, 107
Armskelett 129
Art 72 f., 122, 215
Artenschutz 240
Arterien 143, 145
Äskulapnatter 94
Atmung
– beim Menschen 140 ff.
– bei Pflanzen 11
– bei Tieren 99, 105
Atmungsorgane 140 ff.
Atmungssystem 140 ff.
Attrappenversuch 81
Auerochse 36
Auftrieb 78, 109
Auge 162 f.
Ausläufer 195
Ausrenkung 135
Ausscheidungssystem 126
Auwald 246

B

Bach 248
Bachforelle 104, 106
Bachstelze 83
Backenzähne 154
Ballaststoffe 149, 157
Bänderriss 135
Bandscheiben 130, 136
Bankivahuhn 48
Bartenwal 71
Batteriehaltung 52
Bauchatmung 140
Bauchspeicheldrüse 156 f.
Baum 184 f.
Baummarder 61, 64
Bauplan, Pflanze 184 f.
Beckengürtel 129, 131
Bedrohte Arten 240
Beere 194
Befruchtung 50, 175, 193
Beinskelett 129
Berberitzenblüte 197
Beringung 116
Besenginster 218
Bestäubung 190 ff.
Bestäubungsversuch 171
Bestimmungsschlüssel 102, 220, 222
Beuger 134
Bewegung
– beim Menschen 128 ff., 136
– bei Pflanzen 10 f.
– bei Tieren 8
biologisches Gleichgewicht 244
Birke 221
Blase 127
Blatt 186 ff., 221
Blattformen 221
Blattgrün siehe Chlorophyll
Blattränder 221
Blaukissen 214
Blaumeise 83
Blesshuhn 91
Blindenschrift 165
Blindschleiche 114
Blut 147
Blüten 189 ff., 196 f., 214 ff.
Blütendiagramm siehe Blütengrundriss
Blütengrundriss 196, 215
Blütenpflanzen 184 ff.
Blutgerinnung 147
Blutkörperchen
–, Rote 147
–, Weiße 147
Blutkreislauf 126, 145
–, geschlossener 145
Blutplasma 147
Bodenhaltung 52
Brennnessel 233
Brillenschlange 95
Bronchien 140 f.
Brustatmung 140
Brustkorb 129
Brutblatt 11, 195
Brutknollen 195
Brutpflege 29, 47
Buchfink 83, 122
Buntnessel 186
Buntspecht 88 f.
Bürzeldrüse 90
Buschwindröschen 228 ff.

C

Chamäleon 95
Chlorophyll 13, 186, 234
Chloroplast 13

D

Dachs 115
Darm 127
Darmzotten 157
Dauergebiss 154
Daunenfeder 74, 90
Deckfeder 74
Delfin 9, 69
Digitalis 205
Dinosaurier 96 f.
Dorsch 111
Dotter 50
Dottersack 106
Drehgelenk 132 f.
Drogen 152
Düngung 206
Dünndarm 156 f.

E

Eberesche 235
Echolot 67, 69
Eckzähne 154
Ei 50 f.
Eichhörnchen 60, 64, 113
Eidechse 92, 240
Eierstock 50
Eileiter 50
Eingeweidemuskeln 134
Einhufer 43
Eisenhut 205
Eisprung 173
Eiweißstoffe 149 f., 156
Eizahn 50
Eizelle 173 ff., 189, 193
Elbtalaue 249
Embryo 50, 100, 106, 176, 198
Energie 148
Entwicklung
– Mensch 168 ff., 175 f., 178 f.
– Pflanze 10, 198 ff.
– Tier 8, 46 f., 100, 106
Erbse 218
Erdbeere 195, 216
Erdkröte 109
Erdspross 228 f.
Erektion 171
Erlenzeisig 119
Ernährung 148 ff.
Ernährungspyramide 151
Erste Hilfe 138, 146
Esel 19
Eulen 86 f.
Europäische Sumpfschildkröte 94

F

Fährte 57, 58
Familie 72 f., 122 f., 214

Federn 74 f., 87
Feldgehölze 238 ff.
Feldhamster 115
Feldhase 58
Feldmaus 244
Feldsperling 83
Fette 148, 150, 157
Fetus 176
Feuchtgebiet 98
Feuchtlufttiere 99
Feuerbohne 198 f.
Feuerdorn 216
Fichte 221
Fichtenkreuzschnabel 119
Fische 104 ff., 123
Fischfang 111
Flamingoblume 207
Flatterflug 66
Fledermaus 66 ff., 113
Fledermausschutz 68
Fleischfresser 242
Fluchttier 56, 58 f.
Flugbilder 85
Flugfrüchte 202 f.
Flughäute 66
Flugsaurier 96 f.
Flusslandschaft 246
Fohlen 46
Follikel siehe Eibläschen
Forelle 104, 106, 108, 110
Fortpflanzung
– beim Menschen 168 ff.
– bei Pflanzen 10, 190 ff.
– bei Tieren 8, 50, 80, 100, 106
– ungeschlechtliche 11
Fotosynthese 186, 188
Freilandhaltung 52
Fremdbestäubung 190 ff.
Friedfisch 104
Frösche 98 ff.
Froschlurche 102 f.
Frucht 194, 202 ff., 212, 215, 235
Fruchtblatt 189
Fruchtknoten 189
Frühblüher 228 ff.
Fuchs 54 f., 115
Fußschäden 139
Fußskelett 131

G

Galle 157
Gallenblase 156 f.
Gans 19
Gänseblümchen 11, 219
Gänse-Fingerkraut 216
Garten 208 f.
Gartenerbse 218
Gartengeräte 208 f.
Gartenrotschwanz 118
Gasaustausch 141

Register

Gattung **72 f.**, **122 f.**, 215
Gebärmutter **173 ff.**
Gebiss **154**
Geburt
– beim Menschen **176**
– beim Tier **25**, 47
Gefäße **186 f.**
Gegenspieler **134**
Gehirn 127, 160 ff.
Gehörn 57
Gelbbauchunke 109
Gelenke 128, **132 f.**
Gemeine Schafgarbe **219**
Genußgift **152**
Geranie 10
Gerste 212, 225
Geruchssinn 160
Geschlechtsmerkmale **170 ff.**
Geschlechtsorgane **171**, **173**
Geschlechtszellen 171, 173 ff., 193
Geschmackssinn 160
Gesichtswasser 166
Gestalt
– der Pflanze 10
– des Tieres 8
Gestaltwandel **100**
Gesundheitsschäden **142**, **152**
Getreide **212 f.**
getrenntgeschlechtlich 191
Gewebe **15**
Geweih 57
Gewölle 84, **86 f.**
Giftpflanzen **206**
Giftschlange **93**, 95
Glattnatter 94
Gleitflug **76**
Glied 171, 175
Gliedmaßen 126
Goldhamster 9, 19, 21
Goldlack 214
Goldnessel **217**
Grabhände **62 f.**
Grasfrosch **100**
Greiffuß 84, 86
Greifvögel **84 f.**
Griffel 189
Großes Zweiblatt 240
Großkatzen **34**
Gründeln 90
Grünfink 82

H

Haarwechsel 112
Habicht 85
Hafer 212
Hahnenfuß **232**
Hakenschnabel 84
Haltung **128 ff.**
Haltungsschäden 139
Handskelett **131**
Harnblase **127**
Hasel **191**, 235
Haubentaucher 91
Hauhechel **192**
Hauskaninchen 19, **47 f.**

Hausmaus 8
Hausrotschwanz 118
Hausschwein **44 f.**
Haustaube 19
Haustiere **18 ff.**
Haut **164 ff.**
Hautatmung 99
Hautpflege **166**
Häutung 92
Hecht 110
Hecke **238 ff.**
Heckenrose 235
Heimtiere **18 ff.**
Herbstfärbung **234**
Herbstzeitlose 205
Hering 111
Hermelin 112
Herz 127, **143 ff.**
Herzinfarkt 142
Herzkammern **143**
Herzklappen **143**
Hetzjäger 25
Himbeere **216**
Hirse **213**
Hirtentäschelkraut 215
Höckerschwan 76 f., 91
Hoden 50, **171**
Höhlenbrüter **89**, 120
Höhlenzeichnung 36
Hohler Lerchensporn **230**
Hormone 168 ff.
Hörnerv **161**
Hörsinn **160 f.**
Hörsinneszellen **161**
Horst 84
Hörvorgang **161**
Huftier 37, 43
Huhn **48 ff.**
Hühnerei **50 f.**
Hühnerrassen **48**
Humus **234**
Hund **22 ff.**
Hundehaltung **22 f.**, 28
Hunderassen **24 ff.**, **27**
Hydrokultur **206**

I

Igel 64, 113
Insektenbestäubung **190**, **192 f.**
Insektenblütler **190**
Insektenfresser **66**
Insektenfressergebiss **63**

J

Jägersprache 57
Jaguar 34
Jahreszeiten **114**

K

Kabeljau 111
Kaktus 207
Kaltblut 42

Kältekörperchen 165 f.
Kältestarre **114**, 115
Kaninchen 19, **46 f.**
Kapillaren **141**, **145**, 157
Karies **155**
Karpfen **104 f.**
Kartoffel **210 f.**
Katze **30 ff.**
Katzenhai 111
Katzenkralle **35**
Katzenrassen **33**
Kaulquappe **100**
Keimbläschen **175**
Keimblatt **198 f.**
Keimpflanze **198 f.**
Keimscheibe 50
Keimstängel **198 f.**
Keimung **198 f.**
Keimungsbedingungen **200 f.**
Keimungsversuche **200 f.**
Keimwurzel **198 f.**
Kelchblatt **189**
Kennzeichen des Lebendigen **9 ff.**
Kernbeißer 119
Kiefer **221**
Kiemen 100, **105**
Kiemenatmung 100, **105**
Kirschblüte **189 f.**, **193 f**, 196
Klappzunge 99
Klasse **73**, **122 f.**
Klatschmohn **202**, 225
Kleiber 88, **89**, 121
Kleinkind **179**
Kletten-Labkraut 233
Kletterfuß 60, **88 f.**
Klettfrüchte **204**
Knabenkraut **232**
Knochen 128
Knochenbruch **135**
Kobel 60, 113
Kobra 95
Kohlenhydrate **148**, **150**, **156**
Kohlenstoffdioxid 141, 176
Kohlenstoffmonooxid 142
Kohlmeise 9, 82
Kolibri 77
Kolonie 59
Kopf 126
Kopfskelett **129**, **131**
Korbblütengewächse **219**
Kornblume **219**
Körperpflege **171**, **174**
Körperproportionen **126**
Kreislaufsystem **145**
Kreuzbein 130
Kreuzblütengewächse **214 f.**, **220**
Kreuzotter **93**
Kriechtiere **92 ff.**, **123**
Krokus **228 f.**
Kronblatt **189**
Kröpfplatz 84
Kröten **102 f.**
Krötenwanderung 101
Kuckuckslichtnelke **232**
Kugelgelenk **132 f.**
Küken 50

Kulturfolger **56**, **81**
Kulturlandschaft 245
Landschaftsveränderungen **246 ff.**
Küstenseeschwalbe 118

L

Lachs 110
Laich 100, 106
Landschaftsschutzgebiet 248
Landschaftsveränderungen **246 ff.**
Lärche **221**
Larve 106, 110
Laubbäume **221**
Laubblatt **234**
Laubfall **234**
Laubfrosch 109
Laubwald 225
Läufigkeit 29
Lauftier 43
Lebensräume **224 ff.**, **238 ff.**, **246 ff.**
Leber 127
Leberblümchen **230**
Lederhaut 165
Leitbündel **186 f.**
Leopard 34
Lippenblütengewächse **217**
Lockfrüchte **204**
Löwe 34
Löwenzahn **202 f.**, **219**
Luftröhre **140 f.**
Luftsäcke **74 f.**
Lunge 127, **140 ff.**
Lungenatmer 99
Lungenbläschen 141
Lungenflügel **140 f.**
Lupe **12 ff.**
Lupine 218
Lurche **98 ff.**, **123**

M

Magen 127, **156 f.**
Maiglöckchen 205
Mais **213**
Makrele 111
Margerite **219**, **232**
Massentierhaltung **52**
Mauer **226 f.**
Mauereidechse 94
Mauerpfeffer **227**
Maulwurf **62 f.**
Maus 8, 224
Mäusebussard 78, **84**
Meeresfische **111**
Meeressäugetiere **69 ff.**
Meeressaurier **96 f.**
Meerschweinchen **20 f.**
Meißelschnabel 88
Meniskusschaden **135**
Menstruation **174**
Metamorphose **100**
Michgebiss **154**
Mikroskop **12 ff.**
Milch **38 ff.**
Mimose 11

Register

Mineralstoffe 149 f., **206**
Missbrauch, sexueller **180**
Möwe **74 f.**
Mundschleimhaut 15
Murmeltier 115
Muskeln 128, **134**, **136**
Mutterkuchen **176**

N

Nachtjäger **32**
Nachtschatten, Bittersüßer 205
Nadelbäume **221**
Nagetiere **60 f.**
Nagetiergebiss **60 f.**
Nährsalze **206**
Nährstoffe **148 f.**, 156 f., **158 f.**
–, Nachweismethoden 158 f., **188**
Nahrungsketten **242 f.**
Nahrungsmittel **148 f.**, **210 ff.**
Nahrungsnetz **243**
Narbe **189**
Nase **140**
Nationalpark **248 f.**, **251**
Naturlandschaft **246**
Naturschutz **68**, **101**
Naturschutzgebiet **248**
Nektar **190**
Nerven **128**
Nervensystem **126**, **128**
Nervenzelle 15
Nestbau **80 f.**
Nestflüchter **46 f.**, **50**, **56**, **58**
Nesthocker **47**, **54**, **59**, **81**, **89**
Neuntöter **240**
Niere **127**
Nikotin **142**
Nisthilfen **120**
Nisthöhle **120**
Nuss **194**
Nutzgarten **208 f.**
Nutzpflanze **210 ff.**
Nutztiere **18 f.**, **36 f.**, **42 f.**, **44 f.**, **48 f.**

O

Oberhaut **164 f.**
Ohr **161**
Orchideen **232**, **240**
Ordnung **73**, **122**
Organe **127**
Organsystem **127 ff.**, **186 f.**

P

Paarhufer **37**, 56 f.
Paarung **50**
Pelikan **91**
Penis **241**
Pferd 19, **41 ff.**, **46**, **112**
Pferderassen **42 f.**

Pflanzenfresser **36**, **57**, **58 f.**, **242**
Pflanzenfressergebiss **37**, **42**
Pflanzenpflege **207 ff.**
Pinguin **91**
Plattfuß **139**
Pollen **189 ff.**
Pollenblüte **191**
Pollensack **189**
Pollenschlauch **193**
Präparat **12**
Prellung **135**
Projekt **6**, **120 f.**
Przewalskipferd **43**
Pubertät **169**
Pute **19**
Python **95**

Q

Quellung **198**

R

Radarbeobachtung **116**
Rangordnung **26**, **48**
Raps **184**, **214**
Rasse **27**, **33**, **43**, **45**, **48**
Raubfisch **104**
Raubtier **25**, **30 f.**, **54**, **61**, **72 f.**
Raubtiergebiss **25**, **35**, **54**, **61**
Rauchen **142**
Rauchschwalbe **76**, **116**, **118**
Regelblutung siehe Menstruation
Regenbogenforelle **110**
Reh **56 f**
Reiherente **91**
Reiz **160 ff.**
Reizbarkeit
– beim Menschen **9**
– bei der Pflanze **11**
– beim Tier **9**
Renaturierung **248**, **250**
Rennmaus, Mongolische **21**
Revier **26**, **54**, **57**, **63**, **80**
Rezepte **153**
Rind **36 ff.**
Rinderrassen **36**
Rinderseuche **40**
Rippen **129**, **131**
Roggen **212**
Rosengewächse **216**
Rosskastanie **236**
Rötelnschutzimpfung **176**
Roter Fingerhut **205**
Roter Milan **85**
Rothirsch **64**
Rotkehlchen **82**, **119**
Rotklee **218**, **232**
Rüde **26**
Rudel **26**
Ruderflug **76 ff.**
Rumpf **126**
Rüttelflug **77**

S

Salweide **190 f.**
Samen **195**, **198 ff.**, **202 ff.**, **235**
Samenanlage **189**
Samenleiter **50**
Samenzellen **50**, **100**, **106**
Sasse **58**
Sattelgelenk **132 f.**
Sauerklee **225**
Sauerstoff **141**
Säugetier **29**, **44**, **46 f.**, **54 ff.**, **123**
Säugling **176**, **178 f.**
Saurier **96 f.**
Schädel
– des Baummarders **61**
– des Eichhörnchens **60**
– des Hausschweins **44**
– des Hundes **25**
– der Katze **35**
– der Kreuzotter **93**
– des Maulwurfs **63**
– des Pferdes **42**
– des Rindes **37**
– des Wildschweins **44**
Schaf **18 f.**
Schafgarbe **219**
Scharbockskraut **195**, **228 f.**
Scharniergelenk **132 f.**, **136 f.**
Scheide **173**
Schlagadern siehe Arterien
Schlangen **93 ff.**
Schlehe **216**, **235**
Schleichjäger **30 f.**
Schleiereule **86**
Schleuderfrüchte **204**
Schleuderzunge **99**
Schließzelle **186 f.**
Schlingnatter **94**
Schluckvorgang **156**
Schlüsselblume **192**
Schmetterlingsblütengewächse **218**
Schneeglöckchen **230**
Schneidezähne **154**
Scholle **111**
Schubgelenk **133**
Schultergürtel **129**, **131**
Schuppenhaut **92**
Schwangerschaft **175 f.**
Schwanzlurche **102 f.**
Schwarzdrossel **80 f.**
Schwarzer Holunder **235**
Schweine **44 f.**
Schweinerassen **45**
Schwertlilie **224**
Schwimmblase **104**, **109**
Schwimmfüße **90**
Schwimmvögel **90 f.**
Schwirrflug **77**
Schwitzen **166**
Schwungfeder **74**
Seerose **224 f.**
Segelflosser **19**
Segelflug **77 f.**
Sehnen **134**

Sehsinn **165**
Sehvorgang **162 f.**
Seidelbast **240**
Seihschnabel **90**
Seitenlinienorgan **104**
Seychellen-Riesenschildkröte **95**
Sichelbein **63**
Siebenschläfer **115**
Singdrossel **83**
Singvögel **80 ff.**
Sinneskörperchen **164 f.**
Sinnesorgane **31 f.**, **54**, **56 f.**, **58 f.**, **63**, **86**, **160 ff.**
Sinneszellen **104**
Skelett
– des Fisches **105**
– der Fledermaus **66**
– des Frosches **99**
– des Hundes **25**
– des Maulwurfs **123**
– der Maus **87**
– des Menschen **128 ff.**
– des Vogels **75**
– der Zauneidechse **94**
Skelettmuskeln **134**
Skorbut **149**
Smaragdeidechse **94**
Sommerblüher **231 ff.**
Spaltöffnung **186 f.**
Specht **88**
Spechtschmiede **88**
Speichel **156**
Speicheldrüsen **156**
Speicherorgane **228 f.**
Speiseröhre **156 f.**
Sperber **85**
Spermien **171**, **175**
Sperrrachen **81**
Spitzmäuse **64**
Springkraut **186 f.**
Spross **184**, **186 f.**
Sprossknolle **210**, **228 f.**
Stachelbeere **235**
Stamm **123**
Stammbaum **123**
Standortbedingungen **224 ff.**
Standvogel **119**
Star **83**, **118**
Stärke **186**, **210**
Staubbeutel **186**
Staubblatt **189**
Staubfaden **189**
Steckling **195**
Steinnelke **190**
Steißbein **130**
Stempel **193**
Stempelblüte **191**
Stichling **110**
Stieleiche **241**
Stockente **90**, **91**
Stoffaustausch **176**
Stoffwechsel
– des Menschen **9**
– der Pflanzen **10**
– der Tiere **8**
Strauch **184 f.**
Strecker **134**

Register

Streufrüchte **202 f.**
Stute 46
Stützschwanz **88**
Süßwasserfische **110**

T

Tafelente 91
Tagfalterblume 190
Tastkörperchen 165 f.
Tastpunkte 165
Tastsinn 160
Tastversuche 166
Taubnessel
–, Gefleckte **217**
–, Weiße **217**
Tauchente 91
Teerstoffe 142
Teich **224**, **227**
Teichmolch 103
Teleskopgelenk 133
Tierhaltung **18 ff.**, **22 ff.**, 52
Tiertransport 40
Tiger 34
Tollwut 54
Traglinge **47,** 66
Transpiration **186**
Traubenzucker 186
Trittsiegel 56, 58, 64 f.
Tulpe 229
Tulpenblüte **197**
Turmfalke 77, 85

U

Überwinterung **112 ff.**, 210, 225
Ultraschall **66,** 68
ungeschlechtliche Vermehrung 11
Unken **102 f.**
Unpaarhufer **43**

Unterhaut 165
Ur 36
Usambaraveilchen 195, 207

V

Vakuole 13
Venen **143**, **145**
Verdauung **156 ff.**
Verdauungsorgane **156 f.**
Verdauungssystem **156 f.**
Verdunstung **186**
Verhalten **26,** 49, **80 f.**
Verhütungsmittel **177**
Vermehrung
–, geschlechtliche **195**
–, ungeschlechtliche **195**
Verstauchung **135**
Verwandtschaftsbeziehungen **72 f.**, **122 f.**, **214 ff.**
Vielblütige Weißwurz **230**
Vitamine 149
Vögel **74 ff.**, **122 f.**
Vogelbeere **235**
Vogelexkursion 87
Vogelflug **76 ff.**
Vogelschutz **120 f.**
Vogelwarte 116
Vogelzug **116 ff.**
Vollblut 43

W

Wacholderdrossel 119
Wachstum
– der Pflanze 10, **206**
– des Tieres 8
Wald-Erdbeere 216
Waldkiefer 221
Waldspitzmaus 64
Wald-Veilchen 230
Wale **69 ff.**

Walfang 70
Wanderfalke 85
Waran 95
Warmblut 42
Wärmekörperchen 165 f.
Wasserfrosch **98 f.**, 103
Wasserpest 11, **12 ff.**
Wassertransport **187**
Wechselbeziehungen **238 ff.**
wechselwarme Tiere **92 ff.**, 114
Weinbergschnecke 9, 115
Weisheitszähne 154
Weißdorn **235**
Weißklee **231**
Weißstorch **116 f.**
Weizen 212
Wellensittich 21
Welpe 29, 54
Wickenblüte **196**
Wiederkäuer **37,** 56
Wiederkäuermagen **37**
Wiese **231 f.**
Wiesen-Margerite **219**, **232**
Wiesensalbei **102**
Wiesenschaumkraut **215**
Wildkaninchen 59
Wildpferde 43
Wildschwein **44 f.**, 64
Windbestäubung **191**
Windblütler **191**
winteraktive Tiere **112 f.**, 115
Winterfütterung 121
Wintergast 119
Winterruher **113,** 115
Winterschlaf 66, **113,** 115
Winterstarre **114,** 115
Wirbel 130
wirbellose Tiere **241**
Wirbelsäule **129 f.**, 136
Wirbeltiere **54 ff.**, **74 ff.**, **122 f.**
Wolf 24
Wurzel **184, 186 f.**, 198 f.

Wurzelformen **185**
Wurzelhaare **186 f.**, 198 f., 206
Wurzelknolle 195, **228 f.**

Z

Zahnbau 154
Zähne **154 ff.**
Zahnfäule 155
Zahnpflege 155
Zahnwale 69
Zauneidechse **92**, 240
Zaunkönig 83
Zaunwicke **218**
Zehengänger 25
Zehenspitzengänger 37, 43
Zelle
–, Mensch 15 f.
–, Pflanze **13 ff.**
–, Tier **14 f.**
Zellhaut 13
Zellkern 13
Zellmembran 13
Zellplasma 13
Zellsaft 13
Zellwand 13
Ziergarten **208 f.**
Zimmerpflanzen 207
Zitronenfalter 240
Züchtung **24, 28,** 45
Zuckerrübe 213
Zugkarten 116 ff.
Zugvögel **116 ff.**
Zugwege **117 f.**
Zugziele **117 f.**
zweihäusige Pflanze 191
Zwerchfell **141**
Zwerchfellatmung **140**
Zwiebel **229**
Zwitterblüte 189
Zwölffingerdarm **156 f.**

Bildquellenverzeichnis

Trotz entsprechender Bemühungen ist es nicht in allen Fällen gelungen, den Rechtsinhaber ausfindig zu machen. Gegen Nachweis der Rechte zahlt der Verlag für die Abdruckerlaubnis die gesetzlich geschuldete Vergütung.

Titel (Feuersalamander): Angermayer; 6.1 A, 8.1 A-C, 8.2 A-C, 9 o.li, 9 u.li. (2 Abb.), 9 o.re, 9 u.re, 10.1 A-D, 10.2 A-D, 11 o.li, 11 u.li. (3 Abb.), 11 o.re, 11 u.re, 12.1 A+B, 13.3 A, 13.4, 14.4 A+B, 14.5 A, 14.5 B, 15 u.li, 15 u.re, 15 o.re, 16 A4 (2 Abb.): Jaenicke; 17 A2: Volkswagen AG; 17 A4: Jaenicke; 17 A5: Johannes Lieder; 18.1: Rosenfeld/Mauritius; 19 o.li: IMA, Hannover; 19 M.li: Nagel/Silvestris; 19 u.li, 19 o.M., 19 M.M.: IMA, Hannover; 19 u.M. und 21.5: Vitakraft-Werke, Bremen; 19 o.re: IMA, Hannover; 19 M.re: Schmidt/Silvestris; 19 u.re: IMA, Hannover; 20.1: Reinhard-Tierfoto; 20.2 A+B: Vitakraft-Werke, Bremen; 20.3 A, 20.3 B: Chr. Steimer/Juniors Tierbild Bildarchiv; 21.4: Fabian; 21.6: Jaenicke; 22.1, 23 o.li, 23 M.li, 23 u.li, 23 o.re, 23 u.re: Minkus; 24.1: Klein&Hubert/Okapia; 24.2 A: Lichtbild-Archiv Dr. Keil; 24.2 B: Klein&Hubert/Okapia; 24.2 C: Dr. Dragesrot/Okapia; 24.2 D: Zollkriminalamt, Köln; 24.2 E: Klein&Hubert/Okapia; 25.4: Wegner/Silvestris; 26.1, 26.2: Reinhard-Tierfoto; 26.3: Lenz/Silvestris; 26.4: Hofmann/Silvestris; 27 o.li: Reinhard-Tierfoto; 27 o.M.: Reinhard/Mauritius; 27 o.re: Berg/ Okapia; 27 M.: Wegner/Silvestris; 27 u.li: Prenzel/Silvestris; 27 u.re: Dr. Wagner/Silvestris; 28 o.li: Hermeline/Okapia; 28 u.li: dpa; 28 o.re: Wegler/Zefa; 28 u.re: Labat/Cogis/Okapia; 29.1, 29.2, 29.3, 29.4, 30.1: Monika Wegler, München; 30.2: Egmont Ehapa Verlag GmbH; 31.4: Lothar/Silvestris; 31.5: Danegger/Okapia; 31.6: Walz/Silvestris; 32.7: Kim Taylor/Bruce Coleman LTD.; 32.8: Gerard Lacz/Natural History Photographic Agency; 32.9 A, 32.9 B, 32.9 C: Monika Wegler, München; 32.10: Reinhard/Okapia; 33 o.li: Dennis/Silvestris; 33 o.re: KHS/Okapia; 33 M.li: Reinhard-Tierfoto; 33 M.re: Monika Wegler, München; 33 u.li: Wegler/Zefa; 33 u.re: Ausloos/Mauritius; 34 o.li: Lacz/Silvestris; 34 o.re: Fogden/Okapia; 34 u.li: Lacz/Silvestris; 34 u.re: Reinhard-Tierfoto; 35 A1: Int. Stock/Zefa; 35 A2: Reinhard/Okapia; 35 A3: Sally Anne Thompson/ Animal Photography, London; 35 A6 li.+M.: Lichtbild-Archiv Dr. Keil; 35 A6 re: Schafer/Zefa; 36.1 A: Archiv für Kunst und Geschichte, Berlin; 36.1 B: Jaenicke; 36.1 C: IMA, Hannover; 36.1 D: Freytag/Mauritius; 36.1 E: Weimann/Mauritius; 36.2 A: IMA, Hannover; 36.2 B: Jaenicke; 38.1 A: Bramaz/Bavaria; 38.1 B: Müller-Güll/Bavaria; 38.1 C: Schilling/dpa; 39.2 A: IMA, Hannover; 39.2 C: Okapia; 40 o.li: Schindler/dpa; 40 o.re: Reinhard/Bavaria; 40 M.: C.V.L./Eurelios/Science Photo Library/Focus; 41.1 A, 41.1 B: Archiv für Kunst und Geschichte, Berlin; 41.1 C: Royal Collection, London; 41.1 D, 41.1 E: Archiv für Kunst und Geschichte, Berlin; 41.1 F: Demart pro Art B.V., Dacz 1994© VG Bild-Kunst, Bonn; 42.1: Eye-Press/Mauritius; 42.2: Kiepke/Okapia; 42.3: Lenz/Silvestris; 42.5: Arndt/Silvestris; 42.6: Lenz/Silvestris; 42.7: IMA, Hannover; 43.8, 43.9: Maier/Silvestris; 43.10: Lenz/Silvestris; 43.12: Deuter/Zefa; 43.13: Reinhard-Tierfoto; 43.14: Angermayer; 44.1 A: Hanneforth/Silvestris; 44.1 B: Kent/Focus; 44.2 A, 44.2 B: Reinhard/Okapia; 45.3 A: Berger/Silvestris; 45.3 B: Kranemann/Okapia; 45.3 C: Pablo/Silvestris; 46.1: Lenz/Silvestris; 46.1 (Insert li.), 46.1 (Insert re.): Schuchardt; 46.2 A, 46.2 B: A.N.T./Silvestris; 47.3 A: Wothe/Silvestris; 47.3 B, 47.3 C: Lichtbild-Archiv Dr. Keil; 48.1 A: Wegner/ Silvestris; 48.1 B, 48.1 C: Wolters/Deutscher Kleintierzüchter; 48.1 D: Proll/Deutscher Kleintierzüchter; 48.1 E: Wolters/Deutscher Kleintierzüchter; 48.1 F: Marc/IFA-Bilderteam; 48.1 G: Wolters/Deutscher Kleintierzüchter; 48.1 H: Proll/Deutscher Kleintierzüchter; 49.2 A: Reinhard/Okapia; 49.2 B: Reinhard/Mauritius; 49.2 C: Reinhard-Tierfoto; 49.2 D: Photo Shot/Bavaria; 49.2 E: Lindenburger/Silvestris; 49.2 F: Reinhard-Tierfoto, 50.1 C, 50.1 D, 50.1 E, 50.1 F: Lichtbild-Archiv Dr. Keil; 50.1 G, 50.1 H: Reinhard-Tierfoto; 50.1 I: Roth/Okapia; 50.1 J: Parks/Okapia; 51 V3: Jaenicke; 52.2 re: Beck/Mauritius; 52.2 li: Reinhard-Tierfoto; 52.1 li: Benelux Press/Bavaria; 52.1 re: Aus „Hühner und Puten", Verlagsunion Agrar; 54.1 A: Danegger/Silvestris; 54.1 B: Lanceau/Nature/Okapia; 55 o.: Naturfoto Labhardt, Bottmingen/Schweiz; 55 u.: Jaenicke; 56.1: Rolfes/Silvestris; 56.2: Pieper/Silvestris; 58.1: Danegger/Silvestris; 58.2: Reinhard-Tierfoto; 59.4 B: Sohns/Okapia, 60.1 A, 60.1 B, 60.2 A, 61.3 B: Silvestris; 62.1 A: Reinhard/Angermayer; 62.1 C (Insert): Pfletschinger/Angermayer; 64 o.li, 64 u.li, 64 o.M., 64 u.M., 64 o.re, 64 u.re: Reinhard-Tierfoto; 66.1 A: Mönch/Angermayer; 66.1 B: Sunset/Silvestris; 67.3: Heblich/Silvestris; 67.1 A: UWE/Silvestris; 67.1 B: Pott/Okapia; 67.1 C: Cramm/Okapia; 69.1 A: TCL/Bavaria; 70.1: Archiv für Kunst und Geschichte, Berlin; 70.2: Sims/Greenpeace; 70.3: Morgan/Greenpeace; 74.1: Georg Quedens, Amrum; 76.1 A: Tilford/OSF/Okapia; 76.1 B: NHPA/Silvestris; 76.1 C: Mönch/Angermayer; 76.2: Sohns/Silvestris; 77.4: Rosing/Silvestris; 77.5: Groß/Okapia; 77.6: Osolinski/OSF/Okapia; 78 A1 o., 78 A1 u.: Dalton/Silvestris; 78.1 o.: Photri Inc./Okapia; 79.1, 79.2: Deutsches Museum, München; 79.3: Archiv für Kunst und Geschichte, Berlin; 79.4: SOP/Mauritius; 80.1: Schuchardt; 80.1 A: Hecker/Silvestris; 81.3: Wendler/Okapia; 81.4: Wilmshurst/Silvestris; 81.5: Laßwitz/Naturbild/Okapia; 84.1 A: Greiner + Meyer; 84.1 B: Cramm/Silvestris; 84.1 C: Zefa; 84.1 D: Angermayer; 85 o.li: Schmidt/Angermayer; 85 u.li: Layer/Zefa; 85 o.M.: Reinhard/Angermayer; 85 u.M.: Reinhard/Bavaria; 85 u.re: Reinhard/Angermayer; 86.1 A: Reinhard/Mauritius; 86.1 B: Synatzschke/Okapia; 86.1 C: Heintges/Zefa; 86.1 D: Danegger/Zefa; 87.2 A, 87.2 B: Lichtbild-Archiv Dr. Keil; 88.1 D: Silvestris; 88.1 G: Lane/Silvestris; 88.1 H: Wothe/Silvestris; 90 A1: Cramm/Silvestris; 90 A2 A: Poehlmann/Mauritius; 90 A2 B: Hackenberg/Zefa; 90 A2 C: Lichtbild-Archiv Dr. Keil; 90 re: Disney; 91 o.li: Partsch/Silvestris; 91 o.M.: Okapia; 91 o.re: Dr. Pott/Mauritius; 91 u.li: Reinhard/Angermayer; 91 M.re: Maier/Silvestris; 91 u.M.: EMU/Okapia; 91 u.re: Walz/Okapia; 92.1A und 240.1 B: Maier/Silvestris; 92.1 B, 92.2 o., 92.2 M., 92.2 u.: Pfletschinger/Angermayer; 93.3 A: Meyers/Zefa; 93.3 B: Schrempp/Greiner + Meyer; 94 o.li: Reinhard/Mauritius; 94 o.re: Martinez/Okapia; 94 M.li: Soder/Okapia; 94 M.re: Reinhard/ Okapia; 94 u.re: Fidler/Okapia; 95 o.li: Green/Okapia; 95 o.re: Pavenzinger/Silvestris; 95 M.li: Reinhard/Angermayer; 95 M.re: Bauer/Zefa; 95 u.li: Rao/Bavaria; 95 u.re: Angermayer; 96.1: Konopka; 98.1: Wegner/Silvestris; 98.1 A: Rohdich/Silvestris; 98.1 B: Wellinghorst; 99.2: Bach/Zefa; 100.1 A: Thielscher/Silvestris; 100.1 B, 100.1 C, 100.1 D, 100.1 E, 100.1 F: Pfletschinger/Angermayer; 101 u.li: Reinhard-Tierfoto; 101 u.M.: Wellinghorst; 101 u.li: Kuchlbauer/Mauritius; 103 A: Wellinghorst; 103 B: Pfletschinger/Angermayer; 103 C: Salamander Aktiengesellschaft; 103 D: Wendler/Silvestris; 103 E: Pfletschinger/Angermayer; 103 F: Wellinghorst; 104.1 A: Layer/Greiner + Meyer; 105.3 A: Angermayer; 105.3 B: Lichtbild-Archiv Dr. Keil; 106.1: Reinhard/Angermayer; 106.2 A: Hartl/Okapia; 106.2 B: Heppner/Silvestris; 106.2 C: Hartl/Okapia; 107.1 D, 107.1 E: Tetra Werke, Melle; 108.1 B: Tegen; 110 o.re: Reinhard/Zefa; 110 M.li: Greiner + Meyer; 110 M.re: Lenz/Silvestris; 110 u.li: Lacz/Silvestris; 110 u.re: Chaumeton/Nature/Okapia; 111 o.li: FLPA/Silvestris; 111 M.li: Raimund Cramm; 111 u.li: Rohdich/Bavaria; 111 o.re: Dan Burton/Wildlife; 111 u.re: Fleetham/Silvestris; 112.1: Fischer/Mauritius; 112.2: Gruber/Bavaria; 112.3: Reinhard/Angermayer; 112.4: Danegger/Okapia; 113.5: Brandl/Silvestris; 113.6 A: Kuch/Silvestris; 113.6 B: Reinhard-Tierfoto; 113.7: Soder/Okapia; 114.1: Reinhard-Tierfoto; 115 o.li: Reinhard/Bavaria; 115 M.li, 115 M., 115 u.li: Reinhard-Tierfoto; 115 o.re: Brandl/Silvestris; 115 u.re: Schrempp/Okapia; 116.1: Tönnies; 116.2: Dr. Hüppop/Institut für Vogelforschung, Helgoland; 116.3: Nagel, Wilhelmshaven; 117.4: M-SAT, Saarbrücken/Astrofoto; 117.4 A: Dr. Michael Kaatz/Storchenhof Loburg; 117.4 B: Buchhorn/Silvestris; 117.4 C: Buchhorn/Okapia; 117.4 D, 119.1: Wothe/Silvestris; 119.2: Soder/Okapia; 119.3: Danegger/Silvestris; 119.4: FLPA/Silvestris; 119.5: Schmidt/Silvestris; 120.1, 121.3 A, C, D: Dobers; 121.3 B: Harstrick/Greiner + Meyer; 121.4: Rohdich/Bavaria; 126.1, 126.2 A, 128.1, 130.1, 132.1: Minkus; 133.7: aus: C. Taylor/Stephen Pople: Das große Technikbuch für Schüler. © der deutschsprachigen Ausgabe by Arena Verlag GmbH, Würzburg 1996; 135.1, 139.1 (2 Abb.), 139.2 (3 Abb.): Minkus; 140 M.: Kerscher/Silvestris; 142.1, 142.2, 142.3 A, 142.3 B: Minkus; 142.3 C: NAS/Watney/Okapia; 142.3 D (2 Abb.): Dr. med Lothar Reinbacher; 144.1: Archiv für Kunst und Geschichte, Berlin; 144.2, 144.3, 144.4: Germanisches Museum, Nürnberg; 144.5: Minkus; 146.1 A: Hoffmann/Mauritius; 146.1 B: Palmer/Mauritius; 147.1 A: Ridder/Mauritius; 147.1 B: Cotton/Mauritius; 147.1 C: Mio/Mauritius; 147.2: Reschke/Arnold Inc./Okapia; 148.1 o., 148.1 M., 148.1 u., 150.1 o., 150.1 u., 152 o., 154.1 A: Minkus; 158 V1: Jaenicke; 158 V2: Tegen; 158 V3: Jaenicke; 160.1 A-E, 161.1 A, 162.1 A, 162.1 B: Minkus; 163 (2 Abb.): Stelter; 164 (Inserts): Minkus; 164.1 A: Cash/Mauritius; 164.1 B-D: Minkus; 165.3: Okapia;166: Jaenicke; 167. A10: Stelter; 168.1 A, 168.1 B, 169.3: Minkus; 170.2 A, 170.2 B, 170.2C, 172.2A, 172.2 B, 172.2 C: Lemke, Peter & Partner; 174.4: Minkus; 175.1 A, 175.1 B: Dr. Schleyer/Florian Karly, München; 175.1 C, 175.1 D: Dr. Heinzmann/Karly; 176.2 A: Garry Watson/Science Photo Library/Focus; 176.2 B: Ein Kind entsteht/Lennart Nilsson/Mosaik Verlag; 176.2 C: TCL/Bavaria; 177.1, 177.2, 177.3, 177.4, 177.5, 177.6: Minkus; 178.1 A: Guether/Mauritius; 178.1 B: Janfot/Naturbild/Okapia; 178.1 C: Habel/Mauritius; 178.1 D: Masterfile/Bavaria; 179.2 A, 179.2 B, 179.2 C, 179.2 D: Tönnies; 181 A3, 182 o.li, 182 o.re, 182 u.li, 182 u.re: Minkus; 183 A6: Schuchard; 183 A8 o., 183 A8 u.: Tönnies; 184.1: Jaenicke; 185 M.li: Philipp; 186.1 A+B,186.2 (2 Abb.), 187.3 o., 187.3 M., 187.3 u., 188.5 (3 Abb.): Jaenicke; 189.1 A und 190.1: Kalt/Zefa; 189.1 B, 189.1 C, 190.1 li, 190.1 M.: Jaenicke; 190.1 re: Greiner + Meyer; 190.2, 191.5, 192 u.li (2 Abb.): Jaenicke; 193.1 D: Jung/Nature + Science AG; 194.1 A-C, 195 o., 195 M. (3 Abb.), 195 u.re, 196 o.re, 196 o.M., 196 u.li, 196 u.re, 198.1 A-C, 198.2 A-H, 200.1, 200.2, 201 A3 A-C: Jaenicke; 202.1 A, 202.1 B: Dobers; 202.1B (Insert): Tönnies; 202.2 A: Dobers; 202.2 B: Jaenicke; 202.2 C, 203.1 C, 203.1 D: Dobers; 203.4 A: Kuchelbauer/Silvestris; 203.4 C, 204.5, 204.6: Dobers; 204.6 (Lupe): Jaenicke; 204.8: Tönnies; 205 o.li, 205 u.li: Dobers; 205 M., 205 o.re, 205 u.re, 206.1+2: Jaenicke; 207 o.: Hubatka/Mauritius; 207 M.: Reinhard-Tierfoto; 207 u., 207 u.re: Jaenicke; 210.1 B: IMA, Hannover; 210.1 C: Jaenicke; 211.2: Willers/Silvestris; 211.3: Archiv für Kunst und Geschichte, Berlin; 211.5: IMA, Hannover; 212.2 (4 Abb.): Jaenicke; 213 o.: IMA, Hannover; 213 u.: Vidler/Mauritius; 214.1, 214.2 A, 214.2 B: Jaenicke; 214.3: Wendler/Silvestris; 215.2 D: Jaenicke; 215.4: Tönnies; 215.5: hapo/Okapia; 216 M.li: Silvestris; 216 M.re: Jaenicke; 216 u.li: Bosch/IFA-Bilderteam; 216 u.M.: Pforr/Silvestris; 216 u.re: Dobers; 217 M.li, 217 M.re, 217 u.li, 217 u.M, 217 u.re: Jaenicke; 218 M.li: Tönnies; 218 M.re: Starke; 218 u.li, 218 u.M: Jaenicke; 218 u.re: Tönnies; 219 M.li: Jaenicke; 219 M.re: Wellinghorst; 219 u.li: Jaenicke; 219 u.M.: Dobers; 219 u.re: Jaenicke; 220 A (Insert): Gross/Silvestris; 220 A: Laßwitz/Naturbild/Okapia; 220 B: Reinhard/ Okapia; 220 C: Kunz/Greiner + Meyer; 220 D (Insert): Tönnies; 220 D: Blaich/Greiner + Meyer; 223 A2 li, 223 A8 A, 223 A8 B, 223 A8 C, 223 A8 D: Jaenicke; 224.1, 224.2 o., 224.2 u., 225.3, 225.3 (Insert), 225.4: Wellinghorst; 225.4 (Insert): Weber; 227 o.M. und 227 u.M.: Wellinghorst; 227 o.li, 227 o.re: Tönnies; 227 u.li, 227 u.re: Jaenicke; 228.1: Philipp; 228.2, 228.3: Wellinghorst; 230 o.li: Weber; 230 o.M.: Wellinghorst; 230 o.re: Reinhard/Bavaria; 230 u.li: Wellinghorst; 230 u.M., 230 u.re: Weber; 231.1: Wellinghorst; 231.1 (Kreis): Jaenicke; 232 o.M.: Tönnies; 232 o.re: Weber; 232 u.li: Wellinghorst; 232 u.M.: Philipp; 232 u.re, 233 o.li: Tönnies; 233 o.M.: Wellinghorst; 233 o.re: Greiner + Meyer; 233 u.li: Jaenicke; 233 u.re: Tönnies; 234.1: Wellinghorst; 234.2: Tönnies; 234.3: Wellinghorst; 235 o.li: Tönnies; 235 o.re: Reinhard/Mauritius; 235 M.li: Tönnies; 235 M.M.: Philipp; 235 M.re: Reinhard/Okapia; 235 u.li: Jaenicke; 235 u.re: Philipp; 236.1 re. (4 Abb.): Jaenicke; 236.1 li. (4 Abb.): Wellinghorst; 238.1: Mauritius; 240.1 A: Heitmann/Silvestris; 240.1 B: Maier/Silvestris; 240.1 C: Rolfes/Silvestris; 240.2 A: Jakobi/Silvestris; 240.2 B: Partsch/Silvestris; 240.2 C: Skibbe/Silvestris; 241.1A: Robba/Silvestris; 241.1 B: Willna/Silvestris; 241.1 C: Weber/ Silvestris; 241.1 D: Silvestris; 241.1 E: Marquez/Silvestris; 242.1: Tönnies; 242.2: Mauritius; 242.3, 242.4: Bavaria; 243.2 A Hint., 244.1: Okapia; 246.1 A: Greiner/Greiner + Meyer; 246.1 B: Okapia; 246.2 A und B: Ringler; 247.1: Silvestris; 247 li: Reinhard-Tierfoto; 247 u.re: Rheinbraun AG, Köln; 248.1: Bayerisches Landesamt für Wasserwirtschaft; 248.2 A: Dobers; 248.2 B: Okapia; 249: Dobers